An den Leser

Dieses Buch ist nicht nur ein Fachbuch für Psychologen und Mediziner. Wer sich nicht mit oberflächlicher Populärpsychologie begnügen will, wie sie heute in vielen Zeitschriften dargeboten wird, sollte es zur Hand nehmen: alle Erzieher und besonders alle Eltern. Es behandelt nämlich gerade ihren Einfluß auf das Kind! Seit Freud ist viel über die Beziehung der Eltern zu ihren Kindern geforscht worden. Arbeiten über das Verhältnis der Eltern zu ihren Kindern haben vielfach nur äußere Erziehungsmaßnahmen oder allgemeine Merkmale des Milieus berücksichtigt, in dem ein Kind heranwächst. Ausgehend von der engen Verzahnung zwischen den – unbewußten – Ansprüchen, die Eltern an ihr Kind stellen, und dessen Reaktion darauf, schließt der Autor mit diesem Buch eine Forschungslücke.

In jahrelangen Untersuchungen erforschte Prof. Richter die Motive, die zu Neurosen bei Kindern führen. Die Eltern drängen ihr Kind in eine «Rolle», die es überfordert. In seiner Funktion als Eltern-, Gatten- oder Geschwister-Ersatz oder als Abbild positiver oder negativer Aspekte des eigenen Selbst der Eltern soll das Kind die Aufgabe übernehmen, seine Eltern aus ihrer eigenen Konfliktsituation «zu erlösen».

Prof. Dr. med. Dr. phil. Horst-Eberhard Richter (1923–2011) war Geschäftsführender Direktor des Zentrums für Psychosomatische Medizin an der Universität Gießen. 1980 wurde ihm der Theodor-Heuss-Preis verliehen.

Horst-Eberhard Richter

Eltern, Kind und Neurose

Psychoanalyse
der kindlichen Rolle

Rowohlt

34. Auflage Januar 2012

Ungekürzte Lizenzausgabe nach der zweiten Auflage 1967
Veröffentlicht im Rowohlt Taschenbuch Verlag GmbH,
Reinbek bei Hamburg, April 1969
Copyright © 1963 by Ernst Klett Verlag, Stuttgart
Alle Rechte vorbehalten
Umschlaggestaltung Büro Hamburg – Jürgen Kaffer / Peter Wippermann
(Foto: Anita Schmidt / G + J Fotoservice)
Gesetzt aus der Linotype-Aldus-Buchschrift (D. Stempel AG)
Gesamtherstellung CPI – Clausen & Bosse, Leck
Printed in Germany
ISBN 978 3 499 16082 0

MEINER FRAU
UND MEINEN KINDERN

«Die unaufgelösten Dissonanzen im Verhältnis von
Charakter und Gesinnung der Eltern klingen in
dem Wesen des Kindes fort und machen seine
innere Leidensgeschichte aus.»

Nietzsche, Menschliches, Allzumenschliches, I 379

Vorwort zur 32. Taschenbuch-Auflage

Nach Erscheinen dieses Buches 1963 schrieb der in die USA emigrierte Psychoanalytiker Gustav Bychowski im «Psychoanalytic Quarterly»: *«Zu Recht stellt Richter fest, dass die psychoanalytische Erforschung der Eltern-Kind-Beziehung nicht die gleiche Verfeinerung erreicht hat wie Freuds Studien über die Kind-Eltern-Beziehung. Das vorliegende Buch kommt der Erfüllung dieser Aufgabe nahe.»*

Entstanden ist der Band aus zehnjähriger klinischer und wissenschaftlicher Arbeit in der «Beratungs- und Forschungsstelle für seelische Störungen im Kindes- und Jugendalter» am ehemaligen Kinderkrankenhaus Berlin-Wedding. Wesentliche Unterstützung habe ich erfahren durch den Chefarzt der Klinik, Herrn Dr. Nohlen, sowie durch Frau Kernd'l, Frau von Eltz, Frau Dr. Melcher, Frau Müller und Herrn Dr. Strahl. Enge Zusammenarbeit mit der Erziehungsberatung, mit dem Jugendamt, mit Lehrern und Schulpsychologen kamen der Forschung zugute.

Indirekt enthüllt das Buch einen wesentlichen Einblick in die vielfältigen Konflikte und psychischen Beschädigungen, die sich in den Eltern aus Nazizeit, Krieg und Nachkriegselend angesammelt hatten und sich belastend auf die Kinder auswirkten. Die Neurosen und Verhaltensstörungen der Kinder waren vielfach nichts anderes als der unbewusste Ausdruck der von den Eltern sprachlos übertragenen Belastungen. Die Kinder fühlten, dass die Eltern unter Erinnerungen litten, über die sie nicht reden konnten oder oft auch nicht wollten. Die Eltern wünschten sich heimlich Kinder, die ihnen Schuld abnehmen oder die sie für eigene Entbehrungen, eigenes Versagen, eigenes Leid entschädigen sollten. Die Kinder waren mit diesen unbewussten Erwartungen überfordert.

Bei seinem Erscheinen war das Buch für die Eltern noch zu beunruhigend, und die Kinder-Generation war noch nicht weit genug entwickelt, um die psychoanalytischen Familiengeschichten zu verstehen. Nur ein kleines fachlich interessiertes Publikum konnte mit dem Band etwas anfangen – bis die herangewachsenen Jugendlichen sich Ende der 6oer und Anfang der 7oer Jahre plötzlich in großen Scharen in den dargestellten Familienanalysen wiederfanden. Bald waren 300 000 Exemplare verkauft, zigtausend Raubdrucke folgten.

So wurden «Eltern, Kind und Neurose» und bald danach «Patient Familie» so etwas wie Selbsthilfe-Literatur für eine Generation, die im psychoanalytischen Denken eine wichtige Unterstützung zur Verarbeitung der eigenen, der familiären und der gesellschaftlichen Probleme suchte, deren Wurzeln in der einen oder anderen Weise noch bis in die Hitlerzeit zurückreichten. Rückblickend lässt sich aber erkennen, dass die Grundmuster neurotisierender Eltern-Kind-Beziehungen hinter variierenden Erscheinungsformen ähnlich oder gleich geblieben sind. Wäre das anders, würde nicht kontinuierliches Interesse von Eltern, Pädagogen und Therapeuten fortlaufende Neuauflagen erfordern.

Gießen, Dezember 2006

Horst-Eberhard Richter

INHALT

Die ausführlichen Angaben dienen der Übersicht und helfen beim Nachschlagen.

EINLEITUNG 15
Thema des Buches: Die affektiven Bedürfnisse der Eltern bestimmen eine «Rolle» des Kindes in der Familie, die ihrer eigenen Konfliktentlastung dient – Welche Rollen fördern Neurosen beim Kind?

VORLIEGENDE THEORIEN ÜBER NEUROSEFÖRDERNDE ELTERNEINFLÜSSE
AUF DAS KIND 19

Die Hypothesen der klassischen tiefenpsychologischen Systeme 21
S. Freud: Theorie der Identifizierung: Kind bemächtigt sich 21
der Eltern durch Introjektion der Erzieher-Objekte im eigenen Ich – Kind als Urheber dieses Prozesses gesehen – Eltern Adressaten oder Auslöser kindlicher Wünsche
C. G. Jung: Theorie vom kollektiven Unbewußten: Eltern 25
magische Mittler archetypischer Gesetze, mit denen sie sich identifizieren
A. Adler: Erlebnisursachen neurotischer Entwicklungsstö- 27
rungen: Organminderwertigkeit, Zärtlichkeitsmangel, übertriebene Zärtlichkeit – Ergebnis: Unterentwicklung des Gemeinschaftsgefühls, pessimistische Weltanschauung
H. Schultz-Hencke: Schädlichkeit ungünstiger Erzieherein- 28
flüsse – Härte und Verwöhnung führen zur «Gehemmtheit» der «Antriebe» des Kindes

Zusammenfassung der Trauma-Theorien der klassischen tiefenpsychologischen Systeme 29
Adler, Schultz-Hencke: Erforschung der Erscheinungsweisen der Neurosen – Freud: Fruchtbare Wirkung auf weitere Forschung: Theorie der pathogenen Elterneinflüsse durch Identifikation, Introjektion und Projektion

Neuere Anschauungen 33
Vorbemerkung: Anregende Wirkung von Kulturanthropologie, Zwillingsforschung und Hospitalismusforschung. Methodenprobleme 33

1. Kulturanthropologische Forschung (M. Mead u. a.): Einfluß des Normenkodex einer Gesellschaft und darauf fundierter Erziehungsprinzipien auf kindliche Entwicklung – 2. Zwillingsforschung: Bedeutung des äußeren Milieus der Erzieher – 3. Hospitalismus: Schwere Störungen durch frühe Isolierung – Bedeutung des sozialen Milieus – 4. Methodenprobleme: Beteiligung von Forschern verschiedener Disziplinen bedingt Unterschiede in Begriffssystemen und methodischer Anlage

Spezielle elterliche Maßnahmen und allgemeine Verhaltensweisen 38
Neuere Forschungsprobleme: Motive und Verhalten der Eltern – Katalog schädigender Elternmaßnahmen – Probleme der Triebunterdrückung (W. Reich) – Ganzheitliche Erfassung des häuslichen Milieus – Harte und weiche Erziehung – Klassifikationstabellen über Verhalten der Mutter (S. Brody) – Problem der «Overprotection» (D. M. Levy) – Motive der Mutter und ihre erzieherischen Praktiken

Elterliche Motive 45
Affektive Einstellung der Eltern zum Kind – Klassifikation der Arten der Zuneigung (Bossard, Boll) – Formen der Abweisung: Overprotection und Forderung von Perfektionismus – Schema elterlicher Einstellungen und kindlicher Reaktionen (Kanner) – «Ambivalenz» der elterlichen Gefühle – «Übertragungen»: Kind als Repräsentant bestimmter Aspekte des eigenen Selbst der Eltern oder von Personen ihrer Vergangenheit

Vorstellungen über die Wirkungsweise der traumatischen elterlichen Einflüsse auf das Kind 53
Vorstellungsmodelle der Forschung: (passiv) Unterdrückung oder Stimulierung der Triebimpulse – Entzug altersgemäßer Versagungsreize – (aktiv) Imitations- und Identifikationsleistungen – «Abspiegelung» neurotischer Konflikte der Eltern – Frage nach aktivem Einfluß der Eltern: Verstärkung positiver Aspekte und Hemmung negativer des eigenen Selbst im Kind – Forderung der Realisierung unbewältigter eigener Impulse – Suche des Autors nach Klassifikationsprinzip zur Ordnung der Eltern-Kind-Beziehungen

Exkurs über neuere Befunde der Familiensoziologie 63

Veränderungen im modernen Familienleben: Desintegrationstendenz – Zahlenmäßige Kontraktion – Veränderte Arbeitsverhältnisse – Schwächung der Vater-Autorität – Versachlichung der Partnerbeziehung und der Einstellung zur Elternschaft – Entinnerlichung des Familienlebens

EIGENE UNTERSUCHUNGEN   69

Elterlicher Konflikt und kindliche Rolle   71

Psychoanalytische Definition der «Rolle»: Gesamt der unbewußten elterlichen Erwartungsphantasien von der Funktion des Kindes – Leitmotiv: eigene Konflikte der Eltern

Die Bestimmung der kindlichen Rolle durch elterliche «Übertragungen» und «narzißtische Projektionen»   75

Kind soll bei Konfliktbewältigung helfen – «Übertragung» einer Konfliktsituation aus früherer Zeit auf das Kind – «Verwechslung» des Kindes mit damaligem Partner oder mit sich selbst – Funktion als erlösendes «Wunderkind» oder als «Sündenbock»

Rollentypen. Fragestellung und Methodik der klinischen Untersuchung   81

Rollenskalen: Rollen als Idealtypen verstanden – Methodik: Selektion geeigneter Fälle – Familienbiographische Längsschnittbeobachtungen – Interviewtechnik bei den Eltern, projektive Tests der Kinder – Rollenverschiebung: Chance des Arztes, aus Reaktionen Schlüsse zu ziehen

Typische traumatische Rollen des Kindes   89
Das Kind als Substitut für einen anderen Partner   89

1. Das Kind als Substitut für eine Elternfigur   89
Genese und Merkmale der Rolle: Übertragung von ursprünglich den eigenen Eltern zugewandten Impulsen auf das Kind – Generations-Umkehrung – Großeltern-Sydrom – Infantiles Benehmen der Mutter: Kind als Liebesquelle oder Unterwerfung unter seine Wünsche
Beispiel: Krankengeschichte Dagmar M.   92
Traumatische Bedeutung der Rolle   104
2. Das Kind als Gatten-Substitut   108
Genese und Merkmale der Rolle: Gründe für Wahl des Kindes als Partner-Ersatz: Gatte nicht vorhanden oder Ehe ge-

stört – Reifestörungen – Männlichkeitskomplex der Mutter – Racheimpulse – Familienstruktur – Verhalten Mutter/Sohn: 1. (aktiv) Overprotection, Eifersucht – 2. (passiv) Werbende Gefügigkeit – Verhalten Vater/Tochter: Zärtlichkeit, Erziehung zur geistigen Gefährtin – Primitive Reaktionen: direkte Inzesthandlungen

Beispiele: 1. Krankengeschichte Karl R. 119
2. Krankengeschichte Bodo B. 129
Traumatische Bedeutung der Rolle 140
3. Das Kind als Substitut für eine Geschwisterfigur 152
Leitmotiv unerledigte Rivalitätsprobleme – Revanche-Tendenzen und Vermeidungswünsche als schützende Prophylaxe – Viele heterogene Sonderformen möglich

Das Kind als Substitut für einen Aspekt des eigenen (elterlichen) Selbst 155

1. Theoretische Vorbemerkungen 155
Kind soll stellvertretend für die Eltern etwas darstellen und erfüllen (narzißtische Projektion) – 1. Ideales Abbild des eigenen Selbst – Hoffnung auf Nacherfüllung eigener Strebungen als Entschädigung für Mangel an Selbstwertgefühl – 2. Negative Aspekte des eigenen Selbst – Sündenbock-Projektion – Schuldfreie Ersatzbefriedigung eigener verpönter Impulse – Identifikationsprozeß seitens der Eltern mit dem Kind
2. Das Kind als Abbild schlechthin 158
Genese und Merkmale der Rolle: Vollendete narzißtische Wahl – Suche nach Bestätigung von sich selbst – Perfektionsphantasie – Kind als Bundesgenosse
Beispiel: Krankengeschichte Gisela B. 160
Traumatische Bedeutung der Rolle 166
3. Das Kind als Substitut des idealen Selbst 168
Genese und Merkmale der Rolle: Suche der Eltern nach dem, was sie selbst sein möchten – Entlastung von Schuldgefühlen – Entschädigung für eigenes Scheitern durch Identifizierung mit vom Kind erzielten Erfolgen – 1. Positiver Aspekt: Kind als Instrument von Prestige-Streben – Perfektionistische Erziehung (Musterkind) – 2. Negativer Aspekt: Versagungen – Triebunterdrückung als Wert an sich
Beispiele: 1. Krankengeschichte Udo K. 175
2. Krankengeschichte Jakob P. 184
Traumatische Bedeutung der Rolle 190

4. Das Kind als Substitut der negativen Identität («Sündenbock»)   197
Genese und Merkmale der Rolle: Suche der Eltern nach dem,
was sie nicht sein möchten – Verzahnung von elterlichem
Schuldkonflikt und kindlicher Sündenbockrolle – Verführender Charakter der elterlichen Erziehung – Ersatzbefriedigung bei Schuldigwerden des Kindes
Beispiele: 1. Krankengeschichte Helma F.   205
2. Krankengeschichte Lars U.   215
Traumatische Bedeutung der Rolle   223

Das Kind als umstrittener Bundesgenosse   227
Genese und Merkmale der Rolle: Ansprüche von zwei Sei-
ten an das Kind in vollständiger Familie – Deckung der beiderseitigen Rollenansprüche: Schädliche Aspekte addieren
sich – Widerspruch der beiderseitigen Rollenansprüche:
Kind assimiliert Konflikte des einen Elternteils und verstärkt die des andern – Eltern agieren mit dem Kind gegeneinander – Kind als Bundesgenosse eines Elternteils – Unstetigkeit der elterlichen Einstellung (gutes oder schlechtes
Kind)
Beispiele: 1. Krankengeschichte Thomas R.   235
2. Krankengeschichte Andreas S.   240
Traumatische Bedeutung der Rolle   249

DIE GRENZEN DES MODELLS   253
Klassifikation vereinfacht durch Auswahl geeigneter Fami-
lienkonstellationen – Keine erklärende Neurosen-Theorie –
Einsicht in Rolle, die Eltern vom Kind beanspruchen – Keine
Antwort auf Frage, was Kind mit der Rolle macht

NACHWIRKUNGEN DER KINDLICHEN ROLLENPROBLEME
IM ERWACHSENENALTER   260
Erst vereinzelte Forschungen – Zeigen: Verfestigung neurotischer Reaktionen auf elterliche Ansprüche – Umorientie-
rung auf andere Objekte – Fehlidentifizierung kann auch
bei integrierten Personen in ihr Ich eingegraben sein

ANMERKUNGEN   265

LITERATUR   275

EINLEITUNG

Seitdem Sigmund Freud die allgemeine Erkenntnis verbreitet hat, daß affektive Erlebnisse in der Kindheit von wesentlichem Einfluß auf die Charakterentwicklung und insbesondere auch auf die Bereitschaft zu neurotischen Störungen sind, wird darüber diskutiert: Welche spezifischen Erlebnisse sind es, die vornehmlich zu seelischen Erkrankungen und zu Störungen der Charakterentwicklung führen? In welchem Ausmaß und in welcher Art und Weise können Eltern kindliche Fehlreaktionen hervorrufen? Und umgekehrt: Können Eltern durch bestimmte erzieherische Einstellungen oder Maßnahmen die Entstehung von Neurosen bei ihren Kindern verhüten?

Seit den zwanziger Jahren haben sich zahlreiche Forscher, vor allem Schüler S. Freuds, dem Studium dieser Fragen gewidmet. Es zeichnete sich zunächst eine «Periode des Optimismus» (A. Freud) ab, in der manche Autoren in vorschneller Verallgemeinerung einzelner klinischer Erfahrungen glaubten, man könne so etwas wie einen Katalog bestimmter Erziehungsmaßnahmen angeben, die allein für die neurotische Entwicklung von Kindern maßgeblich seien. Man nannte unter anderem: Mißbrauch elterlicher Autorität, Kastrationsdrohungen, Verbot sexueller Neugierde, falsche Schlafarrangements, Verwöhnung, Verführung usw. Dementsprechend gab man sich der Hoffnung hin, man brauchte diese ungünstigen Maßnahmen nur zu vermeiden, um kindlichen Neurosen sicher vorzubeugen. Aber diese Hoffnung wurde enttäuscht. Die Erfahrung zeigte, daß durch Modifikation äußerer Erziehungspraktiken allein keine zureichende Neurosen-Prophylaxe zu erreichen war. Der Fehlschlag der übersteigerten Erwartungen leitete bei einer Reihe namhafter psychoanalytischer Autoren nun eine «Periode des Pessimismus» (A. Freud) ein, die durch die Auffassung gekennzeichnet ist: Der Einfluß der individuell besonderen Umgebung auf die Entwicklung kindlicher Neurosen sei unwesentlich. Entscheidend seien *unvermeidliche Faktoren*, wie die angeborene Bisexualität, die zu unausweichlichen Konflikten zwischen inneren Strebungen führe; dann die angeborene Triebstärke, die bei besonderer Intensität pathogene Frustrationen begünstige; ferner bestimmte ubiquitäre Situationen wie das Abstillen, Geschwister-Rivalität, Sauberkeitstraining und die Konflikte der ödipalen Phase mit dem Inzest-Tabu. Im Sinne dieser «pessimistischen Theorie» erscheint der persönliche Einfluß von Vater und Mutter nicht mehr wesentlich. Beide Eltern werden überwiegend als Repräsentanten schicksalhafter Rollen angesehen. Unausweichlich entzünde sich in der Beziehung des Kindes zu diesen Elternrollen seine ihm eingeborene Ambivalenz und der Konflikt, der durch die Ich-Es-Spaltung von Natur aus bereitliege.

Aber auch diese einseitig «pessimistische Theorie» wird durch die klinischen Erfahrungen nicht zureichend gestützt. So unbestreitbar die Bedeutung der unvermeidlichen Faktoren auch ist – der biologischen Anlage sowohl als der unausweichlichen sozialen Konfliktmomente –, so fehlen doch in keiner Krankengeschichte einer kindlichen Neurose Spuren spezifischer traumatischer Milieueinwirkungen. Kaum je vermißt man insbesondere schädigende Einflüsse der Eltern. Aber was sind das für Einflüsse? Sind die äußeren erzieherischen Maßnahmen und Praktiken, wie sich ja ergeben hat, weniger von Bedeutung, was ist es sonst?

Das Kind erfährt von seinen Eltern ja doch nicht nur eine Summe von Gewährungen, Verboten und äußeren Maßnahmen. Tiefer und nachhaltiger wird es von den affektiven Strebungen, den Ängsten und Konflikten der Eltern beeindruckt, die es gleichsam neben oder hinter den äußeren erzieherischen Praktiken mit erstaunlicher Einfühlung errät. Diese Tiefenschicht der bis ins Unbewußte hineinreichenden affektiven Einstellungen der Eltern muß mitberücksichtigt werden, wenn man ihren Effekt auf die seelische Entwicklung des Kindes überprüfen will.

Eine größere Zahl von Untersuchern haben sich nun in neuerer Zeit mit den Auswirkungen des «affektiven Erziehungsklimas» und der Persönlichkeitsstrukturen der Eltern beschäftigt. Der Ertrag dieser sehr interessanten Forschungen wird allerdings zum Teil dadurch begrenzt, daß die elterlichen Faktoren entweder nicht sehr differenziert beschrieben oder in einer zu simplifizierend schematischen Weise mit kindlichen Fehlentwicklungen korreliert werden. Es genügt nicht, die Struktur der Elternpersönlichkeiten, ihre individuellen und wechselseitigen affektiven Konflikte kennenzulernen, um daraus schon folgern zu können, welche pathogenen Hemmungen oder Stimulierungen das Kind dadurch etwa erleiden möge. Vielmehr gilt es zunächst, spezifisch zu fragen: Welche *Rolle* wird durch die affektiven Erwartungen der Eltern für das Kind konstituiert?

Die Rolle des Kindes in der Familie, bestimmt durch die affektiven Bedürfnisse der Eltern, ist das Hauptthema dieses Buches. Je mehr Eltern unter dem Druck eigener ungelöster Konflikte leiden, um so eher pflegen sie – wenn auch unbewußt – danach zu streben, dem Kind eine Rolle vorzuschreiben, die vorzugsweise ihrer eigenen Konfliktentlastung dient. Ohne sich darüber recht klar zu sein, belasten sie das Kind mit den unbewältigten Problemen ihres Lebens und hoffen, sich mit seiner Hilfe ihr Los zu erleichtern. Das Studium charakteristischer Rollen, auf die derartige Eltern ihre Kinder festlegen, ergibt sich nahezu zwangsläufig für den psychoanalytisch arbeitenden Kinderpsychiater, der täglich mit neurotischen Kindern und ihren Eltern Umgang hat. Die Verzahnung zwischen den elterlichen Erwartungen, Wünschen, Ängsten und den Reaktionen des Kindes, das sich oft gleich einem Insekt im Spinnennetz der ihm zugedachten Rolle windet, läßt bestimmte, immer wiederkehrende Strukturen der Eltern-Kind-Beziehung erkennen, die offensichtlich die Entstehung kindlicher Neurosen zu fördern vermögen. Welche Rollen sind da nun wichtig?

Unter Anwendung des idealtypischen Verfahrens lassen sich einzelne typische inadäquate Rollen für das Kind herausheben, die den Zusammenhang von ungünstigen Elterneinstellungen und kindlicher Störung differenziert zu verstehen erlauben. Unter Anlehnung an die von S. Freud angegebene Einteilung menschlicher Partnerbeziehungen («Objektwahlen») lassen sich beschreiben: die Rollen des Kindes als Substitut für eine Elternfigur, für einen Gatten oder eine Geschwisterfigur, als Abbild des elterlichen Selbst, als Substitut des idealen oder des negativen Aspekts des elterlichen Selbst und als umstrittener Bundesgenosse. In jeder dieser Rollen stecken zugleich Merkmale der normalen Eltern-Kind-Beziehung. Aber je einseitiger und enger die Eltern dem Kind die jeweilige Rolle in ihrer teils bewußten, teils unbewußten Einstellung vorschreiben, um so mehr erhöht sich die Belastung für das Kind, um so eher gerät es in die Gefahr einer neurotischen Erkrankung. Freilich besteht nie ein einfacher Kausalzusammenhang zwischen einer «traumatischen Rolle» und einer kindlichen Neurose. Wie sich das Kind mit der belastenden Rolle auseinandersetzt – ob es sich ihr unterwirft, ob es ihr entfliehen oder sich sogar gegen sie behaupten kann –, das wird noch nicht durch die elterliche Rollen-Vorschrift an sich determiniert. Die Erbkonstitution des Kindes, seine biologische Entwicklung und sein übriges soziales Schicksal variieren seine Reaktionsmöglichkeiten. Trotzdem stecken in jeder Rolle natürlich spezifische Belastungsmomente, die den Spielraum für die kindlichen Reaktionen jeweils in einer bestimmten Richtung einengen. Dadurch wird es immerhin möglich, für die einzelnen Rollen typische Einflüsse auf die seelische Entwicklung des Kindes anzugeben, die mit einer gewissen Wahrscheinlichkeit erwartet werden können.

VORLIEGENDE THEORIEN ÜBER NEUROSEFÖRDERNDE ELTERNEINFLÜSSE AUF DAS KIND

DIE HYPOTHESEN DER KLASSISCHEN
TIEFENPSYCHOLOGISCHEN SYSTEME

S. Freud

Die Frage nach äußeren neurosefördernden Einflüssen in der Kindheit wurde in der Geschichte der Neurosen-Pathologie sehr verschieden beantwortet. S. Freud hat seine Auffassung in diesem Punkt mehrfach modifiziert. 1896 führte er die Hysterie auf sexuelle Traumen in der Kindheit zurück. Der Inhalt dieser Traumen «muß in wirklicher Irritation der Genitalien (koitusähnlichen Vorgängen) bestehen» [1]. 1904 formulierte er, daß nicht ein einzelner traumatischer Eindruck, sondern «meist eine schwer zu übersehende Reihe von solchen» die Störungen bewirke.[2] Diese Vorstellung von den Kindheitstraumen entstammte übrigens nicht den Erlebnisschilderungen von Kindern. Bis 1909 verfügte Freud nur über Erfahrungen mit Erwachsenen (N. Wolffheim [3]). Später stellte sich dann heraus, daß die Mitteilungen der erwachsenen Patienten über ihre angeblichen kindlichen Sexualerlebnisse oft nicht zutrafen, daß es sich hierbei vielfach um Phantasieprodukte handelte. Freud erklärte dazu, es sei für die Neurosen-Psychologie gar nicht entscheidend wichtig, ob die von den Kranken berichteten traumatischen Kindheitsszenen phantasiert seien oder auf Realität beruhten: «Es bleibt eine Tatsache, daß der Kranke sich solche Phantasien geschaffen hat, und diese Tatsache hat kaum geringere Bedeutung für seine Neurose, als wenn er den Inhalt dieser Phantasien wirklich erlebt hätte. Diese Phantasien besitzen *psychische* Realität im Gegensatz zur *materiellen,* und wir lernen allmählich verstehen, daß in der Welt der Neurosen die psychische Realität die maßgebende ist» (1917) [4]. 1923 sagte er im Rückblick auf seine alte Trauma-Theorie: «Die analytische Forschung des Referenten verfiel zunächst in den Irrtum, die Verführung als Quelle der kindlichen Sexualäußerungen und Keim der neurotischen Symptombildung weit zu überschätzen. Die Überwindung dieser Täuschung gelang, als sich die außerordentlich große Rolle der Phantasietätigkeit im Seelenleben der Neurotiker erkennen ließ, die für die Neurose offenbar maßgebender war als die äußere Realität.» [5]

Wenn Freud somit der Phantasietätigkeit einen Vorrang gegenüber der äußeren Realität einräumte, so war dies für die therapeutische Technik offenbar fruchtbar: Wenn die Kranken an Phantasien genauso litten wie an Realerinnerungen, dann waren jene genauso ernst zu nehmen und zu behandeln wie diese. Hinsichtlich der *ätiologischen* Fragestellung führte die Überordnung der «psychischen Realität» über die «materielle» indessen zu Schwierigkeiten.

Es mußte entmutigend auf Bestrebungen wirken, die traumatischen sozialen Bedingungen der Neurosen für sich zu studieren, wenn es am Ende doch nahezu als gleichgültig bewertet wurde, ob die Neurosen sich auf realen oder nur auf phantasierten Traumen aufbauten. Freud hat zwar selbst das Interesse für die traumatischen Faktoren nie verloren und schließlich seine an der Hysterie entwickelte Trauma-Theorie fortentwickelt. Jedoch beschäftigte ihn der Stellenwert der traumatischen Eindrücke innerhalb der «psychischen Realität», also innerhalb der Dynamik des Triebschicksals, fortan ungleich mehr als jene äußeren Einflüsse selbst.

1917 zählte er als die «Begebenheiten, die in der Jugendgeschichte der Neurotiker immer wiederkehren» und «von besonderer Wichtigkeit» seien, folgende traumatische Situationen auf: *«Die Beobachtung des elterlichen Verkehrs, die Verführung durch eine erwachsene Person und die Kastrationsdrohung.»* Allerdings bestand er nun nicht mehr darauf, daß diese «Begebenheiten» auf Realerfahrungen beruhten: «Sind sie in der Realität enthalten, dann ist es gut; hat sie die Realität verweigert, so werden sie aus Andeutungen hergestellt und durch die Phantasie ergänzt. Das Ergebnis ist das gleiche...»

Es wurde somit eine Art von konstitutioneller Bereitschaft für bestimmte traumatische Phantasien angenommen, wodurch der exogenen Komponente wiederum ein wesentlicher Teil ihrer Bedeutung entzogen wurde. In diesem Sinne verstehen sich auch die 1933 getroffenen Formulierungen über das Trauma der Kastrationsdrohung. Gegen den Einwand, daß hierzulande die reale Gefahr der Kastration doch gar nicht bestehe, argumentierte Freud: Es komme nur darauf an, daß an diese Gefahr als eine von außen drohende *geglaubt* werde. Dieser Glaube sei phylogenetisch dadurch vorgeprägt, daß es «in Urzeiten der menschlichen Familie» die Knaben-Kastration durch eifersüchtig grausame Väter wirklich gegeben habe.[6] Im übrigen seien an der Vorbereitung der Kastrationsangst bestimmte physiologische Erfahrungen beteiligt: die Entziehung der Mutterbrust, die tägliche Abtrennung des Darminhaltes, der Anblick des weiblichen Geschlechtsorgans.[7] Man sieht: Selbst hinsichtlich des Traumas der Kastrationsdrohung, das in der Freudschen Psychoanalyse doch eine zentrale Rolle spielt, wird den individuellen äußeren Einflüssen, insbesondere der persönlichen Einstellung der Eltern, keine ausschlaggebende Bedeutung beigemessen. Neben der phylogenetisch erklärten angeborenen Bereitschaft zur Kastrationsphantasie sind ubiquitäre, unvermeidliche Erfahrungen die vorherrschenden Determinanten. Seitens der Erzieher genügt eben die «Andeutung» einer Drohung, um die aus den übrigen Bedingungen längst präformierte Angst voll zu aktualisieren.

Inzwischen hatte Freud die Reihe der «traumatischen Begebenheiten» unter dem Einfluß von Ranks[8] Theorie vom «Geburtstrauma» (1924) erweitert. Als Vorläufer der späteren Kastrationsangst wurde die «Angst vor dem Liebesverlust» als wichtig hervorgehoben, die beim Mädchen überhaupt an die Stelle der Kastrationsangst des Knaben treten sollte. Diese Angst sei «ersichtlich eine Fortbildung der Angst des Säuglings, wenn er die Mutter vermißt» (1933). «Wenn die Mutter abwesend ist oder dem Kind ihre Liebe entzogen hat, ist es ja der Befriedigung seiner Bedürfnisse nicht mehr sicher, möglicherweise den peinlichsten Spannungsgefühlen ausgesetzt.»[9] Einer einseitigen Rückführung dieser Angst vor Liebesverlust auf die «Geburtsangst», wie es Rank vornahm, widerstand Freud. Vielmehr sei «jedem Enwicklungsalter eine bestimmte Angstbedingung» zugeteilt. Die Angst vor dem Liebesobjekt-Verlust könne von vielen zeitlebens nicht überwunden werden: «Sie werden nie unabhängig genug von der Liebe anderer und setzen in diesem Punkt ihr infantiles Verhalten fort.»

In einer seiner letzten Arbeiten faßte Freud 1937 seine inzwischen wieder modifizierte Traumatheorie so zusammen:

«Alle diese Traumen gehören der frühen Kindheit bis etwa zu fünf Jahren an ... die Periode von zwei bis vier Jahren erscheint als die wichtigste; wann nach der Geburt diese Zeit der Empfänglichkeit beginnt, läßt sich nicht sicher feststellen ... sie [die Erlebnisse. Der Verf.] beziehen sich auf Eindrücke sexueller und aggressiver Natur, gewiß auch auf frühzeitige Schädigungen des Ichs (narzißtische Kränkungen) ... Die Traumen sind entweder Erlebnisse am eigenen Körper oder Sinneswahrnehmungen, meist von Gesehenem und Gehörtem ...»[10]

Die einseitige Akzentuierung der Traumen aus der Sexualsphäre ist somit preisgegeben worden. Die traumatischen Schädigungen können sich sowohl auf libidinöse als auf aggressive Impulse und schließlich auch auf die narzißtischen Ansprüche des «Ich» beziehen. Damit hat Freuds Trauma-Theorie zuletzt noch eine Erweiterung erfahren. Sie versucht nun, den Beobachtungen Rechnung zu tragen, daß nicht nur eine Triebkomponente, sondern alle Triebrichtungen und nicht nur die Triebsphäre, sondern ebensogut auch die Ich-Sphäre, das heißt also letztlich der gesamte Persönlichkeitsbereich des Kindes, von traumatischen Einwirkungen betroffen werden können.

Nichtsdestoweniger ist unverkennbar, daß Freud in seinen späteren Phasen den individuellen Milieueinflüssen nur noch eine abgeschwächte Bedeutung für die Hervorrufung von Neurosen beigelegt hat. Im Vordergrund seines Interesses verbleiben die *unvermeidlichen* Bedingungen menschlicher Konflikte: die angeborene Triebambivalenz, die Struktur der Psyche mit ihrer Spaltung in Es, Ich, Über-Ich, die unausweichliche

Kollision der menschlichen Triebe mit dem Normenkodex der Gesellschaft, dessen Vermittlung den Erziehern obliegt, ferner ubiquitäre Belastungen wie das Abstillen, das Sauberkeitstraining, Geschwisterrivalität, die Konkurrenzproblematik in der ödipalen Phase usw. Seine betonte Hervorhebung aller dieser unvermeidlichen Faktoren auf Kosten individuell besonderer Milieueinflüsse hat zweifellos der «pessimistischen Periode» in der Psychoanalyse, wie Anna Freud sie nennt, den Weg bereitet. «Pessimistisch» heißt diese Periode eben deshalb, weil der Hoffnung auf Neurosenverhütung durch Vermeidung von Erziehungsfehlern entsagt wird. Gegen die zitierten «unvermeidlichen Faktoren» muß die fortschrittlichste Erziehung machtlos bleiben.[11]

Trotzdem bleibt es eine interessante Tatsache, daß kein anderer als Freud selbst den Weg genau vorgezeichnet hat, auf dem das Studium der Elterneinflüsse auf die kindliche Entwicklung fruchtbar voranschreiten kann. Mit seiner Theorie der Identifizierung hat er sogar bereits den wichtigsten psychodynamischen Mechanismus aufgedeckt, unter dessen Wirkung das Kind Eindrücke von den Eltern und anderen Partnern zu integrierenden Bestandteilen seines keimenden Charakters verarbeitet:

Die Identifizierung, schon in Frühphasen der kindlichen Entwicklung wirksam, werde als Streben kenntlich, «das eigene Ich ähnlich zu gestalten wie das zum ‹Vorbild› genommene»[12]. «Objektbesetzungen» können nach Freud von Identifizierungen in der Weise abgelöst werden, daß das jeweilige Objekt durch Introjektion im Ich aufgerichtet werde. Er meint, «daß solche Ersetzung einen großen Anteil an der Gestaltung des Ichs hat und wesentlich dazu beiträgt, das herzustellen, was man einen Charakter heißt»[13]. Ein spezifischer Fall von Identifizierung sei die Bildung des sogenannten Über-Ichs, der Gewissensinstanz, die beim Untergang des Ödipus-Komplexes erfolge: «Die ins Ich introjizierte Vater- oder Elternautorität bildet dort den Kern des Über-Ichs, welches vom Vater die Strenge entlehnt...»[14]

Aus dieser Auffassung von der Bedeutung der Identifizierung für die Ich- und Über-Ich-Bildung ergibt sich zwangsläufig, daß die individuelle Besonderheit der Eltern für die kindliche Entwicklung von maßgeblichem Einfluß sein muß. Ist zum Beispiel das Über-Ich – wie Freud ja lehrt – im wesentlichen eine Kopie der Eltern-Autorität, so müssen in der Tat milde Eltern eher ein mildes Über-Ich, strenge Eltern eher ein strenges Über-Ich im Kinde entstehen lassen.[15] Da aber gerade die Artung des Über-Ichs die Neurosen-Disposition des Kindes entscheidend determiniert, ist somit ein enger Zusammenhang zwischen Elterneinwirkung und Neurose-Gefährdung des Kindes offenkundig.

Man könnte nun fragen, warum Freud diesen Weg nicht weiterverfolgt und die theoretisch vorgezeichnete Bedeutung des individuellen

Elterneinflusses nicht breiter gewürdigt und in seinen klinischen Arbeiten beschrieben habe. Dazu ließe sich vielleicht sagen, daß seine Arbeiten zur Psychologie des Ichs und des Über-Ichs bereits in eine verhältnismäßig späte Schaffensperiode fallen. Außerdem aber ist nicht zu verkennen, daß Freud seine gesamte psychoanalytische Entwicklungstheorie unter einem bestimmten Gesichtswinkel konzipiert hat. Seine Fragestellung lautet regelmäßig: Was geschieht *im Kind?* Zum Beispiel welche Impulse hat es, welche Abwehrmechanismen betätigt es? Stets erscheint das Kind als der eigentliche Urheber und Motor seiner psychodynamischen Prozesse, während die Eltern unter diesem Aspekt vorwiegend als Adressaten von Wünschen oder Abwehrvorgängen, allenfalls als bloße Auslöser kindlicher Funktionen auftreten. So beschreibt er die Identifizierungsvorgänge charakteristischerweise derart, als ob die Eltern dabei etwa das Material lieferten, dessen sich das Kind durch Internalisierung bediene. Von den psychodynamischen Austauschprozessen zwischen Eltern und Kind wird in asymmetrischer Weise immer der Ausschnitt akzentuiert, der die Aktivität des Kindes betrifft. Das folgt eben aus der Perspektive der gesamten Fragestellung. S. Freud hat uns gründlich gelehrt, wie sich das Kind der Eltern durch «Objekt-Besetzung» und Identifizierung bemächtigt, während er die Frage danach, wie sich gleichzeitig die Eltern ihrerseits des Kindes bemächtigen und es ihren Wünschen und Projektionen unterwerfen, nur am Rande verfolgt hat. Hier knüpfen nun spätere psychoanalytische Untersuchungen, darunter auch die vorliegende, an.

C. G. Jung

C. G. Jung übernahm zunächst Freuds Ansicht, daß die Erlebnisse der frühen Kindheit für die normale oder neurotische Entwicklung des Individuums von bestimmendem Einfluß seien. 1909 schrieb er über ‹Die Bedeutung des Vaters für das Schicksal des Einzelnen› [16]. Er formulierte darin: «Die Quelle der kindlichen Anpassungsstörung ist natürlich die affektive Beziehung zu den Eltern ... In der bildsamsten Zeit vom 1. bis 5. Jahre dürften alle wesentlichen Charakteristika, die genau auf die elterliche Matrize passen, sich herausgearbeitet haben.»

Auf seine Anregung untersucht seine Schülerin E. Fürst die familiäre Übereinstimmung im Reaktionstypus bei 100 Versuchspersonen aus 24 Familien. Aus der auffallenden Ähnlichkeit zwischen dem Wertprädikattypus der Eltern und demjenigen der Kinder schloß er auf «eine Art psychischer Ansteckung» [17]. In der bereits zitierten Schrift ‹Die Bedeutung des Vaters für das Schicksal des Einzelnen› schilderte er die Biographien von drei Neurotikern, die ihr ganzes Leben «im Zauberkreis der familiären Konstellation» blieben. Obwohl der Vater längst gestorben oder zumindest aus den Augen verloren worden war, blieben alle drei Patienten in ängstlicher Hörigkeit an ihr Vaterbild gebunden und verfehlten völlig eine eigene ausfüllende Lebensgestaltung. C. G. Jung resümierte: «Die Väter, die ihren Kindern alle selbständigen Gefühlsregungen abkritisieren, mit schlecht verhehlter Erotik und Gefühlstyrannei ihre Töchter verhätscheln, ihre Söhne bevormunden, in Berufe hineinpressen und schließlich ‹passend› verheiraten, und die Mütter, die ihre Kinder schon in der Wiege mit ungesunder Zärtlichkeit erhitzen, sie später zu leibeigenen Puppen machen und dann schließlich mit Eifersucht die Erotik der Nachkommen durchwühlen...» stifteten in ihren Kindern bleibenden Schaden. «Solche Kinder werden den Fluch, den sie von den Eltern übernahmen, noch lange fortsetzen, auch wenn erstere längstens gestorben sind.»

Später legte Jung den traumatischen Einflüssen der Mütter ein größeres Gewicht bei als denjenigen des Vaters. 1938 formulierte er: «Nach meiner Erfahrung scheint es mir, als ob die Mutter stets, d. h. insbesondere bei infantilen Neurosen oder bei solchen, die unzweifelhaft ätiologisch in die frühe Kindheit zurückreichen, aktiv bei der Verursachung der Störung dabei sei.»[18] Er untersuchte die typischen Entwicklungslinien, die durch einen «Mutterkomplex» bei Sohn und Tochter in Gang gesetzt zu werden pflegen. Allerdings hatte er zu dieser Zeit bereits seine ursprüngliche Trauma-Theorie verlassen und eine Abwandlung vorgenommen, die an die spätere Auffassung Freuds anknüpfte, daß die Entwicklung der kindlichen Phantasie nicht nur durch reale Erfahrungen, sondern auch durch phylogenetisch vorgebildete Anlagen bestimmt zu werden scheine. So, wie Freud beispielsweise die Kastrationsangst der Knaben nicht hinreichend durch väterliche Drohungen zu erklären vermochte, sondern eine aus der Phylogenese zu erklärende Anlage mit einer gewissen Verstärkerfunktion als Mitursache anerkannte, so zweifelte Jung: «Die Elternimago besitzt... eine ganz außergewöhnliche Energie und beeinflußt das Seelenleben des Kindes in so hohem Maße, daß man sich fragen muß, ob man einem gewöhnlichen Menschen solche magische Stärke überhaupt zutrauen darf. Offenkundig besitzt er sie zwar; aber die Frage drängt sich auf, ob sie auch sein wirkliches Eigentum sei.» Er kam zu einer verneinenden Antwort und erklärte schließlich die «magische» Macht der Eltern über ihre Kinder durch die Wirksamkeit kollektiver Instinktvorlagen, die er «Archetypen» nannte. Folglich müßten die traumatischen Wirkungen der Mutter auf das Kind in zwei Gruppen geschieden werden: «Erstens in solche, welche wirklich vorhandenen Charaktereigenschaften oder Einstellungen der persönlichen Mutter entsprechen und zweitens in solche, welche sie nur scheinbar besitzt, indem es sich um Projektionen phantastischer (d. h. archetypischer) Art von seiten des Kindes handelt.»

Bekanntlich erweiterte Jung im Gegensatz zu Freud diesen Gedanken zu einer systematisierten Theorie vom «kollektiven Unbewußten». Er entfernte sich zunehmend vom «Familienroman» der Neurotiker. Die spekulative Konstruktion der «Archetypen» wurde zur Erklärungsgrundlage für nahezu sämtliche psychische Wirkungen. Wenn ein Kind unter einem «Vater-» oder «Mutterkomplex» leidet, so sind nach Jung letztlich die jeweiligen «Archetypen» schuld, mit denen sich die Eltern identifizieren, die als Resonatoren die elterlichen Wirkungen verstärken und die das Kind wiederum auf die Eltern projiziert. So hat die entfernt an die platonische Ideenlehre erinnernde Archetypen-Theorie nicht gerade anregend auf die empirische Erforschung der realen sozialen Faktoren gewirkt, die im Kinde neurosefördernd wirken. Zu stark ist für die Vertreter dieser Richtung die Neigung, die unmittelbaren Tatbestände des Verhaltens und des Erlebens und ihre evidenten Zusammenhänge zugunsten des Studiums archetypischer Bezüge zu relativieren.

Zusammenfassend ergibt sich bei Jung eine in der Richtung ähnliche Wandlung wie bei Freud: Nach einer anfänglichen stärkeren Bewertung der realen äußeren Einwirkungen auf die kindliche Entwicklung tritt das Studium der Umgebungseinflüsse mehr und mehr zurück, während phylogenetisch vorgebildete Reaktionsbereitschaften in den Vordergrund der Theorie rücken. Allerdings geht Jung in dieser Hinsicht noch ein erhebliches Stück über Freud hinaus. Bei ihm schrumpfen Mutter und Vater am Ende vollends zu bloßen Mittlern archetypischer Gesetze zusammen. So antwortet er wörtlich auf die Frage, warum die Eltern für das Schicksal des Kindes wichtig sind: «...nicht etwa darum, weil sie diese oder jene menschlichen Fehler oder Vorzüge haben, sondern weil – sozusagen zufälligerweise – sie die Menschen sind, die dem kindlichen Gemüt zum erstenmal jene dunklen und mächtigen Gesetze vermitteln...»[19]

A. Adler

Adler, der Begründer der Individualpsychologie, unterschied vornehmlich drei Erlebnisursachen für neurotische Entwicklungsstörungen (1926)[20].

An erster Stelle rangierte bei ihm das Erlebnis eigener *Organminderwertigkeit*. Infolge dieses drückenden Minderwertigkeitsgefühls bilde sich im Kinde leicht ein Überkompensationsstreben: «Das Streben nach Macht und Überlegenheit wird überspitzt und ins Krankhafte gesteigert.»[21]

Unter *äußeren* schädigenden Einflüssen nannte er zunächst *Zärtlich-*

keitsmangel in der Erziehung. Werden von den Eltern dem Kinde Zärtlichkeiten verweigert oder als lächerlich hingestellt, so pflege ein solches
Kind eine betonte Gefühlsscheu zu entwickeln und späterhin beizubehalten. Je mehr sich die erzieherische Lieblosigkeit bis zur *Härte* steigere,
führe sie zu Verbitterung und Isolationstendenzen.

Aber auch *übertriebene Zärtlichkeit* führe zu Schäden. Verzärtelte
Kinder seien leicht versucht, auf ihre Umgebung einen Druck auszuüben
und das Bestreben zu entwickeln, mehr Bedeutung zu erlangen als andere. Der Gruppe der verzärtelten Kinder rechnete er auch jene zu, denen alle Schwierigkeiten aus dem Wege geräumt werden, die sich alles
herausnehmen dürfen. Diesen Kindern drohe im weiteren Leben die
Gefahr, bei Verlassen der «tropischen Atmosphäre» Rückschläge zu erleiden.

Allen drei Schädigungen sei gemeinsam, daß sie letztlich auf eine Isolierung der davon betroffenen Individuen hinausliefen. Es komme bei
ihnen zu einer Unterentwicklung des Gemeinschaftsgefühls und zur
Ausbildung einer pessimistischen Weltanschauung, «wenn sie keine Erlösung von ihrer falschen Lebensschablone finden«[22].

H. Schultz-Hencke

Schultz-Hencke, Begründer der Neo-Psychoanalyse, der eine «Amalga-
mierung» der älteren tiefenpsychologischen Theorien anstrebte, bekannte sich grundsätzlich zur traumatischen Ätiologie der neurotischen
Entwicklungsstörungen. Freud stimmte er darin bei, daß es meist nicht
einzelne belastende Erlebnisse, sondern «viele aufeinanderfolgende
‹kleinere› Ereignisse» seien, die eine psychische Entwicklungsstörung bedingen könnten.[23] Während Freud jedoch späterhin dazu überging, die
pathogenen Kindheitserlebnisse im wesentlichen unvermeidlichen biologischen und sozialen Bedingungen zur Last zu legen, und während
Jung schließlich auf die kongenitalen Instinktvorlagen der Archetypen
rekurrierte, nahm Schultz-Hencke keine vergleichbare Relativierung der
individuellen Sozialfaktoren vor. Ähnlich wie Adler betonte er ausdrücklich die direkte Schädlichkeit ungünstiger Erzieher-Einstellungen.

Die qualitative Beschreibung der traumatischen Faktoren ist bei ihm
gekennzeichnet durch eine unmittelbare Projektion auf die kindlichen
Triebbedürfnisse, von ihm «Antriebe» genannt. Das stellt sich in seinen
Worten so dar: «Ein Kind ‹will› triebhaft expansiv sein, es will sich entfalten... Trifft auf einen Menschen schon in allerfrühester Kindheit
eine Atmosphäre der Härte, d. h. vielleicht nur der Lieblosigkeit, der
mangelnden Bestätigung, so wird sein Entfaltungsdrang eingeschüchtert, sein Streben wird gelähmt.»[24]

Charakteristisch für diesen perspektivischen Ausgangspunkt ist es, daß der Oberbegriff für alle traumatischen Einwirkungen «das Hemmende» lautet, wie andererseits «Gehemmtheit» höheren Grades als Synonym für Neurose steht.

So ist die Frage nach der Beschaffenheit der traumatischen Faktoren von vornherein mit dem Präjudiz belastet, daß als ihr Hauptmerkmal sich der Hemmungseffekt auf die kindlichen Antriebe zu erweisen haben werde.

Im einzelnen führte Schultz-Hencke, hierin sich Adler annähernd, *Härte* und *Verwöhnung* als die beiden hauptsächlich traumatischen Hemmungsfaktoren an. Unter «Härte» wollte er nicht nur einschüchternde Strenge verstanden wissen, sondern rechnete hierzu auch einen generellen Mangel an liebevoller Bestätigung. Also nicht nur das Vorhandensein einschränkender Erziehungseinflüsse, auch die Nicht-Existenz fördernder Einflüsse sollte darunter begriffen sein. Die erzieherische Verwöhnung sollte sich in zweierlei Weise als Hemmungsfaktor auswirken. Eine Mutter, die ihr Kind verwöhne, erzeuge bei diesem leicht eine außergewöhnliche gefühlsmäßige Abhängigkeit. «Erst wenn sie dann, wie häufig, die entstandene überstarke Bindung für ihren moralischen Druck ausnutzt, ergibt sich schließlich doch desto stärkere Gehemmtheit.»[25] Die äußerliche Verwöhnungshaltung stellt sich hier also nur als eine Spielart getarnter Härte heraus.

Im anderen Fall, den bereits Adler beschrieben hatte, liegt zwischen Verwöhnung und schließlicher Hemmung ein längerer Zeitraum. «Wenn ein Kind anfänglich, d. h. im engsten Milieu, zu weich behandelt wird, so muß es späterhin irgendwann mit der im ganzen härteren Realität desto heftiger zusammenstoßen. Dies ist der übliche Vorgang, der dann zur Gehemmtheit führt.»[26]

Zusammenfassung der Trauma-Theorien der klassischen tiefenpsychologischen Systeme

Freud lenkte als erster die Aufmerksamkeit der psychopathologischen Forschung auf die pathogenetische Bedeutung äußerer Einwirkungen auf das Kind. Die Hysterie, sein erstes Studienobjekt, leitete er von traumatischen Kindheitserlebnissen ab. Im Zuge der Entwicklung der psychoanalytischen Lehre schwächte er indessen die Bedeutung individueller und unter Umständen vermeidbarer traumatischer Erfahrungen mehr und mehr ab. Es verlor für ihn an Gewicht, ob die Eltern diese oder jene Fehler haben, ob sie nach dieser oder jener Methode erziehen. Ausschlaggebend wurde für ihn die Auseinandersetzung des Kindes mit gewissen «unvermeidlichen» belastenden Bedingungen.

Diese Bedingungen lassen sich in vier Gruppen einteilen:

1. Allgemeine Anlagefaktoren: zum Beispiel besondere Triebstärke, Ambivalenz, Bisexualität.

2. Spezielle anlagebedingte Bereitschaften zu traumatischen Phantasien, als Niederschlag der Phylogenese aufgefaßt: zum Beispiel Bereitschaft zur Kastrationsphantasie.

3. Inkompatibilität von Triebbedürfnissen und allgemeinem gesellschaftlichem Normenkodex.

4. Schicksalsbedingte Partnerkonflikte: zum Beispiel Abstillen, Geschwisterrivalität usw.

Jungs Entwicklung zeigt Parallelen. Auch er betonte im Anfang das Gewicht der individuellen Sozialfaktoren für die kindliche Entwicklung stärker als später. Dabei dachte er indessen von vornherein mehr an die *affektiven* Eltern-Kind-Beziehungen und im Vergleich zu Freud weniger an Einzelerlebnisse wie sexuelle Verführung, Beobachtung des elterlichen Verkehrs oder Kastrationsdrohungen. Schließlich wandte er sich vom «Familienroman» radikal ab. Noch erheblich über Freud hinausgehend, relativierte er die Bedeutung der konkreten äußeren Einwirkungen auf das Kind, selbst der «unvermeidlichen» traumatischen Erfahrungen. Gegenüber den kollektiven kongenitalen Instinktvorlagen der Archetypen sanken die auf das Kind einwirkenden Beziehungspersonen zur Rolle bloßer Vermittler oder Repräsentanten archetypischer Mächte herab.

Anders als Freud und Jung blieben Adler und Schultz-Hencke bei einer stärkeren Bewertung individueller Milieueinflüsse. Neben dem konstitutionellen Defekt der «Organminderwertigkeit» beschuldigte Adler Erziehungsfehler, wie zuviel oder zuwenig Zärtlichkeit, als maßgeblich für kindliche Entwicklungsstörungen. Seinen Einfluß verrät Schultz-Henckes Theorie der pathogenen Rolle von erzieherischer Härte und erzieherischer Verwöhnung. Beide haben aber, wie ihre Arbeiten erkennen lassen, viel mehr Interesse auf das Studium der Spuren gelegt, welche traumatische Erlebnisse im Kind hinterlassen, als auf die traumatischen Sozialfaktoren selbst. Das Hauptaugenmerk blieb auf das kindliche Triebschicksal gerichtet, in welches die äußeren traumatischen Einwirkungen oft wie hineinprojiziert erscheinen. So darf es als charakteristisch gewertet werden, daß in Schultz-Henckes ‹Entwurf eines Lehrbuches der Neo-Psychoanalyse› gerade neun Seiten dem «Hemmenden» gewidmet sind, während nahezu 300 Seiten der Erörterung der Struktur, der Erscheinungsweisen des «gehemmten Menschen» und der krankhaften Folgen der «Gehemmtheit» dienen. Ebenso symptomatisch ist die Wahl des Allgemeinbegriffes «das Hemmende» für die neurosebildenden oder -fördernden Milieufaktoren. So wie terminologisch der pathogene äußere Einfluß bereits durch seine Rückwirkung auf das kindliche

Triebleben bestimmt wird, so gilt eben auch das Interesse nur der Frage, inwieweit das soziale Milieu die kindlichen Triebbedürfnisse hemmt oder nicht hemmt. – Während Adler und Schultz-Hencke den individuellen und vermeidbaren Erziehungsfehlern mehr Gewicht beilegen als Freud und damit den Auffassungen der «optischen Periode» der Psychoanalyse nahestehen, erscheinen ihre Befunde über die Austauschbeziehungen zwischen Eltern und Kind im Vergleich zu Freud mehr simplifizierend und oberflächlicher. Für die weitere Erforschung pathogener Elterneinflüsse auf das Kind haben deshalb Freuds profunde Erkenntnisse über die zwischenmenschlichen Prozesse der Identifikation, der Introjektion, der Übertragung und der Projektion wesentlich fruchtbarer gewirkt als Adlers und Schultz-Henckes mehr behaviouristisch anmutende Feststellungen über traumatische Erziehungsfaktoren.

Schultz-Henckes Vorstellungsmodell kann übrigens als Paradigma für eine größere Zahl anderer vereinfachender Bearbeitungen der Freudschen Auffassungen gelten, die sich bequemer als Freuds eigene komplizierte und in allen Schlußfolgerungen vorsichtige Lehre zur Ausbeutung durch die Populärpsychologie in aller Welt anboten. Soll alles «Hemmende» vermieden werden, damit kein «gehemmter Mensch» entsteht – wie Schultz-Henckes kardinale Termini lauten –, so hört sich das eben doch so an, als bedürfe es nur einer Ausschaltung aller hemmenden Einwirkungen auf die kindlichen «Antriebe», um die Neurosen auszumerzen. Tatsächlich haben solche und ähnliche Versuche, aus Freuds hochdifferenziertem System eine elementare und quasi handgreiflichere Theorie herauszukondensieren, erheblich dazu beigetragen, im öffentlichen Bewußtsein ein recht einseitiges und entstelltes Bild von der Neurosengenese entstehen zu lassen. Als allgeläufiges Mißverständnis der Psychoanalyse hat sich die populäre Meinung gebildet, Freud selbst habe einer uneingeschränkten Triebtoleranz das Wort geredet, während er in Wirklichkeit nie Zweifel daran gelassen hat, daß eine gesunde und normale Entwicklung des Individuums in unserer Kultur ohne erzieherische Versagungen und Ausbildung zweckmäßiger Abwehrfunktionen des «Ich» ganz undenkbar sei. Selbst der Psychoanalytiker W. Reich, der, in der Hoffnung auf Ausrottung der Neurosen, weit über Freud hinausging, hat von einer Erziehung ohne Triebversagung ausgesagt, daß sie nur zu ungehemmter Triebhaftigkeit und Asozialität führen könne.[27] Nichtsdestoweniger hat sich, so widersinnig dies auch erscheint, vor allem in Amerika in den letzten 30 Jahren unter Berufung auf die Psychoanalyse eine Bewegung verbreitet, die als Erziehungsideal, wie R. Spitz formuliert, «eine eigenartige, unvernünftige Haltung der blinden Gewährung ... eine angstvolle, blinde Vermeidung aller Versagungen und jeder Disziplin»[28] vertritt. Es ist hier nicht der Ort, die Triebkräfte und die Einflüsse dieser Bewegung näher zu diskutieren. Daß sie sich auf Freud und die psychoanalytische Lehre stützt, bedarf indessen in diesem Zusammenhang der Richtigstellung. «Es ist klar», so formuliert der namhafte Freud-Schüler Spitz, «daß Versagungen eine wichtige, eine notwendige, eine entscheidende Rolle in dem Anpassungsvorgange spielen, den das Kind vollziehen muß, um sich der menschlichen Gesellschaft einzuordnen»[29].

NEUERE ANSCHAUUNGEN

Vorbemerkung: Anregende Wirkung von Kulturanthropologie,
Zwillingsforschung und Hospitalismusforschung.
Methodenprobleme

Freud und die ihm nachfolgenden Begründer tiefenpsychologischer Schulen bezogen ihre Anschauungen über die Auswirkungen der Eltern-Kind-Beziehungen auf die kindliche Entwicklung vornehmlich aus psychotherapeutischen Erfahrungen mit Erwachsenen, später auch mit Kindern. Durch die Einführung der psychoanalytischen Methode hatte Freud die Möglichkeit erschlossen, völlig neue und viel tiefer als bisher dringende psychologische Erfahrungen in der Behandlung seelischer Erkrankungen zu sammeln. Die oft aus mehrjähriger Analyse registrierten Erinnerungen, Phantasien, Träume, Fehlleistungen und Verhaltensweisen eines Patienten ließen mit Hilfe der neuartigen Deutungstechnik Freuds, die einen methodischen Zugang auch zu den unbewußten Seelenprozessen eröffnete, eine wirklich umfassende Übersicht über die Entwicklung, die Struktur und Motivationen des einzelnen Menschen gewinnen. Hinsichtlich der Erfassung der sozialen Faktoren ist der psychoanalytischen Methode indessen eine Grenze gesteckt, die Freud selbst freilich nie verleugnet hat: Der Psychoanalytiker lernt immer nur die individuelle seelische Wirklichkeit seines Patienten kennen. Er erfährt, wie sich darin die Umgebung spiegelt (die Eltern, die Geschwister, der Gatte usw.). Er erlebt, wie sich der Analysand zum Beispiel von seinen Eltern gehaßt, geliebt oder ignoriert fühlt. Aber der Psychoanalytiker weiß nie genau, ob die Eltern den Patienten wirklich hassen, lieben oder ignorieren. Vielleicht projiziert der Analysand nur seine eigenen Gefühle auf die Eltern? Vielleicht meint er, die Mutter müsse ihn hassen, weil er sie haßte? Der kleine Knabe denkt, die Mutter lehne ihn ab, weil sie ein neues Kind bekommt. Er unterstellt ihr, sie wolle das neue Kind nur haben, weil sie mit ihm unzufrieden sei und ihn nicht möge. Vielleicht täuscht er sich. Aber vielleicht mag sie ihn wirklich nicht? Der Psychoanalytiker, der nur seinen Patienten und nicht dessen Beziehungsperson erlebt, kann von seiner Methode her nur verläßlich überprüfen, was in seinem Analysanden selbst vorgeht. Was die anderen Menschen mit diesem machen, wie sie ihm gegenüber fühlen, das weiß der Analytiker nie sicher, sofern nicht zusätzliche besondere Untersuchungen über diese anderen Menschen vorliegen. So ist es übrigens auch zu erklären, daß sich unter den Psychoanalytikern über die Bedeutung der sozialen Einflüsse auf die kindliche Entwicklung recht unterschiedliche Meinungen gebildet haben.
Ehe nun eine Reihe neuerer Auffassungen über den Elterneinfluß auf

die Entstehung kindlicher Neurosen mitgeteilt werden sollen, seien in aller Kürze drei Forschungsrichtungen genannt, die mit ihren Befunden ihr Teil dazu beigetragen haben, das Studium neurosefördernder Sozialfaktoren zu beleben. Da handelt es sich um:

1. die Arbeiten der amerikanischen Kulturanthropologen;
2. die Zwillingsforschung;
3. die Arbeiten über Hospitalismus.

1. Die *kulturanthropologische* Forschungsrichtung hat ganz allgemein die Tatsache sichtbar gemacht, daß unter dem Einfluß der in den verschiedenen Kulturen divergierenden sozialen Normen und Erziehungsweisen auffällige Variationen menschlichen Verhaltens und menschlicher Charakterbildung hervortreten. Selbst die in unserer westlichen Kultur als rein biologisch funktional aufgefaßten geschlechtsspezifischen Verhaltensweisen von Mann und Frau können anscheinend aus sozialen Gründen partiell modifiziert werden. So hat M. Mead bei den Tschambuli Neu-Guineas gefunden, daß die dortigen Frauen alle wichtigeren Geschäfte führen, ackern, fischen, produzieren, die Anweisungen für Heiraten geben und allgemein die Autorität über die Männer ausüben, die ihrerseits in der Lebensnotdurft von den Frauen abhängig sind und sich hauptsächlich mit Schnitzen, Malen und Tanzen beschäftigen. Die Frauen gehen ungeschmückt mit geschorenem Kopf, die Männer tragen echte oder künstliche Locken und Schmuckketten. Gegen das weiche, klatschsüchtige Wesen der Männer kontrastiert der strenge, praktische Sinn der im ganzen stark dominierenden Frauen.[30] Die ethnologischen Befunde von Mead, Malinowski, Kardiner, Linton, Kluckhohn [31] und anderen haben eine große Zahl vergleichbarer Beispiele dafür erbracht, daß bestimmte, vordem als «instinktiv» beurteilte Verhaltensweisen in Abhängigkeit von den jeweiligen kulturellen Normen sehr verschiedenartig ausfallen können. Als solche Verhaltensweisen wurden unter anderem die Kinderaufzucht, die Behandlung naher Angehöriger, die Einstellung zum Eigentum, die Kundgabe von Emotionen, insbesondere von Aggressionen, das Verhalten in der Pubertät bei primitiven Völkern studiert. Einzelne Kulturanthropologen haben auf Grund ihrer Feldstudien sogar Zweifel an Freuds Lehre von der generellen Verbreitung bestimmter kardinaler Komplexbildungen im Verlauf der kindlichen Entwicklung angemeldet. So hat B. Malinowski aus seinen Beobachtungen bei den Tobriandern gefolgert, daß die besondere Erziehung in einer matriarchalischen Kultur keinen Ödipus-Komplex zustande kommen lasse. Der Ödipus-Komplex sei vielmehr abhängig von einer patriarchalischen Kultur.[32] Andere Autoren haben dem allerdings mit gewichtigen Argumenten widersprochen. So hat zum Beispiel G. Roheim in der Bevölkerung der Normanby-Insel, die ethnologisch der Tobriander-Kultur nahesteht und

eher noch strenger matriarchalisch bestimmt ist, die Wirksamkeit des Ödipus-Komplexes eindeutig bestätigen können.[33] Unabhängig von derartigen Divergenzen kann es als gesichertes Resultat der kulturanthropologischen Forschungen gelten, daß der Normen-Kodex einer Gesellschaft und die darauf fundierten Erziehungsprinzipien nicht ohne beträchtlichen Einfluß auf die kindliche Entwicklung sind. Es liegt auf der Hand, daß diese kulturanthropologischen Befunde dazu beigetragen haben, neues Interesse für die Rolle sozialer Faktoren im Spezialfall der kindlichen Neurosenbildung zu wecken.

2. Noch unmittelbarer als die Kulturanthropologie vermag die *Zwillingsforschung* Licht auf die Milieuabhängigkeit der seelischen Entwicklung des Kindes zu werfen. Die Ähnlichkeit im Erleben und Verhalten eineiiger Zwillinge ist aus älteren Untersuchungen wohlbekannt. Die ältere psychiatrische Erbforschung hatte indessen wenig Gewicht auf eine Überprüfung der Frage gelegt, ob die jeweils untersuchten Paarlinge im gleichen oder in verschiedenem Milieu aufgewachsen waren. Diese Unterlassung hat Zweifel an der unmittelbaren Verwertbarkeit zahlreicher älterer Befunde über die Konkordanz seelischer Merkmale bei eineiigen Zwillingen und insbesondere auch über die familiäre Häufung bestimmter seelischer Erkrankungen erweckt. Um so wichtiger sind nun neuere Untersuchungen, die methodisch so angelegt sind, daß sie die sozialen Faktoren in Betracht ziehen.

Unter diesem Aspekt hat eine Arbeit von H. H. Newman besondere Bedeutung erlangt.[34] Newman hat systematische Erhebungen an früh getrennten eineiigen Zwillingen in Amerika durchgeführt. Unter dem Titel ‹How Differences in Environment Affected Separated Oneegg Twins› teilte er 1940 das überraschende Resultat mit, daß sich die untersuchten, getrennt aufgewachsenen Paarlinge vielfach erheblich in Verhalten und Auftreten unterschieden. Und zwar waren die psychischen Differenzen zwischen den Paarlingen um so ausgeprägter, je größer die Unterschiede der Pflegestellen waren. Da körperliche Schäden bei der Auswertung ausgeschlossen wurden, war der Nachweis erbracht, daß die beträchtlichen psychischen Divergenzen aus äußeren Ursachen entstanden waren.

Ohne daß derartige überraschende Beobachtungen überwertet werden sollten, die natürlich die allgemeine Bedeutung der Erbkonstitution für die seelische Entwicklung nicht etwa widerlegen, so stellen sie doch eine Ermutigung zur Intensivierung der Versuche dar, die Einflüsse des Elternmilieus auf die kindliche Entwicklung, insbesondere auf die Neurosenpathogenese, mit psychologischen Mitteln weiter zu studieren.

3. Als dritte Forschungseinrichtung führten die kinderpsychiatrischen Studien über den kindlichen *Hospitalismus* zu einer Aufwertung der

grundsätzlichen Fragestellung nach den äußeren Neuroseursachen im Kindesalter. Durfee und Wolf[35], Lowrey[36], Bender und Yarnell[37], Bakwin[38], Goldfarb[39], Spitz[40], Bowlby[41] und Dührssen[42] veröffentlichten Untersuchungen über Kinder, die in Anstalten aufgezogen wurden. Bakwin wies bei den von ihm beobachteten Anstaltskindern eine erhöhte Infektionsbereitschaft nach, die sich nicht auf hygienische Faktoren zurückführen ließ. Durfee und Wolf stellten nach mindestens achtmonatiger Hospitalisierung schwere psychopathologische Defekte fest. Bender, Goldfarb und Lowrey fanden solche Schäden als irreversibel, die nach dreijähriger Anstaltsunterbringung aufgetreten waren. Spitz veröffentlichte eine Längsschnitt-Untersuchung von 21 Anstaltskindern, die nach einer Mindestbeobachtungszeit von zwei Jahren «außerordentlich retardiert» waren in Hinsicht auf Spracherwerb und Muskelbeherrschung. Der gleiche Autor berichtete über 34 anderthalb Jahre beobachtete Anstaltskinder, die nach einer häuslichen Pflege von mindestens sechs Monaten hospitalisiert worden waren. Direkt proportional der Dauer der Trennung von der Mutter entwickelten die Kinder, die nur einen dürftigen affektiven Kontakt mit unausgebildeten Heimpflegerinnen hatten, eine seelische Störung, die Spitz als «anaklitische Depression» bezeichnete. Dührssen hat in einer Vergleichsuntersuchung an 50 Heimkindern, 50 Kindern in Pflegefamilien und 50 Kindern in der Familie die Beobachtungen der anderen Autoren im wesentlichen bestätigt: Die in der Frühphase in Heimen aufgewachsenen Kinder boten durchschnittlich gegenüber den «Familienkindern» einen verminderten Intelligenzquotienten und gehäuft Störungen des «sozialen Erlebens und Verhaltens». – Von besonderer Bedeutung erscheinen neueste sehr sorgfältige Längsschnitt-Untersuchungen J. Bowlbys über das Verhalten kleiner Kinder nach Trennung von der Mutter. Seine Beobachtungen zeigen, daß das persistierende Verlangen nach Wiedervereinigung mit der fortdauernd entbehrten Mutterfigur einen Zustand «pathologischer Trauer» hervorrufen kann, den Bowlby für die Bereitschaft zu psychopathologischen Störungen bei späteren Partnerverlusten verantwortlich macht.[43]

Die Untersuchungen zum Hospitalismus-Problem bilden gleichsam die Kehrseite zu den Forschungen über den Einfluß der präsenten Eltern, der hier in erster Linie zur Diskussion steht. Die tiefgreifenden Störungen durch frühe Isolierung bzw. Kontaktmangel lassen immerhin die fundamentale Bedeutung des sozialen Milieus für die kindliche Entwicklung überhaupt erkennen. Indirekt kann man sehr wohl aus der nachgewiesenen absoluten Abhängigkeit des Kindes vom affektiven Kontakt mit der Mutter darauf schließen, daß nicht nur das Maß, sondern auch das «Wie» der gebotenen affektiven Zuwendung einen wesentlichen Faktor darstellen muß.

Diese knappen, nur skizzierenden Hinweise auf Resultate der Kulturanthropologie, der Zwillingsforschung und der Hospitalismus-Forschung mögen als Beleg dafür genügen, daß die Frage nach spezifischen elterlichen Einflüssen auf die kindliche Neurosengenese von diesen Befunden aus neues Interesse gewann.

Diese Frage ist inzwischen in zahlreichen Untersuchungen weiter bearbeitet worden. Wenn nun im folgenden versucht werden wird, in großen Zügen einen Überblick über den Ertrag dieser Forschungen zu geben, so ist das nicht nur wegen der kaum übersehbaren Fülle der Beiträge äußerst schwierig, sondern auch wegen der Unterschiede in den Begriffssystemen und in den methodischen Anlagen zwischen den einzelnen Arbeiten. War das Thema ursprünglich die unbestrittene Domäne der Psychoanalytiker, so beteiligen sich heute Psychiater, Psychologen, Soziologen und Pädagogen an der Diskussion, wobei jeder eben mit dem in seiner Disziplin gebräuchlichen Begriffssystem operiert, was die Verständigung untereinander oft kompliziert. – Außerdem bedingte natürlich auch die allgemeine Unsicherheit darüber, *welche* elterlichen Merkmale für die seelische Entwicklung des Kindes dominierend wichtig sein mögen, eine breite Streuung der berücksichtigten Aspekte. Welcher Gesichtspunkt ist den anderen überzuordnen? Was beeinflußt das Kind vorwiegend? Die «Atmosphäre» in der Familie? Das, was die Eltern mit dem Kind praktisch machen? Wie sie ihm gegenüber fühlen? Welche bewußten erzieherischen Leitbilder sie haben? Welche unbewußten Tendenzen sie auf das Kind richten? Welche Merkmale seelischer Störungen ihnen selbst anhaften?

Eine Reihe von Autoren beschrieben allgemeine Merkmale des «affektiven Klimas» in der Familie. Andere untersuchten Modalitäten der erzieherischen Praktiken. Wieder andere bemühten sich um eine mehr charakterologische Typologie der Eltern und versuchten, eine direkte Korrelation von «neurotisierenden Elterntypen» zu bestimmten kindlichen Störungen aufzuweisen. Schließlich begegnen wir steigendem Interesse für die unbewußten Motive der Eltern, deren Aufdeckung und Zuordnung zu den affektiven Reaktionen des Kindes erstrebt wird.

Ebenso wie die elterlichen Charakteristika demnach erheblich variieren, nach denen in den Untersuchungen gefragt wird, so differieren nicht minder die Bemühungen darum, den *Wirkungszusammenhang* zwischen Elternmerkmalen und den kindlichen Neurosen zu erhellen. Wie wirkt das, was die Eltern denken, fühlen, machen, in das Kind hinein? Wie nimmt das Kind das Gebotene auf? Modifizieren die Eltern als eine Art «Hilfs-Ich» für das Kind direkt dessen Triebregulation in unterdrückendem oder stimulierendem Sinne? Oder spielt das kindliche «Ich» selbst die entscheidende Rolle, indem es erst durch aktive Introjektion und Identifizierung den elterlichen Einflüssen nachhaltige Wirksamkeit verleiht? Warum hinterlassen einzelne belastende Eindrücke kaum Spuren, während andere sich im Kind fixieren und sogar die Charakterformation beeinträchtigen? Wie sehen die psychodynamischen Umsetzungsprozesse, denen die elterlichen Einwirkungen im Kind unterworfen sind, genau aus? Wie lassen sie sich am besten erfassen und evident machen?

Im folgenden werden zunächst die bekanntesten neueren Anschauungen über die traumatischen *elterlichen Charakteristika* mitgeteilt werden. Anschließend werden die herrschenden Vorstellungen darüber, wie die pathogenen Elternfaktoren im Kind *zur Auswirkung gelangen*, zu erörtern sein.

Spezielle elterliche Maßnahmen und allgemeine Verhaltensweisen

Eine Gruppe von Autoren sucht den bestimmenden Einfluß hinsichtlich der Neurosen-Pathogenese des Kindes vorzugsweise im *Verhalten* der Eltern. Eine andere Gruppe stellt die elterlichen *Motive* in den Vordergrund. – Wird überwiegend das *Verhalten* bewertet, so läßt sich weiter unterscheiden zwischen den Untersuchern, die *einzelne spezielle schädigende Maßnahmen* aufdecken wollen, und wieder anderen, die mehr *das Gesamt des erzieherischen Verhaltens* beleuchten.

Obwohl S. Freud in seiner späteren Periode, wie gezeigt wurde, vor einer Überschätzung der pathogenetischen Bedeutung akuter traumatischer Milieu-Einflüsse warnte, knüpften verschiedene seiner Schüler an seine ältere Trauma-Theorie an. Vor allem in den ersten Jahrgängen der 1926 gegründeten *Zeitschrift für psychoanalytische Pädagogik* erschienen eine Reihe von Beiträgen, in denen Kataloge schädlicher Elternmaßnahmen aufgestellt wurden. So führte E. Hitschmann [44] unter anderem an: Prügel, unnötig oft wiederholte Vorwürfe, zu frühe und zu strenge Reinlichkeitserziehung, übertriebene Einschüchterung sexueller Regungen, Unterlassen einer sexuellen Aufklärung. O. Pfister hob die Gefahren «unvorsichtiger Reizungen der Sinnlichkeit» hervor: «Allzuweit getriebenes Streicheln, Tätscheln des Gesäßes, Reiben der Genitalien bei der körperlichen Reinigung... Auch übermäßiges Küssen ist nicht vom Guten. Ganz verwerflich ist das Kitzeln, das man so oft bei spielenden Pflegerinnen beobachtet... unvollständige Bekleidung der Mutter, z. B. bei der Toilette, kann Schaden stiften.» Ferner betonte er mit Freud die Gefahr unvorsichtiger Schlafzimmerarrangements, die zur Beobachtung des elterlichen Verkehrs Anlaß geben könnten, sowie den gelegentlich schädigenden Effekt von Phimose-Operationen, die er, falls indiziert, möglichst früh vorzunehmen empfahl.[45] Beiträge von S. Ferenczi [46], H.

38

Meng[47], A. Freud[48], O. Fenichel[49], A. Balint[50] diskutieren unter psychopathologischem Aspekt die Problematik von *Gewähren* und *Verbieten* und bemühen sich um die Herausarbeitung psychohygienischer Empfehlungen. Immer wieder konvergieren die Gedankengänge zu der Frage: Mit welchen Erziehungsmitteln kann dem Kind zu gesellschaftlicher Anpassung ohne pathologische Triebunterdrückung verholfen werden? Beispiele pathogener Versagungs-, aber eben auch Verführungseinflüsse illustrieren in verschiedenen Variationen Fehler der Eltern oder anderer Erzieher. Dabei mutet es gegenwärtig übrigens fast als ein Kuriosum an, daß der prominente Analytiker Ferenczi unter anderem auch vor der Gefahr der Neurosenbegünstigung durch die heute allgeläufige Koedukation warnte, der er eine sowohl verführende als gleichzeitig Verdrängungen fördernde Wirkung zuschrieb.[51] Breit erörtert wurden das Problem des Umganges mit der kindlichen Onanie und das Problem des Strafens in der Erziehung in zwei Sonderheften der *Zeitschrift für psychoanalytische Pädagogik* unter Beteiligung zahlreicher Analytiker.

Der stereotype Tenor zahlreicher Arbeiten zur Frage neurotisierender Erziehungsfaktoren lautet jedenfalls: Die Eltern schädigen das Kind, wenn sie ihm zu viel oder zu wenig Triebunterdrückung abfordern. Beschrieben werden immer wieder Einflüsse entweder zu starker Verbote oder uneingeschränkter Triebtoleranz in bestimmten Situationen. Die beiden gegensätzlichen extremen Verhaltensweisen können aber auch einander ablösen. Prinzipiell sieht W. Reich vier Variationen der Milieueinwirkung in den Frühphasen der kindlichen Entwicklung:

1. Partielle Triebbefriedigung und stückweise Versagung. Diese Situation stelle das Optimum dar. Im Stadium der partiellen Triebbefriedigung lerne das Kind die Erziehungsperson lieben und nehme ihr zuliebe die notwendigen Versagungen auf sich.

2. Die Triebversagung erfolgt nicht allmählich, sondern setzt in jeder Phase der Triebentwicklung von Anfang an voll ein. Die Folge sei totale Triebhemmung oder, bei besonderer anlagebedingter Triebstärke, Provokation von Haß, dadurch Intensivierung des Ambivalenzkonfliktes, Begünstigung triebgehemmter Zwangsneurosen.

3. Die Triebversagung fehlt in der ersten Entwicklung vollkommen oder so gut wie vollkommen. Das Resultat sei ungehemmte Triebhaftigkeit des Kindes. Die Entwicklung von Verwahrlosung könne dadurch gefördert werden.

4. Einer weitgehend ungehemmten Triebbefriedigung folgt eine oft erst spät einsetzende Phase der Versagung. Dieses soziale Schicksal ähnele dem Typ 3 und begünstige ebenfalls die Entwicklung ungezügelt triebhaften Benehmens: «Die Inkonsequenz der Erziehung, mangelhaf-

te Triebversagung auf der einen, auf ein Detailstück konzentrierte oder
plötzlich, zu spät einsetzende Versagung auf der anderen Seite ist das
gemeinsame Merkmal in der Entwicklung der triebhaften Charaktere.»[53]

W. Reichs Betrachtungsweise stellt bereits einen Übergang von der
Berücksichtigung einzelner traumatischer Maßnahmen hin zur Beschreibung kontinuierlicher, schädlich wirkender Verhaltensweisen dar.
Die Autoren, die von vornherein das Gesamt des erzieherischen Verhaltens in zusammenfassender Weise zu charakterisieren unternahmen,
gingen von der Voraussetzung aus, es sei verhältnismäßig selten, daß
ein Kind nur durch einzelne traumatische Maßnahmen oder durch ekla-
tante Wechsel zwischen gegensätzlichen erzieherischen Verhaltensweisen beeinträchtigt werde. In der überwiegenden Zahl der Fälle sei eine
weitgehend einheitliche und gleichförmige erzieherische Verhaltensweise
gegenüber den mannigfaltigen Äußerungsformen des Kindes in seinen
verschiedenen Entwicklungsphasen festzustellen. Auf diese Annahme
gründeten zahlreiche Autoren den Versuch, die Verhaltensweise der
Mutter oder gar das gesamte «häusliche Milieu» *ganzheitlich* zu erfassen und durch generelle Merkmale zu klassifizieren.

Dabei werden die Mutter, der Vater, das «Elternhaus» oder die «Erziehung» schlechthin mitunter durch ein einziges komplexes Attribut gekennzeichnet, das zum Beispiel wiederum nur eine einseitige Verschiebung der Relation von Erlauben und Verbieten ausdrückt. Es heißt dann
etwa: Die Mutter bzw. die Erziehung seien rigoristisch oder lax, über-
fordernd oder verwöhnend, zu hart oder zu weich. Wird mehr an die Ge-
fühlstönung gedacht, in welche die elterlichen Maßnahmen gleichsam
eingebettet sind, entstehen Formulierungen wie: tropisches oder kaltes
Familienklima, gefühlsüberschwengliche oder gefühlsarme erzieherische
Atmosphäre. Der Nutzen solcher Kurzformeln zur Charakterisierung irgendeiner schädlichen Einseitigkeit oder Übertreibung in der Erziehung
hat sich indessen als sehr beschränkt erwiesen. Gewiß ist nicht zu bestreiten, daß sich aus der Summe der elterlichen Maßnahmen und Äußerungsformen gegenüber dem Kind das Gesamt einer erzieherischen
«Haltung» oder «Atmosphäre» ergibt, die man durch einen treffenden
Ausdruck deutlich machen kann. Es kann durchaus einmal den Wert
einer prägnanten Aussage haben, wenn formuliert wird: eine Mutter sei
hart oder weich. Indessen können derartige stark verallgemeinernde
Attribute des erzieherischen «Klimas» niemals präzise und gründliche
Beschreibungen dessen entbehrlich machen, wie die Eltern mit dem Kind
wirklich umgehen. Andererseits hat es sich gerade für nicht wenige Autoren als eine große Versuchung erwiesen, die genannten Globalformeln
als eine Art Zuflucht zu benutzen, um sich differenzierte Angaben über
das, was die Eltern mit dem Kind tun, wie sie auf seine Wünsche reagie-

ren, wie sie mit ihm sprechen, zu ersparen. Es heißt dann einfach, die Mutter sei «hart» oder «verwöhnend», und einzelne Autoren meinen, sie hätten damit schon alles gesagt. Adler, Schultz-Hencke und andere hätten doch hinreichend beschrieben, was diese Attribute bedeuteten. Tatsächlich aber sind alle diese Allgemeinbegriffe in sich recht vieldeutig. Ganz abgesehen von den hineinwirkenden Motiven, über die mit solchen Begriffen noch kaum etwas ausgesagt ist, ist auch ihr phänomenologischer Gehalt keineswegs klar umrissen. Zum Beispiel kann erzieherische «Härte» sehr verschieden aussehen. Wie weit Schultz-Hencke selbst diesen Begriff gedehnt hat, verrät etwa seine Angabe, das Verhalten einer Mutter wirke in allen Fällen als Härte, in denen dem Kind das notwendige Maß an «Geliebtwerden» und «Bestätigung» ermangele. Nun kennt man aber zweifellos sehr unterschiedlich gestaltete elterliche Verhaltensweisen, für die wiederum diese Bedingungen zutreffen. – Es ist jedenfalls eine Tatsache, daß in einer fast unübersehbaren Zahl von Publikationen neurotisierende Elterneinflüsse auf solche weitläufigen Prädikate des Allgemeinverhaltens bzw. der «Atmosphäre» zurückgeführt werden, ohne daß evident wird, wie die Eltern dem Kind wirklich begegnen.

Beim Übergang zu systematischen Längsschnitt-Untersuchungen der Eltern-Kind-Beziehung haben sich nun einzelne Autoren um eine subtilere Klassifikation elterlicher Verhaltensweisen bemüht, um ihre Beobachtungen differenzierter registrieren zu können. Als ein Beispiel seien zwei Klassifikations-Tabellen genannt, die S. Brody zur Erfassung des allgemeinen Benehmens und speziell des verbalen Verhaltens der Mütter von Kleinkindern erarbeitet hat. Beide Skalen differenzieren fünf verschiedene Verhaltensweisen.[54]

Allgemeine Skala

(Umfaßt Verhalten beim Füttern, Bewegen des Kindes, Berührungen, Angebot von Objekten)

1. Die Mutter reagiert auf das Bedürfnis des Kindes verzögert, widerstrebend oder nachlässig.

2. Sie macht das logisch Richtige oder Angemessene in einer neutralen Weise bzw. ohne besondere Rücksicht auf den affektiven Zustand des Kindes.

3. Sie paßt sich dem Kind geschmeidig und wirksam an und reagiert bereits auf minimale Signale von ihm, indem sie sich in seinen affektiven Zustand zuverlässig einfühlt.

4. Sie stimuliert oder schränkt das Kind in milder Weise ein in Verbindung mit eigener affektiver Spannung als Ausdruck ihrer Interessen oder ihrer erzieherischen Wünsche.

5. Sie kontrolliert oder zwingt das Kind entgegen seinen Neigungen oder stört es in seiner Aktivität bzw. in seiner Verfassung.

Verbale Skala

1. Die Mutter zeigt nur oberflächliches Interesse für das Kind, wenn sie spricht; oder sie redet ohne Gefühlsbeteiligung; oder sie gönnt ihm keine Aufmerksamkeit.

2. Sie spricht gelegentlich zum Kind in distanzierter Weise; oder sie macht akademische Bemerkungen; oder sie gibt angemessene Äußerungen, aber nur mit geringer Affektbeteiligung, von sich.

3. Sie spricht herzlich und fröhlich mit dem Kind, voller Einfühlungsbereitschaft.

4. Sie spricht mit Nachdruck, gibt dabei ihrer eigenen emotionalen Spannung, ihrem Interesse oder erzieherischen Verlangen Ausdruck; oder sie regt an, tadelt oder instruiert.

5. Sie kommandiert das Kind oder verrät ihm ärgerlich ihre Enttäuschung oder kritisiert es heftig.

Derartige Skalen eignen sich zur Registrierung mütterlicher Verhaltensmerkmale für statistische Untersuchungen, wie sie S. Brody selbst durchgeführt hat. Ihre Benutzung setzt sorgfältige direkte Beobachtungen des mütterlichen Umgangs mit dem Kind voraus. Das ist indessen gerade ein besonderer Vorteil solcher feineren Differenzierungen, daß sie genaue Beobachtungen erzwingen, an denen es bisher gerade für die Mutter-Kleinkind-Beziehung in der Literatur spürbar mangelt.

Eine subtile Beschreibung eines bestimmten Typs abwegigen mütterlichen Verhaltens, verbunden mit einer katamnestischen Kontrolle der Einflüsse auf die kindliche Entwicklung, verdanken wir vor allem D. M. Levy[55]. Diese besondere Verhaltensweise hat die Bezeichnung: «Maternal Overprotection» (übertriebene Behütung) erhalten, ein inzwischen weit verbreiteter Terminus, der insbesondere durch Levys präzise Charakteristik viel besser umschrieben ist als der in sehr unterschiedlichen Bedeutungen verwendete deutsche Begriff «Verwöhnung». Levy definiert diese Erziehungsform durch folgende vier Merkmale: Die Mutter bietet dem Kind exzessiven Kontakt. Sie hält es überdurchschnittlich lange in kleinkindlicher Obhut (*prolongation of infantile care, infantilization*). Sie versucht, es in besonderer Abhängigkeit zu halten (*prevention of independent behaviour*). Viertes Kriterium ist das Maß der Kontrolle. Entweder entbehrt das Kind jede Kontrolle, oder es ist ihr im Übermaß ausgeliefert (*lack or excess of maternal control*). Bei fehlender Kontrolle spricht Levy von *indulgent overprotection*, im anderen Falle von *dominating overprotection*.

Levy und Mitarbeiter haben Längsschnitt-Untersuchungen an 20 Kindern beschrieben, die einer «Overprotection» seitens der Mutter unterlagen. Dabei haben sie die vier Charakteristika der «Overprotection» in jedem Falle herausgearbeitet und bewiesen, daß man mit Hilfe dieser Kriterien bestimmte mütterliche Verhaltensweisen gut umgrenzen und in ihrem Zusammenhang veranschaulichen kann. Das Studium des Entwicklungsverlaufes der 20 in mütterlicher «Overprotection» aufgewachsenen Kinder ergab unter anderem folgende allgemeine Resultate:

Nachsichtige Überbehütung (*indulgent overprotection*) begünstigte bei den Kindern: Ungehorsam, freches Benehmen, Affektausbrüche, Überansprüchlichkeit. Zusammenfassend folgert Levy eine «akzelerierte Entwicklung aggressiver Persönlichkeitskomponenten». 19 von den 20 Kindern hatten besondere Schwierigkeiten beim Versuch, Freunde zu gewinnen. Sie benahmen sich entweder zu egozentrisch, angeberisch und wichtigtuerisch oder zu scheu und zurückhaltend. – Das Hauptinteresse der Kinder richtete sich auf Lesen. Bemerkenswert war ein Mangel an sportlichen Interessen. – Beim Essen zeigten 12 der 20 Kinder Probleme: Nahrungsverweigerung, Ablehnung bestimmter Speisen, trotziges Bestehen auf Gefüttertwerden, Weigerung, nach festem Stundenplan zu essen. Alle Kinder aus der Gruppe mit nachsichtiger (*indulgent*) «Overprotection» boten diese Eßstörungen.

Die Untersuchungen Levys zeichnen sich gegenüber zahlreichen anderen Erhebungen über Zusammenhänge zwischen elterlichen Verhaltensweisen und kindlichen Störungen durch besonders gründliche Beobachtungen aus. Gerade an dieser Arbeit läßt sich aber auch ein prinzipieller Einwand erläutern, der sich gegen alle überwiegend behaviouristisch orientierten Untersuchungen über die Eltern-Kind-Beziehung richtet: Kann man zum Beispiel die Einwirkung der Mutter auf das Kind wirklich zureichend verstehen, wenn man die Motive vernachlässigt, welche die Mutter zu ihrem Verhalten bewegen? Muß man nicht zugleich danach fragen: Was erwartet die Mutter eigentlich vom Kind? Sucht sie im Kind zum Beispiel vielleicht Ersatz für einen fehlenden oder enttäuschenden anderweitigen Partner? Und wenn das so ist, wen soll das Kind substituieren? Oder ist ihre «Overprotection» mehr narzißtisch gefärbt? Sieht sie im Kind vorwiegend eine Fortsetzung der eigenen Persönlichkeit? Will sie das Kind vielleicht durch ihre übertriebene Kontrolle dazu bringen, daß es ihre eigenen enttäuschten Strebungen, ihr Ich-Ideal, übernimmt und erfüllt? Wenn Levy zum Beispiel zeigt, daß Mütter, die im allgemeinen eine übernachsichtige Behütung betreiben, hinsichtlich der Schule sektorenhaft disziplinierend eingreifen [56], wie entsteht diese Diskrepanz? Warum verhält sich die Mutter hier so und dort so? Die Modifikationen ihres Benehmens sind doch offenbar nicht regellos, sondern durchschaubar, wenn man jeweils den Zusammenhang der unterschiedlichen sozialen Situationen mit den mütterlichen Wünschen berücksichtigt. Die Meinung, daß das Kind sich jedenfalls nur nach dem formalen Verhalten der Mutter richte und sich um ihre Motive nicht weiter kümmere, ist kaum zu belegen. Vielmehr liegen doch überzeugende Beobachtungen dafür vor, daß viele Kinder über eine geradezu erstaunliche Einfühlung verfügen und oft weniger darauf reagieren, was die Mutter formal sagt und tut, sondern spezifisch darauf, was die Mutter mit ihrem Tun *unbewußt meint*[57]. Auf Grund der Erfahrung, daß die mütterliche «Overprotection» unterschiedlichen Motiven folgen kann, die den Einfluß auf das Kind modifizieren können, sieht sich Levy übrigens dann selbst zur Unterscheidung einer «kompensatorischen Overprotection» von einer nicht auf unbewußte Ablehnung beruhenden (*pure*) «Overprotection» genötigt.

Levys Untersuchungen haben in der Folge, vor allem in Amerika, ein starkes Echo gefunden. Verschiedene Autoren treten dafür ein, daß «Overprotection» ein typisches Fehlverhalten eines großen Teils der amerikanischen Mütter sei. Es fehlt nicht die Hypothese, daß nichts als die mütterliche «Overprotection» an der großen Neurosenverbreitung in den USA schuld sei. Wenn im letzten Krieg 1 825 000 junge Amerikaner wegen psychischer Störungen vom Kriegsdienst zurückgestellt und 600 000 andere aus dem gleichen Grund aus der Armee entlassen werden mußten, so seien dafür in erster Linie die überfürsorglichen amerikanischen Mütter verantwortlich, die ihre Söhne an «silbernen Ketten» festhielten und ihnen die Entwicklung zu selbständigen und belastungsfähigen Persönlichkeiten versperrten. In dieser Behauptung gipfelt jedenfalls der psychiatrische Bestseller ‹Their Mother's Sons› von E. A. Strecker[58].

Den Übergang zwischen den ganz überwiegend behaviouristisch orientierten Untersuchungen und denjenigen, die vornehmlich die elterlichen *Motive* würdigen, bilden eine Reihe von Arbeiten, in denen zwar bereits dem affektiven Hintergrund der Eltern ausführliche Beachtung geschenkt wird, ohne daß man dessen unmittelbaren Einfluß auf das kindliche Erleben jedoch in gleichem Maße würdigt wie denjenigen der erzieherischen Praktiken. Als Beispiel für Untersuchungen dieser Art sei eine Längsschnitt-Untersuchung von E. B. Jackson, E. H. Klatskin und L. C. Wilkin[59] zitiert. Die Autoren haben im Rahmen eines «Rooming-In Research Project» an der Yale University die Auswirkung der «Flexibilität» des mütterlichen Verhaltens auf die kleinkindliche Entwicklung studiert. In drei ausgewählten Fällen wurde die Mutter-Kind-Beziehung von der kindlichen Geburt bis zum Ende des dritten Lebensjahres kontinuierlich beobachtet. Obwohl alle drei Mütter in gleicher Weise über Pflege- und Erziehungsregeln informiert worden waren, verhielten sich:

Mutter Nr. 1 übernachsichtig (unfähig, dem Kind Grenzen zu setzen),

Mutter Nr. 2 in mittlerer Weise (sowohl die nötige Freiheit lassend als Grenzen setzend),
Mutter Nr. 3 überstreng (exzessive soziale Anforderungen an das Kind richtend).

Als affektiver Hintergrund wurde bei Mutter Nr. 1 eine Reaktionsbildung gegen die eigene strenge und dominierende Mutter festgestellt, was ihre oppositionelle erzieherische Praktik erklärte. Bei Mutter Nr. 3 ergab sich in konträrer Weise eine affektive Identifikation mit ihrer eigenen Mutter: Sie war affektiv an die Phantasie fixiert, ihr Kind der gleichen strengen Kontrolle aussetzen zu müssen, der sie selbst früher unterlegen war.

Nach dreijähriger Beobachtung waren:

Kind Nr. 1 überwiegend mißmutig, anspruchsvoll, *spoiled*,
Kind Nr. 2 fröhlich, liebenswürdig, *well adjusted*,
Kind Nr. 3 unzufrieden, mürrisch, aggressiv.

Die Autoren meinen, die ungünstige Entwicklung der Kinder Nr. 1 und Nr. 3 den Müttern anlasten zu können. Als das eigentliche traumatische Agens sehen sie schließlich jedoch nicht die affektive Einstellung, sondern die *erzieherische Praktik* an: Sie deuten die Entwicklungsstörungen der Kinder Nr. 1 und Nr. 3 als Folge von beharrlicher Übernachsichtigkeit (*insistent permissiveness*) bzw. von extremer Starrheit und Strenge (*extreme rigidity*) im mütterlichen erzieherischen Verhalten.

Im folgenden wird nun eine Übersicht über die sich in letzter Zeit mehrenden Untersuchungen zu geben sein, die der *affektiven Einstellung* der Eltern mehr Gewicht als ihren erzieherischen Praktiken beilegen und sich vornehmlich um die Herausarbeitung traumatisch wirkender *Motive* bemühen.

Elterliche Motive

Bei dem größten Teil der modernen Autoren, die dem Elterneinfluß überhaupt eine wesentliche Bedeutung für die Hervorrufung kindlicher Störungen zugestehen, herrscht Einigkeit darüber, daß die *affektive Einstellung* der Eltern zum Kind dabei eine beachtliche Rolle spielt. Aber welche *Komponenten* der affektiven Einstellung soll man als maßgeblich ansehen? Zahlreiche Autoren treffen sich mit der populären Ansicht: Es komme vor allem auf die *Zuneigung* an, die dem Kind entgegengebracht werde. Die Bemühung, die Zuneigung nach Grad, Konstanz, Verteilung genauer zu bestimmen, führte zu tabellarischen Klassifikationen wie derjenigen von J. H. G. Bossard und E. S. Boll [60]:

A. Übermaß an Zuneigung (excess of affection)	1. Das vom Kind Besitz ergreifende Heim 2. Das überbesorgte Heim 3. Das übernachsichtige Heim
B. Normale Zuneigung (normal affection)	1. Das partnerschaftliche Heim
C. Aufsplitterung der Zuneigung (discrimination in affection)	1. Das gespaltene Heim 2. Das Heim mit dem bevorzugten Kind 3. Das «unparteiische» Heim
D. Unbeständigkeit der Zuneigung (inconsistency of affection)	1. Das streiterfüllte Heim 2. Das unzuverlässige Heim
E. Verschiebung der Zuneigung (displacement of affection)	1. Das Heim mit einem neuen Mitglied
F. Mangel an Zuneigung (lack of affection)	1. Das nörgelnde Heim 2. Das kalte Heim 3. Das vernachlässigende Heim
G. Offene Ablehnung (franc rejection)	1. Das Heim des unerwünschten Kindes

Als belastend für das Kind sind demnach alle Modalitäten bis auf «B» anzusehen. – So sehr auch die verschiedenen vorgeschlagenen Skalen zur Klassifikation der elterlichen Einstellungen in Einzelheiten differieren – in einem Punkt zeigt sich Übereinstimmung: Als eindeutig schwerwiegender Störfaktor für die Entwicklung des Kindes wird seine *affektive Ablehnung*(«Rejection») durch die Eltern überall aufgeführt. Die ersten Beschreibungen der Hintergründe und Erscheinungsweisen der «Rejection» stammen von S. Ferenczi[61], M. Figge[62], M. C. Gleason[63], H. W. Newell[64] und P. Symonds[65]. Seitdem wird dieser Begriff, vor allem in Amerika, allgemein in der Psychiatrie, in der Psychologie und in der Soziologie verwendet.

Mit dem Prädikat «Rejection» werden nicht nur solche Eltern belegt, die ihre Kinder *bewußt* hassen. Vielmehr hat sich durch Anwendung der psychoanalytischen Methode zeigen lassen, daß negative Gefühlseinstellungen zum Kind oft *unbewußt* sind. Wie jeder andere Impuls kann der negative Impuls gegen das Kind das Schicksal der «Verdrängung» erfahren haben, wie sie Freud beschrieben hat. Die Verdrängung wird dadurch in Gang gesetzt, daß die Ich-Instanz es aus Schuldgefühl nicht erträgt, den Impuls zu akzeptieren. Die Angst vor der gegen das Kind gerichteten Regung mobilisiert unbewußte «Abwehrmechanismen». Dabei kann es zum Beispiel zu einer «Projection» kommen: An Stelle der eigenen negativen Tendenzen gegen das Kind wird dann beständig erlebt, dem Kinde drohe eine *äußere Gefahr*. So gibt es Mütter, die immerfort fürchten, das Kind könne krank werden, einen Unfall erleiden oder dergleichen. Aus dieser Angst heraus glauben sie, das Kind in besonderem Maße kontrollieren und behüten zu müssen. Gequält von der Sorge, das Kind könnte zu wenig essen, zu wenig schlafen, sich erkälten, von anderen Kindern geschlagen, von den Lehrern benachteiligt werden, pflegen und bewachen sie es mit einem übertriebenen, für die Umgebung oft fast lächerlich erscheinenden Aufwand. Ihr Verhalten kann damit alle Züge der zuvor beschriebenen «Overprotection» annehmen und sowohl für die Mutter selbst wie für die Umgebung den Schein wahren, als sei hier nur ein besonderer Grad herzlicher Zuneigung für das Kind wirksam. Tatsächlich vermag der psychoanalytisch geschulte Arzt oder Psychologe indessen — sofern der Hergang wie beschrieben ist — durch eingehende Untersuchung nachzuweisen, daß die pessimistischen Erwartungen einer solchen Mutter wirklich nur eine Projektion eigener unbewußter Tendenzen darstellen. Die Zwangsphantasie, das Kind könne jeden Augenblick zu Schaden kommen, spiegelt lediglich die verdrängte gefühlsmäßige Ablehnung wider, welche die Mutter insgeheim selbst gegen das Kind richtet. Die «Overprotection», mit der sie der scheinbar von außen dem Kind drohenden Gefahr zu begegnen sucht, bedeutet letztlich nichts anderes als den ebenfalls nach außen verlagerten Kampf gegen die unbewußte eigene Aggression. «Overprotection», mit dieser unbewußten Motivation wird nach dem Vorschlag Levys als «*kompensatorische* Overprotection» bezeichnet.

Während hierbei die unbewußt ablaufende «Abwehr» des unerträglichen Impulses so weit gelingt, daß am Ende keine negative Regung gegen das Kind mehr erlebt wird, ist der Verdrängungsprozeß in anderen Fällen weniger vollständig. Mitunter gelingt einer Mutter zum Beispiel nur eine sogenannte «Rationalisierung». Dabei verfehlt sie das Ziel, den verpönten aggressiven Impuls gegen das Kind von ihrem Bewußtsein fernzuhalten. Der Abwehrmechanismus der «Rationalisierung» führt nur so weit, daß sie fortwährend im Kinde selbst Gründe vorzufinden meint, die scheinbar notwendigerweise ihren Ärger erwecken. Das Kind ist nie so, wie es sein sollte. Beständig bereitet es der Mutter Enttäuschungen — so sieht es aus. In Wirklichkeit schafft sich die Mutter nur unbewußt selbst lauter Vorwände, um ihre Aggressionen in Form scheinbar sachlich berechtigter Kritik zum Ausdruck bringen zu können. Sie möchte sich sagen können: «Wäre das Kind besser — zum Beispiel fleißiger, ordentlicher, erfolgreicher, braver — so würde ich es ja lieben. Weil es aber eben nicht so ist, kann ich es vorläufig nicht lieben!» Tatsächlich treibt nun das Schuldgefühl eine solche Mutter oft dazu an, das Kind in perfektionistischer Weise auf die Erfüllung bestimmter Leistungsforderungen zu drillen. Dieses Verhalten ist allerdings nur unter Berücksichtigung weiterer determinierender Bedingungen voll zu verstehen, die erst in folgenden Abschnitten erörtert werden sollen. Hier sei nur festgehalten, daß es vor allem L. Kanner war, der den Zusammenhang von Ablehnung («Rejection») und *Perfektionismus* in der mütterlichen Einstellung systematisch untersucht und beschrieben hat.[66]

Natürlich kann es «Rejection» nun aber auch in unverhüllter Form geben. Da handelt es sich um Mütter, die aus ihrer grundsätzlich ablehnenden affektiven Einstellung kein Hehl machen. Vielfach sind das Mütter, die infolge mangelhafter Über-Ich-Ausprägung allgemein über wenig Triebkontrolle verfügen und unter dem Widerspruch ihrer Aggressionen mit den sittlichen Normen kaum leiden.

Die beschriebenen Äußerungsformen der «Rejection» werden von Kanner in der folgenden Tabelle zusammengefaßt[67]:

1. Offene Feindseligkeit und Vernachlässigung
   (overt-hostility and neglect)
2. Perfektionismus
   (perfectionism)
3. kompensatorische übertriebene Behütung
   (compensatory overprotection)

Über den Zusammenhang von ablehnender elterlicher Einstellung, erzieherischem Verhalten und kindlicher Störung hat derselbe Autor in dem unten wiedergegebenen Schema zu orientieren versucht.[68]

Gegen dieses Schema läßt sich freilich einwenden, daß die behaupteten Reaktionsfolgen auf seiten des Kindes schwerlich so unmittelbar den einzelnen Typen von «Rejection» zugeordnet werden können. So kann z. B. unmaskiert ablehnende Einstellung auf elterlicher Seite ebensogut depressive Störungen wie die von Kanner genannten Reaktionen begünstigen.[69] Es wird gerade in den nachstehenden eigenen Untersuchungen

Prinzipielle Typen elterlicher Einstellungen

Einstellung	Charakteristische Verbalisierung	Behandlung des Kindes	Reaktion des Kindes
Akzeptierung und Zuneigung	«Das Kind macht das Heim interessant»	Zärtlichkeit; Spielen; Geduld	Sicherheit; normale Persönlichkeitsentwicklung
Offene Ablehnung (rejection)	«Ich hasse es. Ich möchte durch es nicht belästigt werden.»	Vernachlässigung; Strenge; Vermeidung von Kontakt; strenge Bestrafung	Aggressivität; Verwahrlosung; Affektflachheit

Perfektionismus	«Ich möchte es nicht so, wie es ist; ich muß es verändern.»	Mißbilligung; Kritik; Zwang	Enttäuschung; mangelndes Selbstvertrauen; Zwangs- erscheinungen
Overprotection	«Natürlich mag ich es; seht doch, wie ich mich für es aufopfere.»	Verwöhnung; Nörgeln; Übernachsichtig- keit oder umkrei- sende (hovering) Beherrschung	Verzögerung der Reifung und Emanzipation; verlängerte Abhängigkeit von der Mutter; Benehmen des verwöhnten Kindes

zu zeigen sein, daß selbst bei noch feinerer Differenzierung der elterlichen Einstellungen keine so weitreichenden Schlußfolgerungen gezogen werden können, sondern daß die affektive Austausch-Beziehung von Eltern und Kind dem Kind stets zumindest mehrere Reaktionsmöglichkeiten zur Verfügung läßt.

Nichtsdestoweniger darf festgehalten werden, daß es gegenüber den rein behaviouristischen Aufstellungen von traumatischen elterlichen Verhaltensweisen einen wesentlichen Fortschritt bedeutet, wenn nunmehr die Forschung auf den affektiven Hintergrund ausgedehnt wird. Kann doch nach allen Erfahrungen der Psychoanalyse bei Kindern nicht bezweifelt werden, daß die meisten Kinder sehr fein hindurchspüren, welche – auch unbewußten – Motive ihre Eltern leiten. Formal gleiche verbale Kritik am Kind zum Beispiel kann von diesem sehr unterschiedlich erlebt und beantwortet werden, je nachdem, welche affektive Motivation in diese Äußerung mit einfließt. Das Kind errät etwa, daß es im einen Falle wirklich nur «sachlich» kritisiert wird, im anderen indessen in der Mutter einen unbewußten Konflikt und Schuldgefühle geschürt hat, die der mütterlichen Äußerung einen drohenden Charakter verleihen. Auch ist kaum zu bezweifeln, daß ein Kind zumeist intuitiv spüren wird, ob es seitens der Mutter eine *echte* oder nur eine «*kompensatorische* Overprotection» erfährt, ob ihm mit der intensiven Behütung echte Zuneigung oder im Gegenteil maskierte Ablehnung zuteil wird.

Die Einteilung der elterlichen Motive in Zuneigung und Ablehnung – so wertvoll die darüber gemachten Entdeckungen auch sind – kann allerdings keineswegs als ausreichend angesehen werden, um die auf das Kind wirkenden affektiven Faktoren voll sichtbar zu machen. A. Freud hebt mit Recht kritisch hervor, daß eine Mutter vom Kind aus einer

Vielzahl von Gründen als *rejecting* erlebt werden kann, unter anderem wegen ihrer unvermeidlichen libidinösen Präokkupationen, ihrer Aggressionen, ihrer Ängste, aber auch wegen bestimmter körperlicher oder geistiger Defekte.[70] – Geht man indessen allein von den elterlichen Motiven aus, so sind diese ja nie einseitig ablehnend oder bejahend, sondern stets aus mehreren Komponenten zusammengesetzt. Je mehr sich die Persönlichkeit des Kindes in den ersten Jahren differenziert – oft aber auch schon von vornherein –, pflegt sich die Einstellung der Mutter zu verzweigen in positive und negative Stellungnahmen zu verschiedenen Aspekten und Merkmalen des Kindes. So mag es sein, daß das Kind als hilfloser Säugling affektiv bejaht, als motorisch aggressives Wesen mit zwei Jahren indessen abgelehnt wird. Th. Benedek[71] und A. Johnson[72] haben gezeigt, daß das Kind durch seine in Phasen verlaufende Entwicklung jeweils entsprechende unbewußte Entwicklungskonflikte der Eltern «aufstört». «Jeder der Eltern», formuliert Benedek, «muß in seiner Art mit den positiven wie auch mit den negativen Offenbarungen des eigenen Selbst im Kinde fertig werden.» Aktualisiert das Kind in seiner Entwicklung Merkmale der positiven Identität der Eltern und stellt sich bejahend dazu ein, erleben die Eltern das Kind als besonders liebenswert. Stellt das Kind aber Merkmale der unbewußten negativen Identität der Eltern heraus, werden die Eltern beunruhigt und können dazu neigen, die Ablehnung auf das Kind zu richten, die eigentlich dem negativen Aspekt des eigenen Selbst dient.

Bejahung und Ablehnung sind also überwiegend in irgendeinem Mischungsverhältnis gegeben. Und es erscheint dabei nicht nur wichtig, wie hoch gewissermaßen die prozentualen Anteile von «Acceptance» und «Rejection» sind, sondern es kommt wesentlich auch darauf an, auf welche kindlichen Merkmale sich die affektiven Komponenten verteilen. Im übrigen kann es sogar durchaus so sein, daß im Mischungsverhältnis von Bejahung und Ablehnung die positiven Regungen absolut überwiegen – daß aber nichtsdestoweniger die kindliche Entwicklung ernsthaft gefährdet wird. Die klinische Erfahrung zeigt – wie später ausführlich dargetan werden wird – reichlich Beispiele für den Fall, daß ein Kind durchaus in seiner Existenz von den Eltern bejaht, ja von ihnen sogar dringend benötigt – und trotzdem dabei hochgradig traumatisch belastet wird.

Dieser Sachverhalt ergibt sich allemal dann, wenn die Eltern des Kindes seiner als eines entschädigenden Ersatz-Objektes, als Substituts für den idealen Aspekt ihres eigenen Selbst oder auch als Sündenbockes zur Externalisierung ihrer Selbstbestrafungs-Tendenzen bedürfen. In all diesen Fällen ist das Kind von den Eltern bejaht (*accepted*), ja für sie schlechthin unentbehrlich im Rahmen eines eigenen Konfliktes.

Angesichts der Erfahrung, daß reine Ablehnung («Rejection») bei den Eltern selten vorgefunden wird, hat man sich in der tiefenpsychologischen Literatur nun vielfach des von E. Bleuler[73] eingeführten Begriffes «Ambivalenz» bedient. Mit «ambivalenter Mutter» oder «ambivalentem Vater» wird dabei zumeist nur gemeint, daß in der affektiven Einstellung von Mutter oder Vater *ablehnende* Impulse mitschwingen und in wechselnden Anteilen das erzieherische Verhalten mitbestimmen. Aus den oben schon genannten Gründen gibt der so allgemein gefaßte Begriff «Ambivalenz» indessen wenig her. Es ist wahrhaftig noch keine bedeutende Einsicht gewonnen, wenn von den Eltern nicht mehr ausgesagt wird, als daß sie gegen ihr Kind «ambivalent» seien. Man darf durchaus der Kritik K. Friedländers[74] zustimmen: «Es ist... wichtig, daran festzuhalten, daß *jede* Mutter zu einem gewissen Grade gegen ihr Kind ambivalent ist und daß sie zeitweise einen gewissen Grad von ‹Overprotection› und sogar von ‹Rejection› zeigen mag. Um zu beweisen, daß die eine oder die andere Einstellung in einem kausalen Verhältnis zu der [kindlichen. Der Verf.] Störung steht, muß gezeigt werden, in welchem Entwicklungsstadium und in welcher Weise die normale Entwicklung mit einer spezifischen mütterlichen Einstellung interferierte.»

Es war schon angedeutet worden, daß einzelne psychoanalytische Autoren über die Frage nach der globalen elterlichen Zuneigung, Abneigung bzw. Ambivalenz gegenüber dem Kind wesentlich hinausgegangen sind und ihr Augenmerk darauf gelenkt haben, wie die speziellen *unbewußten Phantasien* aussehen, welche die Eltern auf das Kind richten. Der Frage nach der positiven oder negativen Färbung der elterlichen Affekte schließt sich doch tatsächlich geradezu zwangsläufig die weitere Frage an: Wie sieht denn das *Bild vom Kind* aus, das den Eltern in ihrer affektiven Zuwendung vorschwebt? Gerade die Eltern mit den sogenannten Problem-Einstellungen (*problem attitudes.* Bossard) lieben oder hassen doch im allgemeinen weniger das Kind, wie es wirklich ist, als vielmehr ein *illusionär verzerrtes* Bild des Kindes, das sie selbst unter Einfluß mehr oder weniger starker Projektionen unbewußt geschaffen haben. Von der affektiven elterlichen Einstellung ist doch nur *eine* Komponente die positive oder negative Färbung der Zuwendung, die sich gar nicht trennen läßt von der jeweils intendierten Vorstellung vom Kind. Wie Th. Benedek gezeigt hat, repräsentiert das Kind für die Eltern verschiedene Aspekte ihres eigenen Selbst. Es repräsentiert aber oft auch oder überwiegend libidinös oder aggressiv besetzte Züge anderer Personen aus der eigenen Vorgeschichte: Das Kind tritt dann unbewußt zum Beispiel an die Stelle der eigenen Eltern oder eines Geschwisters. Es braucht nur einzelne Merkmale zu offenbaren, die den Eltern mit Merk-

malen dieser anderen Partner aus ihrer Vorgeschichte ähnlich scheinen:
Schon übertragen sie auf das Kind die Wünsche, Aggressionen, Schuldgefühle und Ängste, die an jenen früheren Partnern nicht voll verarbeitet
wurden. Sie «verwechseln» das Kind gleichsam mit jenen anderen Beziehungspersonen. Dabei geschieht es oft, daß sie Merkmale, die bei dem
Kind an sich kaum ausgeprägt sind oder zumindest nicht dominieren,
aus affektiven Gründen ganz einseitig überwerten, so daß für den ob-
jektiven Betrachter der Eindruck entsteht, daß die Eltern das Kind völlig
falsch «sehen». Man kann nun fragen: Wie kommen diese, das Kind
verzeichnenden Projektionen zustande, und wie wirken sie sich im Kinde aus? Welche Rolle spielen sie für die Entstehung der kindlichen Neurosen?

Mit diesen Fragen erst erfährt die Erforschung der Elternbeziehung
zum Kind jene Vertiefung, die Freud für den umgekehrten Sachverhalt,
nämlich für die Beziehung des Kindes zu den Eltern, längst erreicht hatte. Beim Kind hatte Freud differenziert herausgearbeitet, welche mannigfachen oralen, analen und phallischen Impulse es teils nacheinander,
teils miteinander interferierend auf die Eltern richtet, in welcher Weise
es die Mechanismen der Introjektion, Identifizierung und Projektion auf
die Eltern anwendet. Er hatte gezeigt, wie das Kind sich der Eltern gleichsam bemächtigt, zum Ausbau seiner Trieb-Organisation und Ich-Organisation. Die Eltern indessen hat man in der Psychoanalyse zweifellos
lange «vernachlässigt». Man hat zwar sehr bald beobachtet, daß der
Erwachsene in einer Psychoanalyse auf den behandelnden Psychoanalytiker seine kindlichen Probleme, seine infantilen Wünsche, Aggressionen und Abwehrformen zu übertragen pflegt. Daß er aber auf seine
Kinder ähnliche «Übertragungen» vornimmt und daß diesen «Übertragungen» sogar entscheidendes Gewicht in der Psychodynamik der Eltern-Kind-Beziehung zukommt, blieb lange unbeachtet. Soweit dem Verfasser bekannt ist, hat zuerst St. Bornstein (1934) der traumatischen Bedeutung spezieller unbewußter elterlicher Phantasien eine systematische
Untersuchung [75] gewidmet, deren wichtige Erträge späterhin noch zu
würdigen sein werden. Ihre interessanten Beobachtungen änderten indessen vorerst nichts daran, daß bis in die Gegenwart hinein die große
Mehrzahl der Autoren nicht darüber hinausgekommen ist, als pathogene Elterneinflüsse nur «Aggression», «Rejection», «Ambivalenz»,
«Overprotection», «Überforderung», «Verwöhnung» usw. zu beschreiben.

Vorstellungen über die Wirkungsweise
der traumatischen elterlichen Einflüsse auf das Kind

Bisher wurden im wesentlichen die elterlichen affektiven Tendenzen und Verhaltensweisen *für sich* beschrieben, denen je nach der Auffassung der verschiedenen Autoren Störeinflüsse auf die seelische Entwicklung des Kindes zugeschrieben werden. Nun erhebt sich die Frage, wie man sich die *Wirkungsweise* der elterlichen pathogenen Faktoren auf das Kind vorstellen soll. In welcher Weise gehen die elterlichen Einstellungen und Verhaltensweisen in das kindliche Erleben über? Was geht dabei genau vor sich?

Es wurde bereits erwähnt, daß es äußerst schwierig ist, diese Vorgänge zu studieren. Wir wissen durch Freud, daß das Kind in den ersten Lebensjahren am eindrucksfähigsten ist. Die psychodynamischen Austauschprozesse mit den Eltern in dieser Phase sind also besonders wichtig. Zu dieser Zeit ist es aber aus ersichtlichen Gründen am allerschwersten, aus den Ausdrucksformen des Kindes sicheren Anhalt dafür zu gewinnen, wie seine Erlebnisse beschaffen sind. Das Kind lernt erst allmählich, sich sprachlich mitzuteilen. Seine verbalen Äußerungen sind zunächst karg und beschränken sich auf Kundgabe von äußeren Wahrnehmungen, einfachen Bedürfnissen, groben Befindlichkeiten, gelegentlich auch Phantasien. Manchen Hinweis kann man aus seiner Mimik, seiner Motorik, seinen ersten Kritzeleien und vor allem aus der Gestaltung seiner Spiele gewinnen. Nichtsdestoweniger ist das aus allen diesen Äußerungsformen zu sammelnde Beobachtungsmaterial nur von sehr erfahrenen Untersuchern, die über breite Vergleichsmöglichkeiten verfügen, für ergiebigere psychologische Schlußfolgerungen verwertbar. Ältere Kinder und Erwachsene vermögen zwar mitunter sehr subtile Erinnerungen über die in früher Zeit von den Eltern empfangenen Eindrücke und über die dadurch geweckten Gefühle und Impulse zu berichten. Aber hier Phantasien von tatsächlichen Begebenheiten zu scheiden, ist oft eine unlösbare Aufgabe, wie Freud ja selbst betont hat.

Diese Schwierigkeiten machen es verständlich, daß wir vorläufig nur mangelhaft darüber orientiert sind, was sich alles im Kinde an psychodynamischen Prozessen in der Wechselbeziehung mit seiner Umgebung abspielen mag. Wenn wir überhaupt gewisse brauchbare Vorstellungen davon gewonnen haben, nach welchen allgemeinen Regeln das Kind bis in seinen affektiven Hintergrund, ja selbst bis in seine Charakterentwicklung hinein, von äußeren Eindrücken beeinflußt werden kann, so verdanken wir das wiederum in erster Linie den Hinweisen Freuds und seiner Schüler.

Im Zusammenhang mit zahlreichen klinischen Beobachtungen sind von der Psychoanalyse gewisse Vorstellungsmodelle entwickelt worden, die zur Erfassung der psychodynamischen Austauschprozesse zwischen Eltern und Kind benutzt werden. Unter Anwendung dieser Vorstellungsmodelle wird die *Auswirkung* elterlicher traumatischer Faktoren auf folgende verschiedene Weisen beschrieben.

1. Das Kind hat von Geburt an triebhafte Bedürfnisse. Diese Triebbedürfnisse zeigen wesentliche Modifikationen in den aufeinanderfolgenden Entwicklungsphasen. Je nach der Rolle der vornehmlich beteiligten Körperzonen lassen sich orale, anale und phallische Impulse unterscheiden. Nach der Richtung lassen sich die Triebe in solche, die auf den eigenen Körper gerichtet sind, und andere, die auf Beziehungspersonen – zunächst auf die Mutter, später auch auf den Vater – gerichtet sind, untergliedern. Zur gesunden Entwicklung des Kindes gehört es, daß es diese Triebe in einem gewissen Grade ausleben darf.

Die *erste mögliche Erkrankungsweise* besteht, dieser Auffassung folgend, darin, daß Eltern das Kind zwingen, seine *Triebimpulse radikal zu unterdrücken*. Welche besonderen Einstellungen, Verhaltensweisen usw. auf seiten der Eltern in dieser Richtung wirken können, wurde im vorigen Kapitel dargestellt. A. Freud beschreibt den psychodynamischen Effekt folgendermaßen:

«Wir lernen etwa die neurotischen Hemmungszustände kennen, die dadurch entstanden sind, daß eine der geschilderten Triebregungen sehr früh und energisch *unterdrückt* und dadurch von der Befriedigung völlig abgehalten worden ist. Die Zähigkeit, die Gewalt der Regung, bringt es zustande, daß mit der Vergewaltigung des Triebvorganges der Prozeß nicht abgeschlossen ist. Es entsteht ein innerer Konflikt, und im Laufe der Zeit setzt sich das Unterdrückte in irgendeiner Form, gewöhnlich in einer sonderbar verzerrten, störenden Form, doch durch. Der Weg zur direkten, ursprünglichen Befriedigung des Triebes bleibt aber gesperrt, öffnet sich auch nicht wieder, wenn das Kind groß geworden ist, wenn die Bedingungen sich geändert haben, wenn das ursprüngliche äußere Verbot längst in äußere, von der Gesellschaft erteilte Erlaubnisse umgewandelt worden ist.» [76]

Zuerst also ist die pathogene Triebunterdrückung rein äußerlich bedingt. Das erst in Ansätzen entwickelte kindliche Ich wäre gar nicht zu einer autonomen Triebkontrolle imstande. Äußere Strafen und Drohungen lösen auf dem Weg über die Mobilisation von Angst in verstärktem Maße «Abwehrvorgänge» aus. – Wie diese Abwehrmechanismen in früher Kindheit genau aussehen, darüber wissen wir noch ungenügend Bescheid. Dieses Problem wird zur Zeit vor allem von J. Bowlby (s. S. 36), ferner von Ph. Greenacre [77] und R. Spitz [78] studiert. Anscheinend gibt es in der Kleinkindphase einzelne physiologische anlagebedingte Prototypen von Abwehrformen mit zum Teil adaptiven Funktionen[78]. Andere Prototypen von Abwehrmechanismen scheinen erst später unter wesentlichem, modifizierendem Einfluß der Umgebung etabliert zu werden. Vornehmlich für diese Gruppe der Abwehrformen ist nun die Eltern-Kind-Beziehung besonders wichtig, da sie die selektive Bevorzugung und eventuell pathogene Verstärkung einzelner Mechanismen beim Kind determiniert.

Die Mutter – der Vater meist erst in späteren Phasen – kann jedenfalls durch einschüchternden Einfluß die Triebabwehr des Kindes in übertriebenem Maße steigern. Dadurch wird zwar die Triebbefriedigung verhindert, nicht aber die Triebregung selbst ausgelöscht. Denn der Trieb selbst gehört zur Erbkonstitution und ist unaustilgbar. Wird er übermäßig unterdrückt, kommt es deshalb zu verschärfter intrapsychischer Spannung und schließlich zur Ausbildung neurotischer Symptome, in denen sich der abgewehrte Trieb teilweise wieder Ausdruck verschafft.

Im Zuge der Ausbildung des Über-Ichs, der Gewissens-Instanz, verlagert sich der Konflikt vollends von außen nach innen. Die Auseinandersetzung mit den massiv einschnürend wirkenden Eltern wird durch den Prozeß der Identifizierung internalisiert: Die Angst vor den strafenden Eltern ist dann zur «Über-Ich-Angst» geworden. Ohne daß das Kind ein Bewußtsein davon hat, wirkt jetzt sein eigenes Über-Ich als Repräsentanz der elterlichen Verbote und Strafdrohungen weiter, und die Spannung zwischen Über-Ich und Ich ist um so höher, je gespannter zuvor die Beziehung des Kindes zu den Eltern war. Im Falle der Neurose ist dann das eingetreten, wovon A. Freud spricht, daß nämlich selbst bei Fortfall äußerer Einschränkungen keine entlastende Erfüllung der Triebimpulse mehr möglich wäre: Unter dem Druck des eigenen Über-Ichs, gewissermaßen des Erbes der einschüchternden Eltern, benimmt sich das Kind weiterhin so, als ob es nach wie vor von außen her an der Entfaltung seiner Bedürfnisse gehindert würde.

2. Die zweite mögliche Erkrankungsweise besteht nach diesem Modell darin, daß die Triebe seitens der Eltern ursprünglich nicht zu stark unterdrückt, sondern im Gegenteil zu stark *stimuliert* werden. Dies entspricht der ersten von S. Freud beschriebenen traumatischen Szene in der Hysterielehre (s. S. 21). Erlebnisse mit *Verführungscharakter*, wie sie im vorigen Kapitel geschildert wurden, vermögen bestimmte Triebimpulse vorzeitig zu wecken oder übertrieben zu schüren. Es besteht die Vorstellung, daß die Verführung dem Kind das Aufgeben der für eine Durchgangsphase angemessenen Form der Triebbefriedigung erschwere und es damit auf einer frühen Stufe der Trieborganisation festhalten könne. S. Freud spricht hier von «Fixierung». A. Freud hält diesen Zu-

sammenhang insbesondere bei der Entstehung von Perversionen und Verwahrlosung für wichtig [79]: Es gebe Krankheitszustände, «wie etwa die Perversionen oder bestimmte Formen der Dissozialität, die dadurch gekennzeichnet sind, daß das Kind an einer infantilen Form von Triebbefriedigung ausschließlich festhält oder zu ihr zurückkehrt. In der Geschichte eines auf solche Weise Erkrankten finden wir gewöhnlich ein bestimmtes Ereignis, das dieser speziellen Triebregung den Durchbruch zur vollen Befriedigung gestattet hat. Das Kind bleibt gebunden und macht die Entwicklung zur erwünschten Erwachsenheit des Trieblebens nicht mit.»

S. Freud selbst hat übrigens – interessanterweise ganz im Gegensatz zu seinem Bild im heutigen öffentlichen Bewußtsein – sogar die Möglichkeit erwogen, systematische Neurosen-Prophylaxe durch Fernhaltung aller Erlebnisse zu betreiben, die ein vorzeitiges Aufflammen der kindlichen Sexualität hervorrufen könnten.[80] Er ließ diesen Gedanken allerdings unter Hinweis darauf fallen, daß ein künstliches Fernhalten aller einschlägigen Erfahrungen durch «strenge Behütung» dazu führen könnte, daß der «in der Pubertät zu erwartende Ansturm der Sexualforderungen» das Kind in einer widerstandslosen Verfassung treffen würde.

Die schädliche Auswirkung «verführender» Einflüsse wird nicht nur darin gesehen, daß sich das Kind wegen der ihm angebotenen reichlichen Befriedigung schwer von einer bestimmten Stufe der Trieborganisation lösen kann, sondern auch darin, daß es in besonderem Maße wehrlos wird, die doch eines Tages unausbleiblichen Versagungen auszuhalten. Kommt zum Beispiel der von der Mutter verführend behandelte Knabe in die ödipale Phase, so wird die Intimität seiner Bindung zur Mutter seine Angst vor dem Vater extrem verschärfen. Unvermeidliche Entwicklungskonflikte wie dieser können unter den aufgeführten Bedingungen also schwerer bewältigt werden und zur Neurose führen.

3. Bei der soeben beschriebenen Erkrankungsweise besteht die Annahme, daß der traumatische Einfluß am «Es», also am Trieb, ansetzt. Man sagt ja auch direkt: Die *Eltern* wecken, schüren, befriedigen usw. den kindlichen Trieb. Diese Ausdrucksweise vermittelt die Vorstellung, als ob sich die Eltern *unmittelbar* mit dem kindlichen Triebleben in Verbindung setzen und hier stimulierend eingreifen könnten. Diesem Modellfall steht sehr nahe die nunmehr zu besprechende Möglichkeit, daß nämlich zwar keine direkte Verführung ausgeübt wird, daß aber dem Kind einfach *die altersgemäß notwendigen Versagungen vorenthalten* werden, die zur Stärkung der Ich-Funktionen notwendig sind.

In diesem Falle würde die Mutter zum Beispiel nicht eine überzärtliche und übertriebene enge Bindung des Kindes an sich herbeiführen, sondern durchaus distanziert bleiben. Aber sie würde zum Beispiel in der Phase der Sauberkeitsgewöhnung dem Kinde keine zureichende Hilfe bieten, seine Blasen- und Darmentleerung unter Kontrolle zu bekommen. Ebensowenig würde sie beim Spracherwerb und beim Erlernen der regulierten Motorik die notwendigen Stützen bieten. Sie würde seine libidinösen und aggressiven Regungen weitgehend wuchern lassen und damit seine Ich-Entwicklung stören.

Spitz [81] und Jacobson [82] haben in neueren Untersuchungen die eminente Rolle des frühzeitigen Erwerbs des *Nein* für die kindliche Normalentwicklung dargestellt. E. Jacobson spricht von dem «konstruktiven Einfluß» von Frustrations-Erfahrungen auf die Entdeckung und Unterscheidung zwischen ‹Selbst› und ‹Liebes-Objekt›»[83]. Vom zweiten Jahr an muß das Kind *altersgemäße Versagungsreize* von seiner Umgebung, vor allem von der Mutter, erhalten. Durch diese notwendigen Versagungen wird das kindliche «Ich» in seinen Fähigkeiten gestärkt, auf unmittelbare Bedürfnisbefriedigung zu verzichten und nach und nach die Einschränkungen zu ertragen, die mit einer adäquaten Anpassung an die soziale Realität verbunden sind. «Die Erwerbung des ‹Nein›» – so formuliert Spitz [84] – «gibt den Anstoß zu einer ausgedehnten Ich-Entwicklung, in deren Rahmen die Vorherrschaft des Realitätsprinzips über das Lustprinzip immer ausgeprägter wird.» – Werden dem Kind die «altersgemäßen Versagungen» *nicht* geboten, bleibt es seinen triebhaften Impulsen hilflos ausgeliefert, ohne daß diese in traumatischer Weise von außen unmittelbar geschürt werden. – Im psychodynamischen Effekt kommen damit direkte Verführung (2) und einfache «Laxheit» im Sinne einer bloßen Unterlassung der altersgemäßen Versagungsreize (3) einander in vieler Beziehung nahe.

Die drei bisher beschriebenen Modelle typischer Wirkungsmechanismen traumatischer Elterneinflüsse seien noch einmal vereinfachend zusammengefaßt und einander gegenübergestellt:

1. Elterliche Einschüchterung fördert pathogene Triebunterdrückung.
2. Elterliche Verführung fördert direkt pathogene Triebstimulation, dadurch zugleich indirekt Schwächung der regulativen Ich-Funktionen.
3. Elterliche «Laxheit» fördert direkt pathogene Beeinträchtigung der Ich-Reifung, dadurch zugleich indirekt Triebüberflutung.

Die bisher geschilderten Modelle haben das Gemeinsame, daß der sich zwischen den Eltern und dem Kind abspielende Vorgang stets dadurch charakterisiert wird, daß Tendenzen oder Funktionen des Kindes von außen niedergehalten oder in schädlicher Weise angefacht werden. Die im Kind betroffenen Funktionen oder Instanzen *erleiden passiv* die störende Einwirkung. Das Kind *bekommt* zuwenig oder zuviel Trieb-Gratifikationen, zuwenig oder zuviel Reize für die sich bildenden Ich-Funktionen. In dieser Sicht bewirken exogene Stimulationen oder Versagungen gewissermaßen automatisch im Kind ein Mehr oder Weniger, eine Mobilisation oder eine Bremsung.

4. Bei dem nunmehr zu besprechenden Modell wird den *aktiven Imitations- und Identifikationsleistungen* des Kindes das entscheidende Gewicht beigelegt: Das Kind eignet sich Merkmale der Eltern an, die es bei diesen wahrnimmt. Man könnte vielleicht sagen, daß dieses Modell mehr den «parallelistischen» Aspekt als den Wechselwirkungs-Aspekt der Eltern-Kind-Beziehung hervorkehrt.

S. Freuds Vorstellungen über die Bedeutung der Identifizierung für die Charakterbildung und speziell für die Über-Ich-Formation wurden bereits erwähnt. – Bei der Übernahme elterlicher Merkmale durch das Kind sind offenbar verschiedene Vorgänge zu unterscheiden, die von mehr äußerer Imitation bis zur tiefgreifenden «Aufrichtung des Objekts im Ich» reichen können, wie sie Freud zum Beispiel bei der Depression beschrieben hat.[85] – Ob die mehr oberflächliche Nachahmung äußerer elterlicher Verhaltensweisen die Übernahme tiefer, zum Teil sogar unbewußter affektiver Qualitäten fördert oder ob beide Vorgänge nebeneinander parallel laufen, ist schwer zu durchschauen. E. Jacobson, die diese Prozesse besonders studiert hat, führt dazu aus:

«Beobachtungen an Kindern lassen kaum Zweifel daran, daß das Kind sehr früh damit anfängt, mütterliche Gesten, Modulationen der mütterlichen Stimme und andere sichtbare und hörbare Manifestationen der Mutter wahrzunehmen, zu beantworten und zu imitieren. Wir können unterstellen, daß die bloße Imitation solcher affektiver Ausdrucksphänomene der Eltern das Kind in seinen eigenen Entäußerungs-Mustern (*discharge patterns*) so weit beeinflussen kann, daß es zur Induktion identischer affektiver Phänomene kommt.» [86]

Die meisten Autoren sind sich darin einig, daß es noch nicht genauer bekannt ist, *wie* es zu dieser Abspiegelung kommt. Th. Benedek[87] glaubt, daß systematische Film-Untersuchungen vielleicht dazu führen werden, diese Induktions- bzw. Identifikationsprozesse genauer kennenzulernen, die in der Eltern-Kind-Kommunikation vor sich gehen.

Es ist jedenfalls ein unbestrittenes Faktum, daß das Kind schon sehr früh affektive Merkmale der Eltern zu erspüren und zu übernehmen vermag. D. T. Burlingham[88] und H. St. Sullivan[89] sprechen von Einfühlung (*empathy*). Sullivan hat insbesondere den Übergang mütterlicher Angst auf das Kind studiert. Er gelangt zu dem «Theorem»: «*The tension of anxiety, when present in the mothering one, induces anxiety in the infant.*» Ähnlich konstatiert Erikson[90] im Zusammenhang der Pathographie eines dreijährigen Knaben: «...wir müssen einsehen lernen, daß es keine individuelle Angst gibt, die nicht eine latente Besorgnis widerspiegelt, die der unmittelbaren und weiteren Gruppe gemeinsam ist.» E. R. Hagman[91] hat die häufige «Abspiegelung» mütterlicher Angst im Kind in einer Erhebung an 70 Vorschulkindern bestätigt: Er fand eine deutliche positive Korrelation zwischen den Müttern und ihren Kindern hinsichtlich spezieller Befürchtungen, bezogen auf Hunde, Insekten, Gewitter und anderes. Wie E. L. und R. E. Hartley[92] feststellen, kann durch die affektive Identifikation mit den Elternfiguren offenbar auch die *Wahrnehmungsfunktion* des Kindes beeinflußt werden: «Der Affekt der Eltern wird zum Bestandteil der kindlichen Wahrnehmung des jeweiligen Objektes oder Ereignisses.» Die Autoren glauben, auf diese Weise eine Beobachtung Malinowskis bei den Tobriandern erklären zu können: In dieser Bevölkerung wird von den Stammesangehörigen eine Familienähnlichkeit immer nur zwischen Vater und Kindern, niemals zwischen Mutter und Kindern wahrgenommen.

Wenn es also durch Identifikationsprozesse möglich ist, daß Kinder so sehen wie die Eltern, daß sie so wie sie fühlen und insbesondere auch ihre Ängste übernehmen, so läßt sich erwarten, daß sie auch deren vollständige neurotische Konflikte abspiegeln können. Unter diesem Aspekt haben E. H. Erikson, E. Jacobson, A. Johnson, Th. Benedek und J. Hellman aufschlußreiche Befunde zur kindlichen Neurosen-Pathogenese mitgeteilt.

Als Beispiel sei eine Untersuchung von Hellman[93] an der Hampstead Child Therapy Clinic über die Genese *neurotischer Pseudodebilität* zitiert. Die Autorin beschreibt eine Reihe kindlicher Krankengeschichten, die darin übereinstimmen, daß die Kinder reaktive «Intelligenzhemmungen» (*intellectual inhibitions*) entwickelten. Gleichzeitige Untersuchungen der Mütter und Explorationen der Väter ergaben, daß jede der Mütter Pseudologien und Heimlichkeiten aufwies. Hellman konnte nun in gründlichen analytischen Längsschnitt-Beobachtungen verfolgen, wie jedes der Kinder in Identifikation mit der Mutter an einem bestimmten Punkt der psychischen Entwicklung scheiterte. Der Erwerb der mnestischen Leistungen, der Fähigkeiten der Realitätsprüfung und der Synthetisierung geriet ins Stocken, weil sich das Kind in identifizierender Weise jeweils den mütterlichen Abwehrmechanismus der Verleugnung aneignete. Hellman folgert: «*Die Symptomatologie von Müttern und Kindern stellte sich als ähnlich heraus, weil sich die Kinder mit den mütterlichen Symptomen identifizierten.*»

S. Freud vertritt nun die Auffassung, daß diese pathogenen Identifizierungsprozesse nicht etwa als ein automatisches Abspiegeln alles Wahrgenommenen anzusehen sind, sondern in bestimmten Fällen mit der Struktur der kindlichen Objektbeziehungen zusammenhängen. Nach seiner Theorie sind bei der Übernahme elterlicher neurotischer Symptome durch das Kind folgende Möglichkeiten in Betracht zu ziehen[94]:

1. Das Kind kopiert das Symptom einer Elternfigur, gegen die es Aggressionen hegt. Ein kleines Mädchen bekommt zum Beispiel den gleichen quälenden Husten wie die Mutter. Freud erklärt das mit dem Wunsch des Mädchens, die Mutter beim geliebten Vater ersetzen zu wollen. Das bei dieser feindseligen Regung auftauchende Schuldgefühl bedinge die Imitation des Symptoms: «Du hast die Mutter sein wollen, jetzt bist du's wenigstens im Leiden.»

2. Das Kind kopiert das Symptom der *geliebten* Elternfigur. Dann bedeutet es nicht ein «*feindseliges* Ersetzenwollen», sondern nur eine «Regression» der Objektbeziehung zur Identifizierung.

3. Die Symptomübernahme durch Identifikation kommt auch *ohne nennenswerte Gefühlsbeziehung* zustande. Freud spricht von «psychischer Infektion», sofern «die Identifizierung vom Objektverhältnis ganz absieht» und zitiert als Beispiel die Häufung hysterischer Anfälle in Mädchenpensionaten. Aber auch in diesem Falle handelt es sich nicht um eine gleichsam äußerliche Nachahmung ohne tiefere Motivation. Zwar sei hier das Partnerverhältnis unwichtig, aber es sei eine Voraussetzung, daß sowohl der originäre Symptomträger als der Imitator über die gleiche Konfliktbereitschaft verfügten.

Wie sich an den Befunden Hellmans zeigt, können nicht nur einzelne neurotische Symptome durch Identifikation von den Eltern auf das Kind übergehen, sondern das Kind kann den gesamten Aufbau seines Abwehrsystems demjenigen seiner Eltern nachbilden und auch deren übrige Ich-Funktionen in den jeweiligen quantitativen und qualitativen Besonderheiten übernehmen. Daß die Identifikation selbst den *Geschlechtscharakter* einschließen kann, hat Freud am Beispiel der *männlichen Homosexualität* gezeigt. Hier entsteht die kindliche Störung nicht durch Kopie eines elterlichen Symptoms, sondern durch Identifikation mit dem weiblichen Geschlechtscharakter der Mutter. Freud beschreibt diesen Sonderfall von pathogener Identifikation folgendermaßen:

«Der junge Mann ist ungewöhnlich lange und intensiv im Sinne des Ödipus-Komplexes an seine Mutter fixiert gewesen. Endlich kommt doch nach vollendeter Pubertät die Zeit, die Mutter gegen ein anderes Sexualobjekt zu vertauschen. Da geschieht eine plötzliche Wendung; der Jüngling verläßt nicht seine Mutter, sondern identifiziert sich mit ihr, er wandelt sich in sie um und sucht jetzt nach Objekten, die ihm sein Ich ersetzen können, die er so lieben und pflegen kann, wie er es von der Mutter erfahren hatte.» [95]

Nur am Rande sei der Vollständigkeit halber noch die spezifische Form der Identifikation genannt, die Freud als charakteristisch für die *Depression* (Melancholie) beschrieben hat.[96] Er nimmt an, daß hierbei eine «Ich-Veränderung» eintrete, indem der Partner (Objekt) in das Ich

60

introjiziert werde. Die unbewußten Aggressionen, die vordem dem auf-
gegebenen Partner gegolten hatten, werden nunmehr seitens des Über-
Ichs auf das Ich (auf welches der «Schatten des Objekts» gefallen sei) gerichtet und als Selbstvorwürfe erlebt. Somit seien die Selbstanklagen in
der Depression nichts anderes als die ursprünglichen Anklagen gegen den
Partner, die jetzt gegen das eigene Ich gekehrt seien. Die Beobachtungen
von Spitz an Säuglingen mit «anaklitischer Depression»[97] scheinen eine Vorform dieses komplizierten Prozesses zu dokumentieren: Nach ra-
dikaler Kontaktverarmung haben die von Spitz untersuchten Säuglin-
ge an Stelle nach außen gewendeter Aggressionen nunmehr massive
Aggressionen gegen sich selbst gerichtet, zum Beispiel sich mit der Faust
auf den Kopf getrommelt und sich büschelweise die Haare ausgeris-
sen.

Zusammenfassend läßt sich feststellen, daß es eine größere Reihe
recht unterschiedlicher Formen von Imitation und Identifizierung gibt,
die in der Eltern-Kind-Beziehung wirksam werden können. Zunächst
besteht die Tatsache, daß das Kind offenkundig über ein außerordentlich
feines Einfühlungsvermögen verfügt, das es in den Stand setzt, selbst
die in den Eltern unbewußt wirkenden Impulse und Abwehrformen aufzuspüren. Ohne diese Einfühlung könnten die Identifizierungsprozesse
ja nicht so weit reichen, wie es die klinischen Erfahrungen zeigen. Zweitens muß die Annahme Freuds und seiner Schüler als bestätigt gelten,
daß das Kind schon sehr früh ein aktives Bestreben zeigt, Imitationen
und Identifizierungen vorzunehmen, und daß diese Prozesse für die
Charakterformation und speziell auch für die Übernahme elterlicher
neurotischer Konflikte und Symptome wichtig sind. Wenig berücksichtigt wurde aber in der großen Mehrzahl der vorliegenden Untersuchungen über die kindliche Identifizierung die Frage:

Wie weit sind die Eltern selbst *aktiv* am Zustandekommen der kind-
lichen Identifikationen beteiligt? Sind sie dazu imstande, *Ausmaß* und
Selektion dieser Prozesse mitzubestimmen? Ist es vielleicht sogar zum
Verständnis der zahlreichen Modifikationen, in denen wir die kindlichen
Identifizierungen beobachten, *unerläßlich*, nach dem aktiven Einfluß der
Eltern zu fragen?

Es war bereits anläßlich der zusammenfassenden Darstellung der
Freudschen Trauma-Theorie erläutert worden, wie die Vernachlässigung
dieser Fragestellung bei Freud selbst verstanden werden kann. Sein ganz
überwiegendes Interesse galt eben der «psychischen Realität» des Individuums, den Beziehungspersonen indessen nur insoweit, als sie innerhalb der «psychischen Realität» des Individuums zur Erscheinung kommen als «Objekte» von Trieben und Abwehrfunktionen sowie als Repräsentanten biologisch oder kultursozial bestimmter Gratifikationen

61

und Frustrationen. Was die Eltern mit dem Kind machen, welche Impulse, Phantasien, Abwehrmechanismen sie auf dieses beziehen und welche Effekte sie damit hervorrufen, das hat ihn nur randständig beschäftigt.

Welche Hinweise gibt es also dafür, daß die Eltern darauf einen *aktiven Einfluß* ausüben, in welcher Weise sich das Kind mit ihnen identifiziert? Da ist zunächst die klinische Erfahrung zu nennen, daß die Eltern – wie man ja auch erwarten muß – ganz verschieden auf die einzelnen Komponenten ihres «Spiegelbildes» zu reagieren pflegen, die das imitierende Kind ihnen vorhält. Übernimmt das Kind durch Identifikation Züge, welche die Eltern bei sich akzeptieren oder sogar im Sinne ihres «Ich-Ideals» für höchst erstrebenswert halten, so mögen sie das Kind darin bestätigen. Kopiert das Kind aber solche Züge, welche die Eltern bei sich nicht sehen wollen und vielleicht sogar angestrengt unterdrükken, so werden sie eher geneigt sein, das Kind dafür zu bestrafen. Sie verstärken bzw. hemmen also die Identifizierungs-Funktion des Kindes, je nachdem, ob ihnen das Kind den positiven oder den negativen Aspekt des eigenen Selbst vorhält.

Es wäre aber wiederum zu einseitig gesehen, würde man annehmen, daß fördernde oder hindernde Einstellung der Eltern stets automatisch dadurch reguliert würde, ob das Kind vorzugsweise die positive oder die negative Identität der Eltern nachahmend hervorkehre. A. Johnson hat gezeigt, daß einzelne Eltern ihren Kindern das Ausleben gerade solcher Tendenzen gestatten, die sie selbst bei sich unterdrücken. Sie nötigen die Kinder geradezu, unbewältigte eigene Impulse zu realisieren. Es wird späterhin noch ausführlich zu untersuchen sein, was die Eltern gerade zu solchem Benehmen veranlaßt und welche Probleme dem Kind dadurch aufgebürdet werden.

Die Beobachtung der *individuellen Unterschiede*, die sich bei den Eltern hinsichtlich der Einwirkung auf die kindlichen Identifizierungen zeigen, fordert dazu auf, die Bedingungen genauer zu studieren, von denen diese Unterschiede abhängen. Diese Frage mündet wieder in jene andere Frage, die bereits im vorigen Kapitel berührt wurde:

Welche *unbewußten Phantasien* richten die Eltern auf das Kind? Welche eigenen *unbewußten Wünsche* wollen sie sich mit Hilfe des Kindes erfüllen? Welche *Reaktionsbildungen* wollen sie mit Hilfe des Kindes *abstützen*? Welche *Strafbedürfnisse* wollen sie etwa mittels des Kindes *sättigen*? Welche *traumatischen Situationen* aus der eigenen Kindheit wollen sie mit Hilfe des Kindes, dem Gesetz des «Wiederholungszwanges» (S. Freud) folgend, *reproduzieren*? Über diese Fragen muß man sich Klarheit verschaffen, wenn man erst einmal die affektiven Erwartungen, mit denen die Eltern dem Kind begegnen, verstehen will. Je mehr die Eltern das Kind mit ihren persönlichen affektiven Erwartungen *bedrän-*

gen, um so wahrscheinlicher wird es dann, daß sie die Identifizierungs-Vorgänge des Kindes in einseitige Bahnen lenken.

Es erscheint somit als eine wichtige Aufgabe, die zu diesem Punkt vorliegenden allgemeinen Erfahrungen und Hypothesen durch subtile kasuistische Untersuchungen zu ergänzen. Dabei kommt es darauf an, das Zusammenspiel der elterlichen unbewußten Phantasien mit den kindlichen «Objektbeziehungen» bzw. Identifizierungsprozessen genau zu beobachten. Um die Beobachtungen befriedigend ordnen zu können, ist wiederum zunächst einmal ein sinnvolles Klassifikationsprinzip anzugeben, das die pathogenetisch wichtigsten Formen der Eltern-Kind-Beziehung heraushebt und ihre Unterscheidungsmerkmale angibt. Diese Aufgaben charakterisieren den Weg, der für die weitere Erforschung der Elterneinflüsse auf die Entwicklung kindlicher Neurosen vorgezeichnet ist. Und diesem Weg werden die nachstehend beschriebenen eigenen Untersuchungen zu folgen haben.

Exkurs über neuere Befunde der Familiensoziologie

Der psychoanalytische Psychiater, der die pathogenen Faktoren der Eltern-Kind-Beziehung studiert, kann sich nicht darüber täuschen, daß er nur einen Ausschnitt eines im Grunde weiter verzweigten Problems erfaßt. Zunächst bringt es sein Beruf mit sich, daß er nur die Familien *kranker* Individuen kennenlernt. Der Kinderpsychiater sieht nur die Eltern *seelisch gestörter* Kinder. Wenn diese ihr Kind mit ihren affektiven Problemen überlasten, so weiß er nicht genau, in welchem Maße diese Eltern ihre affektiven Probleme mit der großen Zahl der Eltern gesunder Kinder teilen. Und er kann auch nur ungenügend abschätzen, wieweit bestimmte affektive und soziale Probleme einer Familie mit generellen soziologischen Faktoren zusammenhängen, zum Beispiel mit den allgemeinen Arbeitsverhältnissen, der wirtschaftlichen Situation, den gesellschaftlichen Leitbildern usw. Im Zuge des allgemeinen sozialen Wandels zeigen sich auch bestimmte typische Umstrukturierungen des neuzeitlichen Familienlebens. Die Mutter hat heute im Durchschnitt eine andere Stellung in der Familie als vor 50 Jahren. Die modernen Arbeitsbedingungen haben aber auch die Position des Vaters tiefgreifend modifiziert. Die Erziehungs-Leitbilder nehmen an den Veränderungen teil. Gewiß entgehen dem Psychiater nicht die großen Linien dieses sozialen Wandels, dessen Spuren sich natürlich auch in seinen Krankengeschichten abzeichnen. Aber dies ist doch nicht sein eigentliches Beobachtungsfeld, und er muß es der Soziologie überlassen, hierüber verläßliche Feststellungen zu treffen. Welches sind nun die wichtigsten Befunde der Soziologie über die allgemeinen Veränderungen des modernen Familienlebens, die den Hintergrund auch für den speziellen Bereich der affektiven Eltern-Kind-Beziehungen abgeben? Enthalten diese soziologischen Befunde insbesondere Hinweise auf Faktoren, die allgemein oder in speziellen Bereichen eine erhöhte affektive Belastung für die moderne Familie implizieren? Hierüber wenigstens eine knappe Orientierung zu gewinnen, erscheint zur Vorbereitung der nachfolgenden Betrachtungen über die pathogenen Faktoren der Eltern-Kind-Beziehung nützlich.

R. König[98] hat die «Desintegrations-Tendenz» der modernen Familie beschrieben. Damit ist das Phänomen gemeint, daß die Familie mehr und mehr ihrer institutionellen Funktionen entkleidet zu werden scheint. Je mehr die Familie aus ihrer früher viel festeren Verbindung mit den Aufgaben und Ordnungen der Gesamtgesellschaft herauswächst, um so stärker wird sie von den rein privaten Gefühlsbedürfnissen ihrer Mitglieder getragen. Allgemein ergibt sich unter Zugrundelegung der Desintegrations-Tendenz natürlich die Gefahr, daß die gewissermaßen ins individuelle Belieben gestellten affektiven Beziehungen innerhalb der Familie nicht harmonisch und stabil genug sind, um den Fortfall an äußerem Halt zu kompensieren, der früher durch die in den institutionellen Funktionen begründete engere Verbindung mit den Aufgaben und Verhaltensformen der Gesamtgesellschaft gegeben war (vgl. auch H. Schelsky[99]).

Erhöht wird diese Gefahr offenbar durch weitere soziologische Veränderungen: Da ist zunächst die *zahlenmäßige Kontraktion*, vor allem der städtischen Familie, zu nennen. König[100] ist überzeugt, «daß ein bedeutender Teil der Erschütterung der modernen Familie daher rührt, daß sich diese auf einen immer engeren Kreis von Personen eingezogen hat». Je geringer die Zahl der Mitglieder ist, um so schwerer kommt es – nach König – zur Ausbildung fester Gewohnheiten und Normen, die dem Verhalten des einzelnen sowohl in der Familie wie nach außen innere Sicherheit geben. Affektive Spannungen fanden in der früheren Großfamilie bessere Ausgleichsmöglichkeiten. In der Ein-Kind- oder Zwei-Kinder-Familie ist der auf das einzelne Kind wirkende Druck affektiv unausgeglichener Eltern naturgemäß beträchtlich höher, als wenn eine größere Kinderzahl und dazu etwa noch ein Großelternpaar oder sonstige Verwandte in der Familie derartige Störwirkungen mit auffangen und unter sich gleichsam verteilen können.

Ein weiteres Belastungsmoment für das affektive Familien-Klima stellen neben der «Desintegration» und der zahlenmäßigen Kontraktion die *veränderten Arbeitsverhältnisse* in unserer hochindustrialisierten Gesellschaft dar. Schelsky[101] spricht von einer «emotionalen Überlastung der Familie» durch die «affektsperrenden modernen Arbeitsbedingungen»:

«Indem die hochspezialisierte Arbeitsteilung und die aus ihr fließende Disziplinierung und Rationalisierung der modernen Produktionsbedingungen den seelischen und gefühlsbetonten Verhaltensweisen des Menschen immer weniger Raum in seinem Berufsleben boten, sind im Rückschlag dazu die Familie und sonstige intime Gemeinschaften schon vielfach zum Austragungsort der emotionalen Spannungen geworden, die außerhalb dieser Gruppen geschaffen wurden, dort aber unterdrückt werden mußten.»

Es handelt sich hier demnach um ein Störmoment für das affektive Familien-Klima, das sich zu dem Effekt der zahlenmäßigen Kontraktion der Familie hinzuaddiert. – In mittelbarem Zusammenhang mit den modernen Arbeits- und Berufsbedingungen scheint eine weitere Entwicklung zu stehen, die für das Kind in der Familie von speziellem Gewicht ist:

Das ist die *Schwächung der Vater-Autorität*. Eine entscheidende Bedingung für die «Schwäche des Vaters» sehen M. Horkheimer, Th. W. Adorno und Mitarbeiter [102] in dem «Schrumpfen von Konkurrenz und freiem Unternehmertum». Wenn sich auch die Ursachen für diese «Vaterschwäche» in ihrer Komplexität schwer übersehen lassen, so ist ihr Vorhandensein nicht zu bestreiten (vgl. auch A. Mitscherlich [103]). Wie M. Horkheimer und Mitarbeiter betonen, ist der Vater für das Kind weithin nicht mehr die kraftvolle Gestalt, die Macht, aber auch Schutz repräsentiert.

Allerdings scheint es aus psychiatrischer Sicht weniger eindeutig, daß die Autoritätsminderung des Vaters – wie die genannten Autoren meinen – mit einer Abkühlung und Lockerung des von ihm ausgehenden Einflusses verbunden sein muß. Oft scheint doch vielmehr die ihm durch die modernen sozial-ökonomischen Bedingungen versagte Erfüllung seines Bedürfnisses nach «väterlicher Potestas» nur eine Umleitung und Verwandlung seiner Ansprüche auszulösen, die nichtsdestoweniger wirksam bleiben: Ist nicht zum Beispiel, wenn man es so besieht, der heute so häufige Einsatz des Kindes als «Instrument familialen Prestiges» (G. Wurzbacher [104]) nur ein auf das Kind verschobener Durchbruch ungeminderter väterlicher Ambitionen? Handelt es sich hier nicht vielfach nur um Kaschierungen und Verformungen in der Ausübungsweise der repressiven väterlichen Verfügungsgewalt? Die nachfolgenden Untersuchungen werden hierfür einige paradigmatische Familien-Strukturen aufzeigen. Es wird dabei zu belegen versucht werden, daß manche in soziologischer Hinsicht «schwache» Väter trotzdem – oder gerade wegen der ihnen aufgezwungenen Schwäche – außerordentlich intensiv in das Erleben ihrer Kinder hineinzuwirken versuchen und auch dazu imstande sind. Hinsichtlich der aus solchen väterlichen Konflikten folgenden Belastung für das Familienklima, insbesondere eben für die Eltern-Kind-

Beziehung, treffen diese Beobachtungen allerdings wieder mit den Feststellungen Horkheimers und Adornos zusammen, welche die veränderte Stellung des Vaters ebenfalls, namentlich für die kindliche Entwicklung, als gefahrvoll bewerten.

Während alle bisher umrissenen soziologischen Entwicklungsmerkmale der Familie mit der Linie Psychiatrie übereinstimmen, die in der Labilisierung und mannigfachen Gefährdung der affektiven Beziehungen in der Familie eine wesentliche Bedingung für seelische Entwicklungsstörungen des Kindes sieht, so sind noch einzelne Feststellungen von soziologischer Seite zu erörtern, die entlastende und stabilisierende Faktoren für die moderne Familie nachzuweisen scheinen.

Da ist zunächst die hauptsächlich von Schelsky [105] betonte Tendenz zur «Versachlichung» der Partnerbeziehungen in der Familie, die im Zusammmenhang mit einem Vordringen einer «rationalistisch planerischen Einstellung» gesehen wird. Schelsky spricht hier auch von «familiärer Funktionalisierung», indem die funktionale Rolle des einzelnen in der Familie gegenüber dem «gegenseitigen personalen Intimverhältnis» stärker hervortrete. Während früher im aufstrebenden Mittelstand und im Bürgertum zum Beispiel das Wertbild der ehelichen Partnerschaft eindeutig zum Primat der Liebes- und Sympathiebindung und des erotischen Kontaktes gegenüber den als sekundär angesehenen materiellen oder sozialen Leistungen der Partner beherrscht worden sei, beobachte man jetzt in diesen Schichten eine Umkehrung. In der «Einstellung zur Elternschaft» bestehe gleichfalls dieser Zug zur «Versachlichung», wobei Schelsky auch auf die von Wurzbacher herausgearbeiteten Erziehungsleitbilder verweist.

Wie Schelsky indessen selbst zugesteht, bleibt die Frage offen, inwieweit die mit den Mitteln soziologischer Erhebungen erfaßbare Versachlichung der Verhaltensformen bis in die Tiefenschichten der Emotionalität vordringt. Und in der Tat tut sich hier gerade aus psychoanalytischer Sicht ein Zweifel auf: Bei zugestandener Gültigkeit der zitierten Beobachtungen über eine Zunahme rationalistisch-planerischer Verhaltensweisen bleibt doch die Frage offen, inwieweit es sich hier vielfach nur um Verdrängungen und «Reaktionsbildungen» handelt. Ins Blickfeld des Psychiaters tritt oft genug der Mensch mit dem Fassaden-Benehmen rationaler Sachlichkeit, der nur hinter allerlei Maskierungen und Brechungen seine mühsam unterdrückte Emotionalität verbirgt. Paradigmatisch ist etwa der Zwangsneurotiker, der – scheinbar – versachlichte Mensch schlechthin, dessen repressiv zurückgestaute Affektwelt geradezu grotesk zu seinem äußeren Verhaltensbild kontrastiert. – Aus dem selektiv einseitigen psychiatrischen Erfahrungsfeld lassen sich freilich keine Schlüsse darüber ziehen, welche psychodynamischen Bedingungen der «Versachlichung» in der Gesamtbevölkerung oder in einzelnen Schichten überwiegen. Es sei nur auf die grundsätzliche Mehrdeutigkeit des Merkmals und dementsprechend auf die Unmöglichkeit verwiesen, aus diesem relativ peripheren Verhaltens-Tatbestand irgendwelche Folgerungen für die emotionale Verfassung herzuleiten, ohne daß zusätzliche eingehendere psychologische Untersuchungen vorliegen.

Mit der «Versachlichung» geht nach Schelsky [106] heutzutage eine «Entinnerlichung» des Familienlebens einher. Er meint damit allgemein eine *Entleerung des Familienlebens an «kulturellem Gehalt»*. Es verarmen, so scheint es, «die Quellen und Antriebe des Daseins, die den Menschen über die bloße Nutzen-Notwendigkeits-Sphäre emporgehoben hatten». Allerdings sieht Schelsky in der «Entinnerlichung» überraschenderweise keine Bedrohung des familiären Zusammenhaltes: «Die Familien werden sozial gleichförmiger und an Innerlichkeit ärmer, verlieren damit aber keineswegs an Stabilität.»[107] An anderer Stelle geht er sogar noch weiter: «In gewisser Hinsicht wirken diese Dinge der Versachlichung, der Entinnerlichung der privaten Daseinsbeziehungen durchaus stabilisierend für den Zusammenhalt der Familie.»[108] Die Anspannungen des Existenzkampfes sollen eine konsolidierende Wirkung entfalten, indem alle Familienmitglieder zu ihrer Bewältigung aufeinander angewiesen seien.

Das Postulat nun, daß die vielfältig und überzeugend belegte Entwicklung zur «Entinnerlichung» die Stabilität der Familienverfassung nicht störe, eher sogar stärke, erscheint nicht voll überzeugend. Ist es nach Schelsky nicht so sehr *äußere Not* als eine *innere Motivation*, die alle Anstrengungen der Familie für die Erfüllung materieller Lebensbedürfnisse gleichschaltet, so muß sich dieses verflachte Nützlichkeitsdenken doch auch in der Gestaltung der innerfamiliären Beziehungen niederschlagen. Kann man sich doch kaum vorstellen, daß die auf materielle Vorteile gerichtete Begehrhaltung des einzelnen sich nur im außerfamiliären Raum auswirke und vor den familiären Partnern haltmache. In psychoanalytischer Sicht würde «Entinnerlichung» nach Shelskys Beschreibung hindeuten auf eine Regression zu oralnarzißtischen Verhaltensweisen, die der Entwicklung stabiler Partnerbeziehungen eher abträglich als förderlich zu sein pflegen. – In der Tat weichen die Analysen einiger anderer Soziologen in dieser Frage von Schelskys relativ optimistischer Deutung ab. Unter Hinweis auf ähnliche Entwicklungsmerkmale, mit denen Schelsky die «Entinnerlichung» charakterisiert, zeichnen zum Beispiel Horkheimer, Adorno und Mitarbeiter [109] das folgende krasse Bild der modernen Ehe, das die amerikanischen Verhältnisse nur als Paradigma für eine breite Tendenz herausstellt:

«Mehr und mehr schrumpft sie [gemeint ist die Ehe. Der Verf.] zur bloß zweck-
dienlichen Tauschbeziehung zusammen. Der Mann zahlt eine Prämie dafür, daß
die Frau ihm sexuell zu Willen ist, das Kollektiv der Frauen erwirbt für deren
natürliches Monopol ein gewisses Maß an Sicherheit. Charakteristisch, daß gerade dort, wo der romantische Kult der Familie am lautesten betrieben wird,
die Ehe durch eine Institution der Scheidung ganz unterhöhlt ist. Die Individuen werden auswechselbar wie im Geschäftsleben, wo man eine Position verläßt, wenn sich eine bessere bietet.»

Wäre diese düstere Beurteilung selbst stark zugespitzt, so erscheint es
immerhin bedenkenswert, daß sie aus dem Vordringen des reinen Nütz-
lichkeitsdenkens grundlegend andere Folgen für die Familie entstehen
sieht, als dies Schelsky postuliert. Tatsächlich scheint es mit der von
Schelsky an sich in ihren Merkmalen eindrucksvoll charakterisierten
«Entinnerlichung» der Familie wohl besser übereinzustimmen, wenn
man diese Tendenz als gefährdend für die Stabilität und den Zusammenhalt der Familie bewertet.

Zusammenfassend läßt sich sagen, daß die von der Familiensoziologie
genannten belastenden Faktoren für das affektive Familienklima, wie
die *Desintegration*, die *zahlenmäßige Kontraktion*, die *veränderte Stellung des Vaters* und der Einfluß der *affektsperrenden modernen Arbeitsbedingungen*, keineswegs durch stabilisierende Faktoren aufgewogen zu
werden scheinen. Wenn die psychiatrische Forschung also heute ihr besonderes Augenmerk den innerfamiliären affektiven Konflikten zuwendet und deren Bedeutung für die psychosozialen Entwicklungsstörungen
des Kindes heraushebt, so findet sie sich in dieser Richtung offenbar
durch einzelne Ergebnisse der modernen Familiensoziologie bestätigt.

EIGENE UNTERSUCHUNGEN

ELTERLICHER KONFLIKT
UND KINDLICHE ROLLE

Während eine Reihe anderer Autoren die schädlichen Wirkungen des Kontaktmangels und der Isolierung für das Kind studiert haben (s. S. 36), fragt diese Untersuchung nach den schädlichen Faktoren *existenter* affektiver Beziehungen zwischen Eltern und Kind. Nicht dem *Defizit* an affektiver Zuwendung, sondern ihrer *qualitativen Modifikation* ist die Analyse gewidmet. Dabei wird die klinische Erfahrung berücksichtigt, daß neurotische Kinder – im Gegensatz zu verwahrlosten – durchaus ein zureichendes, nicht selten sogar ein gesteigertes Maß an affektiver elterlicher Zuwendung erleben können. Oftmals findet man Zeichen für eine «erhöhte Intimität der Familiengruppe», wie sie König als Folge der Desintegrationstendenz der modernen Familie beschrieben hat. Während der Soziologe indessen zu Recht auch auf die positiven Auswirkungen erhöhter Intimität, nämlich auf die Möglichkeit einer Bereicherung und Vertiefung der seelischen Entwicklung des Kindes verweist, sieht der Psychiater in seinem eingeschränkten Beobachtungsfeld nur die Kehrseite. Er begegnet vorwiegend den Kindern, die von den affektiven Ansprüchen ihrer Eltern überlastet und in eine ihnen unzuträgliche Richtung gedrängt werden.

Es war nun darauf hingewiesen worden, daß die gängigen Modelle, mit denen eine wissenschaftliche Erfassung der pathogenen Affektbeziehungen zwischen Eltern und Kind versucht zu werden pflegt, nicht voll befriedigen. Welches ist die Lücke, die bei diesen geläufigen Modellen offenbleibt, und wie kann sie ausgefüllt werden?

1. Man stellt sich vor, elterliche Einstellungen oder Praktiken wirken ähnlich einer physikalischen Kraft bremsend oder stimulierend auf kindliche Impulse oder Funktionssysteme. Sie hemmen oder stimulieren die kindlichen Triebimpulse bzw. sie schwächen oder steigern im Übermaß die kindliche Ich-Abwehr.

Es ist einleuchtend, daß man die elterlichen Einwirkungen derartig bilanzierend auswerten kann. Aber dieses Modell führt nicht an die unmittelbaren Tatbestände der elterlichen Phantasien und Motive heran, denen das Kind begegnet. Und es hilft auch nicht, den Motivationszusammenhang zwischen den elterlichen Affekten und Verhaltensweisen einerseits und der kindlichen Reaktion andererseits psychologisch evident zu machen. Vielmehr sind diese Erkenntnisse bereits vorausgesetzt, ehe man das Modell überhaupt anwenden kann.

2. Man geht von der Imitations- und Identifizierungstendenz des Kindes aus, die sich je nach seiner Entwicklungsphase und seinem Part-

nerverhältnis mehr oder weniger ausgedehnt entfaltet. Findet man im Kind die gleichen Ängste, Schuldgefühle, Idealvorstellungen, die gleichen neurotischen Symptome und Konflikte wie bei den Eltern vor, so gilt das automatisch als erklärt durch die aktive Tendenz des Kindes, sich mit den Eltern zu identifizieren.

Gewiß ist die Imitations- und Identifikationsbereitschaft im Kind anlagemäßig vorhanden, und sie entfaltet sich notwendigerweise im Verlauf der psychosozialen Entwicklung. Sie ist eine unerläßliche Bedingung der Lernvorgänge und der Charakterformation. Aber die Identifikationen sind keine automatischen Abspiegelungen, und sie werden auch nicht nur durch die kindlichen Liebes- und Haßregungen selektiv beeinflußt. Ihr Verständnis erfordert ebensosehr eine Berücksichtigung der affektiven Erwartungen der Eltern, die offensichtlich Ausmaß und Auswahl der Identifikationen mitbestimmen.

Was suchen die Eltern eigentlich im Kind? Wie sind ihre unbewußten Phantasien beschaffen, die sie auf das Kind beziehen? Gibt es eine Möglichkeit, zu verfolgen, daß und wie das Kind diese Phantasien aufnimmt und sowohl in seinen affektiven Beziehungen zu den Eltern als in seinen Identifikationen verarbeitet? Das sind die Fragen, die im Lichte der vorliegenden Theorien bisher unzureichend beantwortet worden sind.

Die elterlichen Phantasien, die dem Kinde gewidmet sind, enthalten positive Erwartungsvorstellungen: wie das Kind sein soll. Sie enthalten ebenso negative Erwartungsvorstellungen: wie das Kind gerade nicht sein soll. Manche Vorstellungen sind jedoch auch zugleich mit positiven und negativen Affekten besetzt: Das Kind soll so sein, zugleich aber nicht so sein. Zwanghaft drängt sich das Bedürfnis auf, daß das Kind ein bestimmtes Verhalten realisieren möge. Gleichzeitig regt sich Abscheu und das Bedürfnis, das Kind für eben dieses Verhalten zu bestrafen. – Untersucht man nun den gesamten Komplex dieser auf das Kind gerichteten Hoffnungen, Ängste, Strafimpulse usw., so kann man regelmäßig finden, daß es sich hier nicht einfach um ein chaotisches Konglomerat handelt, sondern daß die einzelnen Phantasien doch miteinander zusammenhängen und somit ein *strukturiertes Ganzes* bilden.

Es gibt nun einen umschriebenen sozialpsychologischen Begriff, der die strukturierte Gesamtheit der auf eine Person gerichteten Erwartungen bezeichnet und somit in diesem Zusammenhang verwendet werden kann: Das ist der *Begriff der Rolle*. E. L. und R. E. Hartley [110] definieren die soziale Rolle als:

«... die strukturierte Gesamtheit aller Erwartungen, die sich auf die Aufgaben, das Benehmen, die Gesinnungen, Werte und wechselseitigen Beziehungen einer Person richten, die eine spezifische Gruppenposition innehat und in der Gruppe eine bestimmte Funktion erfüllen muß.»

Wenn die Sozialpsychologie von der «Rolle» des Kindes in der Familie spricht, so meint sie damit allerdings weniger die dem Kind geltenden Erwartungen, die den spezifischen unbewußten Phantasien der Eltern entstammen. Dort wird der Rollenbegriff zumeist allgemeiner und mehr behaviouristisch verstanden. Er bezieht sich in erster Linie auf allgemeine Verhaltensmuster des Kindes, die von der Gesellschaft her vorgeschrieben und dem Kind von den Eltern vermittelt werden. Man spricht von der «Rolle des Kleinkindes», von der «Rolle des Pubertierenden», von der «Rolle des Jungen» im Gegensatz zur «Rolle des Mädchens». Es wird der durchgängige Zusammenhang zwischen den Normen größerer sozialer Gruppen, denen sich die Familie fügen muß, und der kindlichen Rolle aufgewiesen. –

Es ist nun klar zu definieren, in welchem speziellen psychoanalytischen Sinn der Begriff «Rolle des Kindes» hier von dem allgemeineren Rollenbegriff der Sozialpsychologie abgehoben werden soll.

Als *kindliche Rolle* sei in dieser Untersuchung *das strukturierte Gesamt der unbewußten elterlichen Erwartungsphantasien gemeint, insofern diese dem Kind die Erfüllung einer bestimmten Funktion zuweisen.*

Es ist zunächst zu begründen, ob und in welcher Weise es möglich ist, aus den unbewußten Erwartungen der Eltern die Phantasie einer «bestimmten Funktion» des Kindes herauszulesen, die als «Leitmotiv» aus der Fülle der auf das Kind gerichteten Wünsche, Ängste, Aggressionen usw. extrahiert werden kann.

Die Beantwortung der Frage nach dem «Leitmotiv» erfordert zunächst eine Vorbemerkung. Die psychoanalytische Erfahrung lehrt, daß solche Eltern, die unter dem Einfluß ihrer unbewußten Erwartungen bei ihren Kindern eine neurotische Störung begünstigen, selbst unter dem Druck affektiver Konflikte zu stehen pflegen. Sie saugen das Kind gewissermaßen in ihren eigenen Konflikt hinein. Allgemein formuliert wird dem Kind dabei die Funktion zugewiesen, den Eltern zu einer Entlastung von ihrer Konfliktspannung zu verhelfen.[111] *Die Rolle des Kindes bestimmt sich also aus der Bedeutung, die ihm im Rahmen des elterlichen Versuches zufällt, ihren eigenen Konflikt zu bewältigen.*

Die Erwartung nun, daß sich aus der Struktur des elterlichen Konfliktes vielleicht schon automatisch eine bestimmte Einstellung zum Kind herleiten lassen könnte, bestätigt sich nicht. Die Natur des Konfliktes besagt noch nicht, *wie* das Kind in diesen einbezogen wird. Ein und derselbe mütterliche Konflikt kann zum Beispiel zu sehr unterschiedlichen affektiven Ansprüchen an das Kind disponieren; sonst würden wir ja nicht die allbekannte Beobachtung machen können, daß eine konfliktbehaftete Mutter zu mehreren Kindern auffallend differente Einstellungen zu beziehen vermag.

Also genügt es eben nicht zu wissen: Wie sieht der elterliche Konflikt aus? Vielmehr ist genau zu prüfen: In welcher besonderen *Funktion* soll das Kind zur Konfliktbewältigung verhelfen? Damit stellt sich aber wieder die Frage: Lassen sich überhaupt einzelne bestimmte kindliche Funktionen angeben, auf die hin das Gesamt der unbewußten elterlichen Erwartungen konvergiert?

DIE BESTIMMUNG DER KINDLICHEN ROLLE
DURCH ELTERLICHE «ÜBERTRAGUNGEN»
UND «NARZISSTISCHE PROJEKTIONEN»

Es wird im folgenden entwickelt werden, daß die Eltern, motiviert durch einen eigenen Konflikt, dem Kinde entweder die Rolle eines Ersatzes für einen *anderen Partner* oder die Rolle eines Substituts für *einen Aspekt ihres eigenen Selbst* zuzuweisen bestrebt sind. In der jeweiligen besonderen Repräsentanz – innerhalb der unbewußten elterlichen Phantasien – soll das Kind dann die Funktion der Konfliktentlastung für die Eltern erfüllen. – Wie kommt das Kind aber erst einmal zu dieser Bedeutung als Substitut für eine andere Person oder für einen Aspekt des eigenen (elterlichen) Selbst? Welche psychodynamischen Vorgänge sind hier in den Eltern wirksam? Zwei Prozesse sind dabei im Spiel, die einer Erläuterung bedürfen: die «Übertragung» und die «narzißtische Projektion».

Als «Übertragung» hat Freud gewisse psychodynamische Prozesse bezeichnet, die er zunächst als charakteristisch für die affektive Beziehung zwischen einem neurotischen Patienten und einem psychoanalytischen Arzt aufgedeckt hat:

> «‹Übertragung› nennt man die auffällige Eigentümlichkeit der Neurotiker, Gefühlsbeziehungen zärtlicher wie feindseliger Natur zu ihrem Arzt zu entwickeln, die nicht in der realen Situation begründet sind, sondern aus der Elternbeziehung (Ödipus-Komplex) der Patienten stammen.»[112]

Der Analysand ist im Verlauf der Behandlung beim Psychoanalytiker geneigt, auf diesen Wünsche, negative Impulse, Ängste usf. zu richten, die ursprünglich auf den Vater, die Mutter, aber auch die Geschwister bezogen waren. Er erhofft vom Arzt vielleicht Nacherfüllung an Bestätigung, die ihm früher der Vater versagt hatte. Zugleich mag er von ihm die gleiche Strenge zu ernten fürchten, die den Vater gekennzeichnet hatte. Jenen läßt er seine Racheimpulse fühlen, die er diesem stets zugedacht hatte. So würde also eine «Vater-Übertragung» eines Patienten darin bestehen, daß er unbewußt dem Arzt die Wesenszüge des Vaters beilegt und an ihm einen Konflikt zum Austrag bringt, der sich ursprünglich an der Person des Vaters entzündet hatte.

Freud hat allerdings darauf aufmerksam gemacht, daß in der Übertragung nicht nur das Bedürfnis des Betreffenden zum Vorschein kommt, an dem neuen Partner alte Enttäuschungen gewissermaßen zu reparieren. Vielmehr zeige sich, daß in der Übertragung auch stets ein unbewußter «Wiederholungszwang» wirke: Die Patienten arrangieren in der Übertragung vielfach nicht bessere Lösungen für ihre alten Partnerprobleme. Sie provozieren im Gegenteil zumeist auch die alten Enttäuschungen aufs neue.[113] Sie erstreben zwar einerseits beim Analytiker die Nacherfüllung unbefriedigter Wünsche, aber sie mobilisieren zugleich auch wieder ihre alten Abwehrmechanismen, mit denen sie den Erfolg der Strebungen wieder selbst zunichte machen.

Ähnliche Übertragungs-Prozesse wie zwischen Patient und Analytiker spielen sich nun auch sehr häufig zwischen Eheleuten, Freunden, Arbeitskollegen und – allgemein formuliert – Mitgliedern kleiner Gruppen mit stärkeren persönlichen Gefühlsbindungen ab. So findet sich die Übertragung also auch in der affektiven Beziehung zwischen Eltern und Kind. Eltern mit chronischen neurotischen Konflikten neigen oft unbewußt dazu, mit Hilfe ihres Kindes eine alte traumatische Konstellation neu zu beleben. Sie bringen dem Kind Gefühle entgegen, mit denen sie eigentlich gar nicht das Kind selbst «meinen», sondern einen anderen, vielleicht längst entschwundenen Partner. Das Kind muß völlig unschuldig zum stellvertretenden Repräsentanten für jene Figur des biographischen Hintergrundes herhalten. Es wird ihm dessen Rolle aufgenötigt. Begünstigt werden solche Eltern-Kind-Übertragungen dadurch, daß sich beim Kind tatsächlich bestimmte Einzelmerkmale finden, die den Merkmalen der Partnerfiguren entsprechen oder zumindest sehr ähnlich sind, von denen Vater oder Mutter unbewußt die Brücke zum Kind zu schlagen trachten.

Zur Veranschaulichung des hier gemeinten Phänomens sei das Beispiel einer Mutter herangezogen, einer seit je unter ihrem unscheinbaren Aussehen leidenden Frau, die ihre Jugend in schwerer Eifersucht gegenüber ihrer bildhübschen Schwester verbracht hatte. Nun hat die Mutter eine Tochter, die jener hübschen Schwester, die beim Vater und beim männlichen Geschlecht überhaupt stets in besonderer Gunst gestanden hatte, überaus ähnlich sieht. Die Mutter erlebt, wie ihr Ehemann sich bald an der kleinen Tochter kaum noch «sattsehen» kann und jede freie Minute mit ihr spielt und kost. Ihre Gefühle zu der niedlichen Tochter verdüstern sich und erhalten – ohne jede Absicht – allmählich eine eifersüchtige Färbung: Die Mutter fühlt sich von dem kleinen Töchterchen nicht anders in ihrem Glück als Ehepartnerin ihres Mannes bedroht, als sie sich früher von der Schwester beim Vater ausgespielt erlebt hatte. Erneut lebt sie in Angst und Argwohn: In der Tochter wähnt sie eine listige kleine Diebin zu sehen, die sich in den Besitz des Mannes setzen und sie, die Mutter, in das Schattendasein eines Aschenputtels abdrängen werde. Sie wird schwermütig und hält das Verhängnis für unvermeidlich – weil sie eben einer «Übertragung» erlegen ist. Die Enttäuschungen ihrer Kindheit lassen sie die Andersartigkeit und Harmlosigkeit ihrer jetzigen Familiensituation vollständig verkennen. Sie überschätzt die Konkurrenzgefahr der kleinen Tochter maßlos, vermag sich aber gegen ihre inadäquaten Gefühle nicht im mindesten zu wehren, da sich die Übertragung unbewußt durchgesetzt hat und nun – wie meist – einer Korrektur durch rationale Argumente nicht mehr zugänglich ist.

Die Übertragung in der Eltern-Kind-Beziehung kann also dazu führen, daß der Vater oder die Mutter das Kind unbewußt in die Rolle eines Äquivalents für einen anderen Partner versetzt und dem Kind stellvertretend für jenen affektive Erwartungen, Ängste, Racheimpulse usw. zuwendet. Der jeweilige Elternteil wird in der Übertragung stets dazu neigen, mit Hilfe des Kindes genau die ursprüngliche Konflikt-Konstellation zu reproduzieren, um seine unverarbeiteten emotionalen Spannungen endlich zu einer Lösung bringen zu können. Die möglichen verhängnisvollen Wirkungen auf das – im psychologischen Sinne – mißbrauchte Kind werden in den folgenden Abschnitten ausführlich beschrieben werden.

Auch bei den sogenannten «narzißtischen Projektionen»[114] handelt es sich darum, daß die Eltern in das Kind Merkmale oder Tendenzen «hineinsehen», die in Wirklichkeit ihren eigenen Konflikten entstammen. Nur «verwechseln» die Eltern das Kind diesmal nicht mit einem anderen Partner, sondern gewissermaßen mit sich selbst. Ohne bewußte Absicht suchen sie im Kind Aspekte ihres eigenen Selbst. Eine normale und alltägliche narzißtische Projektion besteht zum Beispiel darin, daß Eltern dringend vom Kind erhoffen, daß es Ziele erreichen soll, die sie selbst verfehlt haben. Sie erleben das Kind als positive Fortsetzung des eigenen Selbst und wollen sich durch seine Erfolge für die eigenen Mißerfolge entschädigen. In Extremfällen ist die in den Eltern wohnende Konfliktspannung so stark, daß sie – obzwar unbewußt – die gesamte kindliche Lebensgestaltung unter dem Gesichtspunkt kontrollieren und regeln zu müssen glauben, als handle das Kind immer nur stellvertretend für sie selbst, als entscheide es über ihr Glück bzw. ihre Schuld.

Entscheidendes Wesensmerkmal und differentia specifica gegenüber der «Übertragung» ist der Umstand, daß die Eltern im Kind nicht einen Ersatz für einen anderen Partner suchen, sondern eine Projektionsfläche ihres eigenen Selbst. Typen-Unterschiede der narzißtischen Projektionen beruhen darauf, daß Eltern erstens ihr Abbild schlechthin, zweitens den positiven Aspekt, drittens aber auch den negativen Aspekt des eigenen Selbst auf das Kind projizieren können. Je mehr sie mit sich selbst unzufrieden sind, um so eher fordern sie vom Kind die Erfüllung der Rolle eines erlösenden Wunderkindes – oder umgekehrt der Rolle eines «Sündenbocks», der sie von eigenen Schuldgefühlen entlasten soll.

Ähnlich wie die «Übertragung» sei die «narzißtische Projektion» noch durch ein kleines Beispiel verdeutlicht. Und zwar sei die Projektion des

Ideal-Aspektes des eigenen Selbst von einer Elternfigur auf ein Kind dargestellt: Die Ausgangssituation ähnelt der oben bei der «Übertragung» geschilderten: Eine Mutter, der ihre Unansehnlichkeit oft Probleme bereitet hat, sieht ihr Töchterchen zu einem bildhübschen Mädchen heranwachsen. Diese Mutter registriert das Aufblühen ihrer Tochter nicht nur ohne Eifersucht, sondern im Gegenteil voller Entzücken: Sie erlebt in der Tochter nicht eine Neuauflage ihrer Geschwister-Rivalität, vielmehr eine Nacherfüllung der enttäuschten eigenen Wünsche. Das gelingt ihr freilich nur, weil sie die Tochter gewissermaßen in ihr eigenes Ich hineinzieht oder – umgekehrt ausgedrückt – indem sie ihr eigenes unerfülltes Ich-Ideal auf die Tochter projiziert. So erlebt sie die Erfolge der Tochter als eigene. Und die Gefahr für das Kind liegt diesmal, wie sich erraten läßt, nicht in mütterlichen Konkurrenzängsten, sondern umgekehrt darin, daß die Mutter ihre Tochter in die Rolle der Stellvertreterin zwingt, deren gesamte Lebenseinstellung und Verhaltensweise auf den enormen mütterlichen Nachholbedarf an Eitelkeits-Gratifikation zugeschnitten werden kann. Mütter mit narzißtischer Projektion dieses Typs sind es vor allem, die oft genug ihre Töchter in «Star-Rollen» hineinzupressen trachten.

Es sei noch kurz überlegt, welche allgemeinen Bedingungen den «Übertragungen» und «narzißtischen Projektionen» zugrundeliegen, die auf das Kind gerichtet werden. Die beiden unterschiedlichen Prozesse verweisen auf die zwei Grundrichtungen der kindlichen Triebentfaltung zurück. Freud formuliert: «Wir sagen, der Mensch habe zwei ursprüngliche Sexualobjekte: sich selbst und das pflegende Weib...»[115] Seine Libidotheorie fußt auf der Annahme, daß zunächst alle Libido im kindlichen Ich ruhe («primärer Narzißmus») und erst von hier aus an andere Personen («Objektbesetzung») abgegeben werde. Die ursprüngliche «Libidobesetzung» des Ich verhalte sich zu den «Objektbesetzungen... wie der Körper eines Protoplasmatierchens zu den von ihm ausgeschickten Pseudopodien»[116]. Im Zustand des «primären Narzißmus» hat das Kind noch kaum affektives Interesse für seine Umwelt. Es lebt noch ganz in sich selbst. Die «Objektbesetzung» führt dann zur Anlehnung an «die Personen, welche mit der Ernährung, Pflege, dem Schutz des Kindes zu tun haben». Alle späteren Partnerverhältnisse spiegeln – wie Freud zeigt – die eine oder andere der beiden frühkindlichen Libidopositionen wider: Die narzißtische Selbstliebe oder die Anlehnung an die schützende Elternfigur. Der Mensch verfährt in allen seinen Partnerbeziehungen entweder nach dem «narzißtischen Typ» oder nach dem «Anlehnungstyp». Er sucht im Partner Aspekte des eigenen Selbst oder Aspekte von Personen, von denen er in der Kindheit abhängig war. Während die Partnerbeziehung nach dem «Anlehnungstyp» leicht durchschaubar ist, bereitet der «narzißtische Typ» der Partnerbeziehung dem Verständnis eher Schwierigkeiten. Diesen Typ hat Freud zunächst bei Perversionen, speziell bei Homosexuellen, entdeckt: «Wir haben, besonders bei Personen, deren Libidoentwicklung eine Störung erfahren hat, wie bei Perversen und Homosexuellen, gefunden, daß sie ihr späteres Liebesobjekt nicht nach dem Vorbild der Mutter wählen, sondern nach dem ihrer eigenen Person. Sie suchen offenkundigerweise sich selbst als Liebesobjekt, zeigen den narzißtisch zu nennenden Typus der Objektwahl. In dieser Beobachtung ist das stärkste Motiv zu erkennen, welches uns zur Annahme des Narzißmus genötigt hat.» – Daß der narzißtische Typ aber auch in der Eltern-Kind-Beziehung eine wichtige Rolle spielen kann, hat Freud ebenfalls bereits beschrieben.[117]

Der Unterschied von «Übertragung» und «narzißtischer Projektion», wie er im vorigen herausgearbeitet wurde, läßt sich also zurückverfolgen bis zu dem Unterschied der beiden Elementarformen menschlicher Partnerbeziehungen, der Anlehnungs-Beziehung und der narzißtischen Beziehung. Diese Zurückführung auf frühere Entwicklungsformen bedeutet freilich noch keine Lösung des Problems, warum eine Gruppe von Müttern und Vätern auf ihr Kind vorzugsweise eine «Übertragung», eine andere Gruppe aber eine «narzißtische Projektion» vollziehen. Von welchen speziellen Bedingungen hängt es ab, ob die Eltern das Kind in ihren unbewußten Phantasien zum Substitut eines anderen Partners oder eines Aspektes ihrer selbst machen? Ist dafür ihre allgemeine Persönlichkeitsstruktur, die Besonderheit ihrer etwaigen neurotischen Symptome oder die Struktur ihrer sonstigen sozialen Beziehungen wichtig, oder wirken alle diese Faktoren zusammen? Diese Frage ist vorerst nicht zu entscheiden. S. Freud selbst äußert sich zu diesem Thema auch recht unbestimmt: Wir «ziehen die Annahme vor, daß jedem Menschen beide Wege der Objektwahl offenstehen [gemeint sind der Anlehnungstyp und der narzißtische Typ. Der Verf.], wobei der eine oder der andere bevorzugt werden kann.»

Der Ertrag der Überlegungen der letzten beiden Kapitel, auf denen Methodik und Auswertung der im folgenden beschriebenen klinischen Untersuchungen fußen, sei noch einmal resümiert:

Als maßgeblich für den pathogenen Einfluß der Eltern auf das Kind werden die unbewußten elterlichen Phantasien angegeben. In diesen Phantasien drücken sich affektive, auf das Kind gerichtete Erwartungen aus. Das strukturierte Gesamt dieser Erwartungen ergibt die Festlegung einer bestimmten «Rolle» für das Kind, wobei «Rolle» in einer gegenüber dem sozialpsychologischen Rollenbegriff engeren Definition gefaßt wird. Die Vorschrift der Rolle entspringt dem elterlichen Bedürfnis, sich der Hilfe des Kindes bei der Austragung eines eigenen Konfliktes zu bedienen. In seiner Rolle soll das Kind entweder einen anderen Partner – zumeist aus der Kindheitsgeschichte der Eltern – oder einen Aspekt ihres eigenen Selbst repräsentieren. Welche der beiden Erwartungen in den Eltern bestimmend wird, ergibt sich daraus, ob sie auf das Kind eine «Übertragung» oder eine «narzißtische Projektion» vollziehen. Die allgemeine Repräsentanz, die dem Kind auferlegt wird – also entweder eine Objekt-Repräsentanz oder eine narzißtische Repräsentanz – ist ein maßgebliches Merkmal seiner Rolle. Es bleibt aber die Aufgabe, zu untersuchen, in welcher speziellen Variante das Kind im einzelnen Fall die Repräsentanz realisieren soll. Aber auch die genaue Kenntnis aller Merkmale der dem Kind seitens der Eltern unbewußt vorgeschriebenen Rolle wird erst durch die zweite Frage fruchtbar: Wie setzt sich das Kind mit der ihm zugedachten Rolle auseinander?

ROLLENTYPEN.
FRAGESTELLUNG UND METHODIK DER KLINISCHEN UNTERSUCHUNG

Es war ausgeführt worden, daß die durch den eigenen Konflikt motivierten Rollenvorschriften der Eltern für das Kind darin variieren, ob das Kind als Substitut für einen anderen Partner oder als Substitut für einen Aspekt des eigenen (elterlichen) Selbst gesucht wird. Es ergeben sich damit zwei Hauptgruppen von Rollen, die sich weiter von der Fragestellung aus untergliedern lassen: Welche anderen Partner bzw. welche besonderen Aspekte des elterlichen Selbst soll das Kind vorzugsweise substituieren?

Auf diese Weise lassen sich folgende zwei Rollen-Skalen differenzieren:

1. *Das Kind als Substitut für einen anderen Partner*
   a) das Kind als Substitut für eine Elternfigur
   b) das Kind als Gatten-Substitut
   c) das Kind als Substitut für eine Geschwisterfigur

2. *Das Kind als Substitut für einen Aspekt des eigenen (elterlichen) Selbst*
   a) das Kind als Abbild schlechthin
   b) das Kind als Substitut des idealen Selbst
   c) das Kind als Substitut der negativen Identität («Sündenbock»)

Zu dieser Aufstellung ist zunächst zu sagen, daß sie offensichtlich unvollständig ist. Die Eltern können im Kind zum Beispiel noch andere Partner unbewußt phantasieren als die unter 1 a, b und c genannten. Nach dem Eindruck der eigenen psychiatrischen Erfahrungen sind die aufgeführten Rollen indessen am häufigsten anzutreffen. «Anzutreffen» ist allerdings eine unscharfe Formulierung, denn erkenntnistheoretisch stellen diese Rollen natürlich nichts als «Idealtypen» dar, die ohnehin nicht in reiner Form in der Realität vorkommen. Für «Idealtypen» gilt, was K. Jaspers so formuliert hat: «Sie entstehen nicht als Durchschnitt durch Zählung von Häufigkeiten, sondern als reine Gestalten, die in Wirklichkeit nur angenähert, als klassische Grenzfälle vorkommen.»[118]
In der klinischen Erfahrung mischen sich die Rollen. So mag in den Übertragungsphantasien eines Vaters die Tochter zugleich als Schwester, Mutter und zum Teil auch als Geliebte erscheinen. Nur selten fällt dem Kind nur eine einzige Übertragungs-Bedeutung zu. Und nur selten wird – im Falle der narzißtischen Projektionen – nur ein einziger Aspekt

des eigenen Selbst auf das Kind projiziert. Immerhin dürften die Fälle überwiegen, in denen die elterlichen Phantasien so strukturiert sind, daß *ein* Aspekt der narzißtischen Projektion so überwiegt, daß er zunächst als Leitmotiv beim psychologischen Aufschlüsseln der Eltern-Kind-Beziehung verfolgt werden kann, ohne daß man deshalb auf eine ergänzende Würdigung der anderen Aspekte verzichten müßte.

Nun phantasiert aber nicht nur die einzelne Elternfigur das Kind in einer komplexen Rolle. Im Kinde konvergieren die Rollenerwartungen von zwei Seiten, von Mutter und Vater. Praktisch ist es jedoch oft so, daß der eine von beiden Eltern für das Kind mehr in den Hintergrund tritt, in der Frühphase ohnehin normalerweise der Vater. Vielfach zieht nur ein Elternteil das Kind in seinen affektiven Konflikt hinein, während der andere Elternteil ausgeglichen ist oder seinen affektiven Konflikt weniger am Kinde austrägt. Dann ist eben mit Vorrang die dominierende traumatische Belastung, nämlich die Rollenerwartung des stärker eingreifenden Elternteils zu studieren. Am ungünstigsten ist die Situation des Kindes begreiflicherweise dann, wenn es von beiden Seiten konträre affektive Ansprüche erfährt. Das heißt: Die von dem einen Elternteil für das Kind vorgesehene Rolle befindet sich in unmittelbarem Widerspruch zu den Rollenmerkmalen, die der andere Elternteil vom Kind erfüllt zu sehen wünscht, und beide Eltern stehen unter starkem, persönlichem Konfliktdruck, von dem sie sich gerade mit Hilfe des Kindes entlasten wollen. Je mehr das Kind die ihm von der einen Seite aufgedrängte Rolle assimiliert, um so mehr verstärkt es dann notwendigerweise die Konfliktspannung des anderen Elternteils und intensiviert dessen Anspruch. Eine solche Situation des Tauziehens um das Kind impliziert eine starke Spannung zwischen den Eltern selbst und ist deshalb vorzugsweise bei zerfallenden Ehen anzutreffen. In zugespitzten Fällen wird die Zankapfel-Position des Kindes geradezu zum dominierenden Merkmal dieser besonderen Rolle, die man dann den oben genannten Rollentypen anreihen und auf die Formel bringen kann: das Kind als umstrittener Bundesgenosse.

Die Brauchbarkeit der angegebenen Rollen-Typen für das psychologische Verstehen läßt sich nur dadurch überprüfen, daß man sie für die Beschreibung klinischer Fälle verwendet und dabei vergleicht, ob man auf diese Weise speziell zu den psychopathologisch relevanten Faktoren der Eltern-Kind-Beziehung vielleicht einen besseren Zugang gewinnt als bei Benutzung der anderen Modelle, die in den ersten Abschnitten dieses Buches referiert worden sind.

Diesem Zweck sollen im folgenden eine Reihe von Krankengeschichten dienen. Das hier geübte idealtypische Verfahren ermöglicht es, für die verschiedenen Rollen jeweils nur eine einzige oder nur einige wenige

Krankengeschichten anzuführen. Denn da zwischen einem Typus und dem Einzelfall ohnehin nur ein Ähnlichkeitsverhältnis besteht, wäre auch mit einer größeren Zahl von Fällen der Erkenntniswert von einzelnen, die Merkmale des Typus in großer Annäherung erfüllenden Fällen nicht zu vermehren. Entsprechend sagt Jaspers: «Für die Entwicklung eines Idealtyps genügt nur der Anlaß der Erfahrung bei einem einzigen oder zwei Individuen.»

Die darzustellenden Krankengeschichten bilden somit eine Auswahl, die unter dem Gesichtspunkt getroffen wurde, den aufgeführten «Rollen» möglichst weitgehend entsprechende Eltern-Kind-Beziehungen zu erfassen. – Das ist nicht so zu verstehen, als ob das Rollen-Modell selbst erst nachträglich als Maßstab für die Auswertung des klinischen Materials verwendet worden sei. Nur die Selektion besonders «typischer Fälle» für den Zweck der Darstellung ist nachträglich erfolgt.

Die Auffassung von der Fruchtbarkeit der an den Rollenbegriff geknüpften Vorstellungen, wie sie im vorigen erläutert wurden, hatte sich dem Verfasser und seinen Mitarbeitern in den ersten drei Jahren psychoanalytisch orientierter Beratungstätigkeit in einer poliklinisch organisierten «Beratungs- und Forschungsstelle für seelische Störungen im Kindesalter» aufgedrängt. Sie entwickelte sich im Zusammenhang mit der vielfältig wiederholten Beobachtung, daß eine Beziehung zwischen den kindlichen Symptomen und den affektiven Erwartungen der Eltern, vor allem des für das Kind dominierenden Elternteils, bestand. Diese Beobachtung mag durch eine Interview-Technik erleichtert worden sein, die in unserer Stelle in Abweichung von der Methodik vieler ähnlicher Institutionen geübt wird: Es wird dabei den Eltern weitgehend selbst überlassen, was sie über das Kind und sich selbst mitteilen wollen. Sie werden angeregt, die Verhältnisse so zu schildern, wie sie möchten. Insbesondere bei den Erstinterviews, zu denen die Eltern zumeist in einer gewissen affektiven Spannung erscheinen, pflegen sie viel mehr von ihren Wünschen und Besorgnissen sowie von deren Quelle in eigenen früheren Erfahrungen zu verraten, als wenn man die sogenannte «gezielte Fragetechnik» anwendet. Die anamnestischen Fragebögen, die andernorts vielfach in Gebrauch sind, erlauben zwar eine schnelle systematische Orientierung über die äußeren Daten der Familienkonstellation, über die Stillpraktiken, das Sauberkeitstraining, über den Anlaß der kindlichen Symptombildung usw., aber die Gefahr ist groß, daß die Interviews in den mehr äußerlichen Tatbeständen steckenbleiben. Geht der Untersucher freilich von der vorgefaßten Meinung aus, es genüge, über spezielle Versagungen, Strafen, Verwöhnungen und ähnliche rein behaviouristische Merkmale orientiert zu sein, so wird er sich an der relativen Oberflächlichkeit des gewonnenen Materials nicht stören. Interessiert man sich indessen auch für die *Motive* der Eltern, so erscheint es nützlicher, zunächst abzuwarten, was die Eltern – die man allerdings zweckmäßigerweise *einzeln* interviewt – von sich aus mitteilen wollen. Es ist dann schon wichtig zu registrieren: Womit beginnen sie? Mit den kindlichen Symptomen? Mit ihrer eigenen Enttäuschung? Mit der Vorbemerkung, daß das Geschwisterkind im Gegensatz zu dem vorzustellenden Kind nur Freude bereite? Oder mit der Aufzählung aller eigenen Anstrengungen und Aufwendungen, welche die kindliche Störung schon veranlaßt habe? Natürlich kann es bei Unterlassung gezielter Fragen passieren, daß die Mutter oder der Vater über mehrere Stunden fast nur von sich selbst erzählen oder auch nur davon, was ihrer Meinung nach der Ehepartner oder eine im gleichen Haushalt wohnende Großelternfigur oder der Lehrer alles falsch machen. Es war indessen stets das Prinzip in unserer Stelle, die Eltern sich erst nach Belieben über ihre Probleme aussprechen zu lassen, ehe die ergänzenden notwendigen Fragen gestellt wurden. Dabei ergab sich der Eindruck, daß die große Geduldaufwendung, den Eltern die Themenfolge der Interviews zu überlassen, reichlich dadurch belohnt wurde, daß eben auf diese Weise viel mehr von ihren affektiven Konflikten und den auf das Kind gerichteten Erwartungen sichtbar wurde.

Erfolgt dann aber die psychologische Untersuchung des Kindes schon in Kenntnis wichtiger Hinweise dafür, welche «Rolle» ihm von zu Hause aus zugedacht ist, dann erweist sich dieses Wissen erstaunlich oft als ein wertvoller Schlüssel, die Problematik des Kindes besser zu verstehen. Die Störung des Kindes erscheint dann vielfach als eine direkte *unbewußte Antwort* auf eine *unbewußte Frage* oder *Forderung* von der Mutter, vom Vater oder von beiden zugleich. Ist man auf diese Weise dazu gelangt, die affektive Austauschbeziehung zwischen Eltern und Kind nach dem Modell eines Dialoges zu analysieren, so bietet sich konsequenterweise die Aufgabe an, familienbiographische *Längsschnitt-Beobachtungen* durchzuführen und zu überprüfen, inwieweit Modifikationen der elterlichen «Fragestellungen» entsprechende neue «Antworten» des Kindes provozieren.

Derartige Längsschnitt-Analysen sind sogar *erforderlich*, wenn die psychologischen Interpretationen über den *dialogischen Zusammenhang* von elterlichen Erwartungen und kindlicher Neurose *gesichert* werden sollen. Der erste Anschein, daß ein bestimmtes kindliches Fehlverhalten zu bestimmten Merkmalen der elterlichen Einstellung «paßt», ist noch nicht verläßlich. Der Untersucher kann einer Täuschung erliegen, wenn er sein Urteil voreilig nur auf seinen Eindruck stützt: «Wenn die Mutter *so* ist, dann ist es doch sinnvoll, wenn das Kind *so* ist.» Er mag sich, seiner eigenen Struktur entsprechend, gut vorstellen können, daß er auf die affektiven Ansprüche *dieser* Mutter auch so reagieren würde, wie seiner Deutung nach das Kind reagiert. Aber vielleicht versteht er die unbewußten Phantasien der Mutter noch gar nicht richtig. Und vielleicht ist die «Antwort» des Kindes an die Mutter anders «gemeint», als er es interpretiert. Um genau zu erfahren, ob bestimmte elterliche Merkmale zu bestimmten kindlichen Merkmalen nicht nur «passen», sondern ob wirklich eines auf das andere dialogisch bezogen ist, dazu bedarf es langfristiger Verlaufskontrollen. Man muß gründlich nach Spuren dafür suchen, daß das Kind die elterlichen Erwartungen tatsächlich so versteht, wie man es selbst annimmt. Und den verläßlichsten Anhaltspunkt dafür bieten eben die Auswirkungen *neuer Faktoren*, welche die Eltern-Kind-Beziehung in Bewegung bringen. Die Mutter verliert zum Beispiel den Ehemann, oder sie bekommt ein neues Kind: Daraufhin erhält das Kind wahrscheinlich einen neuen Stellenwert im Rahmen ihres Konfliktes. Seine «Rolle» verschiebt sich damit. War seine Neurose aber vorher von seiner «Rolle» abhängig, so muß sich jetzt auch an der Neurose konsequenterweise etwas ändern. Diese Änderung wird am deutlichsten bei einem jüngeren Kind zu bemerken sein, welches die Rollenvorschrift – oder den Protest dagegen – noch nicht durch Introjektion stärker internalisiert hat. – Die Balance zwischen elterlichem Anspruch und kindlicher «Antwort» kann aber auch von der Seite des Kindes aus gestört werden: Der Durchbruch einer neuen Entwicklungsphase fördert beim Kind neue Verhaltensweisen zutage, die wiederum den elterlichen Konflikt berühren müssen, der ja doch mit der seelischen Verfassung des Kindes eng verzahnt ist. *Bei der unmittelbaren Interdependenz von elterlicher Konfliktlage und kindlicher Neurose muß jede Veränderung auf irgendeiner Seite stets zugleich die andere Seite in Bewegung bringen.* Und je größer die Zahl solcher Veränderungen ist, die man in ihrer Auswirkung auf die Struktur der Eltern-Kind-Beziehung verfolgen kann, um so mehr gewinnen die psychologischen Annahmen an Sicherheit – wenn sie stets aufs neue durch die Entwicklung des dialogischen Verhältnisses von Eltern und Kind bestätigt werden.

Unter diesem Gesichtspunkt wurden nun seit 1954 in unserer Beratungs- und Forschungsstelle systematische Untersuchungen über Eltern Kind-Beziehungen im Längsschnitt durchgeführt. Die Untersuchungen erfolgten im Rahmen psychologischer Betreuung an Familien mit affektiv gestörten, in der Intelligenz aber nicht reduzierten Kindern. Bis auf eine Mutter, die regelrecht psychoanalytisch behandelt wurde, erfuhren die übrigen Eltern oder sonstige Angehörige neben explorativen Interviews nur zurückhaltende Beratungen, jedenfalls keine intensive Therapie. Auch die Kinder wurden keiner analytischen Behandlung im engeren Sinne unterzogen. Ihnen wurden projektive Tests (Sceno-Test,

TAT, Satz-Ergänzungen), freies Malen, Kneten, Bauen, Spielen nach Wunsch angeboten. Die Intervalle zwischen den einzelnen Sitzungen schwankten zwischen einer Woche – in der Anfangsphase und in Perioden akuter Symptomexazerbationen – und mehreren Monaten.

Zur Ergänzung der eigenen Erhebungen wurden weitere Auskunftsquellen ausgeschöpft: Sozialakten, Schulberichte, ärztliche Berichte; soweit möglich, wurde persönlicher Kontakt mit den zuständigen Fürsorgern und Lehrern aufgenommen.

Es bleibt noch zu erläutern, was die – wenn auch sehr zurückhaltende – Einmischung des Arztes hinsichtlich des praktischen Einflusses auf die Entwicklung der Eltern-Kind-Beziehung und hinsichtlich der Auswertung der Beobachtungen bedeutete. Selbstverständlich modifiziert der Arzt, auch wenn er noch so vorsichtig auftritt, sogleich die familiäre Konstellation. Die Eltern treten an ihn mit dem Anliegen heran, er möge dem Kind helfen. Unter je stärkerem eigenen Konfliktdruck sie stehen, um so deutlicher zeigt sich jedoch meistens die Inkompatibilität der bewußten Intention: «Der Arzt soll *dem Kind* helfen!» mit der unbewußten Intention: «Der Arzt soll *mir* (d. h. der Mutter bzw. dem Vater) helfen, daß das Kind besser die Rolle erfüllt, in der ich es brauche.» Die angstvolle Erwartung, der Arzt werde das Kind wohl eher gegen die unbewußten elterlichen Ansprüche stützen, mobilisiert leicht ihren Widerstand gegen den Arzt und verstärkt zunächst oft auch ihren Druck auf das Kind. – Lebt das Kind andererseits vielleicht in unbewußtem Protest gegen die elterlicherseits gewünschte Rolle, so mag es hoffen, in dem Arzt einen Bundesgenossen gegen die elterlichen Forderungen zu finden. Es wird dann leicht versucht sein, sich gegen die aufgenötigte Rolle stärker zu wehren, provoziert damit aber wiederum die Enttäuschung des Elternteils, der auf der Rollenvorschrift insistiert. Tatsache ist also, daß der Arzt, bevor er überhaupt von sich aus aktiv wird, schon durch seine bloße Inanspruchnahme bei Eltern und Kind Wünsche, Ängste, Widerstände weckt, die sich teils im innerfamiliären Bereich auswirken, teils ihn aber auch selbst mit einbeziehen. Allgemein kann man sagen: Er verschärft die Eltern-Kind-Spannung und gerät selbst in dieses Spannungsfeld unweigerlich mit hinein.

Sobald er nun aber gar mit Deutungen oder Ratschlägen aktiv wird, werden diese Effekte noch ausgeprägter. Die großen Schwierigkeiten des psychoanalytischen Arztes, der gleichzeitig Eltern (zumindest die Mutter) und Kind psychologisch betreut, hat bereits D. Burlingham 1932 treffend geschildert, dabei aber zugleich die Mittel aufgezeigt, mit denen man diese Schwierigkeiten bewältigen kann.[119]

Wenn der Arzt unweigerlich schon durch sein bloßes In-Erscheinung-Treten, noch mehr aber durch aktive Intervention das Eltern-Kind-Verhältnis beeinflußt und sogar selbst in der Gruppe eine Rolle erhält – kann er denn dann überhaupt noch verläßliche Erkenntnisse über die Eltern-Kind-Beziehung an sich gewinnen? Wird nicht der Wert seiner Beobachtungen entscheidend dadurch eingeschränkt, daß er die zu studierenden affektiven Prozesse stets selbst beeinflußt? – Zunächst bleibt zu wiederholen, daß ergiebige Längsschnitt-Beobachtungen ohne einflußnehmende Teilnahme überhaupt unmöglich sind. Wenn man sich nicht mit den Eltern und mit dem Kind zusammensetzt, erhält man kein unmittelbares Material. Würde man bei diesen Begegnungen selbst völlig stumm und passiv bleiben, so würde auch dies so oder so als Stellungnahme ausgelegt werden. Und der Arzt würde sich über sich selbst täuschen, wenn er meinte, zum Beispiel mit dem Verzicht auf Worte könnte er zum «reinen Spiegel» werden. Er kann es ohnehin nicht vermeiden, daß die Äußerungen seiner Partner ihn affizieren, in ihm Gefühle wecken. Und man würde ihm vieles davon auch ohne Worte anmerken – ja vielleicht noch stärker gerade dann, wenn er sich künstlich anstrengen würde, von sich gar nichts zu verraten. Und er würde mit diesem Falle noch viel weniger kontrollieren können, was er macht, als wenn er verbal interveniert bzw. mit dem Kinde spielt. Wenn er Bestimmtes zur Mutter sagt oder sich in bestimmter Weise in das Spiel des Kindes einschaltet, dann bedeutet das immerhin eine klare «Frage» – wenn er weiß, was er macht und warum er es macht –, und er kann an der «Frage» die «Antwort» messen. – Therapeutische Deutungen bieten ihm sogar eine sehr nützliche Hilfe: Denn wenn er dabei sei es den Konflikt der Elternfigur, sei es denjenigen des Kindes in Bewegung bringt, so löst er eben wegen der im vorigen geschilderten Interdependenz von beiden eine Reaktion auf der Gegenseite aus. Und diese Kette von Wirkungen bringt ihm wichtigen Aufschluß. Zum Beispiel folgender Vorgang:

Ärztliche Intervention – Mutter ändert sich – Kind ändert sich.

Aus der Vorstellung über den mütterlichen Konflikt hat der Arzt in bestimmter Weise interveniert. An der mütterlichen Reaktion kann er ablesen, ob er ihren Konflikt richtig gesehen hatte. An der nun durch die mütterliche Veränderung ausgelösten Reaktion des Kindes kann er abschätzen, ob er die affektive Verzahnung von Mutter und Kind richtig eingeschätzt hatte. Sind die in Gang gesetzten Veränderungen tieferer Art, so pflanzen sich die Modifikationen noch weiter fort, indem nun nämlich Mutter und Kind auch die Rolle des Arztes in Bewegung bringen. So, wie sie sich zueinander neu einstellen, so «sehen» sie auch die ärztliche Rolle neu. Das Rollenspiel zwischen allen drei Personen hat sich in durchschaubarer Weise neu konstelliert.

Wenn der Arzt wirklich verstehen will, was hierbei vorgeht, so muß er kontrollieren können, was für Übertragungen und Projektionen auf ihn seitens der Familie gerichtet werden, und welche Bedeutung sein eigenes «Mitspielen» hat. Der selbst analysierte Arzt wird nicht unterschätzen, daß auch seine eigenen affektiven Probleme in die Wechselbeziehungen eingehen, indem sie von Eltern und Kind erraten und auch «beantwortet» werden. Aber er wird, eben weil er analysiert ist und auf diesen Faktor zu achten gelernt hat, besser als ein anderer in der Lage sein, selbst diesen Bereich aufzuhellen, der aus begreiflichen Gründen am ehesten die Gefahr in sich birgt, vom Untersucher ausgeblendet zu werden. Die Chance des Arztes bei einer solchen Längsschnitt-Untersuchung besteht also, zusammengefaßt, nicht darin, daß er sich selbst als subjektiven Faktor ausklammert – das kann er nicht, er könnte nur seinen existenten Einfluß verleugnen. Seine Chance besteht vielmehr darin, daß er seinen subjektiven, modifizierenden Einfluß wahrnimmt, ihn sogar in seinem Wert als «Fragestellung» erkennt und ausnützt, um aus den bewirkten Reaktionen Schlüsse zu ziehen. Wenn er weitgehend durchschaut, was er selbst macht, so wird er am ehesten bei der theoretischen Auswertung imstande sein, seine «Zutat» in Rechnung zu stellen und aus dem Bilde zu eliminieren, das er definitiv über die Struktur der Eltern-Kind-Beziehung zu gewinnen trachtet.

Es seien hier noch einmal die Hauptfragen zusammengefaßt, die wir bei unseren Familien-Untersuchungen zu klären trachteten und von denen im folgenden die Erörterung der einzelnen Rollen-Typen ausgehen wird:

1. Wie kommt der elterliche Anspruch auf die Rolle des Kindes als Substitut eines Partners oder als Substitut eines Aspekts des eigenen Selbst zustande? Wie ist diese Erwartung motiviert?

2. An welchen Merkmalen läßt sich die Erwartung der jeweiligen Rolle ablesen?

3. Wie setzt sich das Kind mit der Rolle auseinander?

4. Inwieweit und in welcher Weise zeigen sich insbesondere verständliche Zusammenhänge zwischen der Rolle und kindlichen Neurosen?

Daß es keine absoluten Korrelationen zwischen bestimmten Rollen und bestimmten kindlichen Neurosen geben kann, steht ohnehin fest. Die elterliche Rollenvorschrift determiniert in keinem Fall endgültig den Modus, wie sich das Kind mit der Rolle auseinandersetzt. Die Reaktion des Kindes hängt außer von der Rolle selbst noch von anderen Faktoren ab: von seiner Erbkonstitution, von seiner jeweiligen Entwicklungsphase, von sonstigen sozialen und kulturellen Faktoren. Nichtsdestoweniger wird sich zeigen lassen, daß jeder der zu untersuchenden Rollentypen *spezifische Belastungsmomente* zukommen, die den Spielraum für die kindlichen Reaktionen jeweils in bestimmter Richtung einengen. An diese spezifischen Belastungsmomente ist gedacht, wenn künftig auch von «traumatischen Rollen» gesprochen werden wird.

TYPISCHE TRAUMATISCHE ROLLEN
DES KINDES

Das Kind als Substitut für einen anderen Partner

1. Das Kind als Substitut für eine Elternfigur

Genese und Merkmale der Rolle

Daß Eltern im Umgang mit ihrem Kind immer wieder an ihre eigene Elternbeziehung erinnert werden, ist unausbleiblich. D. P. Ausubel[120] hebt hervor: «Den ersten Begriff von Mutterschaft entwickelt die Frau aus dem, was sie als Kind vom Verhalten ihrer eigenen Mutter wahrgenommen hat.» Die Mutter belebt indessen nicht nur die Erinnerung an das Verhalten ihrer eigenen Mutter, sondern diese Erinnerung ist von vornherein verschmolzen mit den eigenen kindlichen Reaktionen, mit denen die mütterlichen Maßnahmen früher beantwortet wurden. Die affektive Stellungnahme, die man zu den Eltern als Kind bezogen hatte, ist für die Art und Weise mitbestimmend, in der man seine Kindheitserfahrungen für die späterhin zu bewältigende Erziehungsaufgabe verwertet.

Normalerweise kommt es überwiegend zu einer Identifikation der Mutter mit ihrer Mutter bzw. ihren Eltern: Sie bemüht sich, zu ihrem Kind so zu sein, wie ihre Mutter zu ihr selbst war. Th. Benedek[121], die über die frühe Mutter-Kind-Beziehung ausführliche Untersuchungen durchgeführt hat, hält es für eine wichtige Voraussetzung einer harmonischen Mutter-Kind-Symbiose, daß die Mutter früher als Kind ein starkes Vertrauen von der eigenen Mutter empfangen und dieses ihrer Struktur einverleibt hat. Wörtlich formuliert Benedek: «Das ‹Geben›, die Geduld und die Mütterlichkeit sind abhängig von dem Schicksal der primären Identifizierung mit der eigenen Mutter.» – Allerdings kann es durch diese Identifikation genauso zustande kommen, daß *negative* Züge der Mutter bzw. der Eltern übernommen und später am eigenen Kind ausgelebt werden. «Wir treiben» – so beschreibt St. Bornstein diese Möglichkeit – «... mit unserem Verhalten die Kinder in die Konflikte, die wir selber hatten, um dann ihnen gegenüber unsere Eltern zu spielen, häufig sogar deren Strenge zu übertreiben.»[122]

Es gibt nun aber auch eine umgekehrte Identifikation des Typs: Die Mutter überträgt auf das Kind die affektive Einstellung, die sie auf ihre eigene Mutter oder auf ihren Vater entwickelt hatte. Damit wird also das Kind mit den Großeltern – im affektiven Bezug jedenfalls – gleichgestellt.

Wiegt bei dieser zuletzt genannten Gleichsetzung Kind–Großeltern eine *positive* Gefühlseinstellung vor, dann kann es zum Beispiel zu dem von J. C. Flügel [123] beschriebenen Phänomen kommen: «Eltern wählen aus ihren Kindern ein Lieblingskind aus, auf das sie die Liebe übertragen, die sie früher auf den bevorzugten Elternteil gerichtet hatten.» Von einer positiv gefärbten Identifikation Kind–Großeltern zeugt es auch nach Flügel, wenn Eltern oft wünschen, daß ihre Kinder Beruf, Lebensweise, Anschauungen oder Gewohnheiten von den Großeltern übernehmen.

Oft gehen indessen auch mehr oder weniger *negativ* getönte Impulse in die affektive Gleichsetzung des Kindes mit einer Großelternfigur ein. Hin und wieder läßt sich zum Beispiel erkennen, daß ein auf seinen Sohn eifersüchtiger Vater im Grunde nur die eifersüchtigen Regungen auf seinen eigenen Vater wieder belebt, der ihm früher als Konkurrent bei der Mutter erschienen war.

E. Jones [124] hat in diesem Zusammenhang auf die bei relativ vielen Menschen anzutreffende «Phantasie der Generations-Umkehrung» hingewiesen. In dieser Phantasie erleben die Betreffenden sich als Kinder ihrer Kinder. J. C. Flügel deutet die Phantasie als eine Art von eingeborener Vorahnung der Tatsache, daß die Eltern im Zuge der Generationsablösung eines Tages in «kindlicher» Hilflosigkeit – nämlich im Greisenalter – dem Schutz und der Hilfe ihrer Kinder ausgeliefert sein werden. J. C. Flügel meint, daß diese «Phantasie der Generations-Umkehrung» den Eltern als ein Vehikel dazu dienen könne, ihre ursprünglich den eigenen Eltern zugewendeten negativen Impulse auf die Nachkommenschaft zu übertragen.

E. A. Rappaport [125] macht die gleiche Phantasie verantwortlich für das Zustandekommen des «Großeltern-Syndroms» (*grandparent syndrome*). Darunter versteht er die Identifikation des Kindes mit einem seiner Großeltern. Wie er kürzlich an Hand mehrerer Krankengeschichten gezeigt hat, kann das Kind die Großeltern-Rolle auch dann übernehmen, wenn beide Großeltern bei seiner Geburt schon tot waren.

Es ist demnach eine geläufige Erfahrung in der kinderpsychiatrischen Praxis, daß Mutter oder Vater auf das Kind Erwartungen und Gefühle richten, mit denen sie eigentlich ihre Eltern «meinen», weil sie aus innerem Konfliktdruck heraus nicht darauf verzichten können, für ihre aus der eigenen Kindheit her unbewältigten Liebesansprüche oder Aggressionen einen geeigneten Ersatzpartner zu finden. Es treibt sie unbewußt dazu, an dem Kind die Züge des eigentlichen Konflikt-Partners (nämlich eines der Großeltern) wiederzuentdecken. Die Affekt-Übertragung von der Großeltern-Figur auf das Kind setzt ja immer voraus, daß die Illusion einer gewissen Ähnlichkeit zwischen beiden hergestellt werden kann. Wie leicht die Eltern vielfach zu dieser Illusion bereit sind, kann man der mit voller Überzeugung vorgetragenen Ansicht mancher Eltern entnehmen, ein ein- bis zweijähriger Sohn sei bereits in allen Reaktionen «ganz der Großvater». In der nachstehenden Krankengeschichte wird über den unkorrigierbaren Eindruck einer Mutter berichtet werden, von ihrer einjährigen Tochter genau wie früher von ihrer Mutter behandelt zu werden.

Für die *diagnostische Erfassung* der elterlichen Bemühung, das Kind in der Rolle eines Elternfigur-Äquivalents sehen zu wollen, kann also zunächst eine auffallende Überbewertung der charakterologischen Ähnlichkeit zwischen dem Kind und der mit ihm in der jeweiligen Übertragung verschmolzenen Großeltern-Figur mitunter ein Anhaltspunkt sein. Ein zweiter, eher noch bedeutsamerer Hinweis liegt dann vor, wenn Mutter oder Vater ihrerseits dem Kind gegenüber ein ausgesprochen infantiles Benehmen entwickeln, wenn sie unter seinem Trotz wie unter der Bestrafung durch eine Autorität leiden oder wenn sie von seiner Zuneigung so passiv abhängig sind, wie eben ein Kind sich verhält, das ohne die Liebe seiner Mutter nicht leben kann.

Mütter, die zeitlebens die Sehnsucht nach entgangener Mutterliebe in der eigenen Kindheit nicht bewältigt haben, neigen mitunter dazu, von ihrem Kind ein übergroßes Maß an aktiven Liebesbeweisen und Dankbarkeit zu erwarten. Sie benutzen das Kind – wie F. Schottländer [126] feststellt – manchmal in «unwahrscheinlich früher Zeit» als «Liebesquelle für sich selbst». Angestaut mit passiven Liebeswünschen, die sie infolge enttäuschender Kindheitserfahrungen stets unterdrückt hatten, fordern sie nunmehr vom Kind eine Initiative an Zärtlichkeit und Kontaktsuche, wie sie das Kind aber meist nicht aufbringen kann; denn das kleine Kind muß ja erst seinerseits durch das liebevolle Klima der mütterlichen Zuwendung in seinen Kontaktmöglichkeiten stimuliert werden. Um so mehr fühlt sich die Mutter enttäuscht, die in passiver Weise eine eigene Erlösung durch aktive Liebesäußerungen des Kindes ersehnt hatte. Meist reagiert eine solche Mutter dann mit Unmut und Vorwürfen, die bereits in der Formulierung verraten, daß sie damit eigentlich nicht das Kind, sondern die eigene Mutter «meint».

Solch eine Mutter beklagt sich zum Beispiel, daß das Kind nie komme und sie drücke und herze. «Ich warte immer, daß die Kleine mich mal umfaßt. Immer muß ich erst anfangen!» Häufig wird auch gerügt, das Kind strahle nicht genügend vor Dankbarkeit, wenn es ein Geschenk erhalte. – Aus allen Äußerungen ist herauszuspüren, daß von dem Kind eine Nachlieferung an Liebe und Zuwendung gewünscht wird, deren Entbehrung die Mutter früher bei ihrer eigenen Mutter nicht überwunden hat. Es ist herauszuhören: Die brennende Erwartung der kindlichen Dank-

barkeit ist viel wichtiger als die Intention, das Kind selbst zu erfreuen.
– Aus der Heftigkeit der Vorwürfe gegen das Kind ist übrigens zu entnehmen, daß eine derartige Mutter eigentlich ebenso bereits die *Enttäuschung* wie die Liebeserfüllung antizipiert. Und es ist offenbar nicht korrekt zu sagen, die Mutter wolle nur ihre seit der frühen Kindheit unterdrückten Hingabewünsche ausleben. Sie erwartet eigentlich unbewußt von vornherein, daß das Kind sie genau so zurückstoßen werde wie früher die eigene Mutter. Der *Haß* auf die versagende Mutter steckt also von Anfang an in der Einstellung zum Kind mit darin und trägt um so sicherer dazu bei, daß sie sich die gleiche Frustration wie ehedem verschafft. Sie konstelliert also unbewußt die frühere traumatische Situation, trotz aller Hoffnungen, den alten Konflikt endlich zu bewältigen.

Das kindliche Benehmen der Mutter kann sich auch eindrucksvoll darin verraten, daß sie sich in abnormer Weise *den Wünschen ihres Kindes unterwirft*. In der Angst, dem Kind irgendwelche Ansprüche abzuschlagen, lebt oft nahezu das Schuldgefühl wieder auf, das früher die Unterwürfigkeit gegenüber den eigenen Eltern determiniert hatte. Derartige Mütter schaffen durch ihre Unselbständigkeit und Entschlußlosigkeit oft eine so unsichere Atmosphäre, daß das Kind mit seinen Impulsen wie in eine Art Vakuum vordringen kann, ja letzten Endes auch soll, weil die Mütter gerade dem Kind gegenüber unbewußt eine abhängige Rolle spielen wollen.

Natürlich reichen derartige Hinweise keineswegs aus, bereits definitiv eine Elternfigur-Ersatz-Rolle des Kindes zu diagnostizieren. Dazu bedarf es vielmehr erst einer längeren Erfahrung mit fortgesetzten Interviews, Beobachtungen der Wechselbeziehung zwischen Eltern und Kind, Einfühlung in die kindlichen Phantasien bei projektiven Tests und Spielen.

Nachstehende Krankengeschichte aus unserem Untersuchungsgut soll veranschaulichen, wie sich eine Mutter-Kind-Beziehung unter der Bedingung einer Mutter-Substitut-Rolle des Kindes entwickeln und wie die Rolle sich in der entstehenden kindlichen Neurose widerspiegeln kann. Die Längsschnitt-Beobachtung dieser Familie (D. M.) erstreckt sich über einen Zeitraum von siebeneinhalb Jahren.

Beispiel:
Krankengeschichte Dagmar M., geb 1950.

Vorgeschichte: Dagmar ist Einzelkind. In der näheren Aszendenz sind keine psychiatrischen Erbleiden bekannt. Die Mutter, Frau M., eine zwangsneurotische, ängstliche Frau, berichtet über eine konfliktreiche eigene Kindheit. Ihre eigene Mutter lebte in einer unglücklichen Ehe mit einem unzuverlässigen, arbeitsscheuen Handelsvertreter, der ihre Arbeitskraft ausnutzte und sie oft betrog. Sie weinte und lamentierte viel und machte D.s Mutter schon sehr früh zu ihrer Vertrauten, indem sie ihr alles von ihrem Mann erlittene Ungemach berichtete. Frau M. erinnert sich, daß sie zuerst ein recht störrisches, eigenwilliges Kind war. Sie leistete sich allerhand kleine Boshaftigkeiten. Zum Beispiel machte es ihr Spaß, Insekten auseinanderzureißen. Allmählich entwickelte sich ihr Mutter-Verhältnis dahin, daß sie in beständiger Angst lebte, ihrer Mutter könnte etwas passieren. Jedesmal, wenn die Mutter wieder ein Weh klagte, fühlte sie sich daran schuldig: «Wenn ich bei meiner Mutter auf dem Schoß saß, hatte ich immer Angst, ihr wehe zu tun. Wenn sie Kopfweh hatte, dachte ich, ich hätte sie zu sehr geärgert. Wenn sie weinte, gab ich mir dafür die Schuld... Meine schlimmste Befürchtung war, daß meine Mutter einmal sterben könnte. Das war eine richtige Zwangsvorstellung, die mich immer wieder befiel.» Sie glaubte, sie müßte ihrer Mutter alle Schwierigkeiten aus dem Weg räumen und sie von allen Kümmernissen befreien, über die diese sich ständig beklagte. Tatsächlich lamentierte ihre Mutter beständig über irgendwelche Gebrechen und knüpfte daran hypochondrische Befürchtungen, die sie ihrer Tochter in schwärzesten Farben ausmalte. Frau M. hatte stets ein schlechtes Gewissen, wenn sie mal an ein eigenes Vergnügen dachte. Als sie zum erstenmal mit ihrem späteren Mann, D.s Vater, ausgehen wollte, brachte sie dies erst fertig, nachdem sie vorher der Mutter noch die Wäsche gewaschen hatte, obwohl dies gar nicht dringend gewesen wäre.

Es erhebt sich hier nebenbei die Frage, wie es gekommen sein mag, daß Frau M. seit ihrer Kindheit ständig von derartigen Schuldgefühlen und Ängsten gegenüber ihrer Mutter geplagt war. Eigentlich hätte sie doch ein «gutes Gewissen» gegenüber der Mutter haben können, da sie für diese – so war es ihr in ihren späteren Erinnerungen jedenfalls lange Zeit nur bewußt – stets nur Liebe empfand, während sie den Vater, welcher der Mutter so viel Leiden bereitet hatte, affektiv ablehnte. – Erst im Bericht über die psychologische Betreuung der Familie wird diese Frage eine Antwort finden. Es wird verständlich werden, daß Frau M.s düstere Befürchtungen und Schuldgefühle gegenüber der Mutter in verdrängten «ödipalen» Aggressionen wurzelten.

Frau M. heiratete einen Angestellten, einen stillen, ganz seinem Beruf lebenden Mann. Es stellte sich heraus, daß er ebenfalls eine ängstliche, gehemmte Natur war. Sie zog mit ihm in eine andere Stadt. Als eines Tages die Nachricht eintraf, daß ihre Mutter im Sterben lag, verzögerte sich wegen ungünstiger Umstände ihre Abreise, so daß sie erst nach dem Tod der Mutter an deren Sterbelager eintraf. Dieses «Versäumnis» hat sie nie überwunden. Sie wurde den Gedanken nicht los, sie hätte die

Verzögerung vermeiden und die Mutter also noch bei Lebzeiten aufsuchen können. Ja, sie hätte vielleicht sogar noch Hilfe leisten können, so daß die Mutter gar nicht gestorben wäre. Die Zwangsvorstellung, sie habe eigentlich den Tod der Mutter verschuldet, setzte sich hartnäkkig in ihr fest und verursachte eine chronische Verstimmung.

Sie selbst hatte sich nie ein Kind gewünscht. Als der Arzt ihr aber riet, ein Kind würde ihr helfen, ihre Verstimmung zu überwinden, willigte sie schließlich ein. Sie wurde – nach 13jähriger Ehe – schwanger und freute sich zuletzt sogar sehr auf die Geburt. Sie hoffte, daß es eine Tochter werden würde. Unmittelbar vor dem Geburtstermin stellten sich erstmalig massive Befürchtungen ein, das Kind könnte zu Schaden kommen und sterben. Nach der Entbindung verstärkten sich diese zwangshaften Befürchtungen noch und ließen sie kaum noch zur Ruhe kommen. Fortgesetzt plagte sie der Gedanke, sie könnte an D. etwas falsch machen, sie könnte ihr wehe tun, sie könnte sie vernachlässigen. Ferner mußte sie immerfort denken: «Das Kind ist mir wie ein Wunder geschenkt worden. *Ich muß an dem Kind etwas gutmachen.*» Sie ließ nie jemand anders an das Kind heran. Sie mußte es immerfort unter Kontrolle haben. In jedem unbewachten Augenblick hätte sich ja ein Unglück ereignen können. Nachts hatte sie Angstträume, in denen sie die sterbende Mutter vor sich sah. Manchmal verwandelte sich die Mutter in D.

Sobald D. schrie, schlecht Nahrung aufnahm oder verstopft war, eilte sie mit dem Fieberthermometer herbei und holte den Arzt. Nichts schreckte sie so sehr wie die Sorge, D. könne krank werden. Hatte das Kind einen leichten Schnupfen, hielt die Mutter bei ihr Nachtwache. Als sie im fünften Monat aus Mangel an Nahrung abstillen mußte, litt sie wiederum unter schweren Schuldgefühlen und quälte sich noch einige Wochen mit den verschiedensten Maßnahmen, um ihre Stillfähigkeit wiederherzustellen. Noch heute fürchtet sie, das angeblich verfrühte Abstillen sei für das Kind von schwerem Nachteil gewesen. Da D. öfters eine etwas träge Verdauung hatte, ging sie bald dazu über, dem Kind täglich Einläufe zu applizieren. Später verabreichte sie zusätzlich regelmäßig Abführtabletten. Eine nicht minder große Sorge bereitete das Füttern. D. trödelte beim Essen und war ausgesprochen «mäkelig». Vieles schmeckte ihr nicht, und oft aß sie nur kleine Portionen. Damit versetzte sie die Mutter indessen wieder in ängstliche Unruhe. Diese verging fast vor Sorge, D. könnte, wenn nicht gar verhungern, so doch derart abgezehrt und anfällig werden, daß sie widerstandslos der ersten Krankheit erliegen würde. Sie bat, flehte und versprach alles mögliche, nur um D. zum Essen zu bewegen. Sie lief ihr schließlich fast den ganzen Tag über mit «Leckerhäppchen» nach. Sämtliche Pflegemaßnahmen betrieb sie derart mit einer ängstlichen Polypragmasie. Sie ließ sich nur Einhalt gebieten, wenn D. Unmut äußerte. Sobald das Mädchen ärgerlich schien oder über Schmerzen klagte, bildeten sich bei der Mutter Schuldvorstellungen, und sie tat sofort alles, um das Kind zufriedenzustellen. D. blieb so eigentlich gar nichts anderes übrig, als eine auf die Matrize der mütterlichen Gefügigkeit passende Anspruchshaltung zu entwickeln. Schlug man ihr einen Wunsch ab, tyrannisierte sie die Mutter unverzüglich mit schlechter Nahrungsaufnahme. So «bestrafte» sie die Mutter für eine kleine Versagung damit, daß sie für den Verzehr eines Brötchens über eine Stunde benötigte oder überhaupt einen kleinen Hungerstreik demonstrierte. Selbst die Stuhlentleerung wurde von ihr schließlich als taktisches Instrument gebraucht. Da jede Verzögerung der Exkretionen bei der Mutter hypochondrische Befürchtungen auslöste, machte D. ihre Bereitschaft, ein «Drückerchen» zu probieren, vielfach von Gegenleistungen der Mutter abhängig. Bereits im vierten Jahr setzte sie sich nur noch auf die Toilette, wenn sie dabei ein Bilderbuch ansehen durfte und zur Belohnung für die vollzogene Exkretion einen Bonbon oder Schokolade erhielt. Außerdem verlangte sie, daß die Mutter ihr im Augenblick des Stuhl-Absetzens die Hände drückte. Die Mutter fügte sich, um ihr dadurch die «Qual» zu erleichtern. Oft reagierte D. auf die mütterliche Aufforderung, sich auf die Toilette zu setzen, mit der Gegenfrage, ob sie am Vortag Stuhlgang gehabt hätte. Wurde die Frage von der Mutter bejaht, erklärte D. regelmäßig, dann werde sie erst morgen «Drückerchen» machen. In dieser Weise nützte D. mit der Zeit den ihr durch die mütterliche Überbesorgtheit gebotenen Spielraum bis zum Äußersten aus.[127]

Sie rekapitulierte, natürlich ohne sich dessen bewußt zu sein, das Verhaltensmuster der verstorbenen Großmutter, die bekanntlich in sehr ähnlicher Weise D.s Mutter ständig mit ihren körperlichen «Störungen» gequält und sie in Abhängigkeit gehalten hatte. Damit war D. nun voll in die ihr von der Mutter präparierte Rolle eingetreten. Denn daß die Einstellung der Mutter von vornherein von dem Motiv beherrscht war, auf D. ihr Mutter-Problem zu übertragen, läßt sich aus dem bisher Mitgeteilten schon vermuten. Weitere Belege werden folgen.

Mit der Zeit vermehrten sich D.s Erziehungsschwierigkeiten. Das Kind konnte nicht allein spielen. Aus dem Kindergarten war sie schreiend davongelaufen. Die Mutter durfte ihr nicht einen Augenblick von der Seite weichen. Zu jeder Besorgung mußte D. mitgenommen werden, da sie nicht einen Moment allein in der Wohnung verblieb. Abends verlangte sie, daß die Mutter sich gleichzeitig neben ihr ins Bett legte. Weigerte sich die Mutter, klagte sie ihr prompt irgendwelche Schmerzen vor, bis man ihr nachgab. «Den ganzen Tag über spannt sie mich für ihre

95

Zwecke ein!» berichtete die Mutter. «Ich zerreibe mich vollständig für sie.» Bis zu welchem extremen Ausmaß ihre kindliche Gefügigkeit gegenüber D. reichte, verriet die Mutter auch durch folgende Schilderung: Sie und ihr Mann pflegten abends mit einem befreundeten Ehepaar Quartett zu singen. Das Gelingen dieser Gesangs-Abende hing schließlich ganz und gar von D.s gnädiger Duldung ab. Fühlte sich D. nicht genügend beachtet oder hatte sie einfach keine Lust, den Gesang über sich ergehen zu lassen, schrie sie so lange wütend dazwischen, bis die Mutter ihr zuliebe das Singen abbrach. Der Vater wagte mit Rücksicht auf seine Frau nicht einzuschreiten. Nur nach Erhalt von Sondergeschenken oder bestimmten Versprechungen ließ sich D. mitunter dazu herbei, das Abrollen des gesamten Gesangprogramms zu tolerieren.

Brachte es die Mutter doch gelegentlich übers Herz, mit D. zu schimpfen, wenn diese sich unausstehlich benahm, setzte das Mädchen prompt eine «Leidensmiene» auf und klagte, ihr sei übel. Sofort war die Mutter eingeschüchtert und machte sich noch hinterher Vorwürfe, D. «wehe getan» zu haben.

September 1954, als D. also vier Jahre alt war, wurde der Mutter vom Kinderarzt geraten, das Kind psychiatrisch untersuchen zu lassen. Es ergaben sich folgende *Befunde* und *Beobachtungen*:

Körperlich: Zierliches, asthenisches Mädchen. Die Körperform ist in ihren Proportionen altersgemäß. Der Ernährungs- und Kräftezustand ist ausreichend. Bei der äußeren organischen Durchuntersuchung sind keine krankhaften Veränderungen festzustellen.

Psychisch: Da mehrere Versuche, D. von der Mutter zu trennen, an Angst-Ausbrüchen des Kindes scheitern, läßt sich erst bei der zweiten und dritten Vorstellung eine längere psychologische Beobachtung durchführen.

D. erweist sich dabei als ein sehr bewußt, reflektierendes Kind von rascher Auffassung. Ihre «altkluge» Ausdrucksweise wirkt in ihrer Geziertheit und Manieriertheit ausgesprochen komisch.

Nachdem sie ihre anfängliche excessive Ängstlichkeit überwunden und etwas mehr Sicherheit erlangt hat, legt sie mehr und mehr ein herrisches, anmaßendes Gebaren an den Tag. Sie erzählt prahlerisch von ihren Fähigkeiten. Plötzlich ruft sie aus: «Wenn die Mutter jetzt nicht kommt, dann schrei ich ihr aber in die Ohren!» Auf die Frage, was die Mutti denn daraufhin machen werde, sagt sie mit drohendem Unterton: «Das werden wir ja mal sehen!» Sie hantiert mit einer Quietschpuppe und verrät: «Ich würde gern so laut quietschen, daß meine Mutti nebenan einen ganz dollen Schreck bekommt.»

Sie horcht immer wieder, ob sie aus dem Nebenzimmer die Stimme der Mutter erlauschen kann. Fortgesetzt schwankt sie offensichtlich zwischen der Angst, daß die Mutter weggehen, sie allein lassen könnte, und der Wut über die von der Mutter erlittene Zumutung. – Ähnlich gestaltet sich ihre Kontaktaufnahme uns gegenüber. Nachdem sie sich etwas eingewöhnt hat, beginnt sie, die Ärztin zu kommandieren. Sie gibt ihr zum Beispiel die Figuren des Sceno-Test-Baukastens in die Hand und befiehlt: «Stell das dahin! Und das stellst du hierhin!» Zugleich forscht sie ständig mit furchtsamen Blicken, wie man auf sie reagieren werde. Ihre zwischen Angst und aggressiven Machtansprüchen hin und her pendelnden Affekte halten sie so in Spannung, daß sie sich kaum eine Minute auf eine sachliche Beschäftigung wie Malen, Bauen oder dergleichen konzentrieren kann.

Es wird allmählich deutlich, daß sie im Hintergrund tief mißtrauisch ist, ob sie sich auf die Zuwendung und den Schutz des Partners verlassen kann. Ihr komisch wirkendes gebieterisches Gebaren imponiert als der Versuch, sich die Kontinuität des Kontaktes zu erzwingen, deren sie bei passiverem Verhalten verlustig gehen könnte. Etwa in dem Sinne: «Ich fühle mich meiner Umgebung nur sicher, wenn ich sie aktiv beherrsche und kontrolliere.» – Zugleich möchte sie sich offenbar dafür rächen, daß sie sich abgelehnt fühlt. Ihre Aggression ist in ihrer Heftigkeit doch nur so zu verstehen, daß D. glaubt, die Mutter nunmehr bei der Absicht ertappt zu haben, sie wegzustoßen.

Diagnose: Neurose mit phobischen Zügen und funktionellen Magen-Darmstörungen.

Verlauf: Im Verlauf der $7^{1}/_{2}$jährigen Betreuung kamen zunächst D.s Geltungs- und Herrschaftsansprüche, durch die infantile Gefügigkeit der Mutter weiterhin provoziert, eher noch eindrucksvoller zum Vorschein. Als sie mit fünf Jahren für eine Woche bei einer Tante untergebracht wurde, verlangte sie, daß die Tante morgens nicht vor ihr aus dem Bett aufstand. Als diese das dennoch tat, schlug D. sie und schalt sie: «Olle Doofe!» Der Mutter verriet sie, daß sie zu ihr insgeheim oft «olle Sau» oder «du Aas» sage. In Wutanfällen stieß sie die Mutter sogar mit Füßen. Als eine andere Frau auf der Straße einen Hund schlug, erklärte D. ihrer entsetzten Mutter: «Am liebsten würde ich die Frau jetzt vom Auto überfahren lassen.» Obwohl für eine Beaufsichtigung D.s vorgesorgt war, vereitelte das Mädchen mehrere Versuche der Eltern, ins Kino zu gehen. Stolz berichtete sie in unserer Sprechstunde: «Vati und Mutti wollten ins Kino gehen. Da habe ich so lange gequengelt, bis sie keine Karten mehr bekommen konnten. Ins Kino dürfen die nicht ohne mich.» – Übrigens haben die Eltern erst kürzlich, also nach über 7jähriger Beobachtung, erstmalig gewagt, abends gemeinsam auszugehen und die fast 12jährige Tochter allein zu lassen. Prompt verlangt D., der Vater müsse dann wenigstens zur Entschädigung eines Nachmittags mit ihr ins Café gehen. Dann müsse die Mutter allein zu Hause bleiben. Also man sieht: Sofort bekommt die Mutter ihre Strafe dafür, wenn sie sich D. einmal entziehen will.

Wenn die Mutter andere Kinder nach Hause einlud, durften diese nur D.s Befehle ausführen. Sie duldete keinerlei Widerspruch. Die Wochen nach der Einschulung verliefen dramatisch. D. brauchte lange Zeit, ehe sie ohne Weinen und Angstäußerungen die Schule betrat. Die Mutter mußte sie das ganze erste Jahr hindurch hinbringen und abholen. Im Unterricht wollte sie bald tonangebend sein. Fühlte sie sich von der Lehrerin nicht genügend beachtet, unterhielt sie sich demonstrativ mit den Mitschülern oder störte auf andere Art den Unterricht. Die Lehrerin wußte sich oft nicht anders zu helfen, als D. isoliert von den übrigen Kindern zu placieren. Die D. von den Lehrern erteilten Prädikate lauteten: «vorlaut», «schwatzhaft», «altklug», «geltungsbedürftig», «widersätzlich». D.s Grundeinstellung zur Schule, letztlich zu aller leistungsfordernden Autorität überhaupt, ist in einer Äußerung zusammengefaßt, die sie in unserer Sprechstunde bot: «Wenn ich wieder eine Drei kriege, verbrenne ich mein Heft!» Eine Einordnung in den Klassendurchschnitt kommt für sie nicht in Frage. Entweder muß die Lehrerin sie als die Beste anerkennen, oder sie möchte die Lehrerin durch Verbrennen des Heftes bestrafen. So setzt sich bei ihr das seit der Kleinkindphase eingeschliffene Verhaltensmuster linear fort. Einerseits hat sie überdurchschnittliche Angst vor der Schule und fühlt sich dort stets bedroht, andererseits besteht sie darauf, die Rolle der kleinen Königin weiterzuspielen und ihren Eigenwillen unumschränkt durchzusetzen.

Wie zu erwarten war, hatte D. mit den anderen Kindern in der Schule laufend Schwierigkeiten. Es kam vor, daß sie verzweifelt in Tränen ausbrach, nur wenn ihre Meinung nicht anerkannt wurde oder die anderen nicht das taten, was sie wollte. Bis auf den heutigen Tag hat sie keinerlei engeren Kontakt zu einer Altersgenossin gefunden. Gelegentliche Spielgemeinschaften kamen nur mit jüngeren, ihr intellektuell unterlegenen Mädchen zustande, denen sie vorschrieb, was gemacht werden sollte. Zeitweilig bevorzugte sie es, in den Spielen ausgeprägt männliche Rollen darzustellen: zum Beispiel den Prinzen, der die Dornröschen-Freundin erlöst.

Seit Beginn der Betreuung stand fest, daß Frau M.s Erziehungssorgen eng mit ihrem eigenen Mutterkonflikt verwoben waren. Sobald sie auf ihre Mutter zu sprechen kam, brach sie immer wieder in Tränen aus. Viele Male klagte sie sich an, sich an ihrer Mutter versündigt zu haben. Die nächtlichen Träume, in denen sie ihre sterbenskranke Mutter vor sich sah, rissen monatelang nicht ab. Wie bereits erwähnt, verwandelte sich das Traumbild der Mutter mehrmals in die Tochter D. – Allmählich stellten sich jedoch Anzeichen dafür ein, daß sich der Schuldkonflikt ein wenig auflockerte. Sie vermochte bereits gelegentlich, ohne affektive Unruhe über ihre Mutter zu sprechen. Ein Jahr nach Beginn der Betreuung berichtete sie strahlend über einen «schönen Traum»: Sie hatte ihre Mutter glücklich im Arm gehalten. – Als sich nunmehr der Druck der Schuldangst gegenüber der Mutter etwas verringerte, veränderte sich prompt die Einstellung gegenüber D.: Die zwangshaften Ideen, sie müßte an D. etwas gutmachen, sie dürfte ihr keinesfalls wehe tun, sie müßte sie vor tödlichem Unheil bewahren, ließen an Intensität vorübergehend nach. Jetzt erst vermochte Frau M. unserem Rat zu folgen, die polypragmatische Fürsorge für D.s Nahrungsaufnahme und ihren Stuhlgang zu reduzieren. Plötzlich konnte sie ruhig mit ansehen, daß D. einmal wenig aß oder zwei Tage lang keinen Stuhlgang hatte.

Verblüffend war D.s Reaktion auf die Einstellungsänderung der Mutter. Es beunruhigte sie offensichtlich, daß sie sich auf einmal der Möglichkeit beraubt sah, die Mutter durch Nahrungsverweigerung oder Verzögerung der Stuhlentleerung zu erpressen. Denn plötzlich legte sie einen bei ihr völlig unbekannten Eifer an den Tag, besonders brav zu essen und nicht nur täglich, sondern mitunter sogar zweimal am Tage eine Exkretion zustande zu bringen. Die Relation zwischen Mutter und Kind hatte sich also in diesem Punkt verkehrt: War bisher die Mutter ängstlich verwöhnend und das Kind retentiv, so löste jetzt zunehmende Retentivität der Mutter Verwöhnungsbereitschaft seitens der Tochter aus. Vermochte D. die Mutter nicht mehr mit ihren retentiven Symptomen zu ängstigen, so wollte sie ihr nun wenigstens mit besonderer Leistungswilligkeit im Essen und Ausscheiden imponieren. Gerade dieser radikale Wechsel von der Nahrungsverweigerung und der willkürlichen Retardation der Exkretionen zum gegenteiligen Verhalten bezeugt, wie weitgehend D. diesen Funktionsbereich als taktisches Mittel in die Auseinandersetzung mit der Mutter eingeschaltet hatte – nachdem sie allerdings zuerst von der Mutter dazu provoziert worden war. Inzwischen war indessen nun auch der Arzt in das Rollenspiel mit einbezogen. Und so hatte auch er in einem von D. genau vorbedachten Zeremoniell die Beseitigung ihrer Obstipation zu bestaunen: Sie hatte der Mutter verboten, über ihre pünktlichen Stuhlentleerungen Auskunft zu geben und ihr statt dessen auferlegt, auf eine entsprechende ärztliche Nachfrage mit den Worten zu antworten: «Bitte fragen Sie meine Tochter selbst.» Nach dieser würdevollen Introduktion, die wunschgemäß mitgespielt wurde, verkündete sie das Wunder ihrer normalisierten Exkretion feierlich, um strahlend den vorberechneten Applaus entgegenzunehmen.

Nachdem sie seit der Kleinkindzeit ständig Einläufe und Laxantien erhalten hatte, erfolgten seit nunmehr 5½ Jahren trotz völliger Enthaltung von Mitteln pünktliche und regelmäßige Stuhlentleerungen.

Eines wurde der Mutter allmählich klar, daß alle Probleme, die sie mit D. hatte, genau die gleichen Probleme waren, die sie mit ihrer Mutter erlebt hatte. Sie lernte, daß ihre auf D. bezogenen Wünsche, Ängste – und neuerdings auch Vorwürfe – von ihrer Mutter her auf das Kind übertragen waren. Wie es aber ursprünglich zur Entstehung ihrer massiven Schuldgefühle gegenüber ihrer Mutter gekommen war, dafür haben sich erst im letzten Jahr der geschilderten Beobachtungszeit bemerkenswerte Hinweise ergeben. Eines Tages berichtete Frau M. voller Unruhe, daß ihre Tochter neuerdings dazu neige, sich entblößt im Bett zu räkeln und dabei die Aufmerksamkeit des Vaters auf sich zu lenken. Frau M. war auffallend besorgt über dieses Verhalten und wollte vom Arzt wissen, ob es richtig sei, daß sie gegen diese Versuche D.s eingeschritten sei. Im Zusammenhang mit diesem Bericht fiel ihr plötzlich eine Szene aus der eigenen Kindheit ein: Sie sei etwa 11, 12 Jahre alt gewesen. Da habe ihr Vater eine Freude daran gehabt, sie am Bauch zu kitzeln und im Spaß zu kneifen. Sie habe den Vater wohl zurückgewiesen, aber insgeheim sei es ihr doch sehr angenehm gewesen. Heute wisse sie: Das hätte der Vater nicht tun dürfen! Im gleichen Zusammenhang fielen ihr wiederholte Träume ein, in denen sie sich beim Auskleiden beobachtet fühlte. Anknüpfend an die erinnerte Kindheitsszene fand Frau M. nun erstmalig Zugang zu einer Seite ihrer Beziehung zum Vater, die sie sich nie zuvor einzugestehen gewagt hatte: Sie hatte den Vater nämlich keineswegs immer nur abgelehnt, sondern auch starke positive Gefühle und Wünsche auf ihn gerichtet. Selbst die Phantasie, den Vater zu verführen, hatte eine Rolle gespielt. Diese «ödipalen» Wünsche hatten aber große Schuldgefühle in ihr geweckt und waren der Verdrängung erlegen, zumal die Mutter, die sie insgeheim beim Vater zu ersetzen wünschte, alles getan hatte, um ihr schon eine harmlose Sympathie für den Vater als Sünde erscheinen zu lassen: Erzählte die Mutter ihr doch immer gleich alle Missetaten des leichtlebigen Vaters und die Plagen, die sie durch ihn erdulden müsse. Sie arbeitete, opferte für die Familie, weil der unzuverlässige Vater seine Pflichten versäumte. Sie hatte da und dort Schmerzen, da sie eben – wie sie es Frau M. darstellte – wegen des Vaters über ihre Kräfte schuften und sich verbrauchen mußte. Natürlich mußte sich Frau M. da als schlimm fühlen, daß sie insgeheim den «bösen Vater» doch liebte und damit die Mutter gleichsam verriet, die sie doch so sehr als Bundesgenossin und Stütze gerade gegen den Vater brauchte. – In diesem «ödipalen» Zwiespalt liegt also die Wurzel der Zwangsbefürchtung vom mütterlichen Tode und des qualvollen Schuldgefühls, das die Beziehung Frau M.s zu ihrer Mutter seither beherrscht hatte und das sie bis heute nur zum kleineren Teil überwunden hat.[128]

Die Grenzen des während der 7½jährigen Beobachtung erreichten Fortschritts sind deutlich: Frau M. hat zwar ihre neurotische Gefügigkeit gegenüber D.s Launen bei der Nahrungsaufnahme und Ausscheidung reduziert und damit deren Eßstörung und Verstopfung beseitigt. In anderen Bereichen indessen spielt sie D. gegenüber nach wie vor das ängstliche, Strafe erwartende Kind und läßt sich entsprechend von D. tyrannisieren.

Noch immer hat D. zu Hause das Zepter fest in der Hand. Sie weist die Mahnung der Mutter zurück, sich bei den Schularbeiten mehr zu beeilen. Sie droht der Mutter, in diesem Fall unsauber zu schreiben. Wörtlich teilt die Mutter mit: «Oft ist zwischen uns ein Machtkampf. Wofür ich schwärme, das lehnt D. extra ab. Ich mag zum Beispiel alle Astern, bloß nicht die roten und die blauen. Prompt findet D. gerade die roten und blauen am allerschönsten ... Wo sie kann, läßt sie mich fühlen, daß sie überlegen ist, zum Beispiel auch beim Notenlesen.» Beim Schularbeitenmachen setzt D. kategorisch durch, daß die Mutter die ganze Zeit dabeisitzt.

D. liebt es, mit der Mutter zu «rangeln». Dabei muß die Mutter unterliegen. Leistet die Mutter zuviel Widerstand, wird D. böse. – Im Schwimmstadion haben Mutter und Tochter «Einkriege-Zeck» gespielt, teils um das Schwimmbecken herumlaufend, teils im Wasser hintereinander herschwimmend. Als die Mutter sich einmal nicht schnell von D. einholen ließ, bekam das Mädchen einen regelrechten Wutausbruch und versetzte der Mutter im Wasser einen heftigen Schlag auf den Kopf. Man sieht: Noch immer lebt das Kind in der Angst, die Mutter könne ihr entweichen. Und noch immer bekommt die Mutter prompt ihre Strafe, wenn sie sich D.s Verfügungsgewalt entziehen will. Und diese Strafen passen eben wie ehedem genau zu der Schablone der mütterlichen Schuldgefühle und Strafbedürfnisse.

Wenn D. die Mutter straft, so tut sie das allerdings nach wie vor nicht allein wegen der mütterlichen Strafbedürfnisse und auch nicht nur deshalb, weil sie in ihrer Angst die Mutter immerfort bei sich festhalten will. Sie ist auf die Mutter ohne Zweifel auch echt wütend, und zwar deshalb, weil sie immer herausgespürt hat, daß die mütterliche Überbesorgnis ihren Ursprung in unterdrückten negativen Impulsen hat. Noch kürzlich setzte D. beim Satzergänzen den Anfang: «Meine Mutter hat es am liebsten, wenn ich...» so fort: «wenn ich in der Schule bin.» Das heißt: eigentlich wünscht mich meine Mutter weit fort! Darin zeigt sich eben, wie fein das Kind die unbewußten Phantasien der Mutter lesen kann. Obwohl sie von dieser doch ein Übermaß an Behütung, Nachgiebigkeit und Besorgnis erlebt, wie es kaum ein anderes Kind erfährt, so errät sie doch genau, daß der Mutter unbewußt das Gegenteil dessen vorschwebt, was sie tut. In der Tat hat Frau M. ja eben nicht nur ihre «Reaktionsbildung» (nämlich die ängstliche Unheilverhütungs-Polypragmasie), sondern genauso die unbewußten Aggressionen von ihrer Mutter auf D. «übertragen». Das Kind versteht seine Rollenschrift also im Grunde genau so, wie sie gemeint ist.

Zusammenfassung: Das Leben von D.s Mutter, Frau M., ist gekennzeichnet durch ihr vergebliches Bemühen, ihren persönlichen Mutterkonflikt zu bewältigen. Infolge der engen Anklammerung der klagsamen Mutter an sie und der fortgesetzten Appelle an ihre Beschützer- und Trösterrolle vermochte sie sich als Kind ihre auf den Vater gerichteten Wünsche und ihre Rivalitätsgefühle gegenüber der Mutter nicht einzugestehen. Vielmehr verfielen diese «ödipalen» Impulse der Verdrängung. Ihren schweren inneren Kampf spiegeln die massiven Schuldgefühle wider, die Frau M. seither verfolgen. Das angsterfüllte Bemühen, von der Mutter jedes kleine Ungemach abzuwenden, ist sicher als Reaktionsbildung zu werten, die einer «Gegenbesetzung» gegen die verdrängten Aggressionen dient.[129] Die Verdrängung bewirkte, entsprechend den Erfahrungsregeln der Psychoanalyse, eine bleibende «Fixierung» Frau M.s an ihren Konflikt. – So blieb sie selbst nach ihrer – mit starken Schuldgefühlen vollzogenen – Heirat in neurotischer Weise an ihre Mutter gebunden.

Wie so oft in ähnlichen Fällen führte der Tod der Mutter zu einer Verschärfung der Schuldgefühle. Da kam die Tochter Dagmar zur Welt, auf welche Frau M. sogleich die aus ihrem eigenen ungelösten Mutterkonflikt herrührenden Vorstellungen und Affekte übertrug. Folgende Hinweise machen ganz deutlich, daß D. gewissermaßen schon mit ihrer Geburt in die Rolle eines Ersatzes für die verstorbene Mutter von Frau M. eintreten sollte:

1. Die Zwangsbefürchtung der Mutter, sie könnte D. schaden, bei ihr eine Krankheit hervorrufen oder sogar durch Versäumnis ihren Tod verursachen, ist eine in allen Einzelheiten genaue Fortsetzung ihrer vordem auf die eigene Mutter gerichteten Besorgnisse.

2. Der Gedanke, sie habe an D. etwas gutzumachen, verrät deutlich die Herkunft aus der jahrelang geäußerten, mit depressiven Verstimmungen verknüpften Idee, sie habe eine mit dem Tod ihrer Mutter zusammenhängende schwere Schuld zu sühnen.

3. Einen weiteren Anhaltspunkt lieferten ihre Träume. Sie erwachte oft nachts weinend aus Träumen, in denen sie ihre Mutter auf dem

Krankenbett liegen sah. Mehrmals verwandelte sich dabei die sterbende Mutter in D.

4. Schließlich ist das gesamte unterwürfige, abhängige Verhalten der Mutter gegenüber D. ein zusätzlicher Anhalt dafür, daß die Rollen zwischen beiden vertauscht sind. Die Mutter gehorcht D., läßt sich von ihren Drohungen stets erpressen und erträgt wehrlos die Kränkungen und Bestrafungen, die D. ihr gern zufügt, sobald sie sich den Ansprüchen des Kindes nicht fügen will.

Es entsteht die groteske Situation, daß Frau M. bereits im Unmuts-Geschrei ihres Kleinkindes die strafenden Vorwürfe ihrer Mutter heraushört. Sie ist schon die infantile Sklavin ihrer Tochter, als diese noch nicht einmal die Hirnreife zu geordneten Wahrnehmungs- oder Denkakten besitzt. So entwickelt sich die für D.s Rolle charakteristische *Zwiespältigkeit*: Das Kind erlebt zugleich *Frustration* und *Überfluß*. Primär und grundlegend ist die *Entbehrung* einer in ihrer Liebe souveränen und Halt gebenden Mutter, deren Führung sich D. in blindem Vertrauen passiv überlassen könnte. Man darf diesen Mangel als die Wurzel ihrer großen Angst ansehen. Zudem vermag sie, wie sich gezeigt hat, durchzuspüren, daß die Mutter in ihrem affektiven Hintergrund von aggressiven Phantasien gequält wird, die sich in ihren hypochondrischen Vorstellungen widerspiegeln. – Auf der anderen Seite erlebt D. die Mutter als eine bis zur Selbstaufopferung bereite kindliche Dienerin, die ihr keinen Wunsch versagen kann. Wenn D. diese grenzenlose Willfährigkeit der Mutter nun bis zum Äußersten ausnutzt, so ist man geneigt, dies nicht allein als Ausdruck einer anlagebedingten Ansprüchlichkeit zu werten, sondern auch – und sogar in erster Linie – als eine sehr plausible Reaktion auf die Erfahrung der Schutzlosigkeit: Indem das Mädchen allmählich die Fähigkeit entwickelt, durch Schmerzäußerungen, Nahrungsverweigerung und Retardation der Stuhlentleerungen die Mutter virtuos zu beherrschen, verschafft sie sich damit in aktiver Weise ein Surrogat für den entbehrten mütterlichen Halt.

Also nicht D. ist es primär, welche die Mutter unbedingt ihrer Herrschsucht unterwerfen will, sondern die Mutter dirigiert das Kind unbewußt in die dominierende Position hinein und konstelliert damit genau das Rollenverhältnis, wie sie es seit der Geburt des Kindes angelegt hatte. Tatsächlich nimmt D. in wesentlichen Zügen die Mutter-Ersatz-Rolle an, die ihr zugedacht ist, während die Mutter selbst sowohl ihre infantilen Anlehnungswünsche wie ihr ursprünglich auf die eigene Mutter gerichtetes Sühnebedürfnis placieren kann.

Der weitere Verlauf zeigt, wie D. mehr und mehr ein Opfer ihrer assimilierten Rolle wird. Sie entwickelt sich zu einer vorzeitig ich-bewußten, altklugen kleinen Gebieterin, die bis in die Manieriertheit und Geziertheit des äußerlichen Gehabes hinein den Stil der selbstbewußten «Dame» annimmt, und entfernt sich damit immer weiter von der Möglichkeit, sich an die Rollenforderungen der Spielgruppe und der Schule anzupassen. Wo sie nicht tonangebender Star sein kann, macht sie einfach nicht mit: Bekomme ich in der Arbeit nur eine Drei, zerreiße ich das Heft. – Das ist die konsequente Übertragung ihrer dominierenden Familienrolle auf die Schulsituation, wo ihr nun freilich diese Rolle nicht «abgenommen» wird. D. erlebt hier, daß man sich gegen sie wendet oder sie zumindest isoliert – und reagiert mit schweren Ängsten. Bis heute hat sie keine adäquate Sozialisierung erreicht und bietet eine ausgeprägte neurotische Kontaktstörung. Dagegen haben sich neurotisch mitbedingte Eß- und Verdauungsstörungen (Obstipation) völlig zurückgebildet, nachdem die Mutter damit aufgehört hat, speziell auf diese Symptome mit besonderen Ängsten und polypragmatischer Fürsorge zu reagieren.

Insgesamt mag aus dieser Familienbiographie der tiefe Einfluß erhellen, den die Rolle als Elternfigur-Substitut auf die Entwicklung eines Kindes ausüben kann. Vielleicht hätte ein anderes Kind die mütterliche Rollenvorschrift anders verarbeitet als Dagmar M. In ihrem Fall ist es indessen offenkundig, daß Bild und Verlauf der Neurose «dialogisch» auf den affektiven Anspruch der Mutter bezogen sind.

Traumatische Bedeutung der Rolle

Es sei zunächst noch einmal wiederholt: Daß Eltern auf ihre Kinder Tendenzen und Gefühle übertragen, die sie vordem auf die eigenen Eltern gerichtet haben, ist ein ubiquitäres Verhalten. Zu einer traumatischen Belastung wird diese «Rolle» – wie auch die im folgenden durchzusprechenden Rollentypen – erst durch spezielle Merkmale, vor allem durch besonderen *Druck des elterlichen Anspruchs.* Bei der Besprechung der «traumatischen Bedeutung» der Rolle im folgenden ist Einseitigkeit und Unduldsamkeit der Rollenvorschrift stets vorausgesetzt.

Wird vom Kind gefordert, daß es eine Elternfigur – als früheren Konfliktpartner – substituiere, so liegt zunächst offenkundig ein traumatisches Moment in der Überbeanspruchung der kindlichen Tragfähigkeit. Gleichgültig, welche speziellen Erwartungen, in denen die Eltern von ihren eigenen Eltern enttäuscht worden sind, auf das Kind übertragen werden, stets muß das Kind mehr geben, als es seinem Entwicklungsstand entsprechend vermag. Es wird ihm ein Maß an Aktivität abgefordert, das seine Kräfte bei weitem übersteigt. Es soll die unerfüllten Liebesbedürfnisse der Eltern sättigen, es soll sie für narzißtische Kränkungen entschädigen und ihren Nachholbedarf an narzißtischer Bestätigung

erfüllen, es soll zugleich ihren Vorwürfen wie ein Erwachsener stand-
halten, und zwar soll es dies alles besser leisten, als dies seine Großeltern vermochten, deren frustrierendes Verhalten es ja nunmehr wettmachen soll.

Es läßt sich leicht einsehen, daß es für das Kind nur unter ganz besonderen Bedingungen möglich sein wird, eine solche Rolle überhaupt zu
assimilieren. Allgemein formuliert: Der jeweiligen Elternfigur wird ein
gewisses Maß an Passivität und Gefügigkeit eignen müssen, wenn einige Aussicht bestehen soll, daß sich das Kind ihrer Rollenvorschrift an-
paßt. Unter diesen Umständen kann ein Bedürfnis des Kindes angesprochen werden, das der elterlichen Erwartung entgegenkommt. Dieses Bedürfnis wurzelt in dem erstmalig von Freud [130] beschriebenen «primären Narzißmus» des Kleinkindes.

Bei den meisten Kindern findet sich eine Zeitlang eine Bereitschaft
zu Überwertigkeits- und Omnipotenzideen. Freud zählt unter anderem
auf: «...eine Überschätzung der Macht ihrer Wünsche und psychischen
Akte, die ‹Allmacht der Gedanken›, einen Glauben an die Zauberkraft
der Worte.» Dieser primäre Narzißmus, der bei primitiven Völkerstäm-
men in analoger Form bekannt ist, gilt beim Kind als eine physiologische
Entwicklungsstufe, die im Zuge der Weiterentwicklung durch neue Struk-
turierungen der Ich- und der Trieborganisation späterhin überformt wird.

Es ist nun ersichtlich, daß die aus dem primären Narzißmus stammen-
den Omnipotenz-Wünsche des Kindes sich mit einer gewissen Variante
einer Elternfigur-Substitut-Rolle vertragen können. Es ist also zu unterstellen, daß die Assimilation der Rolle vor allem dann möglich sein
wird, wenn erstens der primäre Narzißmus des Kindes besonders stark
ausgebildet ist und zweitens die Rolle in einer solchen Modifikation von
den Eltern nahegebracht wird, die den narzißtischen Tendenzen des
Kindes besonders entgegenkommt. Beide Voraussetzungen mögen in der
vorstehend beschriebenen Krankengeschichte von Dagmar M. zutreffen,
bei welcher die sklavische Anerkennung der kindlichen Omnipotenz
durch die Mutter in geradezu klassischer Weise hervortrat.

Das Beispiel von Dagmar M. zeigt indessen gleich noch eine weitere
Bedingung auf, die für die kindliche Anpassung an die Rolle wichtig
sein kann. Im zweiten Lebensjahr der kindlichen Entwicklung ist ein
verstärktes Aufflammen aggressiver Impulse die Regel. S. Freud spricht
von der sogenannten «analsadistischen Phase». In dieser Periode zeigen
die Kinder eine ganz besondere Vorliebe für das Ausleben von Wut und
Zerstörungsimpulsen. Erlebt das Kind nun von elterlicher Seite besondere
Nachgiebigkeit für seine Aggressionen, vielleicht sogar geradezu eine
Verführung durch elterliche Strafbedürfnisse, dann findet es damit
gleichsam einen weiteren Köder, in die ihm zugedachte Rolle hineinzu-

wachsen: Es wird leicht an den Partner fixiert bleiben, der ihm eine so reichliche Befriedigung seiner narzißtischen und seiner aggressiven Bedürfnisse gewährt hat. Und es wird sich dadurch um so eher darüber hinwegtäuschen lassen, daß es sich in Wirklichkeit im Netz einer wohlpräparierten Rolle verfängt.

Bei *Annahme* der Rolle entwickelt das Kind also ein «Großeltern-Syndrom» (*grandparent syndrome*), wie Rappaport es nennt. Aber diese eigenartige Form der Eltern-Kind-Relation vermag eo ipso nur schwer ein spannungsfreies und dauerhaftes Gleichgewicht zu sichern. Die Machtposition des Kindes steht zu sehr im Gegensatz zu seiner altersbedingten Schwäche und Unreife. Rappaport spricht davon, daß sich das Kind in ein *unwahrhaftiges Machtgefühl* einlulle (*false sense of power*). Ständig erlebt es ja im alltäglichen häuslichen Betrieb seine Abhängigkeit und Unterlegenheit, selbst gegenüber der unterwürfigsten Mutter vom Schlage der Frau M. Die Eltern mögen sich dem Kind gegenüber noch so infantil gefügig und ängstlich gebärden – sie können doch nicht umhin, ein gewisses Maß an Forderungen durchzusetzen, um ein leidlich geordnetes Familienleben zu gestalten. So vermag das Kind trotz Assimilation seiner Rolle nicht einmal in der Familie angstfrei zu leben. Denn es ist eine Rolle, die prinzipiell immerfort an Grenzen und Gefährdungen stößt, da sie der sozialen Realität schlechthin unangemessen ist. – Eine naheliegende Versuchung für das Kind besteht nun darin, sich als Reaktion auf die fortwährenden Bedrohungen seiner dominierenden Position auf äußerste Mittel zu verlegen, seinen Platz zu behaupten. Ängstlich gefügige Eltern pflegen dem Kind selbst – bei D. M. ist es deutlich zu verfolgen – den Zauberstab in die Hand zu geben, mit dem sich jederzeit die gefährdete Omnipotenz schlagartig zurückgewinnen läßt: Das Kind braucht nur über Schmerzen zu klagen, die Nahrungsaufnahme zu verweigern oder sonstige Symptome zu präsentieren. Das ist *ein* Weg, auf dem diese Rolle unter Umständen eine neurotische Symptomatik begünstigen kann.

Spätestens pflegen sich bei Assimilation der Rolle bedeutende Konflikte nach Eintritt in die Schule einzustellen. Es ist zwar zu beobachten, daß begabte Kinder gelegentlich noch eine Zeitlang ihre Herrschaftsansprüche befriedigen können. Denn durch ihre häusliche Rolle pflegt bei den Kindern der Eintritt einer gewissen intellektuellen «Frühreife» begünstigt zu werden (Schottländer [131]), die ihnen zunächst eine gewisse Überlegenheit über die anderen Kinder verleiht. Treffen die Kinder obendrein auf einen Lehrer, der ihre besonderen Macht- und Geltungswünsche freundlich hinnimmt – was allerdings nicht häufig ist –, dann mögen sie sich noch eine Weile in einer der häuslichen Rolle ungefähr entsprechenden Position erhalten. In der Mehrzahl unserer Beobachtungen erlitten diese Kinder indessen gleich zu Beginn der Schulzeit massive narzißtische Kränkungen und vermochten sich nicht auf der Stufe ihrer familiären Rolle einzurangieren. Durch ihr gebieterisches, geltungsbedürftiges Auftreten erregen sie den Protest der Gruppe. Vielfach sind sie den provozierten Aggressionen der Opponenten nicht gewachsen, vor allem, wenn sie körperlich schwächlich sind. Auch manche Lehrer empfinden die rollenbedingte Ansprüchlichkeit derartiger Kinder als «unsympathisch» und weisen ihre Ambition auf eine Vorrang-Stellung zurück. Die Folge ist, daß die Kinder an der Kollision ihrer zu Hause geprägten Rolle mit den konträren Anforderungen der Schule scheitern und entweder in eine neurotische Trotzeinstellung hineingeraten oder mit einer depressiven Verzagtheit reagieren. Die weitere Entwicklung ist von verschiedenen Faktoren abhängig, unter anderem davon, ob das Kind der häuslichen Rolle oder den Anforderungen der Schule, die sich als miteinander unvereinbar erwiesen haben, den Vorrang einräumt. Verzichtet das Kind auf die Schulanpassung, indem es diesen Bereich partiell verdrängt, und klammert es sich weiterhin allein an die häusliche Rolle, werden die Voraussetzungen für eine spätere normale Sozialisierung eher schlechter, da die Kluft zwischen der assimilierten Rolle und den Anforderungen der Gesellschaft von Jahr zu Jahr wächst.

Grundlegend andere Verhältnisse liegen dann vor, wenn die Rolle von dem Kind in einer Variante gefordert wird, welche die kindliche Anpassungsfähigkeit übersteigt. Überschüttet zum Beispiel eine Mutter, die vergeblich auf die Nachlieferung der Liebe wartet, die sie selbst als Kind entbehrt hat, ihr Kind immer wieder mit Vorwürfen und Klagen, so vermag das Kind die Rolle nicht in gleicher Weise zu assimilieren, als wenn es dabei wenigstens seine narzißtischen Bedürfnisse befriedigen könnte. Hierher gehört zum Beispiel der bereits zuvor geschilderte Typ der Mutter, die vom Kind stets mit Liebesbeweisen verwöhnt zu werden wünscht. Das Kind soll möglichst unablässig jauchzen, strahlen, die Mutter umfassen und jedes kleine Geschenk mit hundertfachem Zins in Form wochenlanger Dankbarkeit zurückzahlen. Indem es dieses Verlangen notwendigerweise enttäuscht, bekommt es nur zu hören: wie böse, schlecht, lieblos, undankbar es sei usw., und Repressalien sind die Folge. Auch eine solche Mutter steht offenbar unter dem Druck von Schuldgefühlen: «Verdiene ich denn nicht, daß du mich liebst?» so möchte sie eigentlich klagen, und zwar an die Adresse der eigenen Mutter, in deren Rolle das Kind ja nun gerückt ist. Sie externalisiert jedoch ihre Schuldgefühle und läßt ihre Verzweiflung am Kind aus: «Ich verdiene es wohl, daß du mich liebst; wenn du mich trotzdem nicht liebst, dann bist du böse!» Diese Reaktionsweise muß zu einer deprimierenden Einschüchterung des Kindes führen.

Vermag das Kind sich allmählich gegen eine solche Mutter abzuschirmen und sich vielleicht einen Halt beim Vater, bei den Großeltern oder einer Tante als Gegengewicht zu verschaffen, so ist dies noch der relativ günstigste Ausweg. Bleibt das Kind wegen seiner eigenen Weichheit, wegen der Intensität der mütterlichen Einwirkung oder infolge Mangels an anderen erreichbaren Beziehungspersonen wehrlos dem unerfüllbaren Rollenanspruch der Mutter ausgeliefert, so können sich, wie bei drei Kindern unserer Untersuchungsgruppe, *depressive* Schuldgefühle einstellen: Das Kind entwickelt aus der Erfahrung, die mütterlichen Erwartungen fortgesetzt zu enttäuschen, massive Selbstvorwürfe. Die stehende Redewendung solcher Mütter: «Du hast mich nicht lieb, das macht mich ganz unglücklich!» setzt sich in dem Kind auf dem Wege der Introjektion als drückende Selbstanklage fest. Th. Benedek [132] hat diese Internalisierung der mütterlichen Unzufriedenheit untersucht und beschrieben: Das Kind, das sich von der Mutter als schlecht angesehen erlebt, lernt auf diese Weise, sich selbst schlecht zu fühlen und wird schwer entmutigt.

2. Das Kind als Gatten-Substitut

Genese und Merkmale der Rolle

Wenn sich in der psychologischen Beobachtung zeigt, daß ein Kind in den unbewußten Phantasien der Mutter oder des Vaters als eine Art Ehepartner-Ersatz figuriert, so läßt sich regelmäßig feststellen, daß auf das Kind zugleich Aspekte des gegengeschlechtlichen Elternteils übertragen werden. Zwischen der Rolle als Elternfigur-Substitut und der Rolle als Gatten-Substitut bestehen also enge Beziehungen und fließende Übergänge. Nichtsdestoweniger hat die Gatten-Substitut-Rolle spezifische Merkmale. Es macht doch einen wesentlichen Unterschied aus, ob ein Vater oder eine Mutter sich im Unbewußten ihrem Kind gegenüber selbst als Kind erleben oder mehr als eine Art Liebespartner. Mögen dann auch im Kind zugleich Züge des gegengeschlechtlichen Elternteils gesucht werden und mag auch das elterliche Verhalten nicht infantiler Merkmale entbehren, so ist es für den jetzt zu beschreibenden Rollen-Typus eben charakteristisch, daß das von der Elternfigur konstellierte Partnerverhältnis mit dem Kind eher dem Bild einer Gatten-Beziehung als demjenigen einer Kind-Eltern-Beziehung entspricht.

Auf die Tatsache, daß eine besondere natürliche Attraktion Vater und Tochter, Mutter und Sohn aneinander bindet und die Quelle mannigfacher Konflikte darstellt, weist die weite Verbreitung des Inzest-Motivs in Sage und Dichtung hin. Die vom Sohn auf die Mutter gerichteten Liebeswünsche finden ihren mythischen Ausdruck unter anderem in der Ödipus-Sage, in der Legende von *Gregorius vom Steine*, in der bulgarischen Legende von *Paulus von Cäsarea* und in der russisch-finnischen Sage von *Andreas*, während der *Elektra*-Mythos die Bindung von der Tochter zum Vater zum Inhalt hat. Der «Ödipus-Komplex» wurde als normales Entwicklungsproblem und als Ausgangspunkt zahlreicher Neurosen und Charakterstörungen von Freud herausgestellt.

Betrachtet man nun den Inzest-Konflikt Mutter-Sohn weniger unter dem Aspekt der Aktivität des Sohnes, der in der Ödipus-Sage vorwiegt, sondern umgekehrt unter dem Aspekt der Verführer-Initiative der Mutter, so bietet hierfür die weniger bekannte phrygische Sage von *Agdistis und Attis* eine mythische Darstellung.[133]

Die Göttermutter Agdistis verliebte sich in den schönen Knaben Attis, der als Findling mit einer «Bocksmilch» genannten Flüssigkeit aufgezogen worden war. «Die wilde Gottheit begleitete den heranwachsenden Jüngling auf die Jagd, führte ihn in unzugängliche Wildnisse, beschenkte ihn mit Jagdbeute. Midas, der König von Pessinus, wollte Attis von Agdistis trennen und gab ihm daher seine eigene Tochter zur Frau. Bei der Hochzeit erschien die eifersüchtige Agdistis und trieb die Teilnehmer durch die Töne einer Syrinx in den Wahnsinn. Attis selbst entmannte sich unter einer Pinie mit dem Ruf: ‹Dir, Agdistis!› so starb er. Aus seinem Blut entstanden die Veilchen. Agdistis bereute, was sie verursacht hatte, und bat Zeus, den Attis wieder zu erwecken. Zeus aber, dem Schicksal gemäß, konnte ihr nur so viel gewähren, daß der Körper des Attis nie verweste, seine Haare immer weiter wuchsen, und daß sein kleiner Finger lebendig blieb und sich stets von selbst bewegte!»

Eine ungefähr parallele Schilderung der eifersüchtigen Tochter-Liebe des Vaters findet sich, worauf C. G. Jung hingewiesen hat, im Buch *Tobias*[134] (Kap. 3 und 8).

Sarah, die Tochter Raguels zu Ekbatana, möchte heiraten. Siebenmal werden ihre Männer in der Hochzeitsnacht von einem bösen Geist getötet. Sie bittet Jahwe, sie von dieser Schmach zu befreien. Ihr Gebet wird erhört, und der achte Mann, Tobias, wird ihr von Jahwe gesandt. Nachdem der Bräutigam ins Brautgemach geführt worden ist, schaufelt ihm Sarahs Vater Raguel heimlich in der Nacht ein Grab. Anschließend läßt Raguel durch eine Magd nachforschen, ob Tobias bereits tot sei, damit er noch vor Tagesanbruch begraben werden könnte. Aber diesmal hatte der böse Geist sein Werk nicht getan. Tobias lebte. –

Die Legende läßt erkennen, wie Jung hervorhebt, daß der Vater Raguel und der geheimnisvolle böse Geist in Wirklichkeit eine Person sind. In verschlusselter Form wird die ambivalente Doppelrolle des Vaters angedeutet: Einerseits ist er der besorgte Brautvater, andererseits der eifersüchtige Liebhaber und vorsorgliche Totengräber seiner Schwiegersöhne. Beim Auftauchen von Tobias hat er endlich seine Eifersucht niedergekämpft und übernimmt die reife Rolle des entsagenden, schenkenden Vaters.

Wenn Eltern ihr Kind in die Rolle eines Gatten-Ersatzes drängen, so wird dies um so leichter der Fall sein können, wenn der Ehepartner nicht vorhanden, oder wenn die Beziehung der Ehepartner zueinander getrübt ist. So hat Flügel [135] 1921 die Erfahrung mitgeteilt, daß *Witwer, Witwen* oder *unglücklich Verheiratete* oft eine außergewöhnlich enge Bindung zu ihren Kindern eingehen und in ihre Zuwendung einiges von der Gattenliebe einfließen lassen, deren Erfüllung an einem geeigneteren Partner ihnen versagt ist. – Andererseits kann man es keineswegs als eine Regel bezeichnen, daß die Entbehrung einer Ehe oder einer festen Partnerbindung, rein als Schicksalsfaktor, die Ursache für eine anomale Intimität zwischen Mutter und Sohn oder Vater und Tochter zu bilden vermag. Als eine Hauptbedingung scheint vielmehr stets eine besondere *affektive Bereitschaft* von der Mutter oder vom Vater hinzuzukommen, sich ausgerechnet das Kind zu einem Ersatzpartner zu erwählen, anstatt einen neuen altersentsprechenden Partner zu suchen oder, falls dies nicht möglich ist, den Verzicht auf eine angemessene Partner-Erfüllung zu ertragen.

Diese affektive Bereitschaft hängt in der Regel mit einer psychischen Reifestörung der betreffenden Mutter oder des betreffenden Vaters zusammen. Sie fühlen sich meistens den Anforderungen einer reifen Partnerbeziehung nicht voll gewachsen und suchen deshalb beim Kind Zuflucht. Der Soziologe G. Wurzbacher hat in seiner Monographie über ‹Leitbilder gegenwärtigen deutschen Familienlebens›[136] zur Erklärung besonders starker Vater-Tochter-Bindungen ausgeführt: «Teilweise handelt es sich auch bei vielen Eltern um ein Ausweichen auf die vor allem mit Kleinkindern leichter zu bewältigende Eltern-Kind-Beziehung, wodurch die schwierigere soziale Aufgabe der Gestaltung einer harmonischen Gattenbeziehung umgangen wird. Es kann somit grundsätzlich in der Eltern-Kind-Beziehung eine Ablenkungstendenz von der Aufgabe des Gattenverhältnisses enthalten sein.»

In psychologischer Sicht stellt sich die Frage: Welche speziellen Ängste sind es, die diese Ablenkungs- oder Ausweichtendenz zum Kinde hin motivieren? Nach den klinischen Erfahrungen sind es vor allem die gleichen Ängste, die sich in der Regel im Hintergrund der männlichen und weiblichen Sexualhemmungen finden. Bei den Vätern sind es unbewußte Kastrationsphantasien, bei den Müttern die alten Kleinmädchenängste vor der männlichen Aggressivität. In der Tat findet man, daß solche Väter oder Mütter, die ihre Kinder in Gatten-Ersatz-Rollen hineindirigieren, selten über eine ausgereifte sexuelle Erlebnisfähigkeit ver-

110

fügen. D. M. Levy [137] berichtet von seinen «Overprotection» bietenden Müttern, die in exzessivem Kontakt mit ihren Söhnen lebten, daß sie ganz überwiegend sexuelle Schwierigkeiten hatten.

In den Phantasien der Mütter, die ihren Sohn als Gatten-Substitut haben wollen, bestätigt sich auch nicht selten eine Hypothese Freuds über eine bestimmte Motivation in der Beziehung zum Kind: Der kleine Knabe kann für Mütter, die unter dem Einfluß eines «Männlichkeitskomplexes» stehen, eine Art Nacherfüllung eigener männlich gefärbter Wünsche darstellen. S. Freud spricht von der «symbolischen Gleichung Penis = Kind» [138]. Solche Mütter sind über den Besitz des Sohnes besonders glücklich, indem sie ihn als «ein Stück von sich» ansehen können, als eine männliche Fortsetzung und Stärkung ihrer selbst. Die Phantasie, daß der Sohn ihnen ganz gehöre, kann die Bindung zu ihm besonders verstärken, zumal dann, wenn sich die Beziehung zum Ehemann aus den verschiedensten Gründen enttäuschend entwickelt. Hier spielt also eine «narzißtische Projektion» mit, deren Bedeutung für die Eltern-Kind-Beziehung erst in den folgenden Kapiteln zusammenhängend gewürdigt werden wird.

Als ein weiteres Motiv, das nicht selten die Festlegung des Kindes auf die Gatten-Substitut-Rolle bedingt, sind unbewußte Racheimpulse zu beachten. Es gibt zum Beispiel Väter, die als Kind lange von der Phantasie beherrscht waren, von der Mutter an den Vater verraten worden zu sein. Die Erbitterung darüber, daß sie ihre Ansprüche auf die Mutter weitgehend zugunsten des Vaters zurückstellen mußten, kann zu einer Fixierung von Aggressionen gegen die Mutter geführt haben, die später in der Ehe auf die Gattin übertragen werden. Auch von dieser wird dann ständig phantasiert, daß sie den Ehemann nicht ernst nehme, daß sie nur darüber nachsinne, ihn zu betrügen oder dergleichen. Das Bedürfnis, sich an der vermeintlich untreuen Partnerin zu rächen, kann den Mann dazu treiben, betont um seine Tochter zu werben. Erstens glaubt er, sich deren Besitzes sicher fühlen zu können, zweitens kann er sich die Befriedigung verschaffen, seine Frau in Eifersucht zu versetzen. Gelingt es ihm schließlich, die besondere Liebe der kleinen Tochter auf sich zu ziehen, nachdem er sie mit Zärtlichkeiten und Geschenken übermäßig verwöhnt hat, dann meint er, der Gattin bewiesen zu haben: Dir bleibt doch nichts anderes übrig, als dich ganz mir hinzugeben. Du siehst ja, wie leicht ich dich mit der Tochter betrügen kann! – In Wirklichkeit pflegt sich dieser Erfolg dann allerdings kaum je einzustellen. Vielmehr wird die mit derart inadäquatem Mißtrauen und Racheverlangen verfolgte Frau erst recht in die Rolle getrieben, in der sie der Mann von vornherein sah: Der Mann zerstört bei ihr eben die Gefühle, die er durch sein Verhalten zu wecken meinte. Auch hier verrät sich aufs neue das Wirken des von Freud beschriebenen Wiederholungszwanges: Obwohl er es eigentlich besser arrangieren will, wiederholt der Mann in genauer Kopie seine alte traumatische Erfahrung. Unbewußt nötigt er seine Frau, ihn schließlich genauso zu enttäuschen, wie er sich von seiner Mutter frustriert gefühlt hatte. Und eines Tages wird er mit seiner Eifersucht auf die gleiche Weise die Tochter verlieren. – Dieselbe Motivation, die hier für das Vater-Tochter-Verhältnis erörtert wurde, findet sich natürlich auch bei Mutter-Sohn-Verhältnissen, in denen der Sohn zum Gatten-Substitut gemacht wird.

Wieder in einem anderen Fall ergibt sich der Rollen-Anspruch an das Kind etwa zu gleichen Teilen aus einem persönlichen elterlichen Motiv und aus der sozialen Struktur der Familie: Eine noch unausgereifte Mutter heiratet in jugendlichem Alter in einem 20 Jahre älteren Mann eine Art Vaterersatz. Sie sucht in dieser Ehe Zuflucht, nachdem sie unmittelbar vorher der Versuchung ausgesetzt war, der temperamentvollen, aggressiven Werbung eines gleichaltrigen Mannes zu erliegen. Sie sucht die Ehe mit dem väterlich zurückhaltenden Gatten als Schutz vor der Gefahr, ihren mühsam unterdrückten Wünschen, sich von einem starken, jugendlichen Partner überwältigen zu lassen, nachzugeben. Im Zuge ihrer weiteren weiblichen Ausreifung durchschaut sie schließlich die Voreiligkeit und den «Irrtum» ihrer Heirat. Sie kann an dem Gatten ihre nunmehr integrierten weiblichen Wünsche keineswegs zureichend erfüllen. Andererseits hindert sie ihr Über-Ich daran, den verläßlichen und väterlich fürsorglichen Mann zu betrügen oder gar die Ehe aufzulösen. Allmählich beginnt sie nun, ihre angestauten Zärtlichkeitswünsche auf den Sohn zu richten. Sie überschwemmt ihn förmlich mit unersättlichem Kontaktverlangen, das sie bei dem alternden, zurückhaltenden Ehemann nicht unterbringen kann. So verhilft ihr der Sohn zur ersatzweisen Erfüllung ihrer aufgebrochenen Liebeswünsche und schützt sie zugleich, wie eine nähere Analyse zeigt, vor der Versuchung, in eine außereheliche Beziehung hineinzugleiten. Sie verbalisiert ihre Wünsche bezeichnenderweise auch so, daß sie den Sohn wiederholt belehrt, er sei für sie ein «Freund», und er möge sie ebenfalls als «seine Freundin» betrachten. Er solle denken, sie sei eine gleichaltrige Vertraute. Sie wolle ihm eine «richtige Spielkameradin» sein, «alles mitmachen», selbst mit ihm «herumtoben». Begeistert spielt sie mit ihm Ball, läuft als «Pferdchen» vor ihm her und läßt sich von ihm als «Kutscher» mit Kraftausdrücken antreiben. Sie rationalisiert ihr Verhalten so: Der Sohn sollte auf diese Weise leichter verschmerzen, daß er ein Einzelkind sei.

Auf ähnliche Weise, nämlich ebenfalls durch Dissoziation der Partnerbeziehungen, können sich besondere Intimverhältnisse zwischen Vätern und Töchtern entwickeln: Ein junger, «unfertiger» Mann heiratet eine um einige Jahre ältere Witwe, bei der er vornehmlich seine persistierenden kindlichen Anlehnungsbedürfnisse erfüllen will. Dementsprechend tituliert er sie «Mutti» und spielt selbst folgerichtig mehr die Rolle des Sohnes als diejenige des ebenbürtigen oder gar dominierenden Partners. Durch fortschreitende Persönlichkeitsreifung, befördert auch durch erfolgreiches Bestehen in der beruflichen Konkurrenz, wächst er allmählich aus der assimilierten Sohnes-Rolle heraus. Es gelingt ihm aber aus verschiedenen Gründen nicht, das Rollen-Verhältnis mit seiner Frau entsprechend seinen modifizierten Bedürfnissen umzustrukturieren. Statt dessen ist zu beobachten, daß er anfängt, die bisher unausgelebte Liebhaberrolle an seiner Tochter auszuprobieren. Er beginnt, mit dem kleinen Mädchen zu kokettieren; er kämmt und putzt sie. Sie wird überallhin mitgenommen. Ohne ihre Anwesenheit ist er schlecht gelaunt. Keinen Wunsch vermag er ihr abzuschlagen, weil ihr «Charme» unwiderstehlich sei. Er nennt sie «mein kleines Weibchen» oder – ebenso deutlich – «meine kleine Circe». Die «Mutti-Ehefrau» toleriert dieses Spiel gelegentlich, wenn sie den Aspekt nicht bieten kann oder möchte, unter welchem der Gatte die Beziehung zur Tochter gestaltet. Erstens vermag sie, bei entsprechenden strukturellen Voraussetzungen, eine gewisse narzißtische Befriedigung daraus zu ziehen, daß es immerhin ihre eigene Tochter, also ein «Stück von ihr» ist, dem die Gefühle des Mannes zufließen. Zum anderen mag sie kalkulieren, daß es immer noch günstiger sei, wenn der Mann seine Wünsche in der eigenen Familie anstatt in einer anderweitigen Frauen-Beziehung unterbringt.

Das *Erscheinungsbild* des elterlichen Verhaltens gegenüber dem in einer Gatten-Ersatz-Rolle erlebten Kind variiert beträchtlich. So kann die Mutter sowohl eine mehr *aktive* als eine mehr *passive* Einstellung zu ihrem Sohnes-Geliebten beziehen, wie es gerade ihrer Struktur entspricht. Unter dem äußerlichen Bild der *maternal* «Overprotection» (Levy[139]) verbergen sich nicht selten Rollen-Bestimmungen des hier besprochenen Typs. Levy beschreibt unter seinen zwanzig Fällen von «Overprotection» sechs Mütter, die nicht nur in «exzessivem Kontakt» zu ihren 8- bis 13jährigen Söhnen standen, sondern auch noch – ohne dazu durch die räumlichen Verhältnisse genötigt zu sein – mit ihnen zusammen schliefen. Übertriebene Zärtlichkeiten und Fortsetzung der Pflege-Praktiken (Hilfe beim Baden, Anziehen usw.) weit über die durchschnittlichen Altersgrenzen hinaus können eine Beimischung von unbewußten Regungen erkennen lassen, in dem Sohn mehr als nur einen kindlichen Gefühlspartner zu suchen. M. Porot[140] beschreibt die besondere Eifersucht, die manche insgeheim in den Sohn verliebte Mutter verfolgt. Dieser Eifersucht legt er es zur Last, wenn Mütter dieses Typs mitunter noch bis ins späte Jugendalter des Sohnes große Anstrengung daran wenden, in ihm alle sexuellen Phantasien und Interessen radikal zu unterdrücken. Damit ist natürlich nicht gesagt, daß ein solches mütterliches Verhalten überwiegend aus geheimer Eifersucht entspringen muß. Radikale Tabuierung der Sexualität kann die verschiedensten Gründe haben. Stets ist zu unterstellen, daß die Mutter selbst an einem noch unbewältigten Sexualkonflikt leidet. In der Unterdrückung der kindlichen Sexualität spiegelt sich zugleich die Angst vor der eigenen Sexualität wieder. Sie muß die aus der intimen Bindung an den Sohn erwachsende Verführung bei sich selbst bekämpfen und projiziert diese Gefahr in den Sohn hinein. Hinzu kann dann freilich die Angst kommen, den Sohn an Konkurrentinnen zu verlieren. Die Phantasie verrät sich, wenn solche Mütter sich bemühen, in ihren Lieblingen Mißtrauen, ja Abscheu gegen «die Frau überhaupt» zu wecken. M. Porot beschreibt eine derartige Mutter, die ihre Söhne jeweils nach Erreichen der Pubertät einen feierlichen Schwur auf die Bibel ablegen ließ, sich niemals einer Frau zu nähern. Von einer anderen eifersüchtigen Liebhaberin-Mutter berichtet er, sie habe ihrem Sohn seit seinem 15. Lebensjahr systematisch die Überzeugung eingehämmert, es gebe nur zwei Arten von Frauen: «Solche, die dich kapern wollen, und solche, die dich mit einer Krankheit infizieren.»

Ist die Mutter mehr *passiver* Wesensart, drückt sich ihre Liebhaberin-Einstellung weniger in dem Verhaltensbild der «aktiven Overprotection» und der *eifersüchtigen Beherrschung* des Sohnes aus als in der Form einer *werbenden Gefügigkeit*. Hier finden sich Anklänge an das im vorstehenden Kapitel geschilderte Bild der kindlichen Mutter, die ihre infantile Vater-Beziehung wiederzubeleben versucht. In der Tat sind hier die Übergänge fließend. Mitunter wird der Sohn so ausgeprägt in der Rolle des schützenden und tröstenden «kleinen Ritters» gewünscht, daß man nicht genau differenzieren kann, ob sie mehr die Freundin-Geliebte oder die Tochter-Geliebte spielen möchte. Je stärker jedenfalls die passive Komponente in der Einstellung überwiegt, um so mehr pflegt die Mutter bestrebt zu sein, den Sohn in eine Führungsrolle zu drängen. Solche Mütter berichten stolz davon, daß ihr Sprößling sich bereits «wie ein *kleiner Kavalier*» benehme. Sie fragen ihn in allem um Rat: was sie für ein Kleid anziehen, welchen Schmuck sie anlegen sollen. Eine Mutter ließ sich von ihrem achtjährigen Jungen heimlich eine Brosche schenken. – Der Junge bekommt oft das Recht, viele Dispositionen im Haushalt zu treffen. Nichtsahnend verriet uns eine Mutter, daß ihr siebenjähriger Junge es bereits verstehe, ihr einen «richtigen Zungenkuß» zu geben. Besonders glücklich sind diese Mütter, wenn ihre Söhne schon früh Eifersuchtsregungen zeigen. Sie erleben darin die gleiche weibliche Selbstbestätigung, als wenn sich ihr Ehemann so benähme. –

Bezeichnend ist, daß sich Mütter dieses passiven werbenden Typs in ihren Erzählungen über ihren Sohn leicht in ein backfischhaftes Schwärmen hineinsteigern, wobei sie in verschämte Verlegenheit geraten.

Es ist in der psychiatrischen Beratung übrigens besonders schwer, solche Mütter vor vorzeitigem Abbruch einer Betreuung zu bewahren. Sie sind in höchstem Maße empfindlich gegenüber ärztlichen Mitteilungen, die auch nur eine Spur von Kritik an dem vergötterten Prinzgemahl zu enthalten scheinen. Sie suchen die Sprechstunde im allgemeinen auch nur auf Geheiß der Schule, des Jugendamtes oder anderer Autoritäten auf, wenn irgendwelche Fehlhandlungen des Jungen eine Einschaltung des Psychiaters erzwingen. Ihr Benehmen in der Sprechstunde ähnelt dann vielfach demjenigen der Braut des Delinquenten, die Aussagen bei der Polizei oder beim Richter machen soll: Sie bemühen sich zwar, den Anschein distanzierter Objektivität hervorzurufen, aber lediglich aus dem Leitmotiv heraus, sich taktisch so zu verhalten, daß der beschuldigte Geliebte schnell wieder dem Einfluß der jeweiligen Instanz entrissen wird. Natürlich spielt bei derartigen Müttern eine gewichtige Rolle die Angst, der Psychiater durchschaue und bedrohe die Fortsetzung ihrer geheimen Intimbeziehung zu dem Sprößling.

Das Verhaltensbild der *Väter*, die ihre Töchter in einer Partnerin-Ersatz-Rolle zu erleben wünschen, ist gleichfalls uneinheitlich. Die einen überschütten ihre Töchter mit Zärtlichkeiten, deren erotische Komponente mehr oder weniger deutlich zu Tage tritt und mit der erheblich kühleren und nüchterneren Zuwendung kontrastiert, die der Ehefrau entgegengebracht wird. Demgegenüber sind andere Väter zu beobachten, die zwar ebenfalls ihren Töchtern eine bevorzugte Partnerschaft gegenüber der Ehefrau einräumen, sie jedoch mehr zu *vertrauten Kameradinnen* und *solidarischen Gefährtinnen* erziehen.

In einem derart «neutralisierten» Sinn etwa wird das Verhältnis der Ehepartner zueinander von der Vater-Tochter-Beziehung in einem von Wurzbacher [141] beschriebenen Fall überwuchert:

«Seit der Rückkehr des Mannes [aus Kriegsgefangenschaft. Der Verf.] empfindet es die Frau ... besonders schmerzlich, daß sich das Kind ihr völlig zu entziehen droht und immer mehr unter den Einfluß des Vaters gerät ... Das Kind bedeutet ihm Freund, Kamerad und Kind zugleich, mit dem er alle ihn bewegenden Fragen und eigenen Ideen besprechen kann ... Er hat hier einen Partner gefunden, dem er seine Interessen mitteilen und mit dem er sie teilen und pflegen kann. Er führt das Kind in seine besonderen Liebhabereien ein, regt besonders das Interesse an Schriftstellern an, bespricht mit ihm aktuelle Tagesfragen und findet immer ein williges Ohr und einen eifrigen Gesprächspartner, der sich leicht von dem väterlichen Gedankengut beeinflussen und lenken läßt. Es wird gemeinsam gelesen und musiziert. Spaziergänge und Ausflüge werden häufig gemeinsam unternommen. Das Verhältnis und der Ton zwischen Vater und Tochter sind wie unter Gleichberechtigten, ebenbürtigen Freunden, von denen der eine lediglich mit dem Schatz größeren Wissens und Gedankengutes ausgestattet ist, welches er dem anderen nahezubringen sucht ... Sie nimmt jede Gelegenheit wahr, um mit ihm gemeinsam ihre Freizeit zu verbringen. Freundinnen oder Arbeitskolleginnen spielen in ihrer außerberuflichen Zeit keine Rolle.

In dem gleichen Maße, wie sich das Verhältnis von Tochter zu Vater inniger gestaltet, zieht sich das Kind immer mehr von der Mutter zurück und entfremdet sich ihr. Sie fühlt sich durch den Umgang mit dem Vater der Mutter geistig überlegen und bringt dies oft zum Ausdruck. Der Ton zur Mutter ist oft ironisch und verletzend. Die Autorität der Mutter ist auf ein Mindestmaß zusammengeschrumpft. Der Vater duldet dieses, ohne einzugreifen, so daß die Tochter von der Rechtmäßigkeit ihres Auftretens überzeugt wird. Die Mutter unternimmt nichts, da sie den Vater auf der Seite des Kindes weiß. Es gelingt ihr nur schwer, ihre Enttäuschung über diese Entwicklung zu verbergen. Die Liebe zum Kinde verwandelt sich allmählich in Abneigung und Eifersucht. Diese Regungen versucht sie bewußt zu unterdrücken, um nicht mit dem Ehemann in Konflikt zu geraten und seine Abneigung und Mißgunst zu erwerben.»

Dies wäre also ein Beispiel für die Fälle, in denen die väterlichen Wünsche nicht unmittelbar in überflutenden Zärtlichkeiten, sondern nur in feinerer Sublimation zu Tage treten: Die Tochter wird an Stelle ihrer Mutter als die unentbehrliche «geistige Gefährtin» herangebildet. Den unbewußten Hintergrund pflegen indessen die gleichen, auf eine Gatten-Substitut-Rolle abzielenden Wünsche zu bilden wie in den anderen geschilderten Fällen. Und die Mutter scheint hier mit ihrer massiven Eifersuchtsreaktion ja auch anzuzeigen, daß sie die Motivation des väterlichen Verhaltens in diesem Sinne ernst nimmt.

Das genaue Gegenteil zu dieser außerordentlich sublimierten Ausdrucksform der auf das Kind gerichteten Wünsche findet man bei den primitiven Eltern, die nicht davor zurückschrecken, an ihren Kindern direkte Inzesthandlungen vorzunehmen. Es ist eine betrübliche Erfahrung der Fürsorgebehörde, daß, vor allem in Familien eines sehr niedrigen Sozialniveaus, *sexuelle Inzestpraktiken* von Vätern an ihren Töchtern, oft nach Alkoholgenuß, nicht nur als Ausnahmefälle vorkommen. Auch zwischen Müttern und Söhnen ist manifester Inzest, allerdings vergleichsweise viel seltener, bekannt. Hier wird man aber wegen der besonderen Bedingungen auch mit einer größeren «Dunkelziffer» zu rechnen haben. W. Geist [142] vertritt jedenfalls die Auffassung, «daß der Prozentsatz der realisierten Inzestversuche nicht nur bei den zur Psychotherapie erscheinenden Kranken, sondern durchaus auch im sogenannten Normalfall ein erschreckend hoher ist.» – Trotzdem soll auf diese Extremfälle hier nicht weiter eingegangen werden, vielmehr sollen die Merkmale der sehr viel häufigeren Fälle weiter verfolgt werden, in denen die elterlichen Ansprüche lediglich einen sublimierten Ausdruck finden.

Während das Kind in der Rolle als Ersatz für eine Elternfigur (also im Sinn des «Großeltern-Syndroms») nicht unbedingt in Konflikt mit dem an dieser Rollenbestimmung unbeteiligten Elternteil gerät, ist dies bei der Gatten-Substitut-Rolle anders. Ist hier die Familie vollständig, so bedeutet das Kind in einer Gatten-Ersatz-Rolle normalerweise eine Konkurrenz, also eine Bedrohung für den gleichgeschlechtlichen Elternteil. Unter Umständen kommt dieser Konkurrenz-Konflikt nicht offen zur Austragung, wenn die betreffende Elternfigur selbst die Gattenrolle unbewußt ablehnt und sich zum Teil sogar entlastet fühlt, wenn ihr das Kind davon einiges «abnimmt». Sie mag es auch als das kleinere Übel ertragen, daß der Ehepartner mit seinen zärtlichen Gefühlen wenigstens «in der Familie» bleibt. Es sei hier an das Beispiel der Ehefrau von S. 113 erinnert, die sich ohne Protest mit der «Mutti-Rolle» für ihren Mann zufriedengibt und es toleriert, daß die Tochter das «kleine Weibchen» spielen soll. – Häufiger kommt es indessen zu schweren innerfamiliären Spannungen, indem der Elternteil, der aus dem Intimverhältnis zwischen dem Ehepartner und dem Kind ausgeklammert bleibt, gegen seine Zurücksetzung revoltiert. Gerade bei dieser kindlichen Rolle erscheint es daher unerläßlich, den Elternteil, der durch die Rollenforderung des Gatten an das Kind gewissermaßen überspielt wird, ebenfalls in seinen Reaktionsweisen zu studieren.

Zumeist werden also beim «geschädigten Elternteil», wie man ihn nennen könnte, eifersüchtige Regungen mobilisiert. In der Mehrzahl der von uns beobachteten Fälle wird die Intimbeziehung des Ehepartners zum Kind allerdings nicht unter offenem Eingeständnis der eigenen Eifersucht, sondern in rationalisierender Verhüllung attackiert. Der Vater zum Beispiel, der sich im Intimverhältnis zwischen Mutter und Sohn beunruhigt fühlt, pflegt die «Affenliebe» seiner Frau als sachlichen Erziehungsfehler zu kritisieren und zu verurteilen. Seine aus eifersüchtigen Impulsen gespeiste Vorwurfsbereitschaft gegenüber dem Sohn wird in der gleichen Weise rationalisiert: Er wolle dem Sohn nur helfen, Fehler abzustellen und ein «ordentlicher Mensch» zu werden. Es ist bezeichnend, daß in den Fällen, in denen Kinder in Ehepartner-Ersatz-Rollen in unserer Sprechstunde lediglich auf Initiative der Familie und ohne den Druck des behandelnden Arztes oder einer Behörde erschienen, stets der «geschädigte Elternteil» der Motor war. Während die Väter der meisten bei uns vorgestellten Kinder erst auf besondere Einladung in der Beratungsstelle erschienen, begleitete die Mehrzahl *derjenigen* Väter ihre Söhne zur Untersuchung, die sich durch eine besondere Mutter-Sohn-Intimität benachteiligt fühlten. Mit der dringenden Bitte: «Sie dürfen meiner Frau aber nichts sagen!» verknüpften sie in der Regel den Wunsch, der Psychiater möge ihre Frau davon abbringen, den Sohn zu «verziehen» und ihm «den Kopf zu verdrehen».

Gelegentlich revoltiert der «geschädigte Elternteil» indessen auch unverhüllt gegen seine Überflügelung durch die Vorrang-Beziehung des Ehepartners zum Kind:

Ein 50jähriger Handelsvertreter B., der an Potenzstörungen leidet, lebt in einer an Auseinandersetzungen reichen Ehe mit einer sechs Jahre jüngeren, vitaleren Frau. Beide haben einen zehnjährigen Adoptiv-Sohn K., eine phlegmatisches, gutmütiges Kind. Frau B. befürchtet seit Jahren, daß sie ihr Mann auf seinen zahlreichen ausgedehnten Geschäftsreisen betrügt und sie nur wegen dieser nebenehelichen Verhältnisse sexuell vernachlässigt.

Infolge ihrer gestörten Beziehung zum Mann hat sie kompensatorisch zu K. eine besonders intensive Gefühlsbeziehung entwickelt. Sie praktiziert ihm gegenüber eine ausgeprägte «Overprotection». Herr B. verfolgt das Anwachsen der Intimität zwischen seiner Frau und K. seit langem mit unverhohlenem Mißtrauen und paranoid gefärbten Befürchtungen. Wenn Frau B. dem zehnjährigen Jungen beim Baden behilflich ist, weicht der Mann nicht von ihrer Seite. Als beide Eheleute einmal spät abends in die Wohnung zurückkehrten, hatte sich K. im Bett bloßgelegt. Als die Adoptivmutter ihn zärtlich zudeckte, schalt ihr Mann: Sie solle sich nur an das Bett des Jungen setzen, um sich ja nichts entgehen zu lassen, wenn er sich aufdecke. – Wenn K. die Mutter intensiv anschaut, schimpft Herr B.: «Ich werde dir die Augen von Mutti auf den Tisch legen, dann hast du sie immer!» Er schimpft prompt über jede Zärtlichkeit, bei der er seine Frau gegenüber K. ertappt, und nützt jedes Schulversagen und jedes häusliche Fehlverhalten K.s zu übertriebenen Vorwürfen und Bestrafungen aus, mit denen er hauptsächlich seine Frau zu treffen gedenkt.

Sobald sich, wie im voranstehenden Fall, der «geschädigte Elternteil» massiv störend einschaltet und als gleichgewichtiger Partner in das innerfamiliäre Rollenspiel eingreift, erleidet die Rolle des Kindes eine Verschiebung. Die Funktion des Kindes als Gatten-Ersatz für den einen Elternteil interferiert mit der *Funktion als Zankapfel oder Streitobjekt* innerhalb der Auseinandersetzung der Eltern. Demnach ist die soziale Position des Kindes in der Familie nur dann sinnvollerweise unter der Rolle des Gatten-Äquivalents zu verstehen, wenn der diese Rolle fordernde Elternteil eindeutig dominiert. Der andere Fall, in welchem die Position des Kindes vorwiegend oder ganz bestimmt wird durch den Stellenwert im Rahmen eines ständigen offenen Kampfes zwischen beiden Eltern, wird in einem nachfolgenden Kapitel unter dem Leitthema: «Rolle des umstrittenen Bundesgenossen» ausführlich zu besprechen sein.

Das volle Ausmaß, in welchem ein Kind auf eine Gatten-Ersatz-Rolle festgelegt worden ist, wird häufig erst dann ersichtlich, wenn das Kind durch bestimmte Umstände dem Zwang ausgesetzt wird, diese Rolle preiszugeben. Geht zum Beispiel die verwitwete oder geschiedene Mutter, die zuvor ihren Sohn in den Rang ihres Ersatz-Partners erhoben hatte, eine neue Ehe ein, dann benimmt sich der Sohn vielfach nicht anders als ein betrogener Liebhaber. Bei der ersten der nachstehenden Krankengeschichten handelt es sich eben um dieses Problem einer «abgebrochenen» Gatten-Ersatz-Rolle: Ein Junge, von seiner Mutter in diese Rolle gedrängt, muß späterhin einem Freund der Mutter weichen und läßt nunmehr durch eine massive neurotische Protesthaltung deutlich werden, wie weitreichend er bereits mit der Rolle identifiziert war. –

Die Beobachtung der Familie erstreckt sich über fünf Jahre und zwei Monate.

Beispiele:
1. Krankengeschichte Karl R., 1948 geb.

Vorgeschichte: Es sind keine Erbkrankheiten in der näheren Aszendenz bekannt. Der Vater ist 1956 an einem Carcinom gestorben.

Karl ist als Einzelkind aufgewachsen, nachdem zwei Geschwister im Säuglingsalter gestorben sind. – Die *Mutter* schildert die Ehe ihrer Eltern als unharmonisch. Ihr Vater, ein imponierender, erfolgreicher Mann, ehemals Abteilungsleiter einer Fahrzeugfabrik, betrog ihre Mutter, «Typ Reinemachefrau», angeblich sehr häufig. Seit ihrem vierten Jahr erinnert sie laufende eheliche Zerwürfnisse der Eltern. Obwohl ihre Mutter, die häufig mit dem Vater zeterte, im Recht gewesen sein mochte, fühlte sich Frau R. viel stärker zu ihrem Vater hingezogen, der sie als Kind verwöhnte. Sie vergötterte ihn und empfand ihre Mutter als primitiv, gelegentlich als geradezu abstoßend. Später kam es zur Scheidung, der Vater trat mehr und mehr aus ihrem Gesichtskreis, worunter sie sehr litt.

Sie selbst heiratete früh einen 35 Jahre älteren Montagemeister. Es ist ihr klar, daß sie im Grunde einen Ersatz für den entschwundenen Vater, auf den vordem ihr Leben ausgerichtet gewesen war, erwählte. Sie fand bei dem Mann Geborgenheit, wirtschaftliche Sicherheit und wurde von ihm zunächst reichlich verwöhnt.

Bei K.s Geburt war der Vater bereits 60 Jahre alt. K. entwickelte sich als Kleinkind unauffällig. Er lernte mit einem Jahr sprechen und war bald nach Vollendung des zweiten Jahres trocken und sauber. Zwischen Mutter und Sohn herrschte ein besonders herzliches Verhältnis. Die Mutter freute sich, daß er sie bereits mit drei, vier Jahren oft «wie ein kleiner Mann» umsorgte. Um diese Zeit fing der Vater an zu kränkeln. Die Ehe verschlechterte sich. Der Vater wurde seiner Frau gegenüber mißtrauisch und eifersüchtig. Stolz berichtet die Mutter: «Von da ab wollte K. von seinem Vater nichts mehr wissen. Er hielt nur zu mir.» Es kam zu Hause zu Handgreiflichkeiten. Einmal ging der Vater auf die Mutter und K. mit dem Beil los. Hinterher sagte der Junge voller Haß zur Mutter: «Schlag ihn doch tot!» Die ängstliche, unreife Mutter klammerte sich um so fester an ihren kleinen Sohn, je mehr sie sich von ihrem alternden Mann entfremdete. K. wuchs ihr gegenüber in die Position eines Beschützers hinein. Sie fragte ihn oft um Rat. Sie kaufte zum Beispiel für sich nur Kleidungsstücke, in denen sie ihm gefiel. Er mußte die Farben ihrer Kleider bestimmen. – Als der Vater schließlich mit einem chronischen Leiden ins Krankenhaus mußte, versuchte er gelegentlich, K. mißtrauisch über den Lebenswandel der Mutter auszuforschen. K. sagte zur Mutter: «Mutti, geh ruhig ins Kino; ich sag Vati nichts.» Wenn der Vater ihm gelegentlich Geld gab, kaufte er der Mutter wie ein kleiner Verehrer Blumen oder andere Geschenke, zum Beispiel einmal ein Pärchen Schwarzwälder Püppchen.

Ein kritisches Erlebnis hatte K. mit sechs Jahren. Er war an einem Besuchstag beim kranken Vater. Die Familie hielt sich in einem Gartenrestaurant an der Havel auf. Die Mutter unterhielt sich mit dem Vater am Tisch. K. drängelte so lange, bis sie zu ihm an den Bootssteg kam, wo er mit einem Stock im Wasser panschte. «Ich mache dir Wasser!» erklärte er stolz. Als die Mutter zum Vater an den Tisch zurück wollte, protestierte er ärgerlich, die Mutter sollte unbedingt bei ihm bleiben. Kurz darauf fiel er ins Wasser, von der Mutter und dem Vater unbemerkt. Er wurde von anderen Leuten herausgeholt. Bis heute hat er seit diesem Erlebnis eine unüberwindliche Scheu vor dem Baden. – Die besondere Bedeutung dieses Erlebnisses wird man darin sehen dürfen, daß er sein Mißgeschick gerade in dem Augenblick erlitt, als er darum kämpfte, die Aufmerksamkeit der Mutter vom Vater abzulenken und für sich zu erobern. War er doch zu dieser Zeit bereits ängstlich darauf bedacht, seine intime Partnerschaft mit der Mutter durch niemanden mehr stören zu lassen. Die Mutter sollte ganz ihm gehören – und diese benahm sich im allgemeinen auch danach.

Klagte die Mutter über Herzbeschwerden oder Kopfschmerzen, pflegte er sie rührend, machte ihr kalte Umschläge und tröstete sie: «So, Mutti, jetzt ist es gleich viel besser! ... Er bestand darauf –» berichtete die Mutter – «daß seine bloße Anwesenheit schon genügte, mich gesund zu machen.» Er ergriff auch in der Hauswirtschaft mehr und mehr Initiative, bestimmte, was gekocht und angeschafft werden sollte. So dirigierte ihn die Mutter allmählich in die Funktion eines galanten Kavaliers hinein und ließ sich durch ihn für die Enttäuschung durch den inzwischen todkranken Ehemann entschädigen.

Da trat eine Veränderung ein, die K. jäh von seinem Thron hinunterstürzte. Die Mutter befreundete sich mit einem ihrem Alter entsprechenden Arbeiter, an den K. nun die Macht, über die er in der Partnerschaft mit der Mutter verfügt hatte, abtreten sollte. Bereits vor dem 1956 erfolgten Tode ihres Mannes war eine neue Lebensgemeinschaft mit dem Freunde fest beschlossen. Unmittelbar nach dem Tode zog der Freund als «Verlobter» endgültig ins Haus. Es bestätigt nur die Einfalt und die mangelnde Persönlichkeitsreife der Mutter, daß sie K. ohne Vorbereitung mit diesem radikalen Szenenwechsel konfrontierte und ihn recht rücksichtslos sogar zum Zeugen ihrer häuslichen Flitterwochen machte.

K., bis dahin, abgesehen von seinem Geltungsdrang und einer gelegentlich störenden narzißtischen Kränkbarkeit, nach außen hin kaum auffällig, produzierte nun mit einem Schlage eine Reihe von *Symptomen*:

Plötzlich fing er wieder an, während des Tages *einzunässen*. Nachts blieb er trocken. Die Frequenz des Einnässens steigerte sich nach einigen Monaten so weit, daß ihm die Mutter nicht selten drei- bis viermal am Tage trockene Wäsche geben mußte. Er begann auch *einzukoten*. Der Mutter fiel auf, daß er während der Schulstunden meist trocken und sauber blieb und sich fast ausschließlich zu Hause beschmutzte. Mehrfach *entwendete* er der Mutter *Geld* aus dem Portemonnaie, nachdem er bis dahin immer korrekt und zuverlässig gewesen war.

Gleichzeitig veränderte sich sein gesamtes Benehmen. Hatte er vordem der Mutter alle Wünsche von den Augen abgelesen, widersetzte er sich neuerdings fortwährend. Er schrie vor Wut, wenn sie mit dem Verlobten allein im Zimmer sein wollte. Wenn er abends ins Bett gehen sollte, nörgelte er: «Ich will nicht, Daddy bleibt ja auch auf!» Öfters heulte er: «Du hast für mich gar keine Zeit mehr!» Die Mutter beklagte sich: «Es geht mit ihm nur leidlich, wenn ich dauernd um ihn rum bin. Er möchte den ganzen Tag nur bei mir auf dem Schoß sitzen und mit mir herumschmusen.» Wenn die Mutter Anschaffungen machte, bestand er nach wie vor auf dem Vorrecht, die geeigneten Objekte auszuwählen. Als die Mutter in seiner Gegenwart ein Kleid kaufte, heulte er aus Protest, als sie mit Zustimmung des Verlobten ein geblümtes Kleid nahm, obwohl er ein rotes schöner fand. Bei einem Schürzenkauf verlangte er so eigensinnig von der Mutter die Anschaffung einer bestimmten dunklen Schürze, daß die bedienende Verkäuferin – wie die Mutter berichtete – «sich schieflachte». Schließlich überredete sie der «Verlobte», sich K.s Wunsch zu fügen, um die peinliche Szene im Kaufhaus zu beenden.

Natürlich konnte K. nur ausnahmsweise einen derartigen Sieg erkämpfen. Je mehr er sich von «Daddy» an die Seite gedrängt fühlte, um so bösartiger versuchte er, die Mutter und deren Verlobten zu tyrannisieren. Die Mutter jammerte: «Er entwickelt jetzt eine richtige Zerstörungswut. Mit den Fingern hat er im Apfelmus herumgeschmiert, nur um es uns zu verekeln. Neulich haben wir ihn zu Hause allein gelassen, da hat er mit Streichhölzern ein kleines Feuerwerk gemacht, daß die Wohnung hätte abbrennen können. – Er hat zu mir gesagt, er könnte alles mit dem Hammer kaputt schlagen.» Er fing an zu schwindeln, was er vordem nie getan hatte. Immer wieder griff er ins mütterliche Portemonnaie. Seine Erklärung: «Na ja, du hast ja für mich auch nie Geld.» Die Klassenlehrerin beklagte sich: «Er legt einfach den Kopf auf den Tisch und sagt rundheraus: ‹Ich kann nicht, ich will nicht.›» Er vernachlässigte seine Schularbeiten und ließ in seinen Leistungen rasch nach.

Mit seiner radikalen Trotzhaltung erzielte K. immerhin bei der hilflosen Mutter einige Wirkung. Zwar brachte sie nicht die Einsicht dafür auf, daß sie ja selber K. all die Jahre vorher in der Position eines Ersatz-Gatten bestätigt hatte und nun vor der Aufgabe stand, ihm zu helfen, sich in der veränderten Familienstruktur zurechtzufinden. Sie reagierte einfach mit einer infantilen Resignation. Sie weinte viel und kränkelte. Sie jammerte über ihre «Nerven» und lag tagelang wegen «Kopf- und Nervenschmerzen» zu Bett. «Wenn du so weiter machst», drohte sie K., «bin ich in einem Jahr kaputt. Ich bin mit meinen Nerven schon ganz am Ende.» Sie begriff nicht, daß sie durch dieses Verzagen in K. eher neue Hoffnung weckte, am Ende doch wieder den halb entschwundenen Einfluß auf die Mutter zurückzugewinnen. Und tatsächlich gelang es K., seine Machtposition wieder zu stärken. Bekam «Daddy» einen Fingerring, wurde für ihn ebenfalls ein Ring angeschafft. Kaum hatte der Verlobte eine neue Armbanduhr, ließ er keine Ruhe, bis man ihm bald ein ähnliches Modell präsentierte. «Nur wenn wir K. beide verwöhnen und ihm jeden Wunsch erfüllen, erreichen wir etwas bei ihm. Sonst ist die Hölle los!» berichtete die Mutter.

Unverändert blieb sein Bestreben, sich eifersüchtig zwischen die Mutter und den Verlobten zu drängen. Er duldete es nie, daß sie in seiner Gegenwart Zärtlichkeiten austauschten. Als der Verlobte der Mutter einmal einen Brief hinterließ, zögerte er nicht, das Kuvert zu öffnen und den Inhalt zu lesen. So mußten sich der Verlobte und die Mutter stets peinlich hüten, seinen Argwohn zu nähren, daß es in ihrer Beziehung einen ihm verheimlichten Intimbereich geben könnte. Er hatte so erreicht, daß man notgedrungen seine Illusion bestätigte, er habe in jeder Hinsicht gleiche Rechte wie der Verlobte zu beanspruchen.

Die Erstuntersuchung des 6jährigen Jungen (Januar 1957) ergab folgende *Befunde* und *Beobachtungen*:

Körperlich: Magerer, asthenischer Junge. Körperform erst im Übergang von der Kleinkind- zur Schulkindform. Im internistischen Bereich keine krankhaften Befunde. Bei der motometrischen Untersuchung erreichten die Leistungen nicht ganz den Altersdurchschnitt.

Psychisch: Gut durchschnittliche Intelligenz. Bei verschiedenen Testaufgaben zeigte er spontan wenig Ehrgeiz, bewies indessen gute Übersicht und eine Fähigkeit zu klarer, ruhiger Überlegung. Mäßiger Sigmatismus.

Freie Zeichnungen und der Sceno-Test erbrachten Hinweise für seine innere Konfliktsituation: In der ersten Zeichnung stellte er einen Mann vor einem goldenen Zelt dar. Zwischen dem Mann und dem Zelt ringelt sich gerade eine Schlange hoch, die eine rote Zunge drohend gegen den Mann ausstreckt. Hinter dem Zelt ist ein Versteck mit roten «Giftkörnern». Kommentar des Jungen: «Ihre Giftkörner hat die Schlange hinter dem Zelt versteckt. Mit der Zunge gräbt sie in der Erde und holt die Körner raus. Die will den Mann mit ihrer Giftzunge tot machen.»

Während sich hier der Haß gegen den fremden Mann ausdrücken dürfte, der nicht in das Zelt (d. h. wohl: K.s «Zu Hause») eindringen soll, so verrät eine zweite Zeichnung deutlich seine eigene Wunschbeziehung zur Mutter: Auf einer Blumenwiese vor einem einfenstrigen Haus überreicht ein kleiner Mann einer nahezu um einen Kopf größeren Frau einen Blumenstrauß. Die Frau trägt eine blaue Kappe. K. erklärt spontan, daß die Mutter eine solche blaue Kappe im Besitz habe.

Im Sceno-Test setzte er zu einem Jungen im Liegestuhl die kleine Prinzessin (die er «Frau» nannte) auf einen Stuhl. Beide sind von kleinen Tieren umgeben. Rings um die ganze Gruppe («Bauernhof») wurde ein Zaun gezogen. Keine weitere menschliche Figur wurde benutzt; nur den Affen stellte er auf, den er aber gleich nach seiner Placierung durch eine besondere Mauer ohne freien Zugang gegen die übrige Szenerie abtrennte.

Mit Vorliebe spielte er «Krieg» mit gekneteten Männchen. Mehrmals ließ er eine Reihe von Knetmännchen von anderen töten: «Die sind über die Grenze gekommen und werden aber alle tot gemacht. Dann werden sie über die Grenze zurückgeworfen.» Eine dieser Knetfiguren bezeichnete er als «alten Mann». Den fesselte er mit grimmigem Gesichtsausdruck, warf ihn über die Grenzmauer und erklärte erleichtert: «So, jetzt ist er auch tot.»

So enthüllt sich in den Mal- und Spielphantasien bereits einiges von dem emotionalen Untergrund des Kindes. Er beansprucht die Mutter, der er sich auf der Zeichnung wie ein erwachsener Kavalier mit Blumen nähert, für sich allein. Seine massiven Aggressionen lassen in den verschiedenen Produktionen mehr oder minder deutlich die Zielrichtung gegen den feindlichen Eindringling erkennen, der seine Position bedroht.

Die Klassenlehrerin ergänzt die eigenen psychologischen Erhebungen durch folgende Beobachtungen: K. habe in seiner Mitarbeit in der Schule stark nachgelassen. Er habe «wenig Kontakt mit seinen Mitschülern, da er oft bemüht ist, die anderen zu ärgern». Den Lehrern gegenüber sei er häufig bockig.

Diagnose: Neurotische Enuresis und Enkopresis. Dissoziale Fehlhandlungen.

Verlauf: Während der anschließenden, über fünfjährigen psychiatrischen Beobachtung hat sich die äußere Situation kaum verändert. Die Mutter ist mit dem «Verlobten» zusammengeblieben. Eine Heirat wird von beiden abgelehnt, um die Witwenrente nicht einzubüßen. Durch weiteres trotzhaftes Agieren hat K. die Mutter und den Verlobten so weit zermürbt, daß man ihn aus Angst recht nachgiebig und verwöhnend behandelt. Die gesamte familiäre Konstellation ist überhaupt weitgehend durch Angst bestimmt: Die hilflose Mutter laviert unsicher zwischen dem «Verlobten» und dem Jungen hin und her, denen sie es beide schwer recht machen kann. Allerdings hilft der «Verlobte», ein durchaus gutmütiger Mann, durch nachsichtiges Benehmen vieles zu glätten. Die Mutter möchte K. kürzer halten, fürchtet aber beständig, von ihm durch neue Trotzdurchbrüche bestraft zu werden. K. wiederum, der mehrmals mit Heimeinweisung bedroht worden ist, hat zunächst seine gröbsten Racheaktionen wie die Diebstähle und die Feuerspiele eingestellt. Er fürchtet, hinausgeworfen zu werden – obwohl die Mutter diese Konsequenz ihrerseits nicht wagt.

Die psychologische Längsschnitt-Beobachtung hat verschiedene Versuche K.s aufgedeckt, seinen Konflikt zu bewältigen. Ein solcher Versuch beruht zum Beispiel auf dem von Freud beschriebenen Mechanismus der *Verleugnung:* Immer wieder verriet K. die Phantasie, er sei nach wie vor der König der Familie, der Sieger über den Konkurrenten. Er sei der eigentliche Partner der Mutter, der Verlobte habe nichts zu sagen. So knetete er nach $3^1/_2$jähriger Beobachtung drei Schiffe, von denen zwei das dritte an dicken Seilen hinter sich herziehen. Die beiden Schiffe an der Spitze seien er und die Mutter, das von ihnen abgeschleppte Schiff sei der «Daddy». – Er hat also, so stellt er es hier dar, unangefochten die enge Bindung zur Mutter. Der Stiefvater ist «abgehängt», der fährt hinterher und noch nicht einmal mit eigener Kraft. Man sieht den Versuch des Kindes, die Realität wunschgerecht zu verkehren. Nicht er ist das hilflose Wesen im Schlepptau der beiden andern, sondern umgekehrt soll es sein: Er ist der starke Mann. – Etwa um die gleiche Zeit erklärte er: «Ich wünsche mir, daß ich Kapitän von einem ganz großen Kriegsschiff bin. Daß ich so stark bin, daß ich 1000 Tonnen hoch heben kann mit einem kleinen Finger.» Er möchte auch im höchsten Stockwerk des größten Wolkenkratzers sitzen und von dort die Menschen zu einem großen Volksfest im Schlaraffenland rufen. – «Wenn wir Cowboy und Indianer spielen», so berichtet er, «bin ich immer der Cowboy; der Held, der alles kann. Mich treffen die anderen nicht, wenn die schießen. Die treffe ich bloß immer!»

Aber der Versuch, das Problem einfach durch Verleugnung der Realität zu bewältigen, konnte er nicht weit führen. Die massiven Racheimpulse gegen den Stiefvater ließen sich damit nicht aus der Welt schaffen. Zeitweilig stellten sich bei ihm nun Symptome ein, die ihre Abkunft aus verdrängten feindseligen Regungen deutlich verrieten: Er konnte abends im Dunkeln nicht mehr einschlafen. Schließlich konnte er überhaupt keinen dunklen Raum mehr betreten. Er träumte von einem Mann, der hinter ihm herkam und ihn bedrohte. Im Dunkeln fürchtete er, daß ihn Gespenster verfolgen würden. Seiner zunehmenden Gespensterfurcht versuchte er auf originelle Weise Herr zu werden: Er sprang im dunklen Korridor auf seinen Teddybär zu, den er gleichzeitig an einer Schnur festhielt. Die Schnur hatte er so kunstfertig um die Nähmaschine herumgeführt, daß der Teddy bei einem Zug an der Schnur zunächst von ihm wegzulaufen schien. So spielte er immer wieder, daß er den Teddy mit einem lauten Schrei erschreckte, worauf dieser scheinbar in die Flucht getrieben wurde. Ähnliche Spiele veranstaltete er mit seinem Stoffkater. Zweifellos versuchte er auf diese Art, seine Ängste zu bewältigen, und zwar durch den von A. Freud beschriebenen Mechanismus der «Identifikation mit dem Aggressor»[143].

In den letzten $1^1/_2$ Jahren, offenbar begünstigt durch die Präpubertät, sind seine Aggressionen allerdings wieder stärker nach außen durchgebrochen. Während er zwar den Stiefvater, dessen Übermacht er fürchtet, nur versteckt zu attackieren wagt, läßt er nun an Mitschülern oder auch an Tieren seine Wut ungehemmt aus. In der Klasse wird er wegen seiner Jähzornanfälle gemieden und ist dort völlig isoliert. Zwei Monate vor Abschluß der Beobachtung entwendete er heimlich seiner Mutter ein Taschenmesser und nahm es täglich zur Schule mit. Eines Tages zog er das Messer im Streit mit einem Mitschüler und stach auf den anderen Jungen ein. Er verletzte ihn damit am Arm, worauf ihm ein Schulverweis drohte.

Wem seine Aggressionen aber eigentlich gelten, das enthüllen die

Spielphantasien, die er noch ganz zuletzt in unserer Beratungsstelle bot. Er knetete einen jungen Indianer mit einem Kanu und ein Krokodil: Das Krokodil greift den Indianer an, aber der fängt es. Nachher zähmt er es und bringt es zu seinem Stamm. Dann kommt aber ein ganz alter Indianer von einem feindlichen Stamm. Der will heimlich die Zelte des Stammes anstecken, zu dem der junge Indianer gehört. In diesem Augenblick ergreift das gezähmte Krokodil den feindlichen Indianer und bringt ihn im Maul zu dem Stamm des jungen Indianers. Hier wird der Feind an den Marterpfahl gebunden, und das Krokodil wird belohnt.

Es ist erstaunlich zu sehen, wie gleichbleibend die Phantasien des Jungen jetzt wie vor fünf Jahren um das eine große Thema seines Konfliktes kreisen: Heute wie damals ist es die Frage: Wie kann ich den älteren Mann aus dem feindlichen Stamm abwehren, der in unser Zelt – in meine Gemeinsamkeit mit der Mutter – einbrechen will? Noch immer hat er keine Lösung gefunden.

Seitdem seine Aggressivität wieder stärker durchgebrochen ist, hat sich das Familienklima erneut erheblich verschlechtert. Er ist zu Hause meist mürrisch und launisch. Mit kleinen Tücken versucht er, die Mutter und den Verlobten zu quälen. Er verlangt zum Beispiel dringend, daß man ihm ein Gesellschaftsspiel schenke. Ist das Spiel da und ist vereinbart, daß man an einem Abend damit spielt, hat er plötzlich keine Lust mehr. Am nächsten Morgen beklagt er sich heftig, man habe nicht mit ihm spielen wollen, er hätte es so gern getan. Er hat in letzter Zeit wieder stärker geschwindelt. In der Schule widersetzt er sich offen dem Lehrer. Seine Hausarbeiten macht er nur ausnahmsweise. Mehrfach hat er die Unterschrift der Mutter gefälscht. Leistungsmäßig befindet er sich so sehr im Rückstand, daß er erstmalig nicht versetzt wird, obwohl er nach seiner Begabung das Pensum leicht schaffen müßte. Im letzten Jahr hat er auch wieder verschiedentlich eingekotet.

Zu dem wenig erfreulichen Verlauf ist noch zu bemerken, daß die lockere und sehr zurückhaltende psychologische Betreuung, die wir hier wie bei den übrigen beobachteten Familien angewendet haben, keinen nennenswerten Effekt hatte. Das mangelhaft gesteuerte, impulsive Wesen der Mutter machte es von vornherein unmöglich, in ihr ein tieferes Verständnis für die Problematik zu wecken und eine Modifikation ihrer Einstellung zu bewirken. Für K. wiederum war die Enttäuschung durch den Einbruch des «Verlobten», nachdem er die Gatten-Ersatz-Rolle schon so tief assimiliert hatte, von so verheerenden Ausmaßen, daß selbst eine intensivere Therapie nur unter verständnisvoller Mithilfe der häuslichen Beziehungspersonen leidliche Aussichten eröffnet hätte.

Zusammenfassung: Karl R. wächst bei einer infantil unreifen Mutter und einem überalterten, bald kränkelnden Vater auf. Unter Ausnutzung des Zwiespaltes in der Ehe ihrer Eltern scheint Frau R. auf der Stufe der kleinen verwöhnungsbedürftigen Prinzessin steckengeblieben zu sein, die sich der Bevorzugung des Vaters gegenüber der «primitiven Mutter» sicher fühlte. Von ihrem eifersüchtigen, dahinsiechenden Mann enttäuscht – der für K. eher eine Großvaterrolle spielt –, sucht sie bei ihrem kleinen Sohn Halt und macht ihn in ihrer Unselbständigkeit zu ihrem Vertrauten. Ja, sie läßt sich von ihm gegen den Mann in Schutz nehmen, teilt mit ihm Heimlichkeiten und hört sich widerspruchslos seinen Rat an, den Vater totzuschlagen. Sie ist glücklich, daß der kleine Junge sie «wie ein Mann» umsorgt, sie beschenkt und bei kleinen Anschaffungen und Planungen sogar das Kommando übernimmt. K. kommt ihren Wünschen gern entgegen, zumal diese Wendung der familiären Situation bei ihm noch mit einer Entwicklungsphase zusammenfällt, in der sich normalerweise ohnehin bei Jungen ein starkes Annäherungsbestreben an die Mutter und eine Rivalität mit dem Vater zeigt («ödipale Phase»).

So übernimmt K. für die Mutter die Rolle eines *Gatten-Äquivalents.* An Stelle der behütenden und konsequent dirigierenden Mutter wird sie ihrerseits zur beschützten Geliebten, die mit K. gegen den Vater paktiert, die sich von ihm Blumen schenken, Kleider aussuchen läßt und ihm bestätigt, daß er sie nahezu allein schon durch seine Anwesenheit von ihren zahlreichen kleinen Gebrechen zu kurieren vermag. In ihrer unkritischen Primitivität verkennt sie die Gefahr ihrer Ansprüche an das Kind und beruhigt sich damit, daß sich der Junge in seiner Rolle wohlzufühlen scheint.

Zur Katastrophe kommt es indessen, als im siebten Jahr der spätere Verlobte der Mutter auftaucht und K. mit der unausweichlichen Forderung konfrontiert wird, seine Rolle des Intimus der Mutter abzutreten. Zu sehr ist er bereits in dieser Rolle des Ersatz-Gatten fixiert, als daß er sich zur Kapitulation bereit finden könnte.

Man könnte sich nun fragen: Warum erlebt der Junge den «Verlobten» der Mutter nur als Konkurrenten, warum freut er sich nicht zugleich über den Gewinn eines «Ersatz-Vaters»? Offenbar ist es für ihn bereits zu spät für eine solche Reaktion. Nach den Erfahrungsregeln der Psychoanalyse erfolgt der sogenannte «Untergang des Ödipus-Komplexes», das heißt die Unterordnung unter die Vaterfigur und die Aufgabe des Rivalitätsverhältnisses zu ihm, bereits einige Jahre früher, durchschnittlich bis zum fünften Jahr. Dieser physiologische Entwicklungsprozeß vollzieht sich sonst unter dem Einfluß der kindlichen Erfahrung von der *Übermacht* des Vaters und der eigenen *Ohnmacht.* K. hat diesen wichtigen

Entwicklungsschritt verpaßt, weil er in der entsprechenden Periode genau das Gegenteil erlebt hat: nämlich eine unnatürliche Bestätigung des *eigenen Omnipotenzwunsches* und die *Ohnmacht des Vaters*. Nicht nur die Krankheit des alten Mannes, sondern obendrein der Anspruch der Mutter, ihr gegen den Vater beizustehen, fixierte bei ihm den «Ödipus-Komplex». Die Umstände nötigten ihn geradezu, die frühe libidinöse Bindung an die Mutter und die Phantasie beizubehalten: Er könne den Vater bei der Mutter einfach ersetzen. Er verfehlte damit den Übergang auf die Stufe der sogenannten «Latenzperiode», die physiologischerweise die Spanne zwischen der «ödipalen Phase» und der Pubertät ausfüllt und in welcher der Knabe den Vater als Vorbild zu suchen pflegt. Es ist zu vermuten, daß K. sich wesentlich anders entwickelt hätte, wenn der «Verlobte» bereits in seinem dritten oder vierten Jahr ins Haus gekommen wäre. Dann hätte er für den Jungen aller Wahrscheinlichkeit nach eine Hilfe bedeutet, den «Ödipus-Komplex» zum physiologischen Termin aufzulösen. Statt dessen war K. nun zu diesem späten Zeitpunkt affektiv völlig unvorbereitet, den Einbruch des «Verlobten» zu verarbeiten. Verführt durch die mütterlichen Wünsche, zugleich unter dem Einfluß fixierter frühkindlicher Allmachtsphantasien und auf Grund des Triumphes über den gehaßten realen Vater, fühlte er sich eben – wie auf der geschilderten Zeichnung mit dem Liebespaar – als unbestrittener ebenbürtiger Partner seiner Mutter. Er phantasierte, er habe bereits die ganze Potestas patris und brauche sich diese weder erst von einer Vaterfigur zu holen, noch existiere überhaupt eine ihn möglicherweise einschränkende Vater-Autorität. In seinen Phantasien war die Realität so weit verleugnet, daß er seine faktische Schwäche und Abhängigkeit überhaupt nicht mehr einschätzen konnte und allenfalls in der Form dumpfer Angst erlebte.

So versteht sich seine panikartige Dekompensation nach dem Erscheinen des «Verlobten». In einem geradezu chaotischen Protestverhalten will er die Mutter zwingen, ihm seine bisherige Rolle zu belassen. Er will die Bindung zwischen ihr und dem «Verlobten» zerstören. Er regrediert zu Enuresis und Enkopresis. Bezeichnenderweise ist er zu Hause unsauber, während er in der Schule zum Beispiel kontinent ist. Auch sein Feuermachen, das Essen-Verschmieren, das Bestehlen der Mutter dokumentieren seine Ansprüche bzw. auch seine immensen Racheimpulse.

Der weitere Verlauf zeigt sein Scheitern bei allen Versuchen, die kritische Situation zu bewältigen. Sein Scheintriumph, indem er mit seiner Tyrannei eine gewisse äußerliche und durchaus unechte Gleichstellung mit dem «Verlobten» im Familienleben erstreitet, hebt den Konflikt nicht auf. Der Versuch, seine Racheimpulse zu verdrängen, führt nur zu schweren paranoiden Ängsten, die schließlich wieder von chaotischen

Aggressions-Eruptionen (z. B. der Messerstecherei) abgelöst werden. Seine weitere Charakterentwicklung wird förmlich erstickt unter dem Druck des Konfliktes, der weder eine normale Über-Ich-Formation noch eine adäquate Triebintegration zuläßt. So fehlt es ihm an der notwendigen neutralisierten Energie für die Bewältigung der schulischen Leistungsanforderungen sowie für eine angemessene Anpassung an die übrigen Ansprüche der sozialen Realität.

2. Krankengeschichte Bodo B., 1948 geb.

Die Krankengeschichte von Bodo B. exemplifiziert wiederum die Rolle des Kindes als Gatten-Substitut, diesmal aber, das sei vorausbemerkt, in einer anderen Variante. Während Frau R. mehr *passiv* gefärbte Wünsche auf ihren Sohn richtete, offenbart sich bei der Mutter von Bodo B. in stärkerem Maße ein *Dominieren*-Wollen. Ein weiterer Unterschied wird sich darin zeigen, daß Bodo B. in seiner Rolle unangefochten bleibt und nicht einem anderen Partner der Mutter weichen muß. – Die Längsschnitt-Beobachtung erstreckt sich auch in diesem Fall über fünf Jahre.

Vorgeschichte: Bodo hat eine 1941 geborene Schwester. Seine Mutter, 1916 geboren, ist eine vorgealtert wirkende, starken Stimmungsschwankungen unterworfene Frau, die 1955 nach 16jähriger Ehe geschieden wurde. Ihre Ehe mit einem gleichaltrigen Verwaltungsangestellten, die sie gegen den Willen ihrer Eltern eingegangen war, hatte sich von Anfang an unglücklich entwickelt. Als sehr gefühlsintensive, oknophile Frau hatte sie mit dem mehr zurückhaltenden, zur Pedanterie neigenden Mann nie den engen Kontakt gefunden, den sie ersehnte. Wie B.s Großmutter erläuterte, wollte Frau B. ihren Mann immer um sich haben. Sie verwöhnte ihn sehr und förderte ihn in seiner beruflichen Karriere. (Großmutter B.s: «Alles, was mein Schwiegersohn ist, ist er durch meine Tochter geworden.») Mit der Zeit schloß sich der Mann mehr und mehr ab, was sie mit heftigen Vorwürfen beantwortete, da sie sich doch auf das engste an ihn anzuklammern wünschte. Schon Jahre vor der Scheidung nahm er heimlich eine Beziehung zu einer anderen Frau auf, die er nach der Scheidung später heiratete.

Mit der Erziehung ihrer 1941 geborenen Tochter Eva kam Frau B. von vornherein nicht gut zurecht. Im Gegensatz zu der in Gefühlen zerfließenden Mutter wuchs Eva zu einem eher kühlen, robusten Mädchen heran. Sie schloß sich vorwiegend an die Großmutter an, entwickelte früh einen ausgeprägten Sinn für praktische Realitäten und disponierte bereits mit zwölf Jahren im Haushalt selbständig mit. Als sich der Ehekonflikt der Eltern zuspitzte, vertrat sie innerlich die Partei des Vaters. Nach der Scheidung der Eltern gab es zwischen ihr und der Mutter längere Zeit Spannungen. Sie verstand es aber zumeist, sich gegen die Mutter durchzusetzen und fand allmählich auch deren Anerkennung, weil sie mit ihrer Lebenstüchtigkeit in vielen Fragen einen vernünftigen Rat wußte, wenn sich die unselbständige Mutter – etwa in wirtschaftlichen Dingen – schlecht zurechtfand.

B. wurde zu einer Zeit geboren, als die Mutter ihre Ehe schon als gescheitert betrachtete. Sie freute sich trotzdem – oder um so mehr auf das Kind, weil sie endlich für ihre eheliche Enttäuschung entschädigt zu werden hoffte. Wenn schon sonst niemand da war, der sie verstand und ihre Liebeswünsche erfüllte, so sollte das neue Kind – sie hoffte auf einen Sohn – nun wenigstens ihr «ganz gehören». Schon als B. geboren wurde, stand für die Mutter fest, daß er ihr den Halt und die Freude geben müßte, um die sie sich bei ihrem Mann betrogen glaubte.

Sie verwöhnte B. von der Säuglingszeit an im Übermaß und sorgte sich zugleich ständig um ihn. Laufend holte sie den Arzt. Dreimal glaubte sie bereits, er habe Kinderlähmung. «Nachts höre ich, ob er richtig atmet. Dann fühle ich seine Stirn. Denn wenn er sterben würde... das wäre ja nicht auszudenken!» Dutzende von Malen sah ihn die Mutter, wie sie selbst eingesteht, bereits an den verschiedensten Leiden zugrunde gehen. Zu allem Unglück bekam er nun neben den vielen vermeintlichen auch eine Reihe von wirklichen Krankheiten: Scharlach, Masern, Windpocken, Mumps, Pneumonie, Pleuritis. Einmal hatte er sich eine Perle in die Nasenhöhle gesteckt, die durch den Arzt entfernt werden mußte. Er wurde an einer Phimose und an Adenoiden operiert. Bei jeder dieser Krankheiten hielt sie ihn über Wochen länger im Bett, als nötig gewesen wäre, und wich nicht von seiner Seite. Aber auch harmlose Erkältungen und eine Augenbindehautentzündung versetzten sie in Angst und Unruhe. Schließlich hatte sie B. so weit induziert, daß er sich selber ständig vor Krankheiten fürchtete. Es kam vor, daß er der Mutter plötzlich berichtete: «Ich kann nicht richtig laufen. Ich muß humpeln. Fängt so nicht Kinderlähmung an?»

B.s Schwester schildert die Verweichlichung anschaulich: «Vor seinem sechsten Jahr durfte B. nicht allein heruntergehen. Wenn er Husten hat, geht Mutti mit ihm sofort zum Arzt. Der Junge wird immer eingepackt, wer weiß wie sehr; dicke Jacken und Pudel auf dem Kopf. Ist ja kein Wunder, wenn er Schnupfen bekommt. Die Leute schütteln den Kopf. Mütze auf und noch Watte drunter! Ich sage oft, Mutti, zieh ihm doch nicht so viel an, er ist doch wie jedes andere Kind!»

Als sich die Eltern trennten, fragte er oft nach dem Vater. Er beklagte sich bei der Mutter: «Die anderen Kinder haben doch einen Vater.» Die Mutter klärte ihn über die Scheidung auf und bemühte sich, den Vater in seinen Augen herabzusetzen. Sie verweigerte selbst Besuche des Vaters und verriet als ihr Motiv: «Er soll denken, er hat gar keinen Vater.» Sie hielt ihn auch nach Möglichkeit von anderen Kindern fern. Wenn sie ihn im Schulalter auf sein Drängen hin auf die Straße ließ, dann ließ sie alle Hausarbeit liegen und beobachtete ihn heimlich vom Fenster aus: «Es könnte doch etwas sein.» – Im Grunde hat sie ihn am liebsten für sich allein, und sie ist froh, daß sie ihn so gegen den Vater einzunehmen vermochte, daß er jetzt selbst mit diesem einen Kontakt ablehnt.

Obwohl genügend Platz in der Wohnung vorhanden wäre, läßt sie B. neben sich im Bett des geschiedenen Mannes schlafen. Er hat sich in der Schule gebrüstet: «Ich schlafe nicht im Kinderbett, sondern im Ehebett.» Die Mutter ist selig, daß er ihr ankündigte: «Mutti, du mußt mich später heiraten, dann hast du einen Mann.» Sie geht übrigens abends gleichzeitig mit ihm ins Bett. Er besteht darauf, weil er sonst nicht einschlafen könne. Allerdings erfüllt sie ihm diesen Wunsch nur allzu gern. Eines Tages hat er wissen wollen, welches der nächst höhere berufliche Rang gegenüber der Position seines Vaters sei. Als ihn die Mutter darüber informiert hatte, versicherte er, er werde dann später diesen höheren Rang einnehmen und anschließend den Vater aus der Behörde entlassen. Die Mutter umarmte ihn daraufhin dankbar.

Ihren klarsten und zugleich erschütterndsten Ausdruck findet die Einstellung der Mutter in folgenden Bekenntnissen, die sie später in unserer Beratungsstelle formulierte:

«Wenn ich allein bin, und er ist nicht da, bin ich nichts.»

«Wenn es Abend wird, wartet jeder auf jemanden. Ich habe nur meinen Jungen. Wenn der mal groß ist, hat mein Leben keinen Sinn mehr.»

«Ich bin so vernarrt in den Jungen, wie die Mutter in Nürnberg, die ihren Sohn umgebracht hat.[144] Ich liebe den Jungen mehr, als andere Mütter ihren Mann lieb haben.»

«Ich möchte alles für ihn machen. Er soll alles haben. Lieber will ich weniger essen, nur damit er gesund ist. Wenn ich mal arbeite, soll er auf mich warten, wenn ich komme.»

«Ich gehe nur dahin, wo der Junge ist. Für mich allein tue ich gar nichts.»

Freilich verwöhnte sie ihn nur um den Preis, daß er möglichst keine Kontakte und Interessen außerhalb ihres Anspruchsbereiches verfolgte. Er durfte nur für sie da sein. Schließlich entwickelte er die gleiche überängstliche Sorge um ihre Person, der er selbst von ihrer Seite ausgeliefert war. Er fürchtete, sie könnte krank werden oder verunglücken. Stolz berichtete die Mutter: «Wenn es im Sommer Gewitter gibt, hat er Angst, daß ich vom Blitz erschlagen werde.» Anstatt ihn zu beruhigen, förderte sie durch ihr Verhalten seine Besorgtheit. Ist es doch ihr eigentliches Wunschziel, daß sie für ihn genauso der einzige Halt im Leben bleibe, wie er es für sie darstellt.

Allerdings fühlte sich B. vorläufig ihrer verwöhnenden Zuwendung sicherer, als sie der seinigen gewiß sein konnte. Infolgedessen sah er keine Gefahr darin, ihre Nachsicht extrem auszunutzen. Er räumte zum Beispiel prinzipiell seine Spielsachen nicht fort. Wenn es ihm an Taschengeld mangelte, nahm er sich etwas von der Schwester oder von der Mutter, ohne daß energisch dagegen eingeschritten wurde. Beim Essen machte er nicht selten so lange Schwierigkeiten, bis die Mutter den Jungen (bis ins achte Jahr hinein) fütterte (!).

Anfangs ging es in der Schule bei einer sanften und besonders nachsichtigen Lehrerin leidlich, zumal B. sich als interessierter ausdrucksgewandter Junge gelegentlich hervortun konnte. Dann trat jedoch ein Lehrerwechsel ein. Die neue Lehrerin erwies sich als eine energische, strenge Frau, die mangelhafte Leistungen oder Störverhalten mit derben Zurechtweisungen ahndete. Fortan ging B. nur noch zitternd zur Schule. Voller Angst vermochte er sich nicht mehr zureichend zu konzentrieren und verpatzte viele Arbeiten. Wenn er im Unterricht aufgerufen wurde, brachte er vor Schreck keinen Ton heraus. Mittags kam er schluchzend nach Hause, wo die Mutter nicht selten mitweinte, da sie sein Leiden «nicht mitansehen konnte». Sie behielt ihn immer häufiger zu Hause wegen kleiner Unpäßlichkeiten oder auch nur wegen eingebildeter Gebrechen. Er brauchte nur blaß auszusehen und schlecht zu essen, schon steckte sie ihn ins Bett mit der Begründung: so könne vermieden werden, daß sich erst eine richtige Krankheit entwickele.

1956 brachte sie es fertig, ihn fast ein halbes Jahr lang als «krank» die Schule versäumen zu lassen, obwohl nicht viel mehr als Bagatellsymptome vorhanden waren. Er wurde nur noch versuchsweise in die nächste Klasse versetzt. Immerhin war erreicht, daß er als das «arme kranke Kind» von den Lehrkräften alle erdenkliche Rücksicht erfuhr. Unter den Mitschülern blieb er völlig isoliert. Die Mutter jammerte: «Er kann sich gar keinen Platz schaffen ... Wenn die anderen spielen, verkriecht er sich in eine Ecke.» Beklagte er sich zu Hause über Lehrer und Mitschüler, gab sie ihm jedesmal recht und schimpfte mit ihm über das Unverständnis der anderen. Sie erschien mitunter beschwerdeführend in der Schule, wo sie in blinder Parteinahme für B. kämpfte und sich gegenüber erzieherischen Beratungen der Lehrerin völlig uneinsichtig zeigte. Seine Leistungen ließen immer mehr nach. Endlich wurde ihr vom behandelnden Kinderarzt eine psychiatrische Untersuchung empfohlen. Mit Tränen in den Augen erschien sie in unserer Sprechstunde. Da sie immer wieder in lautes Schluchzen ausbrach, war es nur mit großen Schwierigkeiten im Verlauf mehrerer Vorstellungen möglich, ein leidlich umfassendes Bild der Vorgeschichte zu gewinnen.

Zwei Untersuchungen im Februar 1957 ergaben folgende *Befunde* und *Beobachtungen*:

Körperlich: Altersgemäß entwickelter Junge von pyknischem Konstitutionstyp. Die Körperform entspricht der «Schulkindform». Der Ernährungszustand ist ausreichend. Er bietet einen Rundrücken, im übrigen keine krankhaften Auffälligkeiten.

Psychisch: Er beweist eine gut durchschnittliche Intelligenz. Sprachfehler (Sigmatismus). Seine Ausdrucksweise ist manieriert, gewählt und altklug. Nach anfänglicher ängstlicher Unsicherheit wird er bald keck und überheblich. Prahlerisch entwirft er ein Wunschbild seiner Position in der Schule, das der Wirklichkeit diametral entgegengesetzt ist: Er könne angeblich alles. Er sei Bandenführer, der größte, stärkste und älteste. Bei Streit müssen die anderen für ihn kämpfen, wenn er es für richtig halte. Er selbst beteiligte sich nicht. Er brüstet sich damit, wie er die Mutter zum Aufräumen seiner Spielsachen zwingen könne, wie er sich von der Schwester oder der Mutter einfach Geld nehme, wenn er es brauche. Ganz von oben herab kritisiert er Filme, die er gesehen hat. «Mein Rad hat 100 Mark gekostet!» erklärt er mit wichtiger Miene. Für die Schwester hat er nur abfällige Worte.

Bei Assoziationsversuchen zeigt sich, daß trotz aller mütterlichen Bemühungen die Sehnsucht nach dem Vater weiterlebt. Es heißt zwar: Mein Vater... «ist ein schlechter Mann!» Man hört die Rekapitulation des mütterlichen Urteils heraus. Andererseits assoziiert er: Am meisten bin ich darüber traurig... «daß ich keinen Vater habe». Daß er gegen die erdrückende Zärtlichkeit der Mutter ein gewisses Widerstreben empfindet, deutet sich zum Beispiel in dem Einfall an: Meine Mutter... «die küßt mich andauernd». Immer wieder kommen Wunschphantasien zum Vorschein, die sich auf großen Besitz und Omnipotenz richten. Er möchte Kaiser werden und ein Flugzeug haben, das fliegt, schwimmt und fährt. Demgegenüber ist er von Angstphantasien geplagt: Er fürchtet sich vor Krankheit, vor bellenden Hunden und Feuer. Obwohl er das Gegenteil vorgibt, ist er allem Aggressiven gegenüber hilflos verzagt. Die Schein-Sicherheit des Überverwöhnten kontrastiert mit der fluchtbereiten Ängstlichkeit des Kindes, das nur auf passive Ansprüche eingestellt ist und noch keine Probe aktiver Realitätsanpassung bestanden hat.

Diagnose: Neurose mit hysteriformen Symptomen, Kontaktstörung und Lernhemmung.

Verlauf: Auch in diesem Fall wurde die Entwicklung über fünf Jahre verfolgt. Die Mutter war bei den ersten Vorstellungen so klagend und weinerlich, daß es zweifelhaft erschien, ob die zeitlich eingeschränkten

Möglichkeiten der Betreuung in unserer Beratungsstelle ausreichen würden, sie zu stabilisieren. Diese Frage wurde mit ihr offen besprochen.

Daraufhin wurde sie ängstlich und abwehrend: Keinesfalls würde sie etwa in eine Klinik gehen, allenfalls dann, wenn Bodo mit ihr dort aufgenommen werden würde. Nicht einen Tag würde sie sich von ihm trennen lassen. Da sie durchaus verstand, daß sie sich dem Kind gegenüber ungünstig verhielt, projizierte sie auf den Arzt die Erwartung, dieser werde versuchen, das Kind von ihr zu trennen. Besonders befürchtete sie, ihr geschiedener Mann könnte zu einer Handhabe gelangen, ihr Sorgerecht anzufechten und ihr B. endgültig wegzunehmen. Aus diesen Besorgnissen heraus strengte sie sich außerordentlich an, ihr erzieherisches Verhalten umzustellen. Mit mühsamer Selbstüberwindung brachte sie es fertig, sich dem Kind gegenüber eine Spur distanzierter zu benehmen und ihm ein wenig mehr Spielraum zu geben: «Ich will ja alles versuchen, bloß damit ich Bodo nicht verliere!»

Die Aussprachen in unserer Beratungsstelle führten immerhin zu einer deutlichen Milderung ihrer depressiven Verzagtheit. Nichtsdestoweniger kam es in den ersten drei Jahren der hiesigen Beobachtung nicht so weit, daß sie irgendwelche Beschäftigungen oder Interessen, die außerhalb der Person B.s lagen, zu realisieren vermochte. Um den Jungen kreiste ihr ganzes Denken: So wie andere Frauen ihren Mann hätten, so habe sie den Bodo, er sei eben ihr «ein und alles». Immerhin gelang es ihr, die übertriebene Sorge um seine Gesundheit einzuschränken, so daß wenigstens ein regelmäßiger Schulbesuch zustandekam.

Eine äußere Veränderung bewirkte einen wesentlichen Fortschritt: Nach etwa dreijähriger Betreuung hörten verabredungsgemäß die Unterhaltszahlungen auf, die Frau B. von ihrem geschiedenen Mann bezogen hatte. Bezeichnenderweise war es die energische Tochter Eva, die ihrer Mutter nicht nur ernsthaft zur Aufnahme einer Tätigkeit riet, sondern ihr auch gleich selbst eine Stelle in dem Betrieb besorgte, in dem sie als kaufmännische Angestellte arbeitete. Frau B., die früher einige Jahre als Stenotypistin tätig gewesen war, wurde tatsächlich als Schreibkraft in dem Betrieb angenommen. Die Tochter suchte sich daraufhin vernünftigerweise eine neue Stellung, um Kollisionen mit der Mutter im Betrieb aus dem Wege zu gehen. Obwohl der Mutter die Umstellung äußerst schwerfiel, gelang es ihr doch allmählich, sich an die veränderte Situation zu gewöhnen. Sie hat die Arbeit während der weiteren Beobachtungszeit kontinuierlich durchgehalten.

Es war bemerkenswert, wie diese erzwungene Veränderung der äußeren Lebensverhältnisse Frau B. zu einer gewissen Stabilisierung ihrer persönlichen Verfassung verhalf. Obwohl sich, wie gezeigt werden wird, an ihrer Grundeinstellung bzw. an ihrer Rollenvorschrift für B. nicht viel änderte, so verschaffte ihr der Beruf doch einen Zuwachs an Sicherheit und eine deutliche Beruhigung. In der Sprache der psychoanalytischen Libido-Theorie könnte man sagen: Es war jetzt ein leidlicher Ausgleich im Libido-Haushalt eingetreten, indem Frau B. wieder ein gewisses Quantum an Ich-Libido, investiert in der Berufsarbeit, angesammelt hatte, während vorher alle Libido als sogenannte «Objekt-Libido» auf den Sohn abgeströmt war («Wenn er nicht da ist, bin ich nichts.»).

Obwohl B. durch die partielle affektive Beruhigung der Mutter und durch ihre Berufstätigkeit etwas mehr Spielraum gewonnen hat, ist er in den Spätnachmittags- und Abendstunden nach wie vor einem übermäßigen Kontaktverlangen durch die Mutter ausgesetzt. So verläuft dieser Tagesabschnitt: Nach den Schularbeiten holt er die Mutter um 16.30 Uhr in der Firma ab und fährt mit ihr nach Hause. Sie kontrolliert seine Schularbeiten, und fortan bleiben beide zusammen. Er darf nicht mehr aus dem Hause, es sei denn in ihrer Begleitung. Abends sitzen beide vor dem Fernsehapparat oder hören Tonbänder. Herumtoben darf er nicht, weil die Mutter Ruhe braucht. Noch immer, also mit 13 Jahren, schläft er neben der Mutter im Ehebett. – An den äußeren Merkmalen des intimen Zusammenlebens mit der Mutter hat sich also in der fünfjährigen Beobachtungszeit nicht sehr viel geändert.

Daß er noch immer keinen Freund hat, das verdankt er wenigstens zum Teil der mütterlichen Eifersucht. So wie sie selbst keinen privaten Umgang mit Freunden oder Bekannten hat, so erwartet sie auch von ihm, daß er sich mit ihrer Gesellschaft begnügt. Wenn er hin und wieder einen anderen Jungen nach Hause mitbrachte, gefiel dieser der Mutter nie. B. selbst sagt darüber: «Wenn ich mir einen Freund anschaffe, dann darf der nicht frech sein und muß ‹was ganz Sauberes› sein, sagt Mutti . . . Der soll in der Schule besonders gut sein. Aber da kenne ich keinen, mit dem ich mich verstehe.» Die Mutter äußert noch immer die Auffassung, daß B. eben ein «besonders feines» Kind sei, während sie in allen anderen Jungen rücksichtslose Raufbolde und Sadisten erblickt, die nur darauf warten, ihren B. niederzuschlagen. Er müßte «besseren Umgang» haben, sagt sie, wenn sie die Schulkameraden ablehnt, für die er sich interessiert. Auch in den Lehrern sieht sie nur Gefahren für B.: «Die Lehrerin schikaniert ihn. Die merkt nicht, daß er anders ist als die anderen. Er verkriecht sich vor der. Er geht bei der Lehrerin zugrunde.» – Da ist überhaupt kein anderer Mensch aus der Umgebung des Jungen, den Frau B. nicht mit dem Argwohn verfolgt, er wolle B. nur ausnutzen, zu Schlechtigkeiten verführen oder quälen. Natürlich rationalisiert sie hierbei vor allem ihr Bedürfnis, das Kind nach wie vor für sich allein zu behalten. Selbst der inständige Wunsch B.s, einen kleinen Hund oder eine Katze als «Spielgefährten» zu bekommen, wurde von der Mutter immer wider abgelehnt. Ihre zum Teil wenig überzeugenden Gegenargumente ließen wiederum das eigentliche Motiv durchschimmern: Sie wünscht nicht, seine Zuwendung mit einem Tier zu teilen.

Sie lehnte es ab, B. eine sexuelle Aufklärung zuteil werden zu lassen. Peinlich genau wacht sie darüber, daß er keine verfängliche Broschüre in die Hand bekommt und daß er sonntags nicht etwa an einen Film gerät, wo er «mit schmutzigen Sachen» in Berührung kommen könnte.

Was B.s psychische Entwicklung anbetrifft, so ist deutlich, daß er die oknophile Anklammerungsbereitschaft der Mutter um so mehr als Bedrückung erlebt, je näher die Pubertät heranrückt. Er wirft der Mutter vor: «Du willst nicht, daß ich ein richtiger Junge werde!» Auf Grund der offensichtlich von der Mutter her induzierten Ängste vermag er sich im aggressiven Bereich noch immer nicht frei zu äußern. Immerhin bemüht er sich, in die Jungengemeinschaft seiner Schulklasse hineinzuwachsen, und er erlaubt seiner Mutter nicht mehr, sich in seine Probleme mit den anderen Jungen einzumischen. Er erzählt ihr nicht mehr, wenn er gehänselt oder verprügelt worden ist.

So sehr es ihn stört, daß die Mutter ihn noch immerfort gängeln will, so sehr behagt es ihm andererseits nach wie vor, sich für die Befriedigung ihres übergroßen Kontaktverlangens bezahlen zu lassen: Er prahlt mit dem Besitz eines Tonbandgerätes, eines Kofferradios, eines Plattenspielers, einer kompletten Foto-Ausrüstung, einer elektrischen Eisenbahn. Es bereitet ihm Genugtuung, daß er den geschiedenen Vater ebenfalls tüchtig zu schröpfen versteht. Nach dem Vater befragt, war unlängst sein erster Einfall: «Wenn der aus X. zu Besuch kommt, muß ich ihn *ausnehmen*.» Er erläuterte dann ungeniert seine Technik, den Vater zum Kauf großzügiger Geschenke zu überreden.

So überwiegt bei ihm noch immer eine passive Anspruchshaltung. Vermehrung des Taschengeldes, neue Geschenke, Steigerung seiner Bequemlichkeit, das sind neben rein passiven Vergnügungen wie Fernsehen, Radio, Tonbandspielen usw. der Hauptinhalt seiner Interessen. Auf stärkere Arbeitsanforderungen reagiert er mit Lustlosigkeit und passiver Resistenz. Er liest keine Bücher, das ist ihm zu mühsam und langweilig. Als ihm unsererseits einmal die Frage gestellt wurde, ob er sich nicht gern einer Jugendgruppe, zum Beispiel den Pfadfindern, anschließen würde, verneinte er dies mit dem bezeichnenden Argument: «Da müßte ich ja wahrscheinlich immer *pünktlich* kommen.» Alles, was mit einem gewissen Maß von Aktivität und Anstrengung verbunden ist, interessiert ihn nicht.

Entsprechend seiner allgemeinen Leistungsunwilligkeit fehlt es ihm auch grundsätzlich am Vermögen, Unlust zu ertragen. Wenn nicht gleich alles nach seinen Wünschen geht, jammert und nörgelt er. Die kleinsten Enttäuschungen machen ihn dysphorisch und unmutig. Er ist immer noch weitgehend unselbständig, läßt sich von der Mutter alles nachräumen, sofern es seiner Bequemlichkeit dient. Nur da, wo seine Bequemlichkeit, seine Freizügigkeit im Habenwollen und Genießen eingeschränkt wird, revoltiert er gegen ihre Eingriffe in seine Autonomie. Da kehrt er den «Mann» heraus. Stolz berichtet er: «Wenn sie mit mir wütend wird, dann werde ich mit ihr wütend!... Neulich hat sie ein Heft nach mir geworfen, da habe ich ihr das Heft natürlich zurückgeworfen!»

Seine früheren Eßstörungen haben sich gemildert. Er ist zwar noch «mäkelig» und sehr wählerisch im Essen, bietet aber in diesem Bereich keine gröberen Symptome. Seine hysteriformen Gehstörungen, die mit den Poliomyelitis-Befürchtungen verknüpft waren, haben sich nicht wiederholt. Immerhin ist in dieser Hinsicht bemerkenswert, daß er im Geräteturnen und im Sport besonders ungeschickt und ängstlich ist.

Zusammenfassung: Die Mutter von Bodo B. stellt in fast reiner Form den Typ des *oknophilen* Menschen dar, wie ihn M. Balint[145] beschrieben hat. Der Oknophile ist der Mensch, der *sich anklammern* muß, dem es Angst bereitet, wenn er von seinem «Objekt» getrennt ist. Er bildet damit das Gegenstück zum «Philobaten», der die «freundlichen Weiten» liebt und enge Attachierung an «Objekte» als beunruhigend erlebt.

Es ist jedenfalls deutlich, daß Frau B. sich zunächst in der gleichen Weise an ihren Ehemann wie später an ihren Sohn anklammert. Sie möchte den Partner ständig um sich haben und hindert ihn an einer selbständigen Entfaltung. Ihre enge Partnerbindung bietet mehrere Aspekte. Auf der einen Seite liefert sie sich völlig hörig an den Partner aus, wenn sie zum Beispiel über Bodo sagt: «Wenn ich allein bin und er ist nicht da, bin ich nichts... Ich möchte alles für ihn machen... Für mich allein tue ich gar nichts.» Auf der anderen Seite soll aber auch der Partner ohne sie ein «Nichts» sein. So ist sie sich zum Beispiel mit ihrer Mutter durchaus darin einig, daß ihr geschiedener Mann alles, was er geworden sei, nur durch sie geworden sei. Ebenso lebt sie in der Phantasie, daß B. dutzende Male gestorben oder längst hoffnungslos gescheitert wäre, wenn sie nicht in diesem Maße für ihn gesorgt und gekämpft hätte. – Das ist der Doppelaspekt extremer Verliebtheit, wie ihn Freud in ‹*Massenpsychologie und Ich-Analyse*›[146] beschrieben hat. Auf der einen Seite kann man sagen: «Das Objekt hat das Ich sozusagen aufgezehrt.» Aber: «...man kann auch die extreme Verliebtheit so beschreiben, daß das Ich sich das Objekt introjiziert habe.» So will Frau B. sich ihrem Mann, später ihrem Sohn einerseits restlos *hingeben*, andererseits will sie ihn ebenso uneingeschränkt *besitzen*.

Es ist jedenfalls offenkundig, daß Bodo in den Hauptmerkmalen die

Rolle «erbt», die vorher seinem Vater zugefallen war. Er bekommt dessen Platz im Ehebett, und er erfühlt durchaus die mütterlichen Phantasien, wenn er der Mutter verheißt, er werde später zum beruflichen Vorgesetzten des Vaters avancieren und den Vater aus seiner Stellung entlassen. Das bedeutet ja doch nur, daß er erstens den Vater bei der Mutter vollständig ersetzen und die Mutter zugleich an ihm rächen wolle. Er versteht zugleich, daß seine Rolle darin bestehen soll, den Vater nicht nur zu substituieren, sondern einen besseren Partner darzustellen, als es der Vater war. Die mütterliche Phantasie, er möge ohne sie nicht leben können, erfühlt und introjiziert er, indem er die Befürchtung ausbildet, ihr könnte ein Unglück zustoßen. Es erfreut sie, ihn in dieser affektiven Abhängigkeit von ihrer Anwesenheit zu erleben. Besonders deutlich verrät sich die induktive Wirkung von der Mutter her bei seiner hysteriformen Gangstörung. Nachdem er dreimal die Mutter in der Angst erlebt hat, er habe Poliomyelitis, fängt er eines Tages an zu humpeln und sagt selbst: «Fängt so nicht Kinderlähmung an?»

Zweifellos verrät sich übrigens in den hypochondrischen Besorgnissen Frau B.s um ihren Sohn in ähnlicher Weise die Wirksamkeit von Schuldgefühlen, wie es im Falle der Mutter von Dagmar M. zu verfolgen war. Auch bei ihr ist die übertriebene Überwachung der kindlichen Gesundheit sicherlich zu einem großen Teil eine «Reaktionsbildung» gegen aggressive Impulse. Nicht zufällig vergleicht sie sich mit der Nürnberger Mutter, die ihren Sohn in dem Augenblick tötet, als er sie verlassen und sich verheiraten will. Frau B. liebt ihren Sohn als ihr «ein und alles», zugleich steckt sie voller unbewußten feindseligen Mißtrauens, daß er sie ebenso verlassen werde wie ihr Mann. Und die durchaus grausam anmutende Art, in der sie ihm jeden Kontakt mit anderen Kindern, selbst mit Tieren unterbindet, läßt die Ambivalenz, die Zwiespältigkeit ihrer Bindung an B., gut erkennen. – Jede oknophile Partnerbeziehung – so hat Balint gezeigt – «ist Liebe und Haß, Vertrauen und Mißtrauen zugleich»[147].

Frau B. hat einerseits Furcht, daß ihr Sohn sie verlassen könnte. Aber zugleich beschwört sie unbewußt genau die Gefahr herauf, vor der sie sich fürchtet. Es liegt deutlich im Wesen der oknophilen Einstellung Frau B.s zu ihrem Mann und später zu ihrem Sohn, daß sie das Verlassen-Werden selbst präpariert. Der Partner muß sich ja dagegen wehren, von Frau B. geradezu verschlungen zu werden. Er muß sie zurückstoßen, weil er ja sonst zum Beispiel völlig außerstande wäre, sich an die sonstigen notwendigen sozialen Anforderungen anzupassen. Frau B. zwingt also Bodo dazu, sie zu enttäuschen und ihre unbewußt bereitliegenden negativen Affekte zu provozieren. Auch ihrem Verhalten liegt somit wiederum der schon öfter zitierte «Wiederholungszwang» zugrunde, der bewirkt, daß die Partnerbeziehungen von Neurotikern immer wieder so angelegt werden, daß sie zu den gleichen Frustrationen führen.

Dementsprechend zeigt sich, daß B. gegen die überhitzten Zärtlichkeiten («die küßt mich andauernd») und die einschnürenden Bevormundungen Widerwillen entwickelt. Er wird der Mutter gegenüber nörglerisch und launisch. Nichtsdestoweniger hat die Mutter seine Entwicklung zu einer echten Ich-Autonomie so stark behindert, daß er in seinen Protesten vorläufig über ein kleinkindlich querulatorisches Lamentieren nicht hinauskommt. Daher, daß sie ihn zum Beispiel bis ins achte Jahr hinein gefüttert, daß sie ihn vor den altersgemäßen Aufgaben der Realitätsanpassung nach Möglichkeit bewahrt hat, ist B. noch heute so unsicher und hilflos, daß er sich an die Mutter anlehnen muß. Zudem versteht sie es, mit verwöhnenden Geschenken seine oralen Riesenansprüche zu sättigen und damit seine Abhängigkeit vorläufig noch immer wieder zu stabilisieren.

Vergleicht man die Entwicklung Bodo B.s mit derjenigen Karl R.s, die im vorigen Kapitel geschildert wurde, so offenbart sich ein wesentlicher Unterschied: Bei Karl R. zeigte sich deutlicher die Entwicklung zum *aktiven Liebhaber*, zum beschützenden Kavalier – genau passend auf die Matrize der passiv werbenden Einstellung der Mutter. Bodo B. wird von seiner dominierenden, erdrückenden Mutter weniger in seiner Männlichkeit bestätigt und bleibt folgerichtig mehr der *passive Geliebte*. Frau B. wünscht sich einen Mann, der eigentlich unmännlich ist, weil sie ihre Kleinmädchen-Ängste vor der männlichen Aggressivität nie losgeworden ist. Durch Introjektion ihrer Ansprüche verfehlt B. notwendigerweise die Erlangung einer männlich jungenhaften Identität, die Karl R. bereits in kräftigen Ansätzen entwickelt hatte, ehe die Kollision mit dem Konkurrenten seine schwere Dekompensation bewirkte.

Die erhebliche Störung in B.s Charakterentwicklung läßt sich jedenfalls wiederum in wesentlichen Merkmalen als Folge der Auseinandersetzung des Kindes mit seiner Rolle verstehen. Der sich anklammernden Liebhaberin-Mutter verdankt er es, daß er im Bereich seiner passiv-oralen Wünsche nie Einschränkungen auf sich zu nehmen brauchte, so daß er noch heute mit 13 Jahren so ungeduldig ansprüchlich ist und auf kleine Verzichte mit promptem Wehklagen reagiert wie ein Kleinkind. So, wie sie seine Zuwendung mit jedweder Verwöhnung zu erkaufen bereit war, so vermochte er keine klaren Verhaltensnormen zu erkennen und zu integrierenden Bestandteilen seines Über-Ichs zu verarbeiten. So egoistisch und bestechlich, wie die Mutter im Grunde ihm gegenüber, so ist er selbst geworden. Indem die einzige Leistung, auf deren Erfüllung die Mutter konsequent insistierte, sein «Für-sie-verfügbar-Sein» war, so verblieb für ihn breiter Spielraum für den Ausbau und die

Fixierung einer extremen Bequemlichkeitshaltung, die sich in seiner noch heute bestehenden Unfähigkeit dokumentiert, die Energie für Leistungen aufzubringen, die einige Initiative und Ausdauer verlangen.

Traumatische Bedeutung der Rolle

Die zitierten Krankengeschichten zeigen, daß sich von einer Gatten-Substitut-Rolle *unmittelbare* und *mittelbare* pathogene Effekte ableiten können. Im Falle von Karl R. sind die schwersten neurotischen Reaktionen nicht schon eine direkte Folge der Assimilation der Rolle selbst, sondern erst eine Konsequenz der späteren Bedrohung der akzeptierten Rolle. Er ist zwar schon vor dem Erscheinen des mütterlichen «Verlobten» als Intimus der Mutter in der Kindergruppe wenig anpassungsfähig. Aber zur radikalen neurotischen Entgleisung kommt es erst nach dem Einbruch des erfolgreichen Widersachers in die Familie.

Worin bestehen nun zunächst die potentiell traumatischen Faktoren, die *unmittelbar* an der Rolle selbst hängen? Man kann

1. die Einflüsse auf die allgemeine Charakterentwicklung und auf die soziale Anpassung von

2. den speziellen Einflüssen auf die kindliche Sexualentwicklung unterscheiden.

Spielt der Vater für die Tochter oder die Mutter für den Sohn vorwiegend einen *unterwürfigen* Partner, wie es besonders ausgeprägt bei der Mutter von Karl R. ist, so nähern sich die an das Kind gerichteten Erwartungen denjenigen, die für die Elternfigur-Substitut-Rolle als charakteristisch bezeichnet wurden. Dementsprechend sind auch die kindlichen Reaktionsweisen ähnlich: Die übermäßige Bestätigung seiner narzißtischen Bedürfnisse fördert beim Kind «altkluges», überhebliches Benehmen. Der Versuch, die häusliche Rolle auf die Kindergemeinschaft zu übertragen, disponiert zu narzißtischen Kränkungen, die je nachdem mit passiver Resignation oder mit trotzhaftem Aufbegehren beantwortet werden können. Häufig entwickelt sich daraufhin eine Kluft gegenüber den Gleichaltrigen, kompensatorisch eine Bevorzugung kleinerer, unterlegener Spielgefährten.

Variationen ergeben sich daraus, welche *speziellen Merkmale* vom Kind in seiner Gatten-Substitut-Rolle erwartet werden. Soll das Kind mehr den stützenden Lebenskameraden ersetzen, der Verständnis für die eigenen Probleme und Interessen aufbieten soll – wie in dem Fall Wurzbachers (S. 115) –, dann sind die Einflüsse auf die kindliche Entwicklung andere, als wenn die Elternfigur – bei schwächerer Sublimation – in dem Kind zum Beispiel vornehmlich einen Partner zum Kokettieren sucht.

Die letztgenannte Möglichkeit sei noch etwas näher untersucht. Welche Gefährdung besteht für das Kind, dem die Rolle zufällt, Vater bzw. Mutter durch seinen Liebreiz zu faszinieren? Es kann für das Kind die Versuchung entstehen, auch außerhalb der Familiengruppe seinen «Charme» überall als Instrument einzusetzen, um sich damit Einfluß zu verschaffen, insbesondere um sich dem Druck autoritativer Forderungen zu entziehen. Ein kleines Beispiel:

Eine vorgealterte, kleine und wenig ansehnliche Frau ließ sich kurz nach Geburt ihres Sohnes von ihrem Mann scheiden, da dieser sie mit anderen Frauen betrog. «Mein Mann war groß, schlank, hübsch, so ein richtiger Blender.» Der Sohn B. wurde bereits in der Entbindungsklinik von den Schwestern als besonders «niedliches Kind» bewundert. Die Mutter war «von ihm schon ganz verzückt, als er noch im Körbchen lag». Sobald er sie nur anlächelte, vermochte sie sich gegen ihn nicht durchzusetzen. «Als er drei Jahre alt war, hat er das schon erkannt. Als ich mal mit ihm schimpfte, sagte er: ‹Mutti, du schimpfst ja gar nicht, deine Augen lachen ja!› Seitdem konnte ich gegen ihn nichts mehr machen. Er hat einen so dollen Charme, da bin ich machtlos.» Nachdem B. mit vier Jahren bereits in einem Film mitgespielt hatte, war ihr Glück vollständig. Als kleiner Charmeur, wie ihn die Mutter haben wollte, regierte er zu Hause nach Belieben. Sobald er mit ihr ein wenig kokettierte, erfüllte sie jeden Wunsch, tolerierte sie jede Fehlhandlung.
Dieses Verhalten übertrug er auch auf die Schule. Ähnlich wie seine Mutter versuchte er, auch die Lehrerin durch einschmeichelndes Zum-Munde-Reden und kokettes Lächeln zu betören. Aber hier genügte es nun nicht mehr, den kleinen Galan zu spielen. Man erwartete von ihm fleißige Arbeit und bescheidene Einordnung. Nachdem er indessen von zu Hause nur darauf präpariert war, daß ihm alles in den Schoß falle, wenn er nur seinen Charme spielen lasse, vermochte er sich mit den Anforderungen der Schule nicht abzufinden. Er wurde faul und leistungsschwach. Von den anderen Kindern, die ihn verspotteten, zog er sich zurück. Die Lehrer ärgerten sich über seine mangelhafte Leistungsbereitschaft. Er erhielt den boshaften, nichtsdestoweniger äußerst treffenden Spitznamen: «Der Kintopp-Junge». Trotz der Schulschwierigkeiten orientierte er sich nach wie vor hartnäckig nach der ihm von der Mutter auferlegten Rolle und spielte unbeirrbar den unwiderstehlichen Charmeur weiter, dem die Welt – nach dem Vorbild der Mutter – zu Füßen zu liegen habe, ohne daß er dazu mehr als ein paar schauspielerische Tricks aufwende. – Er scheiterte nicht nur in der Schule, sondern ließ in der Pubertät, als unsere Informationen über ihn abrissen, beunruhigende Verwahrlosungsansätze erkennen.

Erstrebt die Elternfigur gegenüber dem Kind in der Gatten-Ersatz-Rolle für sich selbst eher eine *dominierende* als eine *unterwürfige* Position, so wird das Kind von vornherein in seinen Impulsen stärker eingeschnürt. Sehr häufig ist die Störung der expansiv motorischen Impulse des Sohnes durch Mütter vom Typ der Mutter von Bodo B. Wie hier der allgemeine Zusammenhang zwischen den unbewußten mütterlichen

Phantasien und der kindlichen Aggressions-Hemmung zu lesen ist, das hat bereits St. Bornstein 1934 treffend an einem Fall erläutert[148]:

«Sehr oft kann man ... Mütter beobachten, die bewußt stolz darauf sind, daß sie einen Sohn fertiggebracht haben, die sich aber diesem Sohn gegenüber so verhalten, daß der Knabe unmännlich, unaktiv wird, eine mädchenhafte Zartheit entwickelt. Ein junger Mann erzählt, daß seine Mutter, die ihn lange Zeit Locken tragen ließ und die stolz auf seine anschmiegsame Bravheit war, sehr erschreckt gewesen wäre, wenn ihr jemand erzählt hätte, daß ihr zarter Bub in der Schule mit anderen raufte und als guter Boxer galt. Dieser Mann hat bei jeder Gelegenheit im Leben, wo eine gewisse Aggressivität am Platze ist, schwere Hemmungen, sich zu behaupten, und gerade da, wo er Aggressionslust spürt, die er ichgerecht abführen könnte, wird er übermäßig passiv, als fürchte er immer noch, die Mutter mit seiner wahren Natur zu erschrecken. Mütter, die Kinder so beeinflussen, sind meistens Frauen, die in ihren nun ins Unbewußte versenkten Kindheitsängsten Furcht vor den männlichen Aggressionen, in ihren Kinderträumen Angst vor Dieben und Einbrechern gehabt haben. Nun unterdrücken sie alle männliche Aktivität in ihrem Sohne, freuen sich an seinem Sanftmut, ohne zu wissen, daß sie so ihre Kleinmädchenangst am eigenen Kind ausleben.»

Die Angst vor der Aggressivität des Sohnes kann also aus der fixierten Mädchenangst vor der Überwältigung durch das Männliche entspringen. Es war schon im Rahmen der Krankengeschichte Bodo B.s darauf hingewiesen worden, daß auch die elementare oknophile Verlustangst ein Motiv sein kann, den Bewegungsdrang des Kindes schon sehr früh zu bremsen. Das Entsetzen der Mutter, wenn ihr der kleine Sohn von 1 1/2 bis 2 Jahren ein paar Schritte davonrennt, kann eben einfach die phobische Kehrseite des oknophilen Bedürfnisses darstellen, den kleinen Partner immerfort bei sich zu behalten. Hier handelt es sich also nicht erst um eine Einschränkung der Aggression im engeren Sinne, sondern bereits um eine Abwehr der Lokomotion an sich. Man könnte diese affektive Einstellung der Mutter so verbalisieren: «Laufen heißt Weglaufen. Wenn ich den Sohn also dazu bringe, nur langsam zu gehen und nur an meiner Hand zu bleiben, dann kann ich ihn nicht verlieren.» – Die Warnung, der Sohn möge immer vorsichtig gehen und nicht rennen, damit ihm nichts passiere, kann eine Rationalisierung der geschilderten Verlustangst sein. Daß unter dem Einfluß derartiger elterlicher Phantasien noch viel schwerere Störungen der kindlichen Motorik als im Fall Bodo B.s eintreten können, sei noch an folgendem Beispiel aufgezeigt:

Der 13jährige Heinrich Z. wird vom Schularzt überwiesen, da er sich wegen Hydrophobie gegen die Teilnahme am Schwimmunterricht wehrt. Es ergibt sich, daß der stark untergewichtige Junge an mannigfachen schweren phobischen

Symptomen leidet. Er kann nicht allein über eine Pfütze gehen oder sich in der Badewanne waschen, sondern muß sich dabei an die Mutter anklammern. Auch eine breite Straßenbrücke wagt er nur in Begleitung der Mutter zu überschreiten. Er vermeidet es, in der Wohnung aus dem Fenster zu sehen oder auch nur nahe an ein Fenster heranzutreten, da er herauszufallen fürchtet. Wegen seiner agoraphobischen Symptomatik bewegt er sich auf der Straße nur ganz langsam und übervorsichtig. Am Turnunterricht kann er nicht teilnehmen.

Die Mutter, eine sehr vitale, aber subdepressive Frau, hat ihre Mutter und zwei Brüder durch Bombenangriffe im Krieg verloren. Ihr Ehemann wurde 1945 im Rahmen von Ausschreitungen in einem ehemals von Deutschland okkupierten Ostgebiet in einen Fluß geworfen. H., in dem seine Mutter ein Abbild des verunglückten Ehemanns sieht, hatte vier ältere Brüder. Zwei davon kamen ebenfalls durch einen Fliegerangriff ums Leben. Die beiden anderen wurden 1945 Opfer eines Schiffsunglücks. In beschwerlicher Flucht hat sich die Mutter mit H. aus einem Ostgebiet in Sicherheit gebracht und in ihm nach Verlust ihrer Mutter, des Mannes und seiner sämtlichen vier Brüder den letzten und einzigen Lebensinhalt gesehen. Täglich fürchtete sie, wie sie selber zugesteht, daß ihm auch noch etwas zustoßen und sie allein dastehen könnte. Immerfort warnte sie ihn, er müsse vorsichtig sein, auf der Straße aufpassen, er dürfe sich nicht aus dem Fenster lehnen. – H. erkrankte unter diesen Umständen an den geschilderten Ängsten. Vieles spricht dafür, daß es sich dabei zu einem erheblichen Teil um eine Introjektion der Befürchtungen handelte, die er bei der Mutter erlebte. Die Mutter hatte ihm z. B. ausführlich erzählt, wie sein Vater und seine beiden älteren Brüder ertrunken waren. Die Entstehung seiner Hydrophobie dürfte wohl nicht nur zufällig mit diesen Berichten koinzidieren.

Wichtig und zum Beleg für ihre Motive beweiskräftig erscheint das Verhalten der Mutter, nachdem sich die schwere Neurose des Jungen voll ausgebildet hat: Sie hat deswegen aus freien Stücken noch keinen Arzt aufgesucht. Erst der drohende Schwimmunterricht in der Schule machte eine Untersuchung unumgänglich. H.s Mutter hält seine Phobien keineswegs für krankhaft. Im Gegenteil: Sie begrüßt die schwersten Angsterscheinungen des Jungen sogar als nützliche «Vorsicht» (!). Obwohl H. unter seinen Symptomen in höchstem Maße leidet und sich weder in der Schule noch auf der Straße ohne qualvolle Furcht bewegen kann, ist die Mutter darüber keineswegs unglücklich. Sie lobt ihn vielmehr: Es sei «vernünftig» von ihm, daß er allen Gefahren aus dem Wege gehe. Ihr ist die schwere psychische Erkrankung H.s also offenbar gerade recht, weil sie ihrem dringenden Bedürfnis entgegenkommt, den Jungen fortwährend um sich zu haben und ihn vor ähnlichen Bedrohungen geschützt zu sehen, denen alle anderen Familienmitglieder erlegen sind.

Als sie nach der psychiatrischen Untersuchung erfährt, daß es sich bei ihrem Sohn um eine ernste psychische Störung handele, die gründlicher Behandlung bedürfe, wehrt sie entschieden ab: Sie freue sich sehr, daß H. nicht ans Fenster gehe und daß er auf der Straße immer auf ihre Begleitung bestehe. Er wolle eben nicht, daß ihm ein Unglück zustoße. Es zeigt sich, daß der Junge diese Rationalisierung mitmacht und die Überbesorgtheit der Mutter einkalkuliert: Wenn er sich infolge seiner krankhaften Platzangst nicht allein eine Besorgung zu machen getraut und die Mutter ihn einmal nicht begleiten will, droht er ihr:

«Stell dir vor, es kommt von hinten ein Auto und überfährt mich, dann hast du keinen Jungen mehr.» Mit derartigen Argumenten kann er die Mutter jederzeit umstimmen.

Wegen des unbeugsamen Widerstandes der Mutter war es trotz intensivster Überredungsversuche unmöglich, H. einer psychiatrischen Behandlung zuzuführen. Lieber nahm die Mutter seinen jammervollen Zustand in Kauf, wenn sie ihn um sich hatte und vor äußeren Gefahren beschützt wußte. Die Warnung, daß H. bei Fortbestehen seiner Krankheit nie werde ein selbständiges Leben führen können, schreckte sie nicht. Denn als ihr «einziges Gut» wünschte sie ihn ja ohnehin immer bei sich zu behalten.

Unter den Störungen, die bei dem in einer Gatten-Ersatz-Rolle festgehaltenen Kind begünstigt werden, sind neben den in der Kindheit selbst ausgelösten Symptomen jene Schwierigkeiten zu nennen, die in der Pubertät, in der Adoleszenz und schließlich im Erwachsenenalter auftreten können. Da ist es vor allem die Aufgabe, eine *Ablösung von dem elterlichen Rollenpartner* zu finden, die leicht mißlingen kann. Die persistierende Vaterbindung der Tochter oder die unbewußte inzestuöse Fixierung des Sohnes an die Mutter sind häufig schuld daran, daß eine adäquate Beziehung zu einem anderen Partner nicht aufgenommen werden kann. Typisch ist zum Beispiel der Fall des von einer dominierenden Mutter festgehaltenen Sohnes, der aus Schuldgefühl seine Mädchenkontakte immer wieder selbst zum Scheitern bringt oder solche Kontakte gar nicht erst einzugehen wagt. Die unbewußt assimilierte Rolle: «Ich bin doch eigentlich mit der Mutter verheiratet und muß ihr treu bleiben» treibt ihn dazu, sich den Zugang zum anderen Geschlecht selbst zu verbauen.

E. A. Strecker [149] beschreibt ein typisches Beispiel:

Ein hochintelligenter 26jähriger Akademiker war seit der Kindheit unter drei Brüdern der «Lieblingssohn» seiner Mutter, die ihn als typische «Mom» dominierend an sich band. Als er nach dem Studium eine gut bezahlte Stellung in einer anderen Stadt antrat, übte sie ihren Einfluß weiterhin durch Dauer-Telefon-Gespräche aus. Sie beschuldigte ihn fortgesetzt, sich vor seiner «Verantwortung» für sie zu drücken, obwohl er viel mehr für ihre Unterstützung als die Brüder aufwendete. Sie bedrängte ihn so lange, bis er seine gute Stellung aufgab und wieder zu ihr nach Hause zog, wo er eine schlechter bezahlte und weniger aussichtsreiche Tätigkeit annahm.

Fortwährend ermahnte ihn die Mutter: «Harry, du bist nun unser Familien-Oberhaupt. Wenn du wieder weggehst, entziehst du dich deiner Verantwortung.»

Trotz seiner 26 Jahre hatte er noch nicht ein einziges Rendezvous mit einem Mädchen, weil er immer daran denken mußte, daß seine Mutter es mißbilligen würde. Selbst harmlose Flirts in seinem Büro verwirrten ihn. Sobald er anfing, daran Interesse zu finden, brachte ihn immer wieder der Gedanke davon ab: «Was würde Mama dazu sagen?» – Unter dem Druck neurotischer Schuldgefühle, die durch die vergeblichen Ablösungswünsche von der Mutter genährt wurden, erkrankte er an neurotischen Verdauungsstörungen.

Das Charakteristikum der Krankengeschichte besteht darin, daß der Patient – psychologisch gesehen – mit seiner Mutter verheiratet bleibt und deshalb beim versuchten Aufbau eines unabhängigen eigenen Lebens scheitert. Eine Mädchenfreundschaft wäre bereits Untreue gegenüber der Mutter. Deutlicher läßt sich die Assimilation bzw. Internalisierung der Gatten-Substitut-Rolle nicht bezeugen.

In anderen Fällen verbleibt der Sohn nicht in einer derartigen manifesten Gefügigkeit gegenüber der Mutter, sondern kämpft um eine Befreiung von der Rolle. Dann beobachtet man nicht selten ein unablässiges Schwanken zwischen gefügig abhängigem und trotzhaftem Benehmen. Provozierender Ungehorsam, selbst hemmungslose Wutanfälle erscheinen wie ein verzweifeltes Rütteln an der Fesselung an die Mutter und sind ebensowohl als Kampf gegen die eigene Versuchung zu verstehen, die passive Abhängigkeit aufrechtzuerhalten. Bei diesen krampfhaften Ablösungskämpfen, die in der Pubertät ihren Höhepunkt zu finden pflegen, werden auch nicht selten die starken libidinösen Spannungen erst voll durchschaubar, welche die Mutter durch ihre Rollenforderung erzeugt hat. Als ein typisches, wenn auch extremes Beispiel für einen derartigen Ablösungskonflikt in der Pubertät sei der folgende Fall aus den eigenen Untersuchungen berichtet:

Julius Z., 1947 geboren, lebt seit Scheidung seiner Mutter 1950 in deren Haushalt, wo außerdem noch die Großmutter wohnt. Die Mutter, Frau Z., hatte ihren eigenen Vater mit einem Jahr verloren. Ihre Mutter kümmerte sich wenig um sie, worunter sie sehr litt. «Wenn ich ihr etwas erzählen wollte, hörte sie nie zu.» Nachdem ihre Mutter erneut geheiratet hatte, fühlte sie sich vom Stiefvater abgelehnt. Er schlug sie häufig, bis ins 16. Jahr hinein. Als sie etwa 14 war, versuchte er, sie sogar zu mißbrauchen. Sie vertraute sich der Mutter an – erntete indessen als einzigen Effekt vermehrt Schläge vom Stiefvater. Sie dachte an Suizid, deutete zu Hause diesen Gedanken an. Darauf der Stiefvater: «Warum tust du es dann nicht?»

Sie zog mit 17 Jahren von zu Hause fort, heiratete mit 22 Jahren einen Angestellten, der sie bald betrog und ebenfalls schlug. Sie mußte zweimal die Polizei holen: «Er hatte einen unbändigen Haß auf mich!» – Als der Sohn Julius geboren wurde, war das «der glücklichste Augenblick meines Lebens». J. wuchs zu einem zarten, intelligenten, von der Mutter vergötterten Jungen heran. «Er war immer mein Sonnenschein.» Sie ließ kaum andere Kinder in seine Nähe, auch nicht ins Haus. J. mußte, wenn sie von der Arbeit kam, immer nur für sie da sein. Bis ins 13. Jahr hinein veranstaltete sie mit ihm kleine zärtliche Raufereien in den Betten: Sie war seine «Mieze», er ihr «Strolchi». Er schrieb für sie zärtliche Gedichte, malte ihr Blumen dazu. Sie badete ihn noch bis vor einem Jahr. Seit seinem 12. Jahr kam es nun zu Hause immer häufiger

145

zu Auseinandersetzungen. Er begehrte gegen ihre Bevormundung auf, wollte mehr Freiheit, mehr Taschengeld, abends länger aufbleiben usw. Da sie außerordentlichen Wert auf seine Korrektheit und seine Erfolge in der Schule legte, strafte er sie damit, daß er liederlich wurde. Dann kam es vor, daß er nach einem massiven Streit die Schule schwänzte, um sich an ihr zu rächen. Um diese Zeit kam erstmalig nach fünf Jahren der geschiedene Vater zu Besuch, der sich mit der Mutter sofort wieder überwarf, den Jungen indessen einige Male allein traf. Er kaufte ihm Geschenke, erschien sehr besorgt um ihn und unterließ es nicht, J.s Protest gegen die Mutter zu schüren. Während er den Jungen sehr lobte, kritisierte er die Mutter ungeniert. Darauf steigerten sich die häuslichen Auseinandersetzungen zwischen J. und der Mutter weiterhin. Diese verbot J. ferneren Kontakt mit dem Vater, schränkte seine Freizügigkeit weiter ein und bestrafte ihn mit einer Kette von Stubenarresten. Sie hielt ihm stundenlange Moralpredigten. In Intervallen gab es immer wieder zwar zärtliche Versöhnungsszenen. Nichtsdestoweniger wurde er immer reizbarer. Er ließ in der Schule nach, verheimlichte ihr schlechte Zensuren und schwänzte wiederum.

Auf der Höhe einer dieser kritischen Situationen nahm er, 13jährig, eines Abends ein paar Schlaftabletten und hinterließ der Mutter einen Abschiedsbrief. «Liebe Mieze!» war die Anrede. Er würde nie «die schönsten Stunden» vergessen, die er mit ihr erlebt habe. Er hoffe, sich mit ihr im Himmel zu vereinigen. Sie möge ihm alles verzeihen. Er schmückte den Brief mit einem gezeichneten roten Herzen. – Es war im Tenor der Abschiedsbrief eines Liebhabers an die Geliebte. Anschließend ereignete sich eine neue Kette heftigster Auseinandersetzungen, periodisch von kurzdauernden Versöhnungen unterbrochen. Dann schrieb er der Mutter wieder zärtliche Gedichte, schwor Besserung – bis zum nächsten Wutausbruch.

Während eines halbjährigen Heimaufenthaltes vermochte er sich wegen seiner Kontakthemmung, seiner Passivität und seiner Bequemlichkeitshaltung nur schwer an die Heimgemeinschaft anzupassen. Immerhin schien er entspannter und ruhiger. Wieder zurückgekehrt, begann der Kampf aufs neue. Die Mutter konnte es nicht übers Herz bringen, sich mehr zurückzuhalten und ihm mehr Spielraum zu gewähren. Wieder ergaben sich stundenlange Debatten, in denen Frau Z. sthenisch auf ihren Ansprüchen beharrte. Anstatt ihn nun endlich länger aus dem Haus zu lassen, ihm bei der Anknüpfung anderweitiger Kontakte behilflich zu sein, versuchte sie unbeirrbar, ihn wieder fest an sich zu binden. Stereotyp hielt sie ihm vor: «Früher warst du doch ganz anders. Willst du nicht wieder so ein lieber Junge sein?» Wenn er sie geärgert hatte, bestrafte sie ihn, indem sie Bücher, Bildermappen usw. wegschloß, mit denen er sich gerade beschäftigte. Mit allen Maßnahmen verriet sie ihm, daß sie nicht nachzugeben willens war. Es sollte wieder wie früher sein. Fortwährend hielt sie ihm vor, wie sehr er sie enttäusche, wie undankbar er sei, usw.

J. hatte inzwischen neue Möglichkeiten ersonnen, sie zu provozieren und sich für seine Bestrafungen zu rächen. Er klebte Zettel mit der Überschrift «Protestnote» an die Wand und drohte im Text mit Vergeltung, «wenn Zwang und Erpressung nicht aufhören!». Ganze Blätter füllte er mit Schimpfkanonaden: «Du bist blöd, geizig, kiebig, doof, Krähe, Krauthacke, Spinatwachtel, Eule, Diktator!... Du hast: Macke, Tick, Stich usw.... Du kannst mich ruhig hauen.

Du bekommst doch mal alles zurück. Die Diktatur hat ein Ende!... Mit mir kannst du nicht alles machen.» Er klebte Pausbilder von Chruschtschow an die Zimmerwände und schrieb: «Der Befreier» darunter. Er begeisterte sich für Lumumba. Es sei an der Zeit, daß alle Imperialisten und Eroberer aus den widerrechtlich okkupierten Gebieten herausmüßten. Alle unterdrückten Völker müßten sich mit Revolutionen befreien. Die Mutter verglich er mit den Belgiern, die den Kongostaat ausbeuteten.

Das Beispiel veranschaulicht die typische Zwiespältigkeit in derartigen Ablösungskämpfen: J. hätte es nicht so schwer, wäre er nicht unbewußt so stark libidinös an die Mutter gebunden. Sie ist eben für ihn auf der einen Seite die «Mieze», der er rote Herzen oder Blumen malt, der er von den «schönsten Stunden» vorschwärmt, die sie gemeinsam gehabt hätten, und von der Vereinigung im Himmel. Er ist ja insgeheim ihr Liebhaber, den sie nach all den Enttäuschungen beim Stiefvater und beim Ehemann in ihm gesucht hat. Und gerade die Abwehr gegen eben diese Versuchung, sich ihr ganz auszuliefern, läßt ihn Chruschtschow, Lumumba usw. zu Hilfe rufen, da er sich selbst zu schwach fühlt, seine Autonomie zu behaupten. –

Typisch ist die Zuspitzung derartiger Konflikte in der *Pubertät*. Durch das Aufflammen *sexueller Impulse* wird die von der Mutter her seit vielen Jahren geschürte Intimbeziehung gefährlich. Die ihre eigene Sexualität unterdrückende Mutter unterschätzt die Verführung, die sie mit ihrer Forderung auf Fortsetzung des engen, zärtlichen Kontaktes ausübt – obwohl sie freilich unbewußt diesen Effekt gerade erstrebt. Bewußt ist es Frau Z. zweifellos nicht, daß sie selbst zum Beispiel im «Mieze»- und «Strolchi»-Spiel eine Ersatzerfüllung libidinöser Wünsche sucht. Und es ist ihr ebensowenig bewußt, daß sie durch ihr bedrängendes Verhalten die inzestuösen Phantasien ihres Sohnes so erhitzt hat, daß er zeitweilig keinen Ausweg mehr wußte. Der angedeutete Suizidversuch mit der notierten Phantasie, sich mit der Mutter im Himmel zu vereinigen, enthüllt sowohl seine unbewußten Wünsche wie seine furchtbare Angst davor.

Ein ähnliches Beispiel dafür, daß die von der Mutter dem Sohn aufgenötigte intime Bindung in der Pubertät schwere *Sexualkonflikte* provozieren kann, liefert eine Beobachtung von Levy [150]:

Der 14jährige Junge ist in «exzessivem Kontakt» mit seiner Mutter aufgewachsen. Die Mutter verhätschelte ihn und küßte ihn sehr häufig. Sie ließ ihn während der Geschäftsreisen des Vaters bei sich schlafen. Als sie ihn im Alter von 2 Jahren jedoch erstmalig beim Masturbieren ertappte, drohte sie ihm, eine schwarze Katze würde ihm den Finger abbeißen. Später zwickte sie einmal seinen Finger und sagte, es wäre die schwarze Katze. Seit dieser Zeit wagte der Junge nicht einmal beim Urinieren, sein Glied zu berühren.

Die Verzärtelung und Verhätschelung des Jungen setzte sich bis in die Pubertät fort. Die Mutter blieb indessen in der Partnerschaft mit ihm stets die Dominierende und beanspruchte auch, die «Führerin» seiner Spielkameraden zu sein.
Als er 13 Jahre alt war und wieder einmal in Abwesenheit des Vaters bei der
Mutter schlafen sollte, wurde er bei Betreten des elterlichen Schlafzimmers
plötzlich blaß und verließ den Raum. Von der Mutter später befragt, warum er
nicht mehr bei ihr schlafen wolle, antwortete er, daß es «ihn krank machte»
(«*it made him sick*»).

Die psychiatrische Untersuchung machte deutlich, daß es sich um die Aktua-
lisierung eines sexuellen Konfliktes handelte.

Eine katamnestische Kontrolluntersuchung des Patienten im Alter von 23
Jahren bestätigte, daß er noch immer mit besonderer Angst gegenüber dem
sexuellen Bereich erfüllt war.

Analog der Mutter von Julius Z. verrät auch diese Mutter in ihren
Ansprüchen an den Sohn die häufig anzutreffende Zwiespältigkeit: Sie
verhält sich einerseits so, daß sie die Sexualität des Kindes schürt. Andererseits schockiert sie ihn mit repressiven Tabus. Der Effekt im Kind
ist gewissermaßen *zweiseitig*: Seine Sexualität wird durch den exzessiven Kontakt vorzeitig und übermäßig stimuliert. Notwendigerweise
richten sich die Impulse auf die Mutter. Da die Mutter indessen die manifeste Äußerung sexueller Tendenzen strikt verwehrt und, deutlich genug, die Kastrationsstrafe androht, müssen diese Impulse wieder verdrängt werden. Das ist der zweite Schritt. Infolgedessen vermag der
Junge seine Sexualität nicht zu integrieren. Er bleibt, wie bei jeder Verdrängung, an den Partner der traumatischen Versuchungssituation fixiert. Das heißt, er bleibt in einer unbewußten inzestuösen Mutterbindung stecken. Indem die Mutter aber, im Widerspruch zu ihrem allgemeinen Sexualverbot, vom Sohn eine Aufrechterhaltung des engen
Kontaktes fordert und damit laufend neue Versuchungen herbeiführt,
bringt sie den Jungen immer wieder in Verwirrung und Angst. Es ist
dieses Dilemma, das den Jungen – im Fall von Levy – «krank» macht,
wie er es selbst formuliert.

M. Porot[151] spricht in diesem Sinne von einer *castration psycholo-
gique* durch die Mutter. Durch Verdrängung und Fixierung bleibt die
Sexualität des Jungen auf kindlicher Stufe stecken. Die Inkompatibilität zärtlicher Verehrung und sexueller Impulse, die bei der Mutter erfahren wurde, wird zu einer strukturell verankerten Lebenseinstellung
und bewirkt, wie Porot es nennt, eine dauerhafte «sexuelle Infantilisie-
rung». Die Begünstigung hysterischer Neurosen auf der Basis derartiger
Früh-Stimulation, Verdrängung und Fixierung der Sexualität ist durch
Freud gründlich belegt.

Die Beeinflussung der kindlichen Sexualität erfolgt in anderer Weise,
wenn die Elternfigur weniger über das Kind *dominiert*, sondern sich

mehr *passiv werbend* verhält. Paart sich mit einer solchen mehr gefügigen Einstellung eine relativ nachsichtige Haltung gegenüber der kindlichen Sexualität, so können sich Durchbrüche manifester sexueller Aggressionen ereignen, wie sie zum Beispiel Levy [152] schildert:

Ein zehn Jahre, zehn Monate alter Junge umarmte und küßte seine Mutter, als sie auf der Couch lag, und schlug ihr dann vor, mit ihm das gleiche zu tun, «was Hunde machen». Er illustrierte seinen Vorschlag mit entsprechenden Körperbewegungen. Die Mutter hatte mit dem Jungen seit frühester Kindheit «exzessiven Kontakt» gepflegt. Sie war bereits eifersüchtig auf seine Bücher, mit denen er sich, als leidenschaftlicher Leser, ständig zu beschäftigen liebte. Sie haschte oft nach seinem Buch, das er gerade las, um seine Gesellschaft zu erlangen. Sie bestand noch darauf, ihn zu baden, obwohl er sich ihre Anwesenheit im Badezimmer verbat. – Levy resümiert: Der offene Inzest-Vorschlag des Jungen stehe in Übereinstimmung mit den Anstrengungen der Mutter, den Kontakt mit dem Jungen so eng als möglich zu halten.

Unter den von uns unersuchten Familien sind ähnliche direkte Inzest-Versuche von Kindern nicht bekanntgeworden. Man muß aber damit rechnen, daß Mütter solche Vorkommnisse zu verschweigen trachten, da ihnen eine eigene Mitschuld an entsprechenden Regungen des Sohnes wenigstens teilweise durchschaubar sein dürfte.

Die Durchbrüche manifester sexueller Aktivität, die Mütter des passiv-werbenden Typs bei ihren Söhnen begünstigen, richten sich im übrigen wohl eher auf andere Ziele als auf die Mutter selbst. Levy [153] beobachtete bei 6 Fällen unter 20 eine heterosexuelle kindliche Aktivität von Jungen, die in «exzessivem Kontakt» mit Müttern des passiv gefügigen (*overindulgent*) Typs lebten.

Aus dem eigenen Beobachtungsgut stammt der folgende Fall:

Die 37jährige Frau E. ist noch immer stark erfüllt von der Erinnerung an ihren Vater, einen kräftigen, vitalen Mann, der «alle Dummheiten mitmachte». Nach der unehelichen Geburt eines Sohnes (1944) und einer Tochter (1947) heiratete sie nicht deren Erzeuger («leichtsinniger Frauenheld»), sondern einen 52jährigen Schneider, einen schwächlichen, pedantischen Menschen («das genaue Gegenteil meines Vaters»).

Der Sohn Torsten entwickelte sich als ein temperamentvoller, robuster Junge, in dem die Mutter eine große Ähnlichkeit zu ihrem geliebten Vater fand. Je mehr sie sich von ihrem mürrischen, alternden Mann innerlich entfremdete, um so enger schloß sie sich an den Jungen an, den sie kritiklos vergötterte, obwohl er durch sein herrisches Wesen manche Erziehungsschwierigkeit bereitete. Der Ehemann warf ihr vor: Sie liebe zuerst den Jungen und ihn erst an zweiter Stelle. Voller Eifersucht kritisierte er fortwährend an T. herum, ohne verhindern zu können, daß seine Frau den Jungen offen gegen ihn verteidigte. T. selbst nahm vom Stiefvater keine Zurechtweisung ohne Widerspruch entgegen, behandelte ihn teils verächtlich, teils begegnete er ihm in wütender Protesthaltung. Immer mehr wurde der Stiefvater durch die enge Beziehung Mutter–Sohn in eine Außenseiter-Position abgedrängt. Zweimal inszenierte er halbe Suizid-versuche, um mehr Rücksicht und Zuwendung von seiner Frau zu erzwingen – ohne Erfolg. Im Gegenteil, Frau E. fühlte sich durch diese schwächlichen Er-pressungsversuche angewidert und richtete nach wie vor alle Verehrung und Bewunderung, in nahezu backfischhafter Weise, auf den heranwachsenden Sohn. Sie strahlte, sobald sie ihn nur sah, ließ ihm jede Freiheit und war ganz glück-lich, wenn er sich mit ihr beschäftigte und mit ihr Radfahrten unternahm. Sie zeigte sich beeindruckt von seiner athletischen Muskulatur, von seinem begin-nenden Bartwuchs und bewies überhaupt ein recht intensives Interesse an sei-nem Körper. Es war ganz durchsichtig, daß sie in ihm insgeheim den männ-lichen «Helden» liebte, der ihrem kraftvollen Vater so sehr ähnelte, und sich in der Beziehung zu ihm eine Entschädigung für die mangelnde eheliche Erfüllung verschaffte. T. konnte sich als der eigentliche männliche Mittelpunkt der Fami-lie erleben.

1957 ergaben sich erste Anhaltspunkte dafür, daß T. seine zweieinhalb Jahre jüngere Schwester zu sexuellen Manipulationen herausforderte. Die Anzeichen mehrten sich. Der Stiefvater verlangte, daß seine Frau dagegen einschreite. Sie wies ihren Mann indessen brüsk zurück, bagatellisierte diese Vorkommnisse und stellte T. nicht einmal zur Rede. Als sich ein dreiviertel Jahr später auf Grund eines Geständnisses der Tochter herausstellte, daß T. mit ihr seit Mona-ten, zum Teil mehrmals in der Woche, einen regelrechten Sexualverkehr prakti-ziert hatte, unterrichtete der Vater das Jugendamt. Die Reaktion der Mutter bestand darin, daß sie zusammen mit T. die Wohnung des Mannes verließ. Sie wollte auch die Tochter mitnehmen und überließ sie lediglich auf Druck ihres Mannes und des Jugendamtes dem Stiefvater. Falls die Jugendbehörde ihr den Jungen fortnähme, wollte sie mit ihm heimlich flüchten. Sie würde künftig, so versicherte sie, mit ihm täglich lange Radfahrten unternehmen, damit er abends müde sei und nicht mehr auf «dumme Gedanken» komme. Die Scheidung von ihrem Mann war für sie eine beschlossene Sache, weil er T. in «den Rücken ge-fallen» sei. Mit keinem Wort mißbilligte sie die Fehlhandlungen des Jungen und kämpfte um seine Rechtfertigung wie eine hörige Geliebte für ihren ge-strauchelten Bräutigam. Ihre Äußerungen und ihr Verhalten bewiesen ihre exzessive affektive Bindung an T. Nähere psychoanalytische Exploration ließ erkennen, daß sie sich unbewußt in die Rolle von T.s Schwester phantasierte, weshalb sie, obwohl sonst eine durchaus ernsthafte Frau, gar nicht besonders bekümmert darüber schien, welche traumatische Bedeutung T.s Fehlhandlungen für die Schwester haben mußten. – Das Gesamtbild der Familienstruktur legt die Annahme nahe, daß T.s abnorme sexuelle Aktivität nicht nur zufällig mit seiner männlichen Mittelpunkt-Rolle in der Familie und mit der backfischhaften Verehrung der Mutter für ihn koinzidiert.

Zusammenfassend läßt sich über die verschiedenen Einflüsse der Gat-ten-Substitut-Rolle auf die kindliche Sexualität so viel sagen: Je weni-ger die libidinöse Wurzel der elterlichen Ansprüche durch Sublimation verdeckt wird, um so eher wird eine Stimulation der kindlichen Sexuali-tät zu erwarten sein. Ob die sexuellen Impulse des Kindes zum Durchbruch kommen oder nicht, das hängt weitgehend davon ab, inwieweit die betreffende Elternfigur die unbewußte Verführung, der sie das Kind aussetzt, mit repressiven Verboten verbindet. Wichtig erscheint jedenfalls, daß selbst in den Fällen, in denen im Endeffekt keine Steigerung, sondern im Gegenteil eine Minderung manifester sexueller Äußerungen stattfindet, die unbewußte sexuelle Fixierung an die betreffende Elternfigur regelmäßig besonders intensiv ist.

Nachdem bisher die *unmittelbar an der Rolle selbst hängenden* potentiell traumatischen Wirkungen auf die allgemeine Charakterentwicklung und speziell auf die kindliche Sexualität erörtert worden sind, bleibt noch ein Wort zu sagen über die *mittelbaren* Effekte, die dann eintreten können, wenn einem Kind eine Preisgabe der bereits akzeptierten Rolle gewaltsam aufgezwungen wird.

Die Krankengeschichte von Karl R. veranschaulichte die Schwierigkeiten, in die ein Kind nach Assimilation einer Gatten-Ersatz-Rolle gerät, wenn die betreffende Elternfigur «untreu» wird. Das Kind benimmt sich dann oft nicht anders als ein betrogener Liebhaber. Ist es ein zartes, asthenisches Kind, kann es in einen Zustand verzagter Resignation und stiller Verstimmung geraten. Ist es sthenischer und robuster, überwiegt ein mehr oder weniger manifestes Protest-Verhalten. Das Verlangen, sich für den «Betrug» zu rächen, kann sich auf mannigfache Weise ausdrücken. Die Skala der einschlägigen Reaktionen reicht von trotzbedingtem Einnässen und Einkoten, einfachem Ungehorsam bis zu offener Widersetzlichkeit, Wutanfällen und heimtückischen Racheakten (vgl. Krankengeschichte Karl R., S. 119).

Als Extrembeispiel für eifersüchtige Rachsucht nach Abbruch einer Gatten-Äquivalent-Rolle läßt sich die Reaktionsweise von Charles Baudelaire zitieren, deren psychologische Analyse Laforgue [154] und Sachs [155] geliefert haben:

Zwischen Baudelaires Eltern klaffte ein Altersunterschied von 35 Jahren. Der Vater, ein gütiger, alter Herr, spielte zu Hause eine Art Großvater-Rolle, während der kleine Charles von der Mutter als begeisterter kleiner Verehrer nicht nur toleriert, sondern ausdrücklich bestätigt wurde. Als der Vater – im 8. Jahr von Charles – mit 70 Jahren starb, rückte der Junge scheinbar endgültig in den Rang des einzigen mütterlichen Partners auf. Noch viele Jahre später schrieb er an seine Mutter: *«Tu étais uniquement à moi. Tu étais à la fois mon idole et un camarade.»* Aber diese glückliche Zeit nahm ein jähes Ende, als sich die Mutter ein Jahr später mit dem Offizier Aupick vermählte, «einem höchst ehrenwerten und würdigen Mann» (Sachs). In Charles entbrannte ein leidenschaftlicher, eifersüchtiger Haß gegen diesen unerwarteten Nebenbuhler, der ihm seine Vorrangstellung bei der Mutter raubte. Er wurde nicht nur zu Hause aufsässig, sondern revoltierte gegen jede Autorität schlechthin. Man wies ihn von der Schule, schickte ihn sogar ins Ausland, ohne daß seine brennende Rachsucht einschlief.

Wieder zu Mutter und Stiefvater heimgekehrt, «droht er bei einer großen Gesellschaft, seinen Stiefvater, der ihn zur Ordnung verweist, zu erwürgen, wird von ihm geohrfeigt und bekommt einen hysterischen Anfall ... Als die Februar-Revolution ausbricht, wird Baudelaire wie von einem Rausch erfaßt. Ein Freund trifft ihn, wie er mit einem nagelneuen Gewehr bewaffnet durch die Straßen läuft und ‹wie einen Refrain› vor sich hinschreit: ‹Der General Aupick muß totgeschossen werden.›»

Laforgue hat in seiner psychologischen Analyse dargetan, daß sich in Baudelaires Werk dieser unbewältigte kindliche Eifersuchtskonflikt in mannigfachen Varianten widerspiegelt.

Wie allerdings auch bereits im Rahmen der Erörterung der Krankengeschichte von Karl R. bemerkt wurde, hängt die Art und Weise, wie das Kind auf die Vertreibung aus einer Gatten-Ersatz-Rolle reagiert, wesentlich von dem *Zeitpunkt* ab, an welchem es dieses Ereignis erlebt. Überschießende Protestreaktionen sind vor allem dann zu erwarten, wenn die libidinöse ödipale Bindung an die gegengeschlechtliche Elternfigur nicht zum physiologischen Termin, also zum üblichen Beginn der «Latenzperiode», aufgegeben wurde und diese Preisgabe verspätet verlangt wird.

3. Das Kind als Substitut für eine Geschwisterfigur

Es ist besonders häufig, daß Eltern auf ihr Kind eine affektive Einstellung übertragen, die sich ursprünglich auf eine Geschwisterfigur bezieht. Schon *vor der Geburt* eines Kindes verraten Eltern nicht selten, daß in ihren unbewußten Phantasien der potentielle Neuankömmling die Stelle einer Geschwisterfigur vertritt. Zum Beispiel sind affektives Widerstreben, insbesondere Ängste, im Zusammenhang mit der Geburt eines Kindes oft psychologisch aus der Wurzel zu erklären, daß die betreffende Elternfigur unbewußt überzeugt ist, sie werde durch das Kind die gleichen Enttäuschungen erleiden, wie es in der eigenen Kindheit durch einen Bruder oder eine Schwester der Fall war. Auf der Basis der Eifersuchts-Übertragung können sich diese Befürchtungen bis zu panischen Erregungszuständen steigern. Sogar Suizidversuche in der Schwangerschaft lassen sich in einzelnen Fällen auf exazerbierte Geschwisterkonflikte der betreffenden Frauen zurückführen.

Wenn das Kind unbewußt überwiegend in der Rolle eines Geschwisters gesehen wird, so sind das Leitmotiv *unerledigte Rivalitätsprobleme*. Die Frage, warum die eigenen infantilen Rivalitätsnöte am Kind wiederbelebt werden, führt erneut auf das Phänomen des unbewußten «Wiederholungszwanges» als Erklärung zurück. Obwohl die betreffende Elternfigur doch alles Interesse haben sollte, den alten Konflikt «ruhen» zu lassen, erliegt sie dem Zwang, die kritische Situation reproduzieren zu müssen.

Die Rivalität mit dem Kind – als Geschwister-Substitut – kann sich in mannigfach verschiedenen Beziehungen entfalten. Da ist zum Beispiel die Elternfigur, die mit dem gleichgeschlechtlichen Kind nicht die Liebe des Ehegatten teilen will. Oder es geht darum, daß die Mutter aus einem unbewältigten Männlichkeitskomplex heraus den Sohn als Neuauflage des Bruders fürchtet, der ihren Neid erregte. Da ist ferner die Elternfigur, die früher dem Bruder oder der Schwester an Schönheit, Klugheit, Kraft, Selbstsicherheit usw. unterlegen war und nun unbewußt erwartet, durch das Kind gewiß die gleichen narzißtischen Kränkungen zu erfahren. – Je nachdem, in welcher speziellen Hinsicht die Enttäuschung durch das Kind – als Repräsentanten des Geschwister-Rivalen – antizipiert wird, ist das Verhalten der Elternfigur darauf ausgerichtet, das Kind bei einem entsprechenden frustrierenden Verhalten zu ertappen und dafür zu bestrafen. Mitunter reicht die Verblendung unter dem Einfluß der «Übertragung» so weit, daß die Rache an dem vermeintlichen Geschwister-Abbild schon von vornherein ausgeübt wird, ohne daß das Kind auch nur den Schimmer eines Anhaltes dafür liefert, auf den sich die elterlichen Konkurrenzbefürchtungen als Begründung stützen könnten. Mit den Revanche-Tendenzen koppeln sich dann Vermeidungswünsche: Wenn in dem Kind all das von vornherein erstickt wird, was die frühere Kränkung durch den Geschwister-Rivalen hervorrief, so ist das sowohl nachträgliche Rache-Erfüllung als schützende Prophylaxe. Das Kind wird dann gewissermaßen in einer Art Sicherungsverwahrung gehalten.

Die große Variationsbreite der Manifestationen dieser Rolle würde es an sich ermöglichen, eine ganze Reihe sehr unterschiedlicher Entwicklungslinien des Eltern-Kind-Verhältnisses zu verfolgen, die alle als typisch unter dem Aspekt der Funktion des Kindes als Geschwister-Substitut gelesen werden können. Je nach dem spezifischen Hintergrund des motivierenden Rivalitätskonfliktes ist die Rollenvorschrift für das Kind eine andere, und die potentiellen traumatischen Faktoren divergieren entsprechend. Es würde den Rahmen dieser Darstellung sprengen, die ja nur die allgemeinen Merkmale der wichtigsten Rollentypen erfassen will, den heterogenen Sonderformen dieser Rolle spezifizierend nachzugehen.

Die nachfolgende Falldarstellung exemplifiziert diesmal also nur *eine spezielle Manifestation* der Rolle. Das Beispiel ist lediglich für diesen besonderen Geschwisterkonflikt typisch, wie er hier die elterliche Übertragung bestimmt. Andere Konfliktstrukturen, wie sie im vorigen genannt wurden, würden ein wesentlich abweichendes Bild ergeben.

Das Fallbeispiel stammt von St. Bornstein[156] und ist (wenn nicht überhaupt die früheste) eine der frühesten ausführlicheren Beschreibungen einer Eltern-Kind-Beziehung unter dem Aspekt, daß das elterliche Verhalten ganz unter dem Einfluß einer Geschwister-Übertragung steht:

«Eine Mutter von 10jährigen Zwillingstöchtern tut alles dazu, um die Mädchen dumm zu machen. Sie sorgt dafür, daß die Mädchen einen unmöglichen Schulgang absolvieren, nämlich andauernd Schulen wechseln, zwischendurch lange Ferien machen, unfähige Privatlehrer bekommen, die unbekümmert um die lückenhaften Grundlagen in dem Wissen der Kinder in sie etwas eintrichtern und dabei auf Geheiß der Mutter streng vorgehen. Das Resultat war, daß die Kinder keine Freude am Lernen erwerben konnten und wirklich im Wissen hinter den Altersgenossinnen standen. Dazu kam, daß die Mutter die Zwillinge als naturgewollt Zurückgebliebene behandelte, so daß sie sich daran gewöhnten, daß sie doch nichts begreifen würden. Obwohl die Mutter die besten Pädagogen und Psychologen um Rat fragte, hielt sie sich an keinen Rat und nahm den Kindern die altmodischsten Erzieherinnen. Als sie einmal, dem Druck der Angehörigen nachgebend, doch eine sehr geschickte Pädagogin anstellte, bei der die Kinder zum erstenmal in ihrem Leben gut lernten, wurde die Lehrerin nach vier Monaten entlassen, obwohl sie noch zwei Monate zu brauchen behauptete, um die Zwillinge schulfähig zu machen. Grund des neuen Lehrerwechsels war: die Kinder hatten in ihrer neu erwachten Wißbegier im Anschluß an eine naturwissenschaftliche Geschichte gefragt, wie aus dem Blut der Kuh Milch werden könne, und von dem Zusammenhang der Milchentstehung mit dem Kälbchengebären erfahren. Diese von den Kindern längst gewünschte Aufklärung über den Ursprung der Kinder machte aus den bisher geistige Nahrung verschmähenden Kindern zwei interessierte Mädchen, die zu fragen, zu forschen, zu lesen begannen. Die Mutter aber erklärte: Lieber sollen die Mädels dumm bleiben als ihre süße Unschuld verlieren. Dieselbe Mutter war gar nicht stolz, wenn man ihr sagte, daß die liebreizenden Töchter eine Augenweide seien, erwiderte auf solche sonst doch von Müttern gern gehörten Komplimente: ‹Wenn ich das doch nicht immer zu hören bekäme, dann bin ich noch unglücklicher, daß sie blöd sind.›

Diese sonderbare Frau war im praktischen Leben eine sehr kluge Frau, mit der man sich sonst angenehm unterhalten konnte. Aber von ihren Töchtern verstand sie nichts, weil sie sehr schwer an der Rivalität zu einer jüngeren Schwester trug, die nicht nur schön war, sondern sie auch geistig überflügelte und studierte. Kluge Töchter hätten sie zu sehr an die kleine Schwester erinnert, sie gönnte ihnen ihre Intelligenz nicht und nicht einmal recht die hübschen Gesichtchen, so daß sie den kleinsten Makel an ihnen schonungslos kränkend kritisierte. Während alle Beobachter, auch ganz naive Menschen, sahen, daß die Mutter die Kinder blöd machte, wußte sie selbst nichts davon, glaubte, nichts unversucht zu lassen, um die Dummheit der Kinder zu bekämpfen.»

Das Kind als Substitut für einen Aspekt des eigenen (elterlichen) Selbst

1. Theoretische Vorbemerkungen

Bisher wurden solche Rollen beschrieben, in denen das Kind von den Eltern vornehmlich als Substitut für einen anderen Partner gewünscht wird. Zur Genese dieser Struktur der Eltern-Kind-Beziehung wurde dargetan, daß es ungelöste Konflikte mit anderen Partnerfiguren seien, die für die Eltern zum unbewußten Beweggrund würden, auf das Kind die affektiven Einstellungen zu übertragen, mit denen eigentlich jene anderen Partnerfiguren gemeint seien. Unter dem Einfluß des «Wiederholungszwanges» reproduzieren die Eltern in diesem Fall mit dem Kind eine ihrem jeweiligen Konflikt entsprechende affektive Konstellation: Sie machen ihr Kind – an Stelle ihrer Eltern, ihrer Geschwister oder ihres Ehepartners – zum Adressaten für unerfüllte Liebesbedürfnisse, für angestaute Strafimpulse oder für erworbene Abwehrmechanismen. Die Eltern-Kind-Beziehung folgt hier den Regeln der «Übertragung».

Ein ganz anderer Sachverhalt liegt nun dann vor, wenn die Eltern das Kind nicht als Ersatz für einen anderen Partner, sondern *rein als Fortsetzung des eigenen Selbst* erleben. Sie suchen im Kind – *mit Hilfe der sogenannten narzißtischen Projektion* – eine *Manifestation von Aspekten des eigenen Selbst*. Entweder tendieren sie dazu, im Kind ein *getreues Abbild* ihrer selbst wiederzufinden. Oder sie externalisieren vornehmlich den *idealen Aspekt des eigenen Selbst* bzw. ihr Ich-Ideal in der Weise, daß sie mit Hilfe des Kindes eine Nacherfüllung entsprechender eigener Strebungen zu erreichen hoffen. Indem sie sich dabei mit dem Kind identifizieren, erleben sie eine Entschädigung für den drückenden Mangel im eigenen Selbstwertgefühl. Schließlich kann es sein, daß sie die eigene *negative Identität* oder den *negativen Aspekt des eigenen Selbst* in das Kind projizieren. Sie vermögen dabei zu einer Surrogatbefriedigung abgewehrter eigener Impulse zu gelangen, zugleich aber durch Strafhandlungen eine Entlastung von peinlichen Schuldgefühlen (*Sündenbock-Projektion*) herbeizuführen. Diese verschiedenen Strukturtypen der Eltern-Kind-Beziehung, in denen das Kind jeweils zum Projektionsfeld des einen oder anderen Aspekts des elterlichen Selbst gemacht wird, haben also als gemeinsames Merkmal eine *narzißtische Projektion der Eltern auf das Kind*. Das Kind ist hier nicht Ersatz für einen anderen Partner, sondern es vertritt einen Aspekt des eigenen Selbst der Eltern.

Für das Verständnis des wesentlichen Unterschiedes zwischen den Partner-Ersatz-Rollen und den narzißtisch bestimmten Rollen des Kindes wurde bereits ein Rückgriff auf die Differenzierung vorgeschlagen, die Freud [157] für «Objektwahlen» allgemein angegeben hat. Er unterscheidet, wie gezeigt wurde, zwischen «Objektwahlen» *nach dem «Anlehnungstyp»* und solchen *nach dem «narzißtischen Typ»*. Als Beispiel für eine Beziehung nach dem Anlehnungstyp hat er das Verhältnis zu der «nährenden Mutter» oder dem «schützenden Vater» angegeben. Denkt man nicht nur an die Möglichkeit der Anlehnung und Hingabe, sondern auch an die Möglichkeit der Auseinandersetzung und der aggressiven Polarisierung, so fallen in diese Kategorie – allgemeiner formuliert – alle Beziehungen, in denen Kontakt begehrt wird zu einer anderen Person als echtem Gegenpol. Gesucht wird der andere als «Nicht-Ich» im engeren Sinn. Nach dem Urbild der Kind-Mutter- und Kind-Vater-Beziehung können innerhalb dieser Kategorie beliebige Partnerschaften entstehen, in denen sich neue affektive Polarisierungen bilden, oder in denen sich die alten affektiven Polarisierungen der Kindheit durch «Übertragung» wiederholen.

Während die bisher beschriebenen Struktur-Typen der Eltern-Kind-Beziehung dieser Kategorie zugehören, sind die nunmehr einzuführenden Beziehungsformen der Kategorie der «narzißtischen Objektwahlen» zuzurechnen. Hierbei ist das Kind nicht Substitut für einen «anderen», sondern ursprünglich eine Repräsentanz für einen Aspekt des eigenen Selbst.

Es soll hier nicht näher auf die Problematik des Begriffes «Selbst» eingegangen werden, dessen Abgrenzung gegen den «Ich»-Begriff schwierig ist und über den auch unter den modernen Theoretikern der Psychoanalyse noch keine volle Übereinstimmung gefunden wurde.[158] Der Terminus «Selbst» wird hier in Anknüpfung an Freuds Auslegung anläßlich der Erörterung der «narzißtischen Objektwahlen»[159] gebraucht. Seine Bevorzugung gegenüber dem Terminus «Ich» erscheint hier insofern gerechtfertigt, als in die narzißtische Projektion auf das Kind doch auch «Es»-Inhalte der Eltern eingehen können, zum Teil dann, wenn sie vom Kind eine Darstellung ihrer eigenen abgewehrten Triebimpulse wünschen. Es wäre in diesem Fall verwirrend, wenn man von Externalisierung eines «Ich»-Aspektes spräche.

Man könnte dann weiterhin fragen, warum von *Aspekten* des Selbst und nicht von Anteilen des Selbst die Rede ist, die bei der narzißtischen Projektion auf das Kind externalisiert werden. Das geschieht deshalb, weil man mit dem Terminus *Anteil* doch leicht die Vorstellung verbindet, daß es sich um ein *Element* wie in der alten Elementen-Psychologie handle. Von den narzißtischen Projektionen werden aber *hochkomplexe, strukturierte «Bilder»* des eigenen Selbst erfaßt, wie sich in der weiteren Untersuchung zeigen wird. Erikson spricht an einer Stelle von dem *wahrnehmenden Verkehr «des Ichs mit seinem Selbst»*[160]. Dieser Selbst-Wahrnehmung enthüllen – oder verbergen sich Aspekte des Selbst, um deren Externalisierung es bei den narzißtischen Projektionen geht.

Schließlich ist hier gleich noch ein Wort darüber zu sagen, was damit gemeint ist, daß das Kind als Resultat der narzißtischen Projektionen Aspekte des elterlichen Selbst *substituieren* soll. Das soll heißen, daß das Kind *stellvertretend für die Eltern etwas darstellen* soll, und zwar zum Beispiel einen Aspekt ihres Selbst, den sie nicht ertragen können und deshalb externalisieren wollen. Oder das Kind soll den idealen Aspekt ihres Selbst darstellen, der durch ihr Ich-Ideal bestimmt ist. Grob könnte man sagen: Im einen Fall soll das Kind so sein, wie sie selbst sind, aber nicht sein möchten. Im anderen soll es so sein, wie sie nicht sind, aber sein möchten. *Dort* soll das Kind ihnen ihre «negative Seite» gewissermaßen *abnehmen*, damit sie diese bei sich nicht mehr sehen müssen. *Hier* soll es ihnen eine «positive Seite» *hinzufügen* und das von ihrem Ich-Ideal vorgezeichnete Phantom ihres idealen Selbst Wirklichkeit werden lassen. «Substitution» hieße dann im ersten Fall Realisation von etwas, was die Eltern *ausstoßen* wollen, im zweiten Realisation von etwas, was sie *haben* wollen. Aber die Verhältnisse sind in Wirklichkeit noch komplexer, wie sich zeigen wird. Denn wenn die Eltern zum Beispiel auch aus Schuldgefühlen einerseits wünschen, daß das Kind ihnen ihre «negative Seite» abnehme, so wollen sie an diesem vom Kind etwa substituierten Aspekt ihres Selbst doch teilweise weiter partizipieren. Sie wollen sich zum Beispiel eine schuldfreie Ersatzbefriedigung ihrer eigenen verpönten Impulse verschaffen und nehmen also an ihrer auf das Kind projizierten negativen Seite gleichsam weiterhin teil. Identifikationsprozesse finden also in jedem Fall seitens der Eltern statt, sowohl bei Darstellung des negativen als des idealen Aspektes des eigenen Selbst durch das Kind. Allerdings ist die Identifikation im letzten Fall deutlicher und ausgiebiger, da hier das vom Kind Dargestellte voll bejaht und zur Reparatur eines Defektes im eigenen Selbst benötigt wird.

Das Kind soll also als eine Art Projektionsfläche etwas «herausstellen», stellvertretend realisieren, was dann wieder zu Identifikationen oder auch, je nachdem, zur Abfuhr von Strafbedürfnissen dient. Das

157

bedeutet hier «Substitution». – Etwas anderes meint Freud, wenn er zum Beispiel Verliebtheit mit der Formel charakterisiert: «Das Objekt hat sich an die Stelle des Ich-Ideals gesetzt»[161]. In Freuds Beschreibung ist das Ich-Ideal verschwunden und durch den Partner ersetzt. Dagegen meint Substitution hier, im vergleichbaren Fall, daß das Kind die Forderungen des elterlichen Ich-Ideals stellvertretend erfüllen, nicht etwa auslöschen soll. Es soll an die Stelle des von den Eltern nicht verwirklichten Phantoms ihres idealen Selbst eine Realität setzen, deren sie sich dann wieder in identifizierender Weise zur Steigerung ihres Selbstwertgefühles bemächtigen können.

Nach diesem Exkurs zur Begriffs-Erläuterung sei nun wieder angeknüpft an die Frage, welche speziellen Formen der «narzißtischen Objektwahlen» bekannt sind, die zur Beschreibung der narzißtisch bestimmten Rollen des Kindes berücksichtigt werden müssen. Geht man von Freuds berühmter Tabelle der narzißtischen Objektwahlen aus, die er in ‹Zur Einführung des Narzißmus›[162] vorgeschlagen hat, so kann man diese Tabelle auf die Eltern-Kind-Beziehung hin folgendermaßen abwandeln:

Man sucht im Kind:

a) was man selbst ist (sich selbst),
b) was man selbst war,
c) was man selbst sein möchte,
d) die Person, die ein Teil des eigenen Selbst war.

In Ergänzung zur Aufstellung Freuds sei ein später zu erläuternder weiterer Typ vorgeschlagen:

e) was man selbst nicht sein darf.

2. Das Kind als Abbild schlechthin

Genese und Merkmale der Rolle

Beim Typus a) suchen Eltern im Kind also, entsprechend Freuds Formulierung, «was man selbst ist (sich selbst)». U. Moser[163] spricht davon, daß man diesen Typ der Partnerwahl die «vollendete narzißtische Wahl» nennen könnte. – Von den Eltern wird an das Kind unbewußt der Anspruch erhoben, genau das Bild zu reproduzieren, das sie von sich selbst haben, einschließlich ihrer Abwehrorganisation, ihrer Verleugnungen, ihrer Ideologien usw.

Es ist nun noch nicht sehr viel darüber bekannt, woher es kommt, daß manche Eltern ihr Kind dem Zwang aussetzen müssen, eine genaue Kopie des Bildes darzustellen, das sie von sich selbst haben. Es ist als allgemeine Bedingung ein ausgeprägter *Narzißmus* vorauszusetzen. Aber damit ist noch nicht viel ausgesagt. Um noch weitere Klarheit über die determinierenden Faktoren zu gewinnen, erscheint es nützlich, Vorstellungen E. Menakers [164] aufzugreifen.

Menaker hat die Bedeutung des Selbst-Bildes (*self-image*) im Sinne einer Abwehrfunktion untersucht. Sie hat gezeigt, daß bestimmte Menschen in einer psychoanalytischen Behandlung unbewußt verlangen, daß die Art, wie sie der Analytiker sieht, unbedingt mit ihrem eigenen Selbst-Bild übereinstimmt. Durch eine narzißtische Projektion, wie sie hier erläutert wurde, stellt der Analysand die Überzeugung her, daß sein Verlangen erfüllt sei, daß also volle Identität zwischen ihm und dem Analytiker hinsichtlich seines Selbst-Bildes herrsche. Jeder Zweifel an dieser Identität erweckt Angst und Aggressionen. Wenn also der Analytiker dokumentiert, daß er in seinem Bild vom Analysanden von dessen Selbst-Bild abweicht, dann gerät dieser in Beunruhigung. Woher kommt aber diese Beunruhigung? E. Menaker erklärt dieses Phänomen aus der Frühphase der kindlichen Entwicklung, in welcher das «primitive Selbst» und das Mutter-Objekt im Kind noch ungeschieden sind. Das Ich ist noch nicht so weit «entworfen» (*delineated*), um ein eigenes «Selbst» aufrechterhalten zu können. Verlassenwerden durch die Mutter ist dann noch gleichbedeutend mit einem Zusammenbruch des «primitiven Selbst». Ein Relikt von Trennungsängsten aus dieser Phase kann – nach Menaker – dazu führen, daß bestimmte betont narzißtische Menschen auch späterhin ein In-Frage-Stellen ihres Selbst-Bildes nicht ertragen können. Wenn der andere ihr Selbst-Bild nicht bestätigt, reagieren sie noch genauso, als drohe ihnen zugleich vollständiger Kontaktverlust und Zusammenbruch ihres Selbst. Sie kommunizieren mit dem anderen gewissermaßen über die Brücke ihres Selbst-Bildes. Daher ist ihre Vorstellung vom anderen stets mit dem dringenden Bedürfnis verknüpft, vom anderen in genauer Kongruenz mit ihrem Selbst-Bild gesehen und bestätigt zu werden.

Zieht man von diesen Beobachtungen und Interpretationen eine Verbindung zu dem Typ von Eltern, die wünschen, daß ihr Kind sich genau entsprechend ihrem eigenen Selbst-Bild entwickelt, so läßt sich daraus vielleicht etwas ableiten. Unterstellt man, daß es sich hierbei vornehmlich um Eltern handelt, die mit besonderer Angst die Bestätigung ihres Selbst-Bildes seitens ihrer Beziehungspersonen wünschen, so werden sie dies auch von ihren Kindern erwarten. Nun drückt aber das Kind die Art, wie es die Elternfigur *sieht*, dadurch aus, daß es durch Imitation und Identifikation die wahrgenommenen Merkmale *übernimmt*. Eine solche Mutter wird also zum Beispiel folgerichtig von der Tochter besonders dringend erwarten, daß diese sich ihrem Selbst-Bild *angleicht*.

Es ist aber noch eine weitere Beobachtung heranzuziehen. Bestimmte
narzißtische Eltern leben mit der Phantasie, *perfekt* zu sein. Sie verleugnen vor sich, daß ihnen die Erfüllung ihres Ich-Ideals nur mangelhaft gelungen ist und verleugnen, um die Illusion der Perfektion aufrechterhalten zu können, auch ihr Ich-Ideal selbst. Folglich darf auch ihr
Kind nicht die Vorschriften und Ideale anerkennen, deren Verleugnung
ihnen meist schwer genug geworden ist. Denn würde das Kind die Verleugnung nicht mitmachen, würde es ja das Abwehrsystem der Eltern
ständig bedrohen und Angst hervorrufen. Solche Eltern haben ohnehin
Mühe, ihre narzißtische Perfektionsphantasie in einer sozialen Realität
aufrechtzuerhalten, die ihnen täglich zeigt, daß ihr Selbst-Bild auf Illusion aufgebaut ist. Übernimmt ihr Kind aber ihre Abwehrformen in identischer Weise und kopiert es wunschgemäß ihr Selbst-Bild, so haben sie
sich wenigstens einen Bundesgenossen verschafft, der ihnen Recht zu
geben scheint.

In der psychiatrischen Praxis, findet man diese Form a) der narzißtischen Projektion nicht selten bei phallischen Müttern mit einem «reinen Männlichkeitskomplex (H. Deutsch[165]) oder bei Müttern vom
«Rachetypus» (K. Abraham[166]), die von ihren Töchtern unbewußt verlangen, daß sie die gleichen Abwehrformen übernehmen. Interessant erscheint in diesem Zusammenhang eine Beobachtung von E. Fürst[167],
einer Jung-Schülerin, die bei 100 Versuchspersonen Assoziations-Expe-
rimente durchführte und das Verhalten im Reaktionstypus zwischen
Ehepartnern sowie zwischen Eltern und Kindern studierte. In dem Fall,
in dem der Reaktionstypus einer Frau am stärksten von dem Reaktionstypus des Ehemannes abwich, bestand zugleich eine weit überdurchschnittliche Übereinstimmung im Reaktionstypus zwischen Mutter und
Tochter. Die fast vollständige Identifizierung der Tochter mit der Mutter ergab sich aus dem Konflikt, in dem die der «Christian Science» angehörige Mutter mit dem Vater, einem angeblich rohen und dummen Alkoholiker, lebte.

Nachstehende Krankengeschichte aus der eigenen Untersuchungsreihe
soll in größerer Ausführlichkeit zeigen, wie sich die Rolle des Kindes als
Abbild des elterlichen Selbst-Bildes entwickeln und wie die Auseinandersetzung des Kindes mit dieser Rolle verlaufen kann.

Beispiel:
Krankengeschichte Gisela B., 1949 geb.

Vorgeschichte: In der näheren Aszendenz sind keine Erbleiden bekannt. Gisela hat noch eine 1951 geborene Schwester und einen 1954
geborenen Bruder.

Frau B., Giselas Mutter, ist eine sehr reizbare, betont forsch auftretende Frau von 36 Jahren, Tochter eines Polizisten. Sie wuchs bei den Großeltern auf. Ihre Erziehung lag nahezu völlig in der Hand der prätentiösen Großmutter, die kurze Zeit mit einem Gardeoffizier verlobt gewesen war und ihre Enkelin darauf abrichtete, einmal in die «besten Kreise» vorzudringen. Diese mußte mit drei Jahren bereits korrekt Messer und Gabel benutzen und bekam zu den Mahlzeiten ein halbes Gläschen verdünnten Wein. Sie durfte nur mit den Kindern der Spitzen der kleinstädtischen Gesellschaft spielen, so mit den Kindern des Oberforstmeisters, des Landrats, des Stadtkommandanten. Offensichtlich war der sthenische soziale Ehrgeiz der Großmutter, den sie auf die Erziehung ihrer Enkelin verwendete, ein Produkt ihrer eigenen unerfüllten phallischen Ambitionen. Es war ihr höchster Triumph, wenn die Enkelin mit der gräflichen Landratstochter Tennis spielte oder mit ihr zusammen in kurzen Hosen Fahrrad fuhr, so daß die Leute guckten. Auch die Enkelin, inzwischen mit dem Ich-Ideal der Großmutter identifiziert, genoß diese spektakulären Berührungen mit den Kleinstadt-Oberen als ihre stolzesten Augenblicke. Sie wollte Redakteurin werden oder in die Kolonien gehen. Immerhin wurden von ihr ein paar Artikel im Kreisblättchen gedruckt. «Ja, damals war ich eben etwas!» kommentiert sie ihre Prestige-Erfolge. Von der damaligen Partei-Ideologie enthusiasmiert, gelangte sie auf einen Posten in einer Partei-Behörde, die mit der Verwaltung okkupierter Gebiete zu tun hatte. Sie befreundete sich, getreu dem großmütterlichen Vorbild, mit einem Fliegeroffizier: «Doller Kerl, der kurbelte wie wild über dem Kirchturm, wenn er mich auf Urlaub besuchte.» Die Beziehung zerschlug sich, dafür heiratete sie einen anderen, ebenfalls ordensdekorierten Flieger, Angehöriger eines berühmten Geschwaders. Dieser, ein stattlich aussehender, aber im Grunde untüchtiger Mann, versagte nach dem Krieg völlig. Er erwies sich als verwöhnt, anspruchsvoll, scheiterte in zahlreichen Anstellungen, bis er eines Tages als Straßenbahnschaffner unterkam – in seinen Augen, vor allem aber in den Augen seiner Frau, eine entsetzliche soziale Demütigung. Ihre Hoffnung, durch Prestige-Erfolge ihres Mannes für die mangelnde Realisation des eigenen männlich gefärbten Ich-Ideals entschädigt zu werden, war damit endgültig zunichte. Es entwickelte sich bei ihr ein geradezu fanatisches soziales Ressentiment, an dem auch der schwächere Ehemann partizipierte. Obwohl verarmt und in einem dürftigen Arbeiter-Mietshaus wohnhaft, pflegten sie in Äußerlichkeiten bis zur Karikatur den Lebensstil weiter, zu dem sie sich berufen fühlten. Sie benahmen sich herausfordernd gegenüber den anderen Hausbewohnern. Wo es nur ging, durchbrachen sie konventionelle Gepflogenheiten und brüskierten die Umgebung durch überbetontes Anspruchsverhalten. Frau B. fühlte sich nicht in das ärmliche Haus gehörig, und das sollten die anderen merken.

Eine bezeichnende Einzelheit: Als Frau B. zeitweilig in einer Fabrik arbeiten mußte, sagte sie zu den Arbeiterinnen prinzipiell «Sie», während alle anderen einander duzten. In den Pausen frühstückte sie nicht in der Fabrikhalle mit den Kolleginnen, sondern im Hof. Selbst bei strömendem Regen lehnte sie es ab, sich zu den anderen Arbeiterinnen an den Tisch zu setzen. Auf ihr merkwürdiges Verhalten angesprochen, antwortete sie: «Ich kann zwar mit Ihnen arbeiten, meine Damen, aber... essen?» Daß man sie arrogant schimpfte, genoß sie. Die aggressive Komponente ihrer Einstellung wurde im Verlauf immer deutlicher. Die antisoziale Protesthaltung wurde von ihr so weit generalisiert, daß sie nicht nur gegen die Normen der niederen sozialen Stufe revoltierte, auf die sie sich zu Unrecht herabgedrückt fühlte, sondern gegen die Normen der sozialen Ordnung schlechthin. Die gesamte herrschende Wertwelt wurde verfälscht: Gut ist, was anders ist. «Um keinen Preis so sein wie die anderen.» Es lohnt sich gar nicht, im Rahmen der herrschenden gesellschaftlichen Leitbilder nach Geltung zu streben. Viel wertvoller ist es, sich gegen die geltende Ordnung durchzusetzen. Man ist dann als sozialer Außenseiter kein neidvoller Verlierer, sondern der eigentliche Sieger. Man sieht, daß sich jetzt bei Frau B. eine Verleugnung und geradezu eine Pervertierung ihres ursprünglichen Ich-Ideals durchgesetzt hat. Zugleich entlastet sie sich durch Projektion von ihren Schuldgefühlen: Nicht sie, sondern die Gesellschaft hat versagt und muß sich nun gefallen lassen, von Frau B. bestraft zu werden.

Frau B. war mit ihrer 1949 geborenen Tochter Gisela in den ersten Jahren nicht zufrieden. G. erwies sich als ein phlegmatisches, gutmütiges Kind, das sich zuerst ganz normal entwickelte und leicht erzieherisch lenken ließ. Sie war nach den Worten der Mutter «eine langweilige Suse». Das änderte sich, als G. mit 3 Jahren die Geburt einer kleinen Schwester erlebte. Um diese Zeit begann sie, allerhand Schabernack zu treiben, offensichtlich als Ausdruck eifersüchtiger Regungen. Wenn G. jetzt auf dem Spielplatz andere Kinder attackierte und deren Bauten im Sandkasten zerstörte, dann schützte sie die Mutter gegen die Beschwerden der anderen Eltern. G. durfte sich gegen entrüstete Erwachsene mit den gleichen patzigen Antworten wehren, die zu Hause die Mutter gegen den Vater gebrauchte. Ich zitiere die Mutter: «Ich fühle mich nie als ehrpusselige Mutter! Du liebe Güte noch mal!... Die Hauptsache, meine Kinder machen Dusseligkeiten und sind keine Susen.» Man sieht: Das Kind soll sich unbedingt mit der antisozialen Protesthaltung der Mutter identifizieren. Brav und angepaßt sein, ist langweilig, unerwünscht. Dagegen ist aufsässig sein und Krawall machen interessant und wertvoll.

162

Als G. mit 7 Jahren wegen einer Hilus-Tbc in eine Kinderklinik kam, war sie hier bald der Schrecken der Schwestern und der anderen Kinder. Allen Ermahnungen unzugänglich, störte sie in einem fort den Stationsbetrieb. Wenn man sie zurechtwies, lachte sie schallend. Schuldgefühle schienen ihr fremd. Sie aß anderen Kindern Lebensmittel weg, zerstörte ohne greifbaren Anlaß fremdes Spielzeug oder drehte Knöpfe von den Kitteln ab. Sie entwendete den Krankenschwestern Streichhölzer, veranstaltete im Krankenzimmer Feuerwerk und urinierte gänzlich ungeniert auf der Liegeterrasse in die Regenrinne.

Unter Protest erschien die Mutter zur psychiatrischen Beratung: Weder sie noch ihre Tochter hätten einen Psychotherapeuten nötig. Man könne ihr sagen, was man wolle: «Ich habe mich jedenfalls bon amüsiert, daß Gisela Feuerwerk gemacht hat und in die Regenrinne gepullert hat. Soll das vielleicht nicht normal sein? Sie ist eben ein kleines Luderchen und nicht so'n langweiliges Durchschnittskind!»

Die Untersuchung des Kindes im Januar 1957 ergab folgende *Befunde* und *Beobachtungen*:

Körperlich: G. ist ein kräftiges Kind von pyknischer Konstitution. Außer dem spezifischen Lungenbefund ergibt die organische Durchuntersuchung keine krankhaften Abweichungen.

Psychisch: Das leicht retardierte Mädchen läßt keineswegs die ihr von der Mutter zugeschriebene «Überintelligenz» erkennen, sondern ist eher etwas schwerfällig in der Auffassung. Ihre Beurteilung wird erschwert durch eine mürrisch negativistische Grundeinstellung zur Untersuchung. (Leider hatte man ihr auf der Station klargemacht, die psychiatrische Untersuchung erfolge als eine Art Bestrafung für ihre bösen Streiche.) Auffallend ist der Gegensatz zwischen ihrem eher kleinkindlichen Spielverhalten, der noch sehr mangelhaften Differenzierung des sprachlichen Ausdrucks, der Plumpheit in der bildnerischen Gestaltung einerseits und dem kritischen, zum Teil spöttisch herablassenden Auftreten gegenüber dem Untersucher andererseits, welches dem mütterlichen Benehmen aufs Haar gleicht. Ermunterungen und Bestätigungen fördern ihre Anpassungswilligkeit nicht. Sie grinst keck, gibt überwiegend patzige Antworten und verrät unverhohlen ihre Entschlossenheit, sich keineswegs einschüchtern zu lassen. Sie ist ganz und gar auf Widerstand eingestellt. Mit Spielmaterial hantiert sie grob impulsiv, mit einem deutlich aggressiven Akzent. Allerdings wirkt ihr negativistisches Gebaren zum Teil demonstrativ aufgesetzt und übertrieben. Sie ist im Grunde doch unsicher und gespannt. Ihr provokatorisches Benehmen erweckt zumindest partiell den Eindruck einer Präventivreaktion auf die Ablehnung und Vorwurfshaltung, die sie beim Arzt insgeheim voraussetzt, so als wollte sie zeigen: «Du wirst bestimmt mit mir schimpfen. Nun siehst du gleich, wie wenig es mir ausmacht.»

Immerhin ist die Distanzlosigkeit und die impulsive Unbeherrschtheit ihres Benehmens bemerkenswert. Unter Berücksichtigung der Verhaltensbeobachtung auf der Krankenstation bestätigt sich der Anhalt für einen Mangel an positiver Ein- und Unterordnungsbereitschaft bzw. für eine ausgesprochene Freude an oppositionellen Verhaltensweisen.

Diagnose: Neurose mit dissozialer Verhaltensstörung.

Verlauf: Ihre Tuberkulose machte es erforderlich, daß G. für ein volles Jahr in einer Lungen-Kinderheilstätte in Westdeutschland untergebracht wurde, wo sie dem Einfluß der Eltern völlig entzogen war. Dort gab es erwartungsgemäß zunächst erneut Einordnungsschwierigkeiten. Allmählich begann das Mädchen indessen, unter einer sehr verständnisvollen ärztlichen und pflegerischen Betreuung, ihre negativistische Resistenz abzubauen. Sie fing an, in einem Eckchen für sich zu spielen und zu basteln. Es wurde dabei sorgsam darauf geachtet, daß die kleinen Mitpatienten Rücksicht auf ihre besonders reizbare Art nahmen. Im Laufe der Zeit lockerte sich ihre Kontaktstörung sogar so weit auf, daß sie in die Kindergemeinschaft Eingang fand. Wie die Sanatoriums-Ärztin mitteilte, wurde sie innerhalb der Gruppe eine beliebte Spielgefährtin. Wenn sie auch lieber allein bastelte, so gewöhnte sie sich allmählich daran, auch den anderen beim Basteln zu helfen. Nach einem Jahr Trennung von den Eltern hatte sich ihre dissoziale Verhaltensstörung jedenfalls fast völlig zurückgebildet.

Nach Rückkehr aus dem Sanatorium, wo sie übrigens nie Heimweh gezeigt hatte, bestätigte sich bei einer Nachuntersuchung die positive psychische Veränderung G.s in vollem Umfang. Sie erschien in unserer Sprechstunde zwar mit einer gewissen affektiven Zurückhaltung, aber ohne ihren alten Negativismus. Im Umgang mit dem Untersucher nahm sie bald Anregungen auf und zeigte sich im ganzen wesentlich anpassungswilliger. – Die Mutter schien mit G.s Veränderung allerdings eher unzufrieden. Sie kritisierte, das Mädchen sei wieder so «susig» geworden. Offensichtlich empfand sie G.s verbesserte soziale Einordnung als Rückschritt, als eine Art von Kapitulation. Während sie sich in diesem Sinne über G. abfällig äußerte, prahlte sie strahlend mit G.s jüngerer Schwester Lina: Kürzlich sei L. in eine Klinik eingeliefert worden. Hier habe sie bisher mit Ärzten und Schwestern noch nicht ein Wort geredet! Auf Rückfrage erläuterte Frau B., daß sie es großartig fände, daß sich L. eben «nicht so leicht einfangen» lasse.

Leider war es nicht möglich, Giselas weitere Entwicklung zu kontrol-

164

lieren, da die Mutter unseren ferneren Einbestellungen nicht mehr Folge leistete. Obwohl wir uns große Mühe gaben, Frau B. nicht zu provozieren, mußte sie natürlich doch merken, daß man sie in unserer Beratungsstelle nicht in ihrer Ressentiment-Ideologie stützte. Für sie war eben bereits der Besuch beim Psychiater eine Bedrohung ihrer Reaktionsbildung: Der Psychiater mußte ihr doch letzten Endes als Repräsentant einer gesellschaftlichen Ordnung erscheinen, um deren Negation sie so krampfhaft bemüht war. Sie war stolz darauf, wenn sich ihre Kinder «unangepaßt» und herausfordernd benahmen, während der Psychiater diese Haltung doch als abnorm einschätzen und an ihrer Beseitigung interessiert sein mußte. Einen kontinuierlichen Kontakt mit dem Psychiater hätte sie zweifellos nur dann durchgehalten, wenn dieser sich ihrer antisozialen Ideologie angeschlossen und ihr damit geholfen hätte, ihre neurotische Reaktionsbildung abzusichern. Er sollte ihr eingestehen, daß Gisela und Lina «großartig» waren, sofern sie gegen den gesellschaftlichen Normenkodex verstießen – und dieser Wunsch konnte ihr eben doch nicht erfüllt werden.

Drei Jahre, nachdem Frau B. den Kontakt mit unserer Beratungsstelle abgebrochen hatte, wurde übrigens bekannt, daß ihr Ehemann wegen einer geheimen radikalistischen Tätigkeit einem Strafverfahren ausgesetzt wurde. Es ist hier wegen der gebotenen Diskretion leider nicht möglich, diese Tätigkeit näher zu charakterisieren und aufzuzeigen, mit welcher eindrucksvollen Konsequenz sie aus der antisozialen Ideologie der Familie resultiert. Bezeichnend ist es übrigens, daß Frau B. uns die traurige Neuigkeit, unmittelbar nach der Verhaftung ihres Mannes, nicht ohne Anflug von Stolz meldete. Obwohl diese Schlag unter anderem für die ohnehin schlechte wirtschaftliche Situation der Familie von deletärer Bedeutung war, konnte sie doch eine gewisse Genugtuung über die Gelegenheit nicht verhehlen, daß sie wieder einmal Aufsehen erregen konnte. Ähnlich, wie sie früher, nach eigenem Eingeständnis, die schockierenden Verwahrlosungsansätze G.s genossen hatte, so verschaffte es ihr jetzt eine gewisse perverse Befriedigung, sich mit der Kriminalität ihres Mannes hervortun zu können. Es war übrigens nicht mehr zu erfahren, ob und wie weit sie selbst in die Delikte ihres Mannes verwickelt war.

Zusammenfassung: Frau B. erwirbt in Identifizierung mit der Großmutter deren Ich-Ideal männlichen sozialen Ehrgeizes. Der Mann versagt, der ihr dieses Ich-Ideal ersatzweise realisieren soll. Zugleich macht die Katastrophe 1945 ihren sozialen Aufstiegshoffnungen ein Ende. Diese Kränkung führt offenbar zu einer teilweisen Rückverwandlung neutralisierter Energie in freie Aggression. Jetzt revoltiert sie in archaischer Weise, allerdings unter Beibehaltung einer gewissen exhibitionistischen

Koketterie, gegen die soziale Realität schlechthin. Diese Reaktionsbildung gegen das schmerzlich verfehlte Ich-Ideal verlangt von ihr, daß sie ihre Tochter rücksichtslos in eine Identifikation mit ihrer Einstellung hineinzwingt. Würde die Tochter die herrschenden sozialen Werte anerkennen, anstatt den mütterlichen antisozialen Protest zu übernehmen, würde sie ja doch die gesamte mütterliche Reaktionsbildung gefährden. Sie muß also genauso sein, wie die Mutter ist. Tatsächlich fügt sich das Mädchen in die ihr abverlangte Rolle. Indem ihr die angemessenen Versagungen und Gebote erspart werden, entfallen die Fundamente für eine normale Über-Ich-Entwicklung. Die durch die Geschwister-Eifersucht freigesetzten aggressiven Energien dürfen sich im außerfamilialen Bereich ungehemmt, selbst in kraß antisozialer Form entfalten. Dieses Verhalten findet sogar besondere mütterliche Anerkennung.

Der weitere Verlauf zeigt die Bedeutung des aktuellen mütterlichen Einflusses für die kindliche Entwicklung. Denn bereits ein Jahr nach Trennung von der Mutter hat sich das dissoziale Fehlverhalten des Kindes fast völlig zurückgebildet. Allerdings bedingt die Rückkehr G.s in den elterlichen Haushalt zweifellos eine erneute schwere Gefährdung.

Es ist offenkundig, daß sich an diesem Fall die besonders ungünstigen Wirkungen bestätigen, die R. König [168] als typisch für eine Beeinflussung des Kindes in der «überorganisierten verwahrlosten Familie» beschrieben hat.

Traumatische Bedeutung der Rolle

Wie bei der Mehrzahl der hier beschriebenen Rollen sind es auch bei diesem Typ erst besondere Intensität und Einseitigkeit der elterlichen Forderung, die eine schädliche Wirkung bedingen. Daß Eltern ihr Kind «nach ihrem Bilde» zu formen versuchen, ist nicht etwa schon an sich bedenklich, sondern im Gegenteil eine in den erzieherischen Leitbildern der meisten Eltern vorzufindende Tendenz, der man positive Einflüsse auf das Kind nicht absprechen kann, sofern dem Kind noch genügend Spielraum für eine eigenständige Entwicklung eingeräumt wird und sofern die Eltern selbst integrierte, affektiv ausbalancierte und sozial adaptierte Persönlichkeiten sind. Sind die zuletzt genannten Bedingungen indessen nicht erfüllt und folgt die Rollenvorschrift für das Kind – und von dieser Voraussetzung wird hier ja stets ausgegangen – ganz überwiegend dem Motiv, mit Hilfe des Kindes eigene unbewältigte Konflikte auszutragen, dann stecken in dieser Rolle zweifellos Gefahrenmomente, wie auch die zitierte Pathographie zeigte.

Ein wichtiger potentiell pathogener Faktor dieser Rolle besteht darin, daß das Kind *an der Ausbildung eines tragfähigen Ich-Ideals gehindert* wird. Denn es wurde ja ausgeführt, daß der elterliche Anspruch sich auf die Phantasie gründet, selbst *perfekt* zu sein, was wiederum mit einer Verleugnung des Ich-Ideals erklärt wurde. Nur derjenige, der sich zugunsten seiner narzißtischen Omnipotenzwünsche den Ansprüchen seines Ich-Ideals entzogen hat, kann vom Kind verlangen, daß es ihm unbedingt gleichen müsse, ohne dem Kind die Chance zu geben, einen neuen und vielleicht besseren Weg zu gehen als man selbst. Natürlich haben auch solche Eltern ihre Leitbilder. Diese pflegen jedoch so entworfen zu sein, daß sie nur die Phantasie der eigenen Vollkommenheit abschirmen. Zum Teil kommt es dabei sogar zu ausgeprägten Ideologie-Bildungen, an denen man ablesen kann, daß sie nur zu dem Zweck konstruiert sind, das ursprüngliche «echte» Ich-Ideal zu widerlegen.[169] Bei derartigen ressentimenthaften Ideologisierungs-Prozessen wehrt das Ich das Ich-Ideal in ähnlicher Weise ab wie sonst ängstigende Es-Impulse: Es schafft sich eine Gegenbesetzung in Form einer «Reaktionsbildung». Der Mensch kämpft gegen das, was er eigentlich insgeheim bejaht. Bei der Mutter von Gisela B. ließ sich dieser Prozeß der ressentimenthaften Reaktionsbildung gegen das ursprünglich Wirksame Ich-Ideal deutlich verfolgen. Zugleich ist hier der typische traumatische Effekt auf das Kind gut lesbar. Das Kind wird nur bejaht, wenn es die mütterliche Wertfälschung übernimmt. Folglich besteht die Gefahr, daß es, wenn es nicht von anderer Seite gestützt wird, ebenfalls an der Aufgabe einer adäquaten Ich-Ideal-Formation scheitert.

Studiert man das ganze Problem mehr unter dem Aspekt der *Triebentwicklung* und der *Ich-Organisation*, so kann man das traumatische Moment dieser Rolle darin sehen, daß das Kind auf der gleichen Stufe der Libido-Entwicklung festgehalten wird, auf welche die Elternfigur fixiert geblieben ist. So wird zum Beispiel das kleine Mädchen von der Mutter mit dem «Männlichkeitskomplex» daran gehindert, die «phallische Phase» zu überwinden und ihre weiblichen Wünsche zu entfalten. Dafür ein kleines Beispiel von St. Bornstein:

«Eine Mutter, die ihre Tochter sportlich, sachlich, praktisch kleidet, erzählt, die Kleine hätte ihr deshalb Vorwürfe gemacht. Sie liebe diese Nüchternheit nicht, sie liebe Bänder und Rüschen und möchte mal gern hübsche Kleider haben, ‹so richtige Mädelkleider›. Das erinnerte die Mutter, daß sie selbst als Kind unglücklich darüber war, daß man sie als hübsches Mädchen putzte, daß sie die Jungen um die Hosen beneidete. Sie begriff, daß sie ihre eigenen kindlichen Männlichkeitswünsche nun harmlos in der Wahl der ungeschlechtlichen Kleidung der Tochter, sozusagen an deren Leib, wiederholte.»[170]

Man findet in solchen Fällen allerdings zumeist, daß die Mutter nicht etwa bloß ihre *früheren* kindlichen Männlichkeitswünsche bei der Erziehung der Tochter neu belebt, sondern daß sie noch gegenwärtig unter dem Druck phallisch männlicher Strebungen steht, die sie auch nur deshalb bei der Tochter zu schüren versucht.

Was die *Ich-Organisation* anbelangt, so muß das Kind die gleichen Abwehrformen ausbilden, deren sich die Eltern bedienen. Es darf es dabei vor allem nicht «besser machen» als die Eltern. Hat es zum Beispiel in einem bestimmten Triebbereich weniger Angst als die Eltern, so versuchen diese, entsprechende Ängste wachzurufen. Insbesondere pflegen die Eltern die Fähigkeit des Kindes zur kritischen Realitätsprüfung so weit einzuschränken, wie sie es bei sich selbst getan haben. Das Kind darf nur das sehen, was sie sehen. Es wäre eine Bedrohung ihrer Abwehrformation und ihrer narzißtischen Perfektions-Phantasie, würden sie zulassen, daß sich das Kind besser und freier orientiert.

Ein weiteres Belastungsmoment pflegt sich daraus zu ergeben, daß Eltern das Kind speziell in dieser Rolle nicht nur zur Abstützung ihrer unbewußten Phantasien, gleichsam als Rückendeckung für ihre Abwehrmechanismen gebrauchen, sondern daß sie das Kind außerdem als *Helfer in der Auseinandersetzung mit der Umgebung* bzw. der Gesellschaft einspannen. Das Ressentiment, das Eltern bei dieser Rollenvorschrift immer eignet, führt regelmäßig zu äußeren sozialen Spannungen. Und diese Spannungen soll das Kind ebenfalls auf sich nehmen und an der Seite der betreffenden Elternfigur kämpfen. So hat die Mutter mit dem unbewältigten Männlichkeitskomplex zumeist Auseinandersetzungen mit ihrem Ehemann. Sie erwartet dann von der Tochter, daß sie ihr dabei Bundesgenossen-Dienste leistet. Oder es besteht ein Widerspruch zu dem allgemeinen gesellschaftlichen Normen-Kodex – wie bei der Familie B. Dann soll das Kind, wie sich an diesem Fall zeigte, diese Negation übernehmen und sich in allen Gruppen außerhalb der Familie als protestierender Außenseiter behaupten.

Über die spezielle traumatische Bedeutung dieser Ausnutzung des Kindes als Kampfpartner gegen andere Personen oder Gruppen wird anläßlich der Beschreibung der Rolle des Kindes als umstrittener Bundesgenosse noch Näheres zu sagen sein.

3. Das Kind als Substitut des idealen Selbst

Genese und Merkmale der Rolle

Als «Typ c» wurde – unter Bezug auf Freud – in der Tabelle der narzißtischen Formen der Elternbeziehungen zum Kind aufgeführt: «Man sucht im Kind, was man selbst sein möchte.» Das Kind soll so sein, wie man selbst gern geworden wäre.

Nun ist es zweifellos ein normales und grundsätzlich positiv zu wertendes elterliches Bedürfnis, daß ihr Kind die Probleme des Lebens besser lösen möge als sie selbst. Es ist der persönliche Ausdruck des Menschheits-Strebens nach einem besseren Leben für die zukünftigen Generationen. Und die Soziologen und Kulturphilosophen fürchten mit Recht allenfalls die Folgen einer Abschwächung dieses Strebens.

Nun kann es aber durchaus so sein, daß die Projektion des eigenen Ich-Ideals auf das Kind nur dem elterlichen Bedürfnis folgt, sich von drückenden Schuldgefühlen zu entlasten. Nicht das Kind soll mit seinen Problemen besser fertig werden, sondern man selbst will mit Hilfe des Kindes mit seinem eigenen Konflikt weiterkommen.

S. Freud [171] hat gezeigt, wie dieses Motiv in Partnerbeziehungen zwischen Erwachsenen wirksam sein kann: «Was den dem Ich zum Ideal fehlenden Vorzug besitzt, wird geliebt. Dieser Fall der Aushilfe hat eine besondere Bedeutung für den Neurotiker, der durch seine übermäßigen Objektbesetzungen im Ich verarmt und außerstande ist, sein Ich-Ideal zu erfüllen. Er sucht dann von seiner Libidoverschwendung an die Objekte den Rückweg zum Narzißmus, indem er sich ein Sexualideal nach dem narzißtischen Typus wählt, welches die von ihm nicht zu erreichenden Vorzüge besitzt. Dies ist die Heilung durch Liebe...»

In ähnlicher Weise können Eltern eine «Heilung» durch ein Kind erwarten, von dem sie unter Umständen mit größtem Nachdruck verlangen, daß es unbedingt die Ziele erreichen soll, die ihnen versagt geblieben sind. Der Unterschied zu dem von Freud beschriebenen Vorgang bestände darin, daß sie sich ja nicht ein Kind «wählen» können, das schon die erstrebten Vorzüge besitzt, sondern daß sie ihr vorhandenes Kind erst zu einem in diesem Sinne geeigneten Partner *machen* müssen. Im weiteren wird sich freilich zeigen, daß Eltern aus dem Bedürfnis heraus, im Kind eine Erfüllung ihres Ich-Ideals zu finden, das Kind bereits von vornherein in diesem Lichte *sehen* können, auch wenn ein objektiver Beobachter an ihm keineswegs die Ideal-Merkmale bestätigen kann, welche die Eltern schon vorzufinden meinen.

Im Vergleich mit dem vorher beschriebenen Rollen-Typ, bei welchem das Kind als genaue Kopie begehrt wurde, läßt sich zunächst feststellen: Auch als Substitut für das ideale Selbst soll das Kind in der Grundform die elterliche Ich-Organisation übernehmen. Aber das kindliche Ich soll gewissermaßen erfolgreicher sein. Das setzt wiederum voraus, daß die Eltern nicht an der Phantasie ihrer omnipotenten Perfektion festgehalten haben, wie im vorigen Fall, sondern noch unmittelbar an ihren Schuldgefühlen leiden. Deshalb ertragen sie es nicht nur, wenn das Kind «besser» wird, sondern sie *fordern* es sogar, um sich dann mittels Identifizierung durch den vom Kind erzielten Erfolg für das eigene Scheitern zu entschädigen.

Die Projektion des idealen Aspektes des eigenen Selbst auf das Kind kann nun in zwei verschiedenen Formen erfolgen, je nachdem, ob die Eltern mehr den *positiven Aspekt des Ich-Ideals im engeren Sinne* oder mehr den *negativen*, das heißt den *Verbots-Aspekt des Über-Ichs*, zum Maßstab ihrer Projektion machen.

Dieser Unterschied läßt sich nur verstehen, wenn hier ein paar theoretische Erläuterungen zu den Begriffen *Ich-Ideal* und *Über-Ich* eingefügt werden. S. Freud hat diese Termini als Synonyme verwendet, und zwar im Sinne einer sich entwicklungsgeschichtlich aus dem «Ich» herausdifferenzierenden «zensorischen Instanz». Diese Instanz ist aber, worauf insbesondere H. Giltay [172] und J. Lampl de Groot [173] aufmerksam gemacht haben, dem Inhalt und dem Ursprung nach *doppelgesichtig*. Sie zeigt erstens, «wie man sein möchte», zweitens aber auch, «wie man nicht sein darf». Unter dem ersten Aspekt ist diese Instanz also letztlich nach Lampl de Groot eine «wunscherfüllende Agentur» (*wishfulling agency*), unter dem anderen eine «verbietende Agentur» (*prohibiting agency*). Wird die Instanz im zuletzt genannten Sinne gemeint, so bevorzugt man hierfür überwiegend den Terminus «Über-Ich» statt «Ich-Ideal», aber eben nur in der Absicht, den einen besonderen Aspekt hervorzuheben.[174] – Genetisch entwickelt sich das «gewährende» Ich-Ideal aus dem kleinkindlichen Narzißmus. Freud schreibt: «Was er als sein Ideal vor sich hin projiziert, ist der Ersatz für den verlorenen Narzißmus seiner Kindheit, in der er sein eigenes Ideal war.»[175] Der Knabe bildet sein Ich-Ideal, indem er so sein *möchte* wie der starke Vater. «Dieses früheste Ideal ist vollkommen narzißtisch, ohne jeglichen ethischen Zusatz» (Giltay [176]). Demgegenüber entwickelt sich der verbietende und einschränkende Charakter des Ich-Ideals, den man eben auch mit «Über-Ich» meint, aus einer Introjektion der erzieherischen Forderungen und Tabus. Demnach «wirkt das Über-Ich nur negativ, verurteilend und strafend» (Giltay). Auch an *seiner* Entstehung sind Internalisierungen väterlicher Merkmale beteiligt, diesmal ist es allerdings lediglich der böse, drohende Aspekt des Vaterbildes, der introjiziert wird.

Diese kurze Begriffserklärung mag hier genügen, um verständlich zu machen, daß die Projektion des idealen Aspekts des eigenen Selbst auf das Kind sehr verschieden ausfallen und sich auswirken kann, je nachdem, ob die Eltern mehr den «gewährenden» Aspekt des Ich-Ideals im engeren Sinne oder den «verbietenden» Aspekt des Über-Ichs projizieren. In vielen Fällen findet man freilich *beide* «Gesichter» des Ich-Ideals bzw. Über-Ichs in den elterlichen Erwartungen an das Kind zugleich wieder: Das Kind soll sowohl die mangelhaft befriedigten narzißtischen Ambitionen der Eltern stellvertretend realisieren, als zugleich deren Gewissensängste durch besondere Tugendhaftigkeit zu beschwichtigen helfen.

Ist für die elterliche Projektion in erster Linie das «gewährende» Ich-Ideal maßgeblich, dann sind es also *narzißtisch gefärbte Leitbilder*, die dem Kind aufoktroyiert werden. Was kommen da etwa für Leitbilder in Frage? Von deutschen Familiensoziologen haben unter anderem R. Mayntz [177] und G. Wurzbacher [178] typische Erziehungs-Ideale beschrieben. Mayntz nennt: «Das Kind soll die gesellschaftliche Stellung, den Wohlstand, die Sicherheit oder den beruflichen Erfolg erreichen, den die Eltern selber nicht haben.» Wurzbacher widmet in seiner Monographie ‹Leitbilder gegenwärtigen deutschen Familienlebens› ein besonderes Kapitel den Familien, in denen «das Kind vorwiegend *Instrument familialen Prestiges*» darstellt. Zwei als typisch zitierte Familien-Monographien betreffen Familien, die eine hohe gesellschaftliche Stellung und ihren Besitz verloren haben. Beide Familien stehen unter Geltung des Patriarchats und weisen eine «nachhaltige berufsständische Geprägtheit» auf. Den Kindern wird die Rolle zugedacht, die den Eltern gesellschaftlich verlorenging. – Nun ist die Variationsbreite der Leitideen, die mit dem Sammelbegriff «Prestige-Streben» verknüpft werden können, indessen immer noch recht umfangreich. Mal soll das Kind Rang, Titel, Besitz stellvertretend für die Eltern erobern oder wiedergewinnen, mal soll es durch Bildung, «feine Lebensart» oder als filmendes, schlittschuhlaufendes, musizierendes Star-Kind elterliche Ambitionen nacherfüllen.

Gründet sich das Prestige-Streben, wie es häufig geschieht, auf die Realisierung formaler Ausbildungsziele wie «Abitur» und «Studium», dann kommt es leicht zu Entwicklungen wie in der von Mitscherlich [179] mitgeteilten Fallstudie:

«Ein 33jähriger Student ist schon zweimal bei seinen Studienversuchen gescheitert. Er ist aufs schwerste gehemmt und hat vollkommen die Möglichkeit verloren, sich auf seine Arbeit oder auf irgendein sonstiges Ziel in der Welt zu konzentrieren. Sein Vater war ein Beamter, der lebenslang darunter litt, daß er kein Abitur gemacht hatte, aber täglich mit Kollegen und Vorgesetzten zusammenarbeiten mußte, die diese Auszeichnung genossen hatten. Der Patient hatte noch einen Bruder. Beide Söhne wurden vom Vater trotz ihrer schlechten Schulleistungen mit unnachgiebiger Strenge zum Abitur gepeitscht. Die vital blasse, zwangsneurotisch eingeengte und unter dem von Ressentiments geladenen Regime des Vaters depressiv gewordene Mutter klagte am Abend dem Vater alle Sünden der Söhne, worauf dann die väterliche Strafexpedition ins Kinderland erfolgte. So folgten sich die Tage, angsterfüllt vor den Denunziationen der Mutter und der immer strafbereiten Strenge des Vaters. Charakteristisch genug sind die wenigen glücklichen Erinnerungen des Patienten an seinen Vater mit den kurzen Stunden gemeinsamer Bastelarbeit verbunden. Aber in dieser Hinsicht gab es eben keine zusammenhängende, verbindende Tätigkeit, vielmehr stand ganz die Leistungsdressur als Leitmotiv über der Jugend dieser Kinder. So war die ganze Schulzeit eine Qual, eine Folge von Autoritätskonflikten mit den Lehrern (die, wie so häufig, die niedergeprügelte Ambivalenzhaltung dem Vater gegenüber auszukosten hatten). Je schärfer die väterliche Forderung, desto unüberwindlicher die Lernhemmung . . .»

Während hier die Rolle des Kindes ganz auf die Qualifizierung durch Schule und Universität zugeschnitten ist, die den Vater für die eigene Entbehrung eines Hochschulstudiums entschädigen soll, so beziehen sich in anderen Fällen die Dressate in erster Linie auf *sportliche* oder *künstlerisch-darstellerische* Fertigkeiten, die dem Kind von den Eltern nie erreichte Erfolge eintragen sollen.

Unter Vätern, die ihre Söhne mit aller Gewalt zu Kanonen in Kraft- und Kampfsportarten heranbilden wollen, fanden wir gehäuft Männer, deren auf das Kind projiziertes Ideal des sportlichen *superman* Resultat einer Reaktionsbildung gegen ihre verdrängten passiv femininen Tendenzen darstellte.

Bei Müttern sind es oft unerfüllte narzißtisch-exhibitionistische Bedürfnisse, die den Kindern zur stellvertretenden Realisation aufgebürdet werden. Mitunter sind diese Tendenzen männlich gefärbt, so daß sie – was bei oberflächlicher Betrachtung überraschen könnte – gelegentlich stärker auf die Söhne als auf die Töchter projiziert werden.

Ein 9jähriger Junge aus unserem Beobachtungsbereich mit einer groben, ungeschickten Motorik wurde von seiner männlich-ehrgeizigen Mutter mit Step-Tanz-Unterricht drangsaliert, nur weil sie es nicht verwunden hatte, daß ihre eigene «tänzerische Begabung» ungenützt verkümmert war, die man ihr angeblich früher nachgesagt hatte.

Einer anderen Mutter, die sich als verhinderte Schauspielerin fühlte, bedeutete es das höchste Ziel, ihren äußerst schüchternen, introvertierten Sohn unbedingt als «Star» Gedichte vor Publikum aufsagen zu sehen. Jahr für Jahr quälte sie ihn, sich bei den Weihnachts-Spielen in der Schule um eine dekorative Rolle zu bemühen. In jedem Jahr litt der Junge vom Herbst an Qualen der Angst, da er einerseits den größten Widerwillen gegen den Zwang zum «Schauspieler» empfand, andererseits den einseitig auf dieses Ziel orientierten Ehrgeiz der Mutter zu kränken fürchtete.

Unter den Eltern, die mit ihren Klein- oder Schulkindern vor den Film-Studios Schlange stehen, sie als «Film-Kinder», als «Foto-Modelle», Teenager-Mannequins usw. anbieten, dürften sich reichlich Beispiele für das Bedürfnis finden, sich durch den dekorativen Effekt eines Star-Kindes eine ersatzweise Erfüllung eigener narzißtischer Wünsche zu verschaffen. Ähnliches dürfte für einen größeren Anteil der Eltern gelten, die sich in den Eis-Stadien sammeln, um ihren knapp eingeschulten Sprößlingen Tag für Tag mehrere Stunden Kunstlauf-Figuren eindrillen zu lassen. Die letzten Ersparnisse werden dabei oft für die Trainer aufgewendet, die aus den rücksichtslos gequälten Kindern spätestens mit 15, 16 Jahren umjubelte Eislaufprinzessinnen machen sollen.

Mitunter sind die auf das Kind projizierten narzißtischen Leitbilder nicht so eng umschrieben, sondern umfassen die verschiedensten Lebensbereiche. Im Extremfall soll das Kind auf möglichst allen Leistungsgebieten und im gesellschaftlichen Benehmen ein preiswürdiges Musterkind sein. Überall soll es Perfektion erreichen, deshalb spricht L. Kanner [180] hier generell von «perfektionistischer Erziehung». Wie sich eine derartige Erziehungsform darstellen und auswirken kann, erläutert er an der Krankengeschichte von Leslie B.

Leslies (14 J.) Mutter ist selbst sehr streng erzogen worden. Sie wurde von ihren Eltern nur akzeptiert, wenn sie in jedem Lebensbereich ganz genau den vorgeschriebenen Richtlinien folgte. Sie übertrug später diesen Perfektionszwang, dem sie als Kind unterworfen gewesen war, auf die eigene Tochter. Die Tochter Leslie sollte das Perfektions-Ideal erreichen, demgegenüber sie sich stets im Rückstand und in Schuld gefühlt hatte. «Als Leslie älter wurde, beobachtete man auf das genaueste ihre Sprechweise, Haltung, Betragen, Körperpflege, ihren Gehorsam, die Auswahl ihrer Freundinnen und später ihre Lektüre, Fernseh-Programme, Hausarbeit und ihre gesellschaftliche Aktivität. Die Mutter schalt und schlug sie nicht. Sie drückte ihr Mißfallen immer nur so subtil aus: ‹Du wirst ein bißchen dick, Herzchen; glaubst du nicht, wir sollten einmal zum Doktor gehen, damit er dir eine Diät verschreibt?› Oder: ‹Ich bin stolz, daß du beim Mathematik-Test auf 95 gekommen bist, Liebling. Aber glaubst du nicht, du hättest es mit einem bißchen mehr Anstrengung auf 100 bringen können?›» – In dieser sanften, nichtsdestoweniger unnachgiebigen Weise war die Mutter unablässig bemüht, Leslie auf das Vollkommenheits-Ideal hin zu dressieren, dessen sie zur Kompensation der eigenen Insuffizienz bedurfte.

Dabei war Leslie ein hochintelligentes, attraktives Mädchen. Sie hatte in der Schule sogar außergewöhnliche Erfolge. Trotzdem nahm sie eines Tages ein Dutzend Tabletten, um Suizid zu begehen. Es stellte sich heraus, daß sie tief unter der Unerreichbarkeit der perfektionistischen Forderungen der Mutter litt. Sie gab sich allein die Schuld. *Sie fürchtete, die Mutter durch ihr angebliches Versagen zu erniedrigen.* Mit dieser Besorgnis bestätigte sie unbeabsichtigt die Tatsache, daß die Mutter ihrer ja vornehmlich zu dem Zweck bedurfte, *sich selbst zu erhöhen.* Als Leslie nach ihrem größten Wunsch gefragt wurde, erklärte sie: «daß meine Mutter mit mir keine Sorgen hätte». Sie hatte keinerlei Selbstvertrauen, sie verachtete sich selbst.

Ist es nun weniger das «gewährende» Ich-Ideal als das «verbietende» Über-Ich, das für die elterliche Projektion bestimmend ist, dann nehmen die elterlichen Erwartungen einen überwiegend *versagenden* Charakter an. Das Kind wird dann nicht so sehr auf positive Prestige-Erfolge abgerichtet als auf ein bloßes Nicht-Dürfen. Die Trieb-Unterdrückung wird zum Wert an sich. Die perfekte Unschuld des Kindes soll die unbewußten Selbstbestrafungsbedürfnisse der Eltern beschwichtigen. Das Kind soll weder aggressive noch sexuelle Äußerungen zeigen, seine oralen Wünsche zügeln und obendrein vielleicht noch irgendeine triebfeindliche Ideologie übernehmen und sich dafür werbend einsetzen. Ein nahezu klassisch reines Beispiel für eine Projektion vom Über-Ich-Typ bietet die nachfolgende Pathographie von Jakob P. (S. 184), dem diese Rolle von seiner Mutter abgefordert wird.

Man könnte nun annehmen, daß das «verbietende» Über-Ich stets dort die elterliche Projektion determiniert, wo die dem Kind aufoktroyierten Leitbilder überwiegend *religiös* gefärbt sind. Aber das muß nicht so sein. Es gibt auch eindrucksvolle Beispiele für Projektionen religiöser Leitbilder, die in gleichem Maße von der «wunscherfüllenden Agentur» des Ich-Ideals wie von der «verbietenden Agentur» des Über-Ichs geprägt sind. Man denke nur an den glänzenden Roman ‹Der veruntreute Himmel› von Franz Werfel, in welchem es an Stelle einer Elternfigur eine Tante ist, die ihren Neffen als Substitut ihres idealen Selbst dazu auserwählt, ihr den Zugang zum Himmel zu sichern:

Der «herrschaftlichen Köchin» Teta Linek, Mitglied des Vereins katholischer Jungfrauen, bereitet es ständige Unruhe, zu wissen, «daß sie keine schneeweiße Seele habe und alle Tage unverbesserlich ihre Köchinnensünden begehe». Sie empfängt zwar fleißig die heiligen Gnadenmittel und hofft fest, «daß sie nicht für so schlecht erkannt sei, daß der Tod ihr werde in unabsolviertem Zustand auflauern dürfen». Indessen erliegt sie trotz aller guten Vorsätze laufend allerhand schlimmen Versuchungen. Ihr «schwaches Fleisch» versagt, wenn es heißt . . . «der Hausfrau zum Beispiel die frischen Erdbeeren zum richtigen Marktpreis anzurechnen, ohne ein paar Groschen aufzuschlagen». Die Sorge, ob «ihr liebes Ich» für die Ewigkeit gerettet werden könne, wird eine um so größere Plage, je älter sie wird.

Da führt ihr das Schicksal ihren mittellosen kleinen Neffen Mojmir in den Weg. Sie richtet nun ihren gesamten Lebensplan darauf ein, aus Mojmir einen Priester zu machen, der ihr Fürsprecher bei Gott werden soll. Es stärkt sie dabei der Gedanke: «Hatte nicht der Herrgott selbst einen Mittler herabgesandt, um den Menschen, die sich mit den vielen Sünden und den wenigen guten Taten abplagten, zu Hilfe zu kommen?»

Dem äußeren Schein nach lebt Teta nur noch für ihren Neffen. Sie spart jeden Pfennig, verzichtet auf «ein Bierchen und ein Schnäpschen nach der Morgenmesse und die Benutzung der Trambahn, um auf den Markt zu fahren». Sie läßt manche haltbare Speise vom Tisch der Herrschaft verschwinden: «Ihr künftiger Vertreter vor dem Thron des Höchsten sollte wohlgenährt sein und stark, wie es sich geziemte.» Jeden Monat überweist sie 40 Goldkronen an Mojmirs Adresse, um seine Ausbildung auf dem Gymnasium und später auf dem Priesterseminar zu finanzieren. «Welche Liebe einer Kinderlosen zu dem Sohn einer anderen», denkt die Umgebung, ohne zu durchschauen, «daß Teta für ihren Neffen

174

nicht nur keine Liebe empfand, sondern überhaupt kein persönliches Interesse ...»

Mit dichterischer Prägnanz arbeitet Werfel die Tatsache heraus, daß Teta in Mojmir *nichts anderes als eine Erfüllung ihres eigenen Ich-Ideals sieht*:

«Mojmir Linek war gewissermaßen nichts als eine Idee, die sich in ihm zu personifizieren hatte. Er sollte gehämmert und geschliffen werden in langen Jahren, damit er eines Tages durch die Weihe berufen sei, ihr im Sinne des Lebensplanes das Genossene abzugelten.»

Aber Tetas Plan schlägt fehl. Der Neffe beschwindelt sie und veruntreut ihr Geld. Er schreibt ihr von seiner Priesterausbildung und schließlich von seinem Amtsantritt als Pfarrer – und handelt in Wirklichkeit längst mit «Juxartikeln für fröhliche Geselligkeit». Mit Tetas überwiesenem Geld beschwichtigt er, völlig verschuldet, die wichtigsten Gläubiger. Als die Tante endlich den Betrug begreift, macht sie sich in tiefer Verzweiflung zu einer Pilgerfahrt nach Rom auf. Es dämmert ihr ihre Schuld an der charakterlichen Fehlentwicklung des Neffen. Ihr wird gleichsam die Strafe für ihre rein narzißtische Ausnützung Mojmirs. Sie büßt dafür, ihn ohne persönliche Liebe nur als Mittel mißbraucht zu haben, sich den Himmel zu erkaufen.

Bei dieser Teta Linek ist es deutlich, daß ihr Leitbild schillert, daß es sowohl Züge eines narzißtischen Wunsch-Ideals als Züge des kategorisch fordernden Über-Ichs in sich vereinigt. Die folgenden beiden Krankengeschichten aus der eigenen Untersuchungsreihe sind so ausgewählt, daß bei der ersten (Udo K.) vorwiegend der Aspekt des Ich-Ideals, bei der zweiten (Jakob P.) hauptsächlich der Aspekt des Über-Ichs die elterlichen Projektionen charakterisiert. Bei beiden Kindern ist es die Mutter, die mit Hilfe des Kindes den idealen Aspekt ihres Selbst nachträglich erfüllen will. Im ersten Fall von Udo K. läßt sich das mütterliche Ich-Ideal etwa durch die Stichworte charakterisieren: *Sozialer Aufstieg, höhere Bildung.* Im zweiten Fall von Jakob P. dominiert das religiöse Element: Das Kind wird zur Kompensation mütterlicher Schuldgefühle als *sündenfreier Heiliger* begehrt. – Die eigenen Beobachtungen erstreckten sich bei diesen beiden Fällen über fünf bzw. vier Jahre.

Beispiele:
1. Krankengeschichte Udo K., 1949 geb.

Vorgeschichte: Der Großvater väterlicherseits hat eine Zeitlang stärker getrunken. Sonst sind keine psychiatrischen Störungen in der näheren Aszendenz bekannt. Udo hat eine Schwester, 1950 geb.

Die *Mutter*, für Udos Rollenbestimmung in erster Linie maßgeblich, hatte in ihrer Kindheit sehr unter dem mangelnden Einvernehmen ihrer Eltern zu leiden. Ihr Vater trank häufig, machte Schulden und unterhielt laufend außereheliche Beziehungen. Schon als 8jähriges Mädchen mußte

Udos Mutter den Vater oft an den Tagen der Gehaltsauszahlung aus dem Gasthaus nach Hause holen, damit er nicht alles Geld vertrank. Nach seinen Exzessen war er gewöhnlich voller Reue, erging sich in feierlichen Versprechungen – die er bald wieder brach. Ihre Mutter, acht Jahre älter als der Vater, hielt die Ehe trotz aller Enttäuschungen aufrecht. Erstens lehnte sie aus Prestige-Interesse und aus ideologischen Gründen eine Scheidung grundsätzlich ab. Zweitens empfand sie selbst Widerwillen gegen die Sexualität und konnte sich infolgedessen damit abfinden, wenn er seine Triebbedürfnisse anderswo befriedigte. Der Vater hatte gesagt: «Wenn du das mit mir nicht willst, dann suche ich mir eben andere!» Sie hatte es hingenommen. – Das Leitbild, unter dem sie ihre Tochter, Udos Mutter, erzog, sah nach deren Darstellung etwa so aus: Man muß brav sein, sich in der Schule hervortun und den Haushalt mustergültig in Ordnung halten. Von Liebe und Freundschaft soll man nichts erwarten, man wird darin doch enttäuscht. Wenn man von den anderen nichts haben will, braucht man ihnen auch nichts zu geben!

Udos Mutter war von ihrem Vater so abgestoßen, daß sie ganz zu ihrer Mutter hielt und sich deren Erwartungen anpaßte: «Ich war ein sehr artiges Kind, genauso, wie meine Mutti es haben wollte. Ich habe ihr nie Sorgen gemacht.» Ihre glücklichsten Kindheitserlebnisse hatte sie in der Schule. Sie hatte nur männliche Lehrkräfte. Sie war ehrgeizig, erreichte hervorragende Betragens-Noten und war bei den Lehrern sehr beliebt. Am wohlsten fühlte sie sich bei dem Englisch-Lehrer: «Der erklärte alles so nett. Er half mir so freundlich und lobte mich oft: ‹Irmgard, das geht schön›.» Sie erreichte die mittlere Reife und besuchte eine Handelsschule. Sie lernte leidenschaftlich gern, und wenn sie von den Lehrkräften Anerkennung fand, war sie selig. Anschließend begann sie eine Lehre als Versicherungskaufmann. Die Arbeit im Büro erfüllte sie ganz: «Wenn ich an der Schreibmaschine saß, hatte ich alles.»

Es kostete sie große Überwindung, wegen ihrer Heirat 1946 – sie war damals 21 – ihre beruflichen Pläne aufzustecken. Es blieb ihr indessen wegen einer Schwangerschaft keine andere Wahl. Die Mutter drängte zur Eheschließung. Bald darauf kam es zur Fehlgeburt. Sie hat ihre Enttäuschung darüber nie verwunden, daß sie seinerzeit aus dem Beruf herausgerissen wurde, weil dieser ihre eigentliche Welt bedeutete: «Ich hätte damals nicht heiraten sollen!»

Ihr Mann, Udos Vater, erwies sich zwar als zuverlässig, anständig und in wirtschaftlicher Hinsicht fürsorglich, jedoch teilte er ihre geistigen Ambitionen nicht. Er ist Elektriker und arbeitet im Akkord. Sie hat sich immer gewünscht, daß er sich weiterbilden, vielleicht eine Abendschule besuchen würde. Sie würde es auch begrüßen, wenn er daranginge, seine Meisterprüfung vorzubereiten. Er bleibt aber lieber Arbeiter.

Bei seiner derzeitigen Akkordarbeit könne er am meisten verdienen, erklärt er. Er hat ein Auto angeschafft und plant die Erwerbung eines Fernseh-Apparates. U.s Mutter wendet ein: «Mir geht es nicht um Auto oder Fernseh-Apparat! Ich würde lieber mal ins Theater oder ins Konzert gehen.» Sie würde auch lieber auf das relativ stattliche Einkommen ihres Mannes verzichten, wenn er sich fortbilden würde, um nicht immer Arbeiter zu bleiben, sondern später vielleicht Angestellter zu werden.

Sie stört sich auch daran, daß ihr Mann nicht korrekt hochdeutsch, sondern wenig gepflegt im Dialekt spricht. «Mich ärgert es, daß er sich nicht einmal Mühe gibt, eine bessere Aussprache zu lernen!»

Wenn sie gelegentlich zusammen ins Kino gehen, bevorzugt sie Filme, in denen das Leben bedeutender Männer geschildert wird, zum Beispiel «Sauerbruch» oder «bildende Filme» über fremde Länder und Völker. Der Mann hat demgegenüber kritiklos an jedem Film seine Freude.

«Wenn ich einen anderen Mann hätte, . . . dann wäre mir vieles leichter.» Sie schwärmt von einem Schriftsetzer in ihrer Bekanntschaft, der so schön belehrend und in wohlgesetzten Worten erzählen könne. Auch ihr Cousin, der interessant von seinen Auslandsreisen berichte, versetze sie in Begeisterung: «Da kann ich stundenlang zuhören.»

So deutet sie an, daß sie es wohl ertragen würde, auf eine Befriedigung ihres persönlichen beruflichen Ehrgeizes zu verzichten, könnte sie wenigstens an einem analogen Streben ihres Ehemannes ersatzweise Anteil nehmen. Aber dieser Hoffnung muß sie entsagen, da der Mann eben lediglich auf den finanziellen Ertrag seiner Arbeit ausgerichtet ist. Eine weitere Einengung bedeutet für sie die Erfahrung, daß ihr eigenes Verlangen nach Bildung und Kultivierung ihrer Persönlichkeit beim Partner keinerlei Widerhall findet. Während sie nach einer Verfeinerung des Lebensstils trachtet und sich nach ernsten Gesprächen sehnt, bemüht er sich nicht einmal um einen gepflegten Ausdruck, bleibt in seinen Interessen auf unmittelbaren Daseinsgenuß eingeengt und sieht in der Anschaffung der modernen Standard-Luxusgüter (Auto, Fernseh-Apparat) bereits das höchste Lebensziel.

Bei eingehenderen psychologischen Erhebungen stellt sich allerdings heraus, daß Frau K. auch noch andere affektive Gründe dafür hat, daß sie sich mit ihrem Mann nicht besser arrangieren kann: «So, wie meine Mutter das Geschlechtliche abgelehnt hat, so lehne ich das auch ab!» gesteht sie ein. Sie fände das Leben schöner «ohne das». Es erweist sich, daß sie – vermutlich unter dem Eindruck der schwer gestörten Ehe ihrer Eltern den mütterlichen Protest gegen das Männliche internalisiert hat. Das Schreckbild des alkoholsüchtigen, unzuverlässigen, treulosen Vaters, der die Familie der Armut und den schwersten Entbehrungen ausgeliefert hatte, begünstigte höchstwahrscheinlich ihre volle Identifikation mit der Mutter und mit deren «männlichem Protest». Obwohl selbst von Natur aus viel zarter und sensibler als die Mutter, vermochte Frau K. keine echte weibliche Identität und Hingabefähigkeit zu entwickeln. Im Grunde hat sie sich von der Stufe des knabenhaft ehrgeizigen Schulkindes von vor 25 Jahren kaum weiter entfaltet. Die Ideale dieser Phase sind noch ihre heutigen. Und die Rolle einer reifen, hingabefreudigen Ehefrau könnte sie auch bei einem differenzierteren Partner kaum sehr viel besser ausfüllen, als ihr dies bei ihrem Ehemann heute möglich ist.

Da sie nun eben noch auf ein überwiegend männlich gefärbtes Ich-Ideal ausgerichtet ist und in dessen Realisation beim Ehemann keinerlei Unterstützung vorfand, wird es verständlich, daß sie ihren Sohn U. in der Erziehung bald auf ihre Wert-Welt hin auszurichten versuchte. Er sollte die Ziele dereinst erreichen, deren sie entsagen mußte. U. entwickelte sich allerdings trotz guter Gesundheit eher etwas langsam. Erst mit fünf Jahren überwand er allmählich die Babysprache. Voller Ehrgeiz, ihm früh ein perfektes Hochdeutsch beizubringen, quälte ihn die Mutter ungeduldig mit verfrühten Sprechübungen und schimpfte oft, wenn er noch nicht richtig artikulierte. Schon vor der Einschulung stellte sie ihm Rechenaufgaben und mühte sich, ihn im Auswendig-Lernen zu trainieren. Sie hielt ihn am liebsten zu Hause. Nur ungern ließ sie ihn draußen mit anderen Kindern spielen. Der Mann tadelte sie dafür und erklärte, sie verweichliche den Jungen zu sehr. Im allgemeinen hielt er sich indessen aus der Erziehung heraus und ließ seine Frau nach ihrem Gutdünken schalten und walten. Er mochte erkennen, daß es ihn von fortgesetzten Kritiken oder ermahnenden Ratschlägen entlastete, wenn sie ihren Ehrgeiz nunmehr statt auf sein Berufsleben auf das geistige Training von U. wendete. Andererseits verursachten ihm ihre hochfliegenden Pläne mit dem Jungen doch ein gewisses Unbehagen, da ihm natürlich nicht entgehen konnte, daß sich darin zugleich eine Mißbilligung seiner Person und seiner Leistung verriet.

U.s Schulerfolge blieben bescheiden. Die Mutter war enttäuscht. Sie begriff nicht, daß er in seiner psychischen Entwicklung retardiert war, sondern versuchte, seine Leistungen mit Gewalt über den Durchschnitt zu heben. Er durfte nicht wie die anderen Kinder zum Fußball-Spielen auf die Straße, sondern wurde mit stundenlangen Lese-Übungen traktiert. Kaum beherrschte er das Alphabet, setzte sie ihm auch schon Zeitungs-Artikel vor. Mit ihrem überehrgeizigen Eifer brachte sie immer wieder die Situation zustande, daß U. sich als Versager fühlte. Denn sie forderte stets mehr, als er konnte. Als er schließlich das Lesen leidlich beherrschte, war sie sogleich wieder darüber enttäuscht, daß er nun nicht gleich freiwillig nach Büchern verlangte. Las er später das eine oder andere Buch, reagierte sie unzufrieden, wenn es «nur» Abenteuer-Lektüre und kein «Bildungs-Buch» war. Sie erwartete bei ihm bereits Bildungs-Interessen, ohne zu bedenken, daß er durch die ständige Unterdrückung seiner Spielwünsche eine verständliche Abneigung gegen alle Aufgaben, die an die Schule erinnerten, erworben hatte. Nun entwickelte sich ein circulus vitiosus: Die Überlastung durch die mütterlichen Ansprüche machte U. nervös. Die ständige geistige Überanstrengung minderte seine Konzentrationsfähigkeit. Außerdem reagierte er auf die übertriebenen mütterlichen Zumutungen mit einer latenten Widersetzlichkeit. Beides, die Nervosität und die affektiv bedingte Leistungsunwilligkeit, minderten natürlich seine Schulerfolge. Dadurch verschärfte sich aber wiederum der häusliche Konflikt. Denn der Druck der mütterlichen Unzufriedenheit mußte sich notwendig steigern, je mehr seine Schulleistungen nachließen.

Auf diese Weise verschlechterte sich U.s Verfassung laufend. Es beeindruckte ihn, daß die Mutter infolge seines Versagens traurig wurde: «Er empfindet ganz genau, daß ich sehr darunter leide, daß es in der Schule mit ihm abwärts geht.» Die Mutter bekam des öfteren Kopfschmerzen. Sie hielt nicht mit dem Vorwurf zurück, daß er an ihren Beschwerden mitschuldig sei. Sie mußte auch gelegentlich in dem Gedanken daran weinen, daß er sie so enttäuschte. Der empfindsame Junge schlich sich heimlich mit hängendem Kopf aus dem Zimmer, wenn er sie in diesem Zustand erblickte.

U. veränderte sich in seinem Wesen. Früher frisch und jungenhaft, wurde er nunmehr ängstlich. In der Schule erschrak er schon, wenn der Lehrer nur an seinem Platz vorbeiging (Bericht des Klassenlehrers). Zu Hause erschien er vor allem in Gegenwart der Mutter verstört und manchmal wie «abwesend». Er wurde immer schweigsamer und scheinbar stumpfer. Dem Lehrer und der Schulärztin erschienen die Verhaltensstörungen U.s so beunruhigend, daß sie der Mutter rieten, unsere Sprechstunde aufzusuchen.

Es ist nun sehr bezeichnend, daß die Mutter außer U. auch noch seine Schwester C. mitbrachte und ausdrücklich wünschte, daß auch diese untersucht werde. Wir sollten uns davon überzeugen, daß die Schwester die Eigenschaften vorbildlich entwickelt habe, die U. schmerzlich vermissen lasse. Sie habe in den meisten Schulfächern eine Eins und lese auch schon gern. «Wie könnte ich Udo helfen, daß er mehr lernt und so wird wie Carola? Die Kleine und der Junge müßten vertauscht sein.»

Mit zwei Sätzen macht sie schließlich die Motivation der Rollenbestimmung für U. schlagartig sichtbar:

«Was ich bisher vermißt habe, hätte ich gern, daß der Junge es hätte.»

«Ich möchte ihm so gern eine höhere Schulbildung angedeihen lassen, daß er nicht nur Elektriker wird [wie der Ehemann. Der Verf.]!»

Die Untersuchung im Mai 1958 ergab folgende *Befunde* und *Beobachtungen*:

Körperlich: Leptosomer, ausreichend ernährter Junge, der in seiner Längenentwicklung um 6 cm hinter dem Altersdurchschnitt zurücksteht. Systolisches Geräusch am Herzen. Bei der Durchuntersuchung zeigen sich wiederholt ticartige Zuckungen der Extremitäten (große Ängstlichkeit).

Bei der motometrischen Untersuchung ergibt sich bei sonst guter Geschicklichkeit ein Entwicklungsrückstand hinsichtlich der Willkürbeherrschung der mimischen Gesichtsmuskulatur (kein Stirnrunzeln, kein Öffnen eines einzelnen Auges).

Psychisch: Bei der Prüfung seines Entwicklungsstandes stellt sich heraus, daß er um etwa ein Jahr retardiert ist. Im verbalen Teil der Intelligenzprüfung sind die Leistungen deutlich schlechter als im praktischen Teil. Im ganzen ist sein Intelligenzniveau mäßig.

Er zeichnet wenig geschickt. Hier und bei Assoziationsversuchen verrät er nur wenig Phantasie. Im Gespräch redet er zunächst sehr wenig. Dabei ist allerdings zu berücksichtigen, daß er offenbar eine überwiegend negative affektive Einstellung zu der Untersuchung hat. In den folgenden Beobachtungsstunden wird deutlicher, daß die stockende und zurückhaltende Weise, sich zu äußern, sowohl durch Angst bedingt ist (Vermeidung von Kritik) als durch latenten Protest. Später stellt sich heraus, daß er die Untersuchungssituation zunächst wie eine Schulprüfung oder die häuslichen kritischen Interviews durch die Mutter aufgefaßt hat, wobei er seit Jahren ja kaum anderes als Kritik und Bestätigung seines Unvermögens erfahren hat.

Als er schließlich etwas aufgelockerter redet, fällt seine unbeholfene Sprechweise auf. Er macht viele Fehler. Nachdem seine Mimik anfangs eine gewisse monotone Ratlosigkeit und Ängstlichkeit verraten hatte, bietet er in den nächsten Stunden schon einmal ein zutrauliches Lächeln. Die ticartigen Zuckungen, anfangs gehäuft, lassen bald nach. Sie nehmen indessen wieder zu, wenn er nach lockerem Spiel erneut einer Testsituation ausgesetzt wird, bei der er zu versagen fürchtet. Auch seine aus Ängstlichkeit und Negativismus gemischte stuporartige Kontaktschwäche setzt unter solchen Bedingungen leicht wieder ein. Insgesamt ergeben die Beobachtungen also das Bild eines retardierten, theoretisch eher schwach begabten, mehr praktisch veranlagten Jungen, der emotional nicht sehr differenziert erscheint. Im allgemeinen Kontakt zwischen ängstlich-ablehnender Einstellung und kleinkindlich gefärbter Zutraulichkeit schwankend, drücken sich in seinen stuporartigen Reaktionen und seinen verstärkten Tics in Situationen mit Leistungsanforderung sowohl Entmutigung als verhüllte Aggression aus, die sich mit den zitierten chronischen Überforderungserlebnissen in Zusammenhang bringen lassen.

Diagnose: Neurose mit Kontakthemmung und Tics.

Verlauf: Von der weiteren Entwicklung werden nahezu vier Jahre überblickt. Fortgesetzte ausführliche Beratungen der Mutter über den Begabungszustand und die Wesensart ihres Jungen haben sie weitgehend davon überzeugt, daß U. es in der Schule nicht zu besonderen Leistungen bringen und somit ihre Hoffnungen nicht erfüllen kann. Sie hat daraufhin die häuslichen Lernexerzitien mit ihm wesentlich reduziert. Sie hat sich sogar überwinden können, den Rat der Schule zu akzeptieren, U. nur auf den praktischen und weder auf den technischen noch auf den wissenschaftlichen Zweig der Oberschule überwechseln zu lassen.

Eine wesentliche Hilfe für die Mutter war es, daß sie inzwischen wieder selbst berufstätig geworden ist. Wenn ihre einfache Bürotätigkeit auch nicht ganz ihrer früheren Ausbildung als Versicherungskaufmann angemessen ist, so fühlt sie sich doch viel wohler als in den Vorjahren. Sie freut sich sehr, daß man ihre Arbeit oft lobt. Es war in der Betreuung durchaus deutlich zu registrieren, daß sie zu der Zeit davon ablassen konnte, U. blindlings zum Projektionsfeld ihres unbefriedigten Ehrgeizes zu machen, als sie sich selbst wieder eine berufliche Selbstbestätigung verschaffen konnte. Sie ist ihm gegenüber erheblich duldsamer und lockerer geworden, ohne ihre Hoffnungen allerdings ganz aufgegeben zu haben. So hat sie ihm bezeichnenderweise beigebracht: Wenn er schon «nur einfacher Handwerker» wie der Vater werde, dann müsse er sich wenigstens (im Gegensatz zum Vater) später durch Abendschul-Besuch hocharbeiten. – So kommt es, daß der Junge auf die Frage nach seinem späteren Beruf zwar noch nicht das Fach nennen kann, das er später zu wählen gedenkt, dafür aber spontan verspricht, einmal an Fortbildungskursen auf der Abendschule teilzunehmen.

Im ganzen ist er infolge der Verminderung der mütterlichen Dressate und ihres Erwartungsdrucks wesentlich entspannter geworden. Seine schreckhaften Angstreaktionen und seine Tics sind gewichen. In der Schule kommt er – begabungsgemäß – gerade eben mit. Er bastelt dafür gern und ganz geschickt. Kürzlich hat er bereits selbständig eine elektrische Leitung verlegt, nachdem er dem Vater gelegentlich bei Installationen zugesehen hatte. Zu seiner Freude darf er endlich Fußball spielen, wobei er als Mitglied der Schulmannschaft Erfolge erntet, die ihm eine gewisse Bestätigung verschaffen. Die Rivalität mit der begabten Schwester erträgt er besser, nachdem die Mutter damit aufgehört hat, durch Herausstreichen der Schwester seine Insuffizienzgefühle laufend zu schüren.

Für die positive Veränderung des Jungen erscheint aber auch die gestärkte Stellung des *Vaters* in der Familie wesentlich. Dadurch, daß die Mutter erheblich selbstkritischer geworden ist (sie erkennt jetzt auch ihre Frigidität als Defekt, während sie das Symptom vorher nach dem Vorbild ihrer Mutter rationalisierend gutgeheißen hatte), vermag sie jetzt ihren Mann mehr anzuerkennen. Tatsächlich hat der Vater inzwischen mit viel Fleiß und Geschick ein gekauftes Landhaus ausgebaut, ein altes Auto so hergerichtet, daß mehrere Reisen unternommen werden konnten, und auch sonst mit seiner stetigen, zielbewußten Art viel dazu beigetragen, die ökonomischen Grundlagen der Familie zu verbessern. Es erscheint bezeichnend, daß Frau K. anläßlich der letzten Vorstellungen gemeinsam mit ihrem Mann zum Arzt kam, während sie vordem immer gern allein erschienen und bestrebt gewesen war, sich ihre Enttäuschung über den «Volksschüler» und «primitiven Arbeiter» von der Seele zu reden. – Es ergab sich jedenfalls der Eindruck, daß es dem Jungen geholfen hat, seine männliche Identität zu stärken, daß der Vater jetzt eine gewichtigere Rolle in der Familie spielt und den mütterlichen Einfluß besser als vordem auszugleichen vermag.

Zusammenfassung: Ähnlich wie bei der voraufgehenden Krankengeschichte von Gisela B. wird die seelische Entwicklung von Udo K. wesentlich durch den männlich gefärbten intellektuellen und sozialen Ehrgeiz seiner Mutter bestimmt. Während die Mutter von Gisela B. indessen ihr ursprüngliches Prestige-Streben in eine antisoziale Protesthaltung verkehrt – die sie dann auch ihrer Tochter identisch aufzwingt –, bleibt Frau K. ganz bei ihrer brav-schülerhaften, autoritätsergebenen Ausrichtung auf die Wertwelt der Schule: Gute Zensuren, Lob des Lehrers, Streben nach feinerer Bildung, das bleiben die fixierten Orientierungspunkte ihres Ich-Ideals. Ehrgeizig und tüchtig absolviert sie ihre Berufsausbildung – ihre «schönste Zeit» –, als eine unerwünschte Schwangerschaft ihre sie voll erfüllende Berufsentwicklung jäh abschneidet.

Die ihr jetzt aufgezwungene Rolle als hingabefähige Ehefrau vermag sie nicht auszufüllen. Als Kind mit dem mütterlichen Protest gegen den alkoholsüchtigen, treulosen Vater identifiziert, findet sie nun zu dem etwas groben und simplen Ehemann keine weibliche Einstellung. Sie bleibt ihm gegenüber kühl, sexuell ablehnend, nimmt dafür mit viel Hoffnung und Ehrgeiz an seinem beruflichen Fortkommen Anteil. Unverkennbar projiziert sie ihre eigenen, auf sozialen Aufstieg, beruflichen Erfolg und Bildung gerichteten Ambitionen in den Mann hinein – vergeblich. Er ist weder imstande noch willens, sich ihren Leitbildern anzupassen. Er fühlt sich als einfacher Handwerker, in einer Stellung als Akkordarbeiter, voll saturiert. Ob er «mir» und «mich» verwechselt, ist ihm gleichgültig.

So gerät nun der nach zweijähriger Ehe geborene U. in die Lage, die vordem vergeblich auf den Vater gerichteten Ideal-Projektionen der Mutter übernehmen zu müssen. Unglücklicherweise ist U. indessen in seinen Anlagen ein ziemlich getreues Abbild des Vaters und eignet sich genauso schlecht wie dieser dazu, das unerfüllte mütterliche Ich-Ideal zu realisieren.

Der Druck ihrer affektiven Bedürfnisse macht die Mutter jedoch blind für seine theoretische Minderbegabung und seine allgemeine psychische Entwicklungs-Verzögerung. Mit rücksichtsloser Dressur versucht sie, ihn – in krassem Mißverhältnis zu seinen Anlagen und Neigungen – zu «bilden». Die fortdauernde Diskrepanz zwischen ihren Leistungsforderungen einerseits und seiner Interesselosigkeit und seinen Mißerfolgen andererseits fordert sie zu noch intensiveren Dressaten heraus. Je ungeduldiger sie ihn jedoch drängt, um so mehr fördert sie seine affektive Blockierung, die sein Leistungsniveau zusätzlich vermindert.

Allem Anschein nach sucht U. nun beim Vater, auch wenn dieser sich sehr zurückhält, einen Rückhalt für seinen allmählich verstärkten latenten Widerstand gegen den mütterlichen Druck. Kann es ihm doch nicht verborgen bleiben, daß der Vater die mütterlichen Ambitionen – wenn auch mehr versteckt als offen – ebenfalls zurückweist. Doch der Vater, froh darüber, nicht mehr selbst Hauptzielscheibe der fortgesetzten mütterlichen Stimulation zu sein, verweigert zunächst die offene Bundesgenossenschaft.

Die größte Belastung bedeutet es für U. schließlich offenbar, als er die Mutter in regelrecht depressiver Verfassung erlebt, enttäuscht über sein Versagen. – Seine zunehmenden Angsterscheinungen, seine immer häufiger einschießende stuporartige Kontaktsperre und seine Tics signalisieren seine neurotische Dekompensation.

Die Bedeutung der von der Mutter ausgehenden Rollenbestimmung für seine Neurose wird dadurch belegt, daß sich seine psychogene Symptomatik prompt zurückbildet, als die inzwischen einsichtigere und wieder erfolgreich berufstätige Mutter mehr Möglichkeit findet, sich mit den Tatsachen seiner Begabung und seiner Entwicklung abzufinden. In dem Augenblick, in dem sie ihn also ein Stück weit aus seiner bisherigen Rolle entläßt, findet der Junge seine innere Ausgeglichenheit weitgehend wieder.

Es bleibt noch zu ergänzen, daß die narzißtische Projektion der Mutter auf ihren Sohn in diesem Fall nicht nur dem Typ c der Tabelle der narzißtischen Partnerbeziehungen entspricht. Frau K. sucht in Udo ursprünglich nicht nur das, was sie selbst gern sein möchte. Sie sucht in ihm zugleich im Sinne des Typs d von Freud [181] «die Person, die ein Teil des eigenen Selbst war». Freud hatte bei der Aufstellung dieses Typs an diejenigen Frauen gedacht, die in einem männlichen Partner eine Repräsentation eigener früher knabenhafter Tendenzen erblicken, auf deren volle Entfaltung sie zugunsten der Festigung der weiblichen Identität verzichten mußten. Freud schildert die Entwicklung folgendermaßen: «Sie [die Frauen. Der Verf.] haben sich selbst vor der Pubertät männlich gefühlt und ein Stück weit männlich entwickelt; nachdem diese Strebung mit dem Auftreten der weiblichen Reife abgebrochen wurde, bleibt ihnen die Fähigkeit, sich nach einem männlichen Ideal zu sehnen, welches eigentlich die Fortsetzung des knabenhaften Wesens ist, das sie selbst einmal waren.»

Nun ist allerdings bei Frau K. offensichtlich, daß sie partiell bis in die Gegenwart «knabenhaft identifiziert» ist, so daß sie in der Projektion ihres idealen Selbst auf U. nicht nur das sucht, was sie früher sein wollte, sondern überwiegend das, was sie unbewußt noch heute sein möchte. So exemplifiziert sie den nicht seltenen Fall, daß der Typ d in der oben genannten Tabelle der narzißtischen Projektionen zugleich in Typ c aufgeht.

2. Krankengeschichte Jakob P., 1943 geb.

Vorgeschichte: Jakob ist Einzelkind. Seine Mutter ist 1960 vorübergehend an einer klimakterischen Depression erkrankt. Sonst sind in der biologischen Familie keine psychiatrischen oder sonstigen Erbleiden bekannt. –

J. ist unehelich geboren. Sein Vater hat sich nie um ihn gekümmert. Seine Mutter, die ihre eigene Mutter bereits im Säuglingsalter verloren hatte, hatte später viel unter den ständigen moralischen Vorwürfen ihrer Stiefmutter zu leiden: «Ich habe keine richtige Liebe gekannt.» Sie kam sich immer schlecht vor und mußte häufig weinen. Die uneheliche Schwangerschaft trieb sie vollends in Verzweiflung, zumal ihr die Stiefmutter nicht den Vorwurf ersparte: «Du bringst Schande über unsere ganze Familie!» Sie war damals nahe an einem Suizid und glaubt heute noch, sie hätte diese Krise kaum bewältigt, wenn sie nicht in dieser Phase Zuflucht bei einer religiösen Sekte gefunden hätte. «Seit Jakobs Geburt habe ich mein ganzes Leben umgekrempelt.» Sie ist nie mehr ausgegangen und hat seitdem nie mehr ein Kino besucht. «Meine Stiefmutter hat mir tausend Vorwürfe gemacht, aber Gott verzeiht.» Von dieser Zeit an ging sie ganz in dem Einsatz für die Glaubensbewegung auf und scheute sogar vor einigen Jahren nicht das Opfer, um ihrer Werbetätigkeit für die Sekte willen ihrer ostzonalen Heimat den Rücken zu kehren.

Kaum, daß J., ein zarter und dysplastischer Junge, richtig laufen konnte, nahm sie ihn schon mit von Haus zu Haus, um ihre Aufklärungsschriften zu verteilen und neue Mitglieder zu werben. Es war der Mutter ganzer Ehrgeiz, daß er bald aktiv an ihrer Arbeit für die Sekte partizipieren sollte. In jeder Mußestunde belehrte sie ihn über die Glaubenssätze: Gott strafe alles Böse. Krankheiten und Schmerzen seien dementsprechend nichts als Bestrafungen für böse Sünden. Sie hielt ihn an, bei den anderen Kindern für die Glaubensbewegung der Sekte zu werben, als er noch kaum recht verstand, um was für eine Sache es sich da eigentlich handelte.

Wollte er der Mutter nicht gehorchen, drohte sie jedesmal mit Gott: «Er sieht ins Herz. Er straft uns für Ungehorsam. Er schickt uns Krankheiten und Tod.» Die Mutter interessierte sich für seine privaten Belange kaum. Wurde sie bei einem ihrer Werbe-Besuche aufgehalten, kochte sie kein Essen. Auch für J.s Kleidung sorgte sie nur flüchtig. Es kümmerte sie nicht, daß er in der Schule keinen rechten Anschluß fand, daß er nicht gut lernte. Mit Strenge wachte sie jedoch darüber, daß er in der Schule Auseinandersetzungen aus dem Wege ging und sich keineswegs prügelte. Er durfte sich nie wehren. Wenn er der Mutter einwandte, daß die übrigen Kinder ganz anders seien, bekam er die stereotype Antwort: «Die wissen es nicht besser. Die haben von ihren Eltern nicht den richtigen Glauben mitbekommen.» J. hatte viel zu leiden, wenn er sich in der Schule mit den eingelernten mütterlichen Formeln helfen wollte: «Ich wollte manchmal am liebsten aus der Schule weglaufen, wenn die mich alle auslachten und der Lehrer dazu.»

Er versuchte, sich der Mutter zu widersetzen. Er schnitt hinter ihrem Rücken Grimassen, ging entgegen ihren Verboten auf die Straße spielen. Sie warnte, Gott werde ihn strafen. Eines Abends, J. war inzwischen 11 Jahre alt, gab es erstmals einen lauten Streit. Er wünschte, daß sie bald das Abendbrot richte. Sie wollte unbedingt noch eine Frau besuchen, die für eine Anwerbung für die Sekte geeignet erschien. Trotz seiner Proteste bestand sie darauf, daß es vordringlich sei, einen anderen Menschen für den rechten Glauben zu gewinnen.

Als die Mutter lange fortblieb, bekam er Angst. Das Herz klopfte. Er fühlte einen schmerzhaften Druck in der Brust. Fortan klagte er 14 Tage über Herzbeschwerden. Der Arzt wies ihn in eine Klinik ein. Hier wurde er uns im Juli 1954 zu konsiliarischer psychiatrischer Untersuchung und anschließender Mitbehandlung vorgestellt. Es wurden folgende *Befunde* und *Beobachtungen* gewonnen:

Körperlich: Schmächtiger, leptosomer Knabe. Dürftiger Ernährungszustand, jedoch im übrigen biologisch altersgemäß entwickelt. Bis auf Zeichen vegetativer Labilität (verstärkter Dermographismus, Hyperhidrosis der Hände und Füße) keine sicheren krankhaften Befunde.

Psychisch: Knapp durchschnittlich intelligenter, allerdings ausgesprochen verstandesorientierter Junge. Er überlegt jede Antwort lange. Er äußert sich wenig über seine unmittelbaren Empfindungen, sondern flicht in alle Darstellungen lehrhaft theoretisierende Bemerkungen ein, in denen er sich vielfach auf Thesen seiner Glaubens-Ideologie beruft. Dabei bedient er sich einer salbungsvoll pastoralen Sprache. Sein ernstes, fast feierliches Benehmen kontrastiert eklatant mit einer gespannten Ängstlichkeit. Seine Hände sind in ständiger nervöser Unruhe. Nur ganz selten findet er direkten Gefühlskontakt und wird für einen Moment in seiner Haltung gelockert. Überwiegend befindet er sich in sprungbereiter Abwehrstellung.

Allmählich kommt heraus, daß er unter der Isolation innerhalb der Kindergemeinschaft schwer leidet. Es verraten sich Phantasien, in denen er sich an den ihn schikanierenden Klassenkameraden brutal rächt. Auch trotzgeladene Ansprüche gegen die Mutter deuten sich an: Ihretwegen bekomme er oft nicht richtig zu essen. Er wünsche sich bessere Kleidung. Er phantasiert, daß er sich heimlich Süßigkeiten kauft, daß er mit gestohlenem Ball spielt (Ballspiel ist ihm verboten). Aber meist knüpft sich an derartige Phantasien sogleich ideologisierende Abwehr, zum Beispiel: «Wenn die anderen Kinder mich ärgern, muß ich nur sagen: Warum sollst du dich ärgern? Die sind ja doch nur neidisch. Die wissen ja nicht, was richtig ist, die haben ja nicht den richtigen Glauben!»

So müht er sich offensichtlich krampfhaft, seine kindlichen Wünsche mit Hilfe der von der Mutter übernommenen Ideologisierung zu unterdrücken. Aber dieser Konflikt ist noch völlig ungelöst. Und sowohl der Druck der unbewältigten inneren Impulse als die tägliche Erfahrung der teils angefeindeten, teils verspotteten äußeren Isolierung scheinen den reaktiven Hintergrund seines Stimmungs-Zustandes abzugeben:

Er ist ausgesprochen verzagt und bedrückt. Sein Antrieb ist sowohl im Vitalbereich als im Bereich der höheren Interessen deutlich reduziert.

Diagnose: Schwere Neurose mit Kontaktstörungen und funktionellen Herzbeschwerden.

Verlauf: Die Herzsymptomatik ließ sich in den folgenden Wochen als rein neurotisch aufklären und psychotherapeutisch beheben. Alle organischen Befunde am Herzen einschließlich des Elektrokardiogramms fielen normal aus. Dafür bestätigte sich – in J.s eigenen Worten – der psychogene Hintergrund: «An dem Tag, als die Angst und das mit dem Herzen anfing, da war ich böse gewesen. Hatte gedacht, Mutti kommt nicht wieder, weil ich böse zu ihr gewesen war.» Er hatte sie ja, wie schon erwähnt, von einem Werbebesuch bei einer anderen Frau abhalten wollen, um rechtzeitig zum Abendbrot zu kommen. Er hatte geschimpft, als sie sich seinem Wunsch nicht gefügt hatte. Nun wußte er aber – wieder seine eigenen Worte: «Wenn man Böses tut, bestraft einen der liebe Gott, dann bekommt man Schmerzen.»

So hatte also nun seine Schuldangst in der Herzunruhe Ausdruck gefunden. Für seinen trotzigen Aufstand gegen die Mutter büßte er mit der ihm so oft zur Strafe verhießenen Krankheit.

In einer Reihe von Behandlungsgesprächen gelang es, J.s Ängste zu mildern. Es war interessant zu verfolgen, wie sich in seinen Phantasien der Versuch darstellte, sein Problem zu bewältigen: Zunächst beunruhigte ihn besonders die Sinnverschmelzung von «Seele» und «Organ» im Wort *Herz*. So bestand die Vorstellung: Gott habe sein «böses Herz» zur Strafe zu einem «kranken Herzen» gemacht. Er zeichnete nun mit Vorliebe Herzen und verriet damit das Bemühen zu einer Vergegenständlichung. Er zeichnete zum Beispiel mit Buntstift zwei Herzen und schrieb unter das eine: «Ein Herz, was wir im Leibe haben», unter das andere: «Ein Herz, was man immer essen kann.» So baute er sich allmählich einen Begriff von dem konkreten, materiellen Organ Herz auf. Man erkennt den Versuch, seinen Konflikt teils durch Rationalisierung zu bewältigen, teils durch projektive Externalisierung.

Nach der baldigen Heilung der Herzneurose wurde J. aus der Klinik entlassen. Er wagte fortan kaum noch, sich offen gegen die Mutter zu wehren. Der Schrecken der Herz-Symptomatik hatte gewissermaßen die Introjektion des mütterlichen Ich-Ideals besiegelt. Er kapitulierte vor ihren Ansprüchen, zu deren echter Erfüllung er nichtsdestoweniger keine zureichenden Anlagen hatte. Er ging zwar mit ihr brav zu allen Veranstaltungen der Glaubensgemeinschaft. Die Mutter war mit ihm zufrieden. In der Schule wagte er indessen nicht länger, sich mit seinen Werbeversuchen zu blamieren. Er vernachlässigte die Hausarbeiten, schwänzte auch gelegentlich den Unterricht.

Er verlor sich in Tagträumereien und geriet in eine schwere Lernhemmung. Die Rolle des Außenseiters, die ihm außerhalb der Zusammenkünfte der Glaubensgenossen zufiel, vertiefte zunehmend seine Furcht vor der Realität. Nach Beendigung der Schulzeit wurde er in verschiedenen Lehrstellen angemeldet. Überall blieb er nur ein paar Tage, dann schwänzte er. Er verließ morgens pünktlich die Wohnung und tat abends so, als komme er von der Arbeit. In Wirklichkeit trieb er sich auf den Straßen umher und hing seinen Phantasien nach. Jedesmal dauerte es mehrere Wochen, ehe man ihm auf die Spur kam. Die Mutter gab sich auch nur wenig Mühe, ihn zu kontrollieren. Erschien sie nach mehreren Vorladungen wieder einmal in unserer Sprechstunde, so pries sie Jakobs wachsende Aktivität in der Sekte und ließ es auch nie an intensiven Bemühungen fehlen, die Mitarbeiter der Beratungsstelle für ihre Heilslehre zu erwärmen. Hätten wir ihr nicht jedesmal die eine oder andere Werbeschrift abgekauft und ihre Bekehrungsversuche freundlich erduldet, hätte sie ohne Zweifel den Kontakt mit uns abgebrochen.

Über Jakobs Verwahrlosung war mit ihr kaum zu reden. Sie blendete diesen Bereich vollständig aus und schirmte sich gegen die Enttäuschung durch die Ideologisierung ab: «Wenn er erst ganz im Glauben ist, wird er schon alles von selbst richtig machen.» Versuchte man, sie nachdrücklich von der Gefährdung ihres Sohnes zu überzeugen, erklärte sie rundheraus: Der Arzt verstehe das nicht, weil er selbst noch außerhalb des «rechten Glaubens» stehe. Unbeirrbar sah sie in ihrem verwahrlosten Sohn weiterhin den «kleinen Heiligen», der bestimmt sei, sie dereinst als Prediger der Glaubensgemeinschaft von ihrer unbewältigten Schuldlast zu befreien. Inzwischen durfte er tatsächlich auf zwei kleinen Versammlungen der Sekte Ansprachen halten, für die Mutter ein erlösender Triumph.

Im Verlaufe des Jahres 1958, also rund vier Jahre nach Beginn der Beobachtung, verstärkten sich J.s Verwahrlosungs-Symptome in beunruhigendem Maß. Auch stellten sich wieder hypochondrische Ideen ein. Da er an keiner Arbeitsstelle länger zu halten war und, entgegen seinen Versprechungen, weiterhin an vielen Tagen nur ziellos in den Straßen herumstreunte, wurde er schließlich zu einer vierwöchigen stationären Beobachtung in der Universitäts-Nervenklinik aufgenommen. Hier ließen sich keine weiteren diagnostischen Gesichtspunkte gewinnen. Psychoseverdächtige Erlebnis- oder Verhaltensweisen wurden nicht bemerkt.

Nach der Entlassung stellten sich die alten Schwierigkeiten bald wieder ein. Die Mutter, uneinsichtig wie bisher, verherrlichte J. jetzt ausdrücklich als ihren «kleinen Jesus». Unverändert verleugnete sie die Schwere seiner Verwahrlosung vor sich selbst und der Umgebung. Es war uns schließlich nicht mehr möglich, Mutter und Sohn zu weiteren Vorstellungen in unserer Beratungsstelle zu bewegen. Man zürnte uns, daß wir – obwohl wir mit der Zeit eine stattliche Sammlung von Werbeschriften erworben hatten – uns doch nicht zu der Sekte bekehren ließen und uns beharrlich weigerten, einmal eine Veranstaltung der Glaubensgemeinschaft zu besuchen. So scheiterte die Fortsetzung der Betreuung nach fünfjähriger Dauer gewissermaßen an *unserem Mangel an Einsicht*.

Der Abbruch erscheint verständlich, wenn man bedenkt, daß alle ärztlichen Bemühungen für die Mutter doch eine Bedrohung ihres Abwehr-Schemas bedeuteten. Sie hatte sich – und Jakob – mit Hilfe ihrer neurotischen Ideologisierung gegen die Realität abgeschirmt, als deren Repräsentant der Arzt ihr doch letztlich erscheinen mußte. Statt dessen hatte sie vom Arzt insgeheim erhofft, er werde ihr, ähnlich wie der Sohn, durch Übernahme der Sekten-Ideologie helfen, ihre Schuldgefühle zu unterdrücken. Auch er hatte ihrer narzißtischen Projektion erliegen und als zweites Substitut ihr ideales Selbst erfüllen sollen. In diesem Falle hätte sie sich vermutlich allen seinen Ratschlägen gegenüber gefügig erwiesen und die Betreuung unbedingt durchgehalten.

Zusammenfassung: Jakobs Mutter, schon lange zuvor von Schuldängsten verfolgt, erlebt durch die uneheliche Geburt des Sohnes eine so unerträgliche Verschärfung ihrer Konfliktspannung, daß sie nur durch die Reaktionsbildung strenger Askese und aufopferungsvoller Aktivität in einer religiösen Sekte eine Entlastung von ihren massivsten Schuldgefühlen findet. Auf ihren Sohn, gewissermaßen das Denkmal ihres schlimmsten Fehltritts, projiziert sie ihr strenges Über-Ich und bezieht ihn voll in ihren neurotischen Kampf der Schuldabwehr hinein: Er soll als kleiner Heiliger und Sekten-Prediger ihr Fürsprecher bei Jehova werden und ihre Schuld wettmachen.

Am Ende des Versuchs, sich gegen die mütterliche Projektion aggressiv durchzusetzen, erleidet er eine Herzneurose, welche die endgültige Introjektion der mütterlichen Strafdrohungen signalisiert. Er opponiert nun nicht mehr offen gegen die Mutter und wird auch ihrem Verlangen entsprechend ein aktiver Sektierer, findet jedoch in der ihm abgenötigten Ideologisierung keine zureichende Gegenbesetzung gegen seine anflutenden kindlichen Wünsche, die er in stundenlangen Tagträumereien ausphantasiert. Rückzug aus der sozialen Realität und zunehmende Verwahrlosung sind die Folge.

Die Ähnlichkeit dieser Pathographie mit der oben zitierten Biographie von Mojmir im Roman ‹Der veruntreute Himmel› von Werfel erscheint eindrucksvoll. –

Am Fall Jakob P.s zeigt sich nun deutlich die überwiegende Bedeutung des *strengen, verbietenden Über-Ichs* für die mütterliche Projektion auf das Kind, im Gegensatz zu der zuvor geschilderten Mutter von Udo K., die doch eher ein *Wunsch-Ideal* mit Hilfe ihres Sohnes zu realisieren trachtete. Das Dominieren des verbietenden Über-Ich-Aspekts offenbart sich in der ganz ausgesprochen triebfeindlichen Erziehung Jakobs. Weder werden seine oralen Wünsche zureichend erfüllt, noch darf er aggressive Tendenzen zeigen. Ja, er muß nicht nur selbst Asket sein, sondern obendrein noch die Aggressionen der Gruppe provozieren und wehrlos ertragen, die er für die Sekten-Ideologie werben soll. – Für die Mutter ist ihr eigenes Martyrium in gewisser Weise sinnvoll. Sie findet in den Entsagungen und Demütigungen als sozial isolierte Glaubensstreiterin eine Entlastung von ihren schweren Selbstbestrafungs-Bedürfnissen. Für J. ist das gleiche Martyrium im Grunde sinnlos. Um die Rolle wirklich «tragen» zu können, hätte er mehr narzißtische Gratifikation erleben müssen als lediglich die Verheißung der Sekten-Ideologie, daß ihm im Gegensatz zu der Gesellschaft, die ihn ablehnt, der Himmel offenstehe.

Eine besondere Erschwerung bedeutet es für J. in der Tat, daß sich das von der Mutter ihm aufgeprägte Leitbild in schroffem Widerspruch zu den in der Gesellschaft herrschenden Leitbildern befindet. Das ist ein zusätzlicher Faktor, der sich nicht etwa schon automatisch aus dem Strukturtyp dieser Rollenbeziehung zwischen Elternfigur und Kind ergibt. Man bedenke: Wie anders stünde J. da, wäre die betreffende Glaubensgemeinschaft nicht eine mit kritischen Vorurteilen belastete Minorität, sondern zum Beispiel eine allgemein bewunderte Elitegruppe. Wer weiß, ob ihm dann nicht sein frühes Auftreten als Glaubensstreiter immerhin ein solches soziales Prestige und mithin so viel narzißtische Befriedigung eingetragen hätte, daß für ihn dadurch die orale Frustration durch die Mutter leichter tolerabel geworden wäre? Stelle man sich vor, die Familie lebte in einem totalitären Staat, und das dem Kind von der neurotischen Mutter aufgezwungene Leitbild wäre ganz und gar mit der herrschenden totalitären Ideologie identisch. Der Junge wäre vom Kindergarten an prämiiertes Hätschelkind der Autorität. Man wird nicht daran zweifeln wollen, daß seine psychische Entwicklung unter diesen sozialen Bedingungen hätte wesentlich anders verlaufen können.

Traumatische Bedeutung der Rolle

Soll das Kind sein, was die Eltern gern geworden wären, aber nicht erreicht haben, so bedeutet das für das Kind in jedem Fall, daß es *auf irgendeinem Wertgebiet maximalen Forderungen* ausgesetzt wird. Es ist bei dieser Rolle nicht die Intensität und Qualität der *affektiven Zuwendung* zu den Eltern entscheidend – wie bei den Partner-Substitut-Rollen –, da die Eltern das Kind ja nicht als «Objekt» sehen, sondern als narzißtische Fortsetzung ihres Selbst. Das Kind soll die elterlichen Ideale erfüllen, als wäre es gewissermaßen die Elternfigur selbst. Diese ist von vornherein darauf eingestellt, die kindlichen Erfolge – per Identifikation – als ihre eigenen zu erleben.

Bei der Höhe der elterlichen Forderungen ergibt sich zuerst die Frage: Kann das Kind die verlangten Leistungen überhaupt aufbringen? Besteht von vornherein ein krasses Mißverhältnis zwischen den elterlichen Ideal-Forderungen und den kindlichen Leistungsmöglichkeiten, so ist damit ein traumatischer Effekt schon vorgezeichnet. In diesem Sinne erwähnt Aichhorn [182] «Elternteile, die ihr eigenes nicht genug realisiertes Ich-Ideal im Kinde realisieren wollen und in diesem Bestreben auf ein Kind stoßen, dessen Fähigkeiten nicht ausreichen.» Die zitierte Krankengeschichte von Udo K. liefert ein Beispiel für eine solche ungünstige Konstellation: Der an sich ohnehin retardierte Junge hat seinen Begabungsschwerpunkt auf praktisch-technischem Gebiet. Nichts fällt ihm schwerer als ausgerechnet einen bildungshungrigen Musterschüler darzustellen. Es ist ihm daher unmöglich, diese von der Mutter dringend geforderte Rolle zu erfüllen. Er kann die seiner Veranlagung und seinem Entwicklungsstand völlig unangemessene Anpassungsleistung beim besten Willen nicht aufbringen.

Für Mißverhältnisse zwischen elterlicher Ideal-Forderung und kindlichen Leistungs-Möglichkeiten kennt jeder Kinderarzt genügend Beispiele. Eltern, die im Sinne dieser Rolle ein «Musterkind» brauchen, erscheinen oft geradezu verblendet, so exzessiv muten ihre idealisierenden Überschätzungen der kindlichen Fähigkeiten an. So berichtet M. Porot [183] von einer Mutter, die ihm allen Ernstes erklärte, ihr fünf Monate altes Söhnchen könne bereits die Zeitung lesen, da es mit dem Finger den einzelnen Zeilen folge.

G. R. Forrer [184] schildert eine von ihm psychoanalytisch behandelte Mutter, die ihm immer wieder ihre «Dummheit» klagte, obwohl sie in mehreren sozialen Gruppen als Vorsitzende gewählt worden war und ausgezeichnete Reden halten konnte. Aus ihren Insuffizienzgefühlen heraus wünschte sie sich ein Kind mit einem «größeren Kopf», als sie ihn hatte. Sie bekam eine Tochter Mary, die infolge eines angeborenen Defektes bald weit hinter dem Altersdurchschnitt in der Entwicklung zurückblieb. Noch mit drei Jahren konnte sie weder laufen noch sprechen. Längst hatten alle Personen in der Umgebung die hochgradige Retardierung des Kindes bemerkt – außer der Mutter selbst. Als ihr schließlich ein Arzt den Entwicklungsrückstand Marys bestätigte, stürzte sie empört aus seinem Sprechzimmer und reproduzierte dieses Verhalten auch beim nächsten Arzt. Sie war aus ihrer narzißtischen Projektion heraus außerstande, die Realität zu akzeptieren.

Wir sahen in unserer Beratungsstelle zwei hilfsschulreife Kinder, die von den Eltern für «überbegabt» gehalten wurden. Ein epileptischer Vater erblickte in seinem hochgradig untergewichtigen, bejammernswert schwächlichen Jungen bereits einen Helden-Athleten und drangsalierte ihn mit Boxunterricht. – Die Beispiele ließen sich leicht vermehren. Sie zeigen insgesamt, wie das dringende Bedürfnis, in dem Kind bestimmte Ideal-Qualitäten zu sehen, die elterliche Wahrnehmungsfunktion beeinträchtigen kann. Sie sehen das Kind am Ende wirklich nur so, wie es sein soll, und nicht so, wie es ist. Wird ihnen schließlich die Differenz zwischen ihren affektiven Wünschen und dem Realzustand des Kindes bewußter, so lassen sie nichts unversucht, die Realität ihren Forderungen anzupassen, anstatt umgekehrt ihre erzieherischen Normen zu überprüfen und zu den kindlichen Fähigkeiten in ein gesünderes Verhältnis zu bringen.

Wie *verarbeitet* das Kind nun ein ausgeprägtes *Mißverhältnis* zwischen der elterlichen Rollenbestimmung und seinen eigenen Möglichkeiten? Das Resultat hängt offensichtlich in erheblichem Maße davon ab, inwieweit das Kind die ihm abverlangte Rolle durch Internalisierung übernimmt; das heißt: inwieweit es die von dem betreffenden Elternteil ausgehende Forderung trotz ihrer Unerfüllbarkeit als *eigenes Ideal* «introjiziert». Bei Udo K. läßt sich deutlich das intensive und zum Teil erfolgreiche Bemühen registrieren, sich *gegen* die mütterlichen Ansprüche trotzhaft zur Wehr zu setzen. Selbst in unserer Sprechstunde ist die negativistische Abwehreinstellung gegen den Bereich intellektueller Leistungen, auf den er abgerichtet werden soll, von bezeichnender Hartnäckigkeit. Er hat ja um so mehr Grund, der Mutter Widerstand zu leisten, als ihm nicht verborgen bleibt, daß er den Vater auf seiner Seite hat, wenn dieser auch im Verhältnis zur Mutter erzieherisch in den Hintergrund tritt. Seine schlagartige Symptombesserung nach Milderung der mütterlichen projektiven Ansprüche läßt erkennen, daß es bis dahin noch immer nicht zu einer vollen Internalisierung der Rolle gekommen ist.

Noch deutlicher tritt der Widerstand gegen die Übernahme der Rolle bei einem von Hanselmann [185] untersuchten Jungen hervor (zit. nach einer Zusammenfassung von Schiff):

«Dieser Junge stahl zu Hause alles, was nicht niet- und nagelfest war. Für eine psychopathische Veranlagung lagen keine Anhaltspunkte vor. Die endlich veranlaßte Untersuchung ergab folgendes: Der Vater wollte den Jungen gern studieren lassen, ein Wunsch, der ihm selber nicht in Erfüllung gegangen war. Der Junge aber war offenkundig praktisch interessiert und auch in dieser Richtung begabt. Totzdem führte ihn der Vater schon von früher Jugend an immer an der Universität vorbei, zeigte ihm die hohen Fenster und sagte stolz dazu: Dort wirst auch du einmal studieren! Dabei vergaß er nie hinzuzusetzen: ‹Das wirst du aber nur erreichen, wenn du ehrlich bist›, denn er bekleidete einen Vertrauensposten und schätzte daher gerade diese Eigenschaft besonders hoch. – Irgendein nicht weiter denkbewußter Vorgang hatte nun den Jungen über die Verknüpfung: ‹Ich will nicht studieren – zum Studieren muß man ehrlich sein –, also stehle ich› – zu seinem augenblicklichen Verhalten geführt. Eine Probe aufs

Exempel wurde auch gemacht: Der Junge durfte nach durchgeführtem Umwelt-wechsel einen praktischen Beruf ergreifen. Der Erfolg: das Stehlen hörte auf. Dann schien die Sache aber wieder nicht zu stimmen. Denn nach sechs Monaten begann der Junge, sich plötzlich wieder Sachen anzueignen. Da stellte es sich je-doch heraus, daß der Vater des Jungen kurz vorher zu Besuch gewesen war und ihm eröffnet hatte, daß er ihn wegen seines einwandfreien Verhaltens nun bald wieder nach Hause nehmen wolle. Das wollte der Junge aber doch nicht, und unverzüglich fing das Stehlen wieder an!»

Auch dieses Beispiel macht Abwehrmöglichkeiten deutlich, deren sich ein Kind bedienen kann, um der aufgenötigten Rolle zu entfliehen. Der Junge demonstriert seinem Vater, daß er für die Rolle ungeeignet ist. – Freilich fragt es sich hier, ob der Motivationszusammenhang wirklich so einfach ist. Vom Effekt her kann man zwar sagen, daß der Junge die vä-terlichen Ansprüche zurückweist. Oft sind ähnliche Reaktionen eines Kindes indessen komplizierter determiniert: Ein Kind erfährt von einer Elternfigur eine Ideal-Projektion des hier beschriebenen Typs. Es intro-jiziert die elterlichen Ansprüche schon früh. Aber die Erfahrung, den hohen elterlichen Erwartungen keineswegs entsprechen zu können, pro-voziert die Selbstwahrnehmung: «Ich bin schlecht!» Angst und Schuld-gefühl sind die Folge. Die Schuldgefühle können so anschwellen, daß das Kind die Elternfigur durch schlimme Streiche zwingt, es zu bestra-fen. Es wird zu diesem Verhalten – natürlich unbewußt – getrieben, um seine unerträglich gewordenen Selbstbestrafungsbedürfnisse zu erfül-len. – Äußerlich könnte das kindliche Verhalten den Anschein erwecken, als erwehre sich das Kind mit bewußter List der ihm zugedachten Rolle, während das Kind sich in Wirklichkeit nur dafür bestrafen will, daß es die Rolle, die es bereits internalisiert hat, nicht erfüllen kann. Es fühlt sich schlecht, und es ruht nicht eher, als bis es seine Umgebung auch da-von überzeugt hat, daß es schlecht ist.

Oft führt die Motivationskette allerdings nicht wie hier bis zu Ver-wahrlosungszügen des Kindes, sondern mündet in eine reine Depres-sion: Das Kind internalisiert die überhöhten elterlichen Anforderungen. Die Rolle, die durch die narzißtische Projektion der Elternfigur konstitu-iert ist, wird also integrierender Bestandteil des kindlichen Charakters. Das Kind erliegt dieser verhängnisvollen Introjektion vielleicht deshalb, weil keine ausgleichende andere Elternfigur zur Verfügung steht, die das Kind vor dieser einseitigen Identifizierung schützen könnte. Nach dem vollzogenen Internalisierungsprozeß erlebt das Kind nun aber, daß es die Idealqualitäten, die das Wesen der Rolle bilden, nicht realisieren kann. Die Schuldgefühle provozieren Aggressionen, die gegen das eige-ne Ich gerichtet werden. Und am Ende wird die Spannung so unerträg-lich, daß sich der Selbsthaß sogar in suizidalen Handlungen entladen

kann. In diesem Sinne läßt sich eine Krankengeschichte von F. Schottländer [186] lesen:

«Eine junge Frau aus begüterter Familie, ‹mit dem Hochadel versippt›, heiratet einen ehrgeizigen Beamten ... Durch seine Frau findet dieser Mann Zutritt
in vornehme Kreise, die ihm sonst verschlossen geblieben wären ... Er hat aus
Ehrgeiz geheiratet, ebenso wie die Frau, die in dem lenkbaren, sehr gut aus-
sehenden Mann einen zukünftigen Minister erblickt.»
Nach dem 1. Weltkrieg erreicht der Mann nicht die hohe Stellung, die man erwartet hatte. Aus der Ehe entspringt als einziges Kind ein Sohn. «Der Ehrgeiz
der Eltern vereinigt sich auf den Sohn.» Die Mutter will aus ihm einen Diplo-
maten machen und traktiert ihn schon vor der Schule mit englischem und fran-
zösischem Hausunterricht. Der Vater erwartet gleichfalls, daß er durch eisernen
Fleiß, Gewandtheit und Energie eine hohe Position erobere. Sein Auftreten,
seine Umgangsformen werden genauestens kontrolliert und geschult. –
Aber der Junge ist diesen Ansprüchen nicht gewachsen. «Die Schule macht
große Schwierigkeiten, besonders seitdem die ersten Jahre überstanden sind und
das Gymnasium bezogen ist. Ein Reigen von Nachhilfelehrern beginnt und sucht
aus diesem Knaben mit viel Mühe und wenig Erfolg das zu machen, was der
elterliche Ehrgeiz erhofft.
Schon in der frühen Pubertätszeit zwischen zehn und zwölf Jahren erschreckt
der Sohn die Eltern durch plötzliche Schwermutsanfälle. In dieser Zeit erwischte
ihn der Vater einmal im letzten Augenblick auf dem Fensterbrett, als er gerade
dabei war, aus dem vierten Stock in den Hof zu springen, um seinem Leben ein
Ende zu machen ... Später folgten – in der Zeit zwischen vierzehn und sechzehn
– wiederholte Versuche, davonzulaufen. Die Phantasie des Knaben war erfüllt
von dem Gedanken an Flucht, Reisen, Fahren, ins Ausland gehen, nie wieder-
kommen. Er arbeitete sich Fahrpläne aus mit ausgedachten Stationsnamen in
Ländern, die es nicht gab, und zitterte davor, bei solcher Beschäftigung von der
Mutter ertappt zu werden, die für solche Spielereien kein Verständnis hatte.»

F. Schottländer stellt diese Krankengeschichte unter das Thema
«Selbsthaß». Ganz ähnliche Merkmale bietet die von Kanner aufge-
zeichnete, vielleicht noch eindrucksvollere Pathographie Leslie B.s (s. S.
173). Am Fall Leslie läßt sich gleich noch ein weiterer und besonders
wichtiger psychopathologischer Effekt aufzeigen, der mit dieser Rolle
vielfach verknüpft ist:

Leslie sagte nach ihrem Selbstmordversuch, sie habe gefürchtet, durch
ihr Scheitern *ihre Mutter zu erniedrigen*. Das ist eine für dieses Rollenproblem typische Vorstellung. Das Mädchen geniert sich nicht so sehr
um ihrer selbst als vielmehr um der Mutter willen. Sie haßt sich zwar
selbst und will sich deshalb töten. Aber dieses «Selbst» ist eben nicht
eigentlich ein «persönliches Selbst», sondern unmittelbar mit dem Bild
der Mutter verschmolzen.

Es liege hier eine *Störung* der sogenannten Ich-Integration vor, wie
sie durch alle Formen der narzißtischen Projektionen seitens der Eltern

beim Kind begünstigt wird. Diese Störung wird also auch beim nachfolgend zu beschreibenden Rollen-Typ, bei welchem das Kind die negative Identität der Eltern substituieren soll, beachtet werden müssen. Die Störung beruht darauf, daß das Kind eben nicht nur inhaltlich den ihm projektiv zugeschobenen Aspekt des elterlichen Selbst übernimmt, also in dem Sinne: So oder so muß *ich* sein! Sondern das Kind gelangt zugleich, und zwar ausgeprägter als im Normalfall, auf induktivem Wege zu der Phantasie: So oder so muß ich sein – *für meine Mutter* bzw. *für meinen Vater*. Wenn hier im vorigen immer davon gesprochen wurde, daß das Kind die ihm bestimmte *Rolle* introjiziere oder verinnerliche, so war eben daran gedacht, daß das Kind nicht nur den Auftrag, zum Beispiel bestimmte Leistungsnormen zu erfüllen, internalisiert, sondern mit dem Auftrag zugleich den *Auftraggeber*. Und speziell bei diesen narzißtisch bestimmten Rollen kann die Erfahrung des Kindes, daß es wirklich nur einen Aspekt des *elterlichen* Selbst substituieren soll, zu einem schweren Identitäts-Konflikt im Sinne Erikson [187] führen. Das Kind gelangt dann nicht zu einem persönlichen Selbst, sondern bleibt in der Phantasie stecken: *Ich bin nur eine Seite meiner Mutter oder meines Vaters*. – Auch im Normalfall pflegt das Kind ja, wie wir wissen, seinen Charakter und speziell sein Ich-Ideal bzw. Über-Ich durch Identifizierung mit den Eltern und deren Ich-Ideal zu entwickeln. Aber im Normalfall werden diese internalisierten Elemente schließlich zu *persönlichen Eigenschaften* des Kindes. Das Kind integriert die den Eltern abgelesenen Verhaltensmuster, Einstellungen, Ideale in seinen Charakter hinein. Anders ist es, wenn, wie hier, nur *die Rolle selbst* integriert und damit die Entfaltung eines persönlichen Selbst verhindert wird. Dann begegnet der Mensch, auch wenn er längst erwachsen ist, allen ihm gestellten Problemen mit der unbewußten Frage: Was bedeutet es für meine Mutter oder meinen Vater, wenn ich dies oder das tue? Was würden Mutter oder Vater jetzt zu mir sagen? usw.

Gerade dieser Art von Störung der Ich-Integration läßt sich unseres Erachtens nur ganz auf den Grund kommen, wenn man die tiefe *Einfühlung* in Rechnung stellt, durch die sich das Kind über die unbewußten Phantasien der Eltern vergewissert. Man versteht die Integrationsstörung nicht zureichend, wenn man nur feststellt, gewisse Eltern seien in der Erziehung zu autoritär, zu triebfeindlich oder dergleichen, und wenn man dann rein energetisch folgert: das kindliche Ich müsse bei so viel Druck zu schwach bleiben, um die erforderlichen Integrationsleistungen aufbringen zu können. Nicht die erzieherische Strenge *an sich* ist für den Identitätsverlust – oder genauer: für die mangelnde Identitätsgewinnung – entscheidend, sondern eben der Umstand, daß gewisse Eltern mit ihrer Strenge zum Beispiel das Bedürfnis verbinden, ihr mangelhaft realisiertes ideales Selbst stellvertretend vom Kind darstellen zu lassen. Erst dadurch erlebt das Kind sein sich entfaltendes Selbst immer – wie normalerweise nur in der Frühphase – als identisch mit dem Bilde, das von den Eltern zurückgespiegelt wird. Es versteht sich damit genauso, wie es von den Eltern her gewollt und vorgestellt wird, nämlich als deren bloßes Substitut.

Indem solche Menschen als Kinder also leicht daran scheitern, ein persönliches, von den Eltern abgelöstes Ich-Ideal bzw. Über-Ich zu entwikkeln, läßt sich ihr Bedürfnis verstehen, sich selbst dann, wenn die Eltern nicht mehr existieren, in übergroßem Maße von anderen Personen oder äußeren Normen abhängig zu machen. Man spricht in diesem Zusammenhang auch von «Externalisierung des Ich-Ideals», sollte dabei aber nicht übersehen, daß eine volle integrative Internalisierung des Ich-Ideals nie vorausgegangen war. Solch ein Mensch hat eben von Kindheit auf nie gelernt, sich anders zu verstehen denn als gesteuert und bewertet durch einen anderen, dessen narzißtische Projektion seiner Existenz ja erst Sinn zu geben schien.

Die hier erwähnten Zusammenhänge zwischen narzißtischer Projektion von strengen Leitbildern, Störung der kindlichen Ich- und Ich-Ideal-Integration mit nachfolgender Externalisierung des Ich-Ideals bzw. Über-Ichs scheinen übrigens durch die soziologischen Untersuchungen bestätigt zu werden, die E. Frenkel-Brunswik [188] in Zusammenarbeit mit Adorno, Levinson und Sanford an autoritären, voreingenommenen (*prejudiced*) Personen durchgeführt hat.

Sie fand, daß Eltern dieser Art ihre Kinder besonders streng auf die Erreichung konventioneller sozialer Ziele abrichten – also im Sinne Wurzbachers als «Instrument familialen Prestiges» benützen. Als Folgen dieser elterlichen Einwirkung beschreibt sie unter anderem Identitäts-Konflikte, wie sie hier genannt wurden: «Weil die Leitbilder der Eltern, die diese dem Kind rücksichtslos aufzwingen, außerhalb des kindlichen Gesichtskreises (*scope*) liegen, muß das Kind seine Einstellung insoweit als ich-fremd (*ego-alien*) von dem Rest der Persönlichkeit abspalten (*split off*), als sie nicht mit dem Verhalten oder der Verhaltens-Fassade übereinstimmt, die von den Eltern gefordert wird. Es resultiert ein Integrationsverlust.» Auch Frenkel-Brunswik registriert bei derartigen Kindern als mögliche Folge der von den Eltern geförderten Integrationsstörung eine «Externalisierung des Über-Ichs».

Die Erörterung dieses Rollen-Typs soll nicht abgeschlossen werden, ohne noch einmal ausdrücklich darauf hinzuweisen, daß die genannten traumatischen Effekte von der Bedingung abgeleitet wurden, daß sich die Eltern des Kindes, von dem sie eine Erfüllung der Forderungen ihres Ich-Ideals bzw. Über-Ichs verlangen, wirklich *in narzißtischer Weise be-*

mächtigen, um eigene Schuldgefühle zu mildern. – Daß *alle* Eltern ihre erzieherischen Leitbilder im Zusammenhang mit ihrem Ich-Ideal entwikkeln, ist eine Tatsache, auf die schon hingewiesen wurde. *Der Wunsch überhaupt,* daß das Kind höhere Ziele erreiche als man selbst, kann diesem nur förderlich sein, insofern sich dieser Wunsch im Einklang mit den Möglichkeiten des Kindes und in Übereinstimmung mit den in der Gruppe anerkannten Leitbildern befindet. Wichtig ist eben nur, daß die Idealforderungen dem Kind keine Leistungen abverlangen, die dessen Sublimationsfähigkeit übersteigen. Ein hochgespanntes Ich-Ideal erfordert ausgedehnte Sublimierung. Man kann jenes besitzen, ohne diese zu erreichen. Es besteht keine automatische Korrelation zwischen beiden. Entsprechend sagt Freud: «Die Ich-Idealbildung wird oft zum Schaden des Verständnisses mit der Triebsublimierung verwechselt. Wer seinen Narzißmus gegen die Verehrung eines hohen Ich-Ideals eingetauscht hat, dem braucht darum die Sublimierung seiner libidinösen Triebe nicht gelungen zu sein. Das Ich-Ideal fordert zwar solche Sublimierung, aber es kann sie nicht erzwingen.»[189]

4. Das Kind als Substitut der negativen Identität («Sündenbock»)

Genese und Merkmale der Rolle

Es ist nun ein weiterer Typ von narzißtischer Projektion zu erörtern, der als Typ e auf der Tabelle von S. 158 aufgeführt wurde. Eltern können im Kind das suchen, was sie selbst sein möchten. Sie können in ihm aber auch gerade das suchen, *was sie um keinen Preis sein möchten.* Gegenstand der Projektion ist dann nicht ihr ideales Selbst, sondern dessen Gegenteil, nämlich die *unbewußte* «negative Identität». Unter «negativer Identität» versteht Erikson[190] «Die Kombination aller Dinge, die den Wunsch hervorrufen, ihnen nicht zu gleichen». An anderer Stelle[191] definiert er die «negative Identität» als «eine Identität, die pervers nach denjenigen Rollen und Identifikationen greift, die ihnen [den Patienten. Der Verf.] in kritischen Entwicklungsstadien als höchst unerwünscht und gefährlich und doch bedrohlich naheliegend gezeigt worden waren». In ähnlichem Sinn verwendet C. G. Jung[192] den Begriff «Schatten», als welchen er den «inferioren Persönlichkeitsanteil» bezeichnet. J. Jacobi gibt noch eine nähere Erläuterung: «Unter dem individuellen Aspekt steht der Schatten für das ‹persönliche Dunkel› als die Personifikation der während unseres Lebens nicht zugelassenen, verworfenen, verdrängten Inhalte unserer Psyche, unter dem kollektiven Aspekt, für die allgemeinmenschliche dunkle Seite in uns, für die jedem Menschen innewohnende strukturelle Bereitschaft zum Minderwertigen und Dunklen.»[193]

Ein eigener Patient erfaßte das Gemeinte recht treffend mit der Formulierung: «Ich muß immer die *linke Seite* meines Vaters spielen.» Er wollte ausdrücken, er müsse gewissermaßen stellvertretend für den Vater dessen negativen Aspekt ausleben, den jener bei sich unterdrückte.

Welchen Zweck erfüllt nun für die Eltern die Projektion der «linken Seite» bzw. der unbewußten negativen Identität auf das Kind? Was geschieht durch diese Projektion mit dem elterlichen Konflikt? Hier gibt es einen ausgezeichneten Begriff, der den Inhalt der Projektion und ihren ökonomischen Nutzen treffend zusammenfaßt. Das ist der Begriff des «Sündenbocks». Der Versuch, eigene Schuldgefühle durch Abwälzung auf einen «Sündenbock» zu beseitigen, ist seit ältesten Zeiten aus den verschiedensten Riten bekannt. Berühmt ist das vom Volk Israel am jährlichen Versöhnungstag praktizierte Zeremoniell, beschrieben im 16. Kap. des 3. Buches Mose.

Moses wird vom Herrn die Weisung zuteil, wie Aaron am Versöhnungstag das Sündopfer zu begehen habe:

«4. Und soll den heiligen leinenen Rock anlegen und leinene Beinkleider an seinem Fleisch haben und sich mit einem leinenen Gürtel gürten und den leinenen Hut aufhaben; denn das sind die heiligen Kleider; und soll sein Fleisch mit Wasser baden und sie anlegen.

5. Und soll von der Gemeinde der Kinder Israel zwei Ziegenböcke nehmen zum Sündopfer und einen Widder zum Brandopfer . . .

7. Und danach die zwei Böcke nehmen und vor den Herrn stellen vor der Tür der Hütte des Stifts.

8. Und soll das Los werfen über die zwei Böcke: ein Los dem Herrn und das andere dem Asasel.

9. Und soll den Bock, auf welchen des Herrn Los fällt, opfern zum Sündopfer.

10. Aber den Bock, auf welchen das Los für Asasel fällt, soll er lebendig vor den Herrn stellen, daß er über ihm versöhne und lasse den Bock für Asasel in die Wüste . . .

20. Und wenn er vollbracht hat das Versöhnen des Heiligtums und der Hütte des Stifts und des Altars, so soll er den lebendigen Bock herzubringen.

21. Da soll denn Aaron seine beiden Hände auf sein Haupt legen und bekennen auf ihn alle Missetat der Kinder Israel und alle ihre Übertretung in allen ihren Sünden; und soll sie dem Bock auf das Haupt legen und ihn durch einen Mann, der bereit ist, in die Wüste laufen lassen.

22. *Daß also der Bock alle ihre Missetat auf sich in eine Wildnis trage; und er lasse ihn in die Wüste.*»

Ein wesentlicher Zweck des «Sündenbocks» ist es also, eine Entlastung von Schuldgefühlen zu verschaffen. Der moderne Mensch verfügt zwar nicht mehr über ähnliche kultische Sündenbock-Zeremonien, aber die psychodynamische Reaktion selbst ist von ungeminderter aktueller

Bedeutung. G. Allport[194] stellt fest: «Überall sehen wir, wie unsere menschliche Tendenz dahin geht, auf diese primitive Stufe des Denkens wieder zu verfallen und einen Sündenbock zu suchen – irgendein Objekt oder ein Tier, oft genug aber auch irgendein unglückliches menschliches Wesen –, dem man die Schuld für unser eigenes Mißgeschick oder die eigenen Sünden aufladen kann.»

Es erscheint nun noch zweckmäßig, vorerst auf die geläufige Verwechslung zwischen «Sündenbock» und «Prügelknabe» aufmerksam zu machen. Aggressionen, die man an einem bestimmten Objekt nicht auslassen darf, kann man statt dessen auf einen wehrlosen «Prügelknaben» übertragen. G. Murphy[195] nennt dies eine übertragene bedingte Reaktion, die unter Umständen erfolgt, «welche eine direkte Entladung an dem stimulierenden Objekt verhindern». Demnach ist der «Prügelknabe» Ersatz für ein anderes Objekt. Der «Sündenbock» hingegen ist der Adressat einer narzißtischen Projektion, die darauf hinausläuft, das Individuum von Selbstvorwürfen zu entlasten.

Wenn Eltern ihrem Kind die Rolle des Sündenbockes aufbürden, so können sie daraus indessen sogar einen doppelten Nutzen ziehen. Wie späterhin noch ausführlich dargelegt werden wird, lassen sich an der Sündenbock-Projektion zwei Teilvorgänge unterscheiden, die jeweils eine spezielle Bedeutung für die elterliche Konfliktentlastung haben.

1. Zunächst verschafft die Projektion eigener verdrängter Impulse auf das Kind die Möglichkeit, sich durch teilweise Identifizierung mit dem Kind eine relativ schuldfreie *Ersatzbefriedigung* zu verschaffen. So verrät zum Beispiel die lüsterne Neugier, mit der manche Eltern in das Sexualleben ihrer Kinder einzudringen versuchen, sehr deutlich das Bedürfnis nach *partizipierender Surrogatbefriedigung in der Phantasie.*

2. Erst der zweite Akt der sogenannten «Sündenbock-Praktik» (G. Allport) besteht dann darin, daß durch affektive Vorwürfe oder Strafhandlungen an dem Kind auf bequeme Weise die elterlichen Selbstbestrafungstendenzen abgeführt werden. Die Bestrafungen des Kindes bedeuten demnach nichts anderes als *externalisierte Selbstbestrafungen.*

Es erhebt sich nun die Frage: Unter welchen Bedingungen können Eltern in die Lage kommen, sich in besonderem Ausmaß ihres Kindes als eines «Sündenbocks» zu bedienen? Eine erste Voraussetzung ist offenbar eine allgemeine Tendenz zu *narzißtischen Beziehungsformen.* Das Kind wird von den Eltern überwiegend als eine Fortsetzung des eigenen Selbst erlebt. Es herrscht also im Sinne Freuds der allgemeine Typ einer «narzißtischen Objektwahl» vor. Damit ist indessen noch nicht erklärt, warum nicht der ideale Aspekt des eigenen Selbst, sondern ausgerechnet der negative Aspekt auf das Kind projiziert wird.

Ein Grund hierfür kann im Kind selbst liegen. Es gibt Eltern, die sich zunächst vom Kind eine positive Entschädigung für die eigenen Mängel wünschen: Das Kind soll das werden und leisten, was sie selbst nicht erreicht haben. Sie begehren damit das Kind in der Rolle des Substituts ihres idealen Selbst. Aber das Kind erfüllt keine der in es gesetzten Hoffnungen. Es versagt. Infolge der einmal stattgefundenen narzißtischen Projektion fehlt den Eltern nunmehr die Distanz, um sich in vernünftiger Weise damit abzufinden, daß das Kind schwächer oder zumindest anders ist, als sie es wünschen. Zu dieser besonnenen Anpassung an die Gegebenheiten sind sie deshalb außerstande, weil sie sich bereits zu sehr daran gewöhnt haben, im Kinde eine Fortsetzung ihrer selbst zu sehen. Das Versagen des Kindes wird somit automatisch in übersteigertem Maß als eigene Schuld gefühlt. Die Insuffizienz des Kindes addiert sich zu dem eigenen Scheitern, das ja doch gerade mit Hilfe der erstrebten kindlichen Erfolge kompensiert werden sollte. Die Belastung des elterlichen Selbstwertgefühls kann so unerträglich werden, daß schließlich die bis dahin geltende Idealisierung des Kindes in eine Sündenbock-Einstellung umschlägt. Plötzlich werden die kindlichen Fehler in der gleichen unnatürlichen Vergrößerung gesehen und gehaßt, wie das Kind bisher ebenso maßlos als Wunderwesen überschätzt und geliebt wurde. Mitunter hat man bei solchen Eltern den Eindruck, sie wollten sich jetzt an dem Kind dafür rächen, daß sie so lange zu viel von ihm erwartet hatten. Die tiefere Motivation besteht indessen darin – wie Th. Benedek [196] mit Recht hervorhebt, daß das versagende Kind den überraschten Eltern zugleich ihre eigenen unterdrückten negativen Aspekte vorhält, die wie Anklagen (*obvious accusations*) empfunden werden. In dem Prozeß der Verteidigung gegen die scheinbaren Anklagen bilden sich aus Verzweiflung negative Impulse gegen das Kind.

Wie nahe die Rolle des idealisierten Wunderkindes und die Rolle des Sündenbocks beieinanderliegen, bzw. wie leicht sie ineinander übergehen können, wird aus einem Fall aus unserer Beobachtungsgruppe ersichtlich:

Ein 44jähriger, äußerst ehrgeiziger Steinsetzer hat es trotz einer dürftigen Intelligenz zu einem kleinen Posten in einer Arbeiter-Organisation gebracht, der seine überspannten Prestige-Bedürfnisse allerdings nur wenig befriedigt. Er selbst ist auf der Schule einmal sitzengeblieben. Seine Frau kann noch heute kaum lesen und schreiben. An seinen schwächlichen und unbegabten Sohn Ludwig knüpft er die höchsten Erwartungen. Unbeirrt von der Skepsis seiner Frau und seiner Mutter läßt er keine Möglichkeit ungenutzt, den Jungen durch Nachhilfe-Unterricht oder Stärkungs-Pillen zu fördern. Obwohl kaum Geld da ist, werden für die Pflege des Kindes unverhältnismäßig hohe Mittel aufgewendet; der Sohn soll einmal alles erreichen, was dem Vater verschlossen geblieben ist. Dieser baut mit ihm bereits lauter Luftschlösser. «Wo nichts drin ist, da ist auch nichts rauszuholen!» warnt zwar seine Mutter und wirft ihm Größenwahnsinn vor. Aber der Vater hält an seinen Illusionen und seinen rigorosen Dressaten fest, bis er sieht, daß das Kind in der Schule tatsächlich nicht vorankommt. Er hält es für «Hemmungen» und kommt in unsere Sprechstunde, wo er dringend eine Art Rezept zu erhalten hofft, um die in den Sohn hineinprojizierten Ideal-Qualitäten doch noch endlich hervorbrechen zu sehen. Behutsame Belehrungen über den Begabungszustand des armen Jungen und die sich häufenden Fehlschläge in der Schule verwirren und beunruhigen den Mann. Plötzlich schlägt seine Einstellung um: Hatte er den Sohn bisher gegen alle Kritiker verteidigt und verherrlicht, verdammt er ihn jetzt in Grund und Boden: «Aus dir wird doch nichts. Du bist eine völlige Niete. Wenn du Ostern wieder sitzenbleibst, dann wäre es besser für dich, du würdest krepieren . . . Bei den Tieren sterben ja auch die lebensuntüchtigen.» Auf einmal entdeckt er, daß der Junge masturbiert – was er bis dahin nicht beachtet hatte. Brutale Bestrafungen sind die Folge. Ungeniert erzählt er herum: Er könnte den Jungen totschlagen.

So, wie er vorher alle Defekte des Jungen ausgeblendet hatte, um seine Ideal-Projektion aufrechterhalten zu können, so erkennt er in ihm neuerdings nur noch die «linke Seite», die in der Projektion wiederum übersteigert gesehene eigene «negative Identität».

Aus diesem Beispiel läßt sich entnehmen, daß bei narzißtischer Projektion die Entscheidung darüber, ob das Kind als verherrlichtes Idealwesen oder als in die Wüste gewünschter «Sündenbock» gewertet wird, wesentlich davon abhängen kann, welche Anlagen bei dem Kind hervortreten. Herr B. verstößt seinen Sohn in dem Augenblick als Sündenbock, als er durch L.s Versagen das Verlangen aufgeben muß, ihn als Substitut seines idealen Selbst einzusetzen. Während L. als nahezu schwachsinniger Junge dem Vater die Gelegenheit nimmt, seine Ideal-Projektion durchzuhalten, ist in anderen Fällen deutlich zu erkennen, daß es weniger eine Minus-Anlage des *Kindes* als eine *von vornherein zwiespältige narzißtische Projektion auf seiten der Eltern* ist, die den Umschlag von der Ideal-Projektion zur Sündenbock-Einstellung begünstigt. So etwa im folgenden Beispiel:

Der 6ojährige Kaufmann A. hat neben zwei älteren Töchtern einen 1ojährigen Sohn Rudolf. Er bringt den Sohn, einen noch recht kindlichen, verspielten Burschen, wegen einer Lernhemmung in die Sprechstunde. Er berichtet erst kurz über seine Sorgen mit dem Jungen, dann weitschweifig über seine eigenen Konflikte. Schließlich kommt er auf das Problem der sexuellen Aufklärung zu sprechen. Das Thema erregt ihn sogleich, und mit lauter Stimme versichert er, er werde seinem Sohn nach der ersten Ejakulation umgehend eine Prostituierte anschaffen. Über den Grund dieses Entschlusses antwortet er erst ausweichend: Es gebe mancherlei Irrwege, die man einem Kind ersparen könne. Endlich, nach langen Abschweifungen, kommt es heraus: Er selbst hat zeitlebens in sich homosexuelle Tendenzen zu bekämpfen gehabt, diesen Impulsen nie nachzugeben gewagt, jedoch sich ständig mit entsprechenden Phantasien herumgequält. Er wolle seinen Jungen unbedingt vor einem ähnlichen Schicksal bewahren und durch frühe Gewöhnung an Prostituierte zu einem «normalen» Geschlechtsleben erziehen.

Man sieht: Wohl bestimmt den Vater der Wunsch, in dem Jungen das Ideal gesunder Heterosexualität, das er selbst verfehlt hat, unbedingt zu realisieren. Der Sohn soll einmal von den väterlichen Leiden auf diesem Gebiet verschont bleiben. Nichtsdestoweniger kann es keinem Zweifel unterliegen, daß Herr A. gerade die Erziehungspraktik anwendet, die dem Jungen eine normale Sexualentwicklung nahezu unmöglich macht. Wie soll der Sohn denn, wenn er nach den ersten Ejakulationen – also etwa mit 13, 14 Jahren – regelmäßig Prostituierten ausgeliefert wird, diese verfrühten, gewaltsamen Erlebnisse verarbeiten? Fast mit Sicherheit wird er auf diese Weise in seiner Sexualität ernsthaft gestört werden und dem Vater genau die Enttäuschung bereiten, auf deren Vermeidung dieser seit Jahren mit vielen Überlegungen und Plänen hinarbeitet. Mit der gleichen hohen Wahrscheinlichkeit läßt sich prophezeien, daß der Vater aus der Ideal-Projektion in eine Sündenbock-Projektion umschlagen wird, wenn der Junge nicht entsprechend seinen illusionären Plänen in der Sexualentwicklung reüssiert.

Das Beispiel zeigt, wie *doppelgesichtig* oft die narzißtischen Projektionen der Eltern ausfallen: Nichts scheint diesem Vater mehr am Herzen zu liegen, als seinem Sohn die normale Sexualentwicklung zu sichern, an der er selbst gescheitert ist. Und doch stellt er ihm mittels seiner unsinnigen Präventiv-Erziehung gleichzeitig unbewußt eine Falle, die gerade das Unheil zu provozieren imstande ist, um dessen Vermeidung willen der ganze Aufwand geschieht. –

Je stärker die Eltern *von vornherein* dazu tendieren, das Kind auf eine Sündenbock-Rolle festzulegen, um so deutlicher läßt sich bei psychologischen Untersuchungen erkennen, daß sie das Kind selbst erst in die Gefahren hineinlocken, denen dieses letztlich erliegen soll. Das erzieherische Verhalten ist dabei immer durch eine auffallende Widersprüchlichkeit gekennzeichnet: Einerseits wird das Kind fortwährend vor einem bestimmten Laster gewarnt, andererseits wird es eben dazu verführt. Auf die eine oder andere Weise erfährt es von der betreffenden Elternfigur, daß diese ein betontes Interesse für bestimmte verpönte Impulse hat und – wenn auch nicht bewußt – alles tut, um diese speziellen Impulse in ihm zu wecken. Oft sind es nur feine Zeichen, mit denen die Elternfigur ihre unterdrückten Wünsche verrät und mit denen sie dem Kind deren Realisation nahelegt. Aber zahlreiche psychoanalytische Beobachtungen sprechen dafür, daß schon diese feinen Zeichen für das Kind genügen, das unbewußte Bedürfnis der Elternfigur zu erspüren und darauf entsprechend zu reagieren. Ein Beispiel dafür, daß ein Vater seinen Sohn insgeheim zu einer bestimmten Fehlhandlung ermu-

tigt, obwohl er – scheinbar – alles unternimmt, um dieses Laster abzustellen, erzählt A. M. Johnson [197]:

Der 6jährige Stevie ist seit seinem vierten Jahre verschiedene Male von zu
Hause weggelaufen und herumgestreunt. Während der gleichen Zeit konnte
sein Vater seinen Beruf als Fernfahrer, an dem er sehr hing, nicht ausüben.
Statt dessen hält ihn seine neue Stellung in der Stadt fest. Bei der ärztlichen Untersuchung ist es erstaunlich, was der Vater alles an Einzelheiten über die Aben-
teuer des Sohnes während dessen Eskapaden weiß. Überraschend ist es auch,
wie der Vater mit dem Sohn während der Sprechstunde umgeht. Er fordert Stevie
zum Beispiel auf, über sein letztmaliges Fortlaufen zu berichten. Als der Junge
aus Scham zögert, gibt ihm der Vater ungeduldig eine Starthilfe. Schließlich berichtet Stevie – und der Vater ist ganz augenscheinlich von der Schilderung faszi-
niert; er greift sogar hin und wieder soufflierend ein, wenn Stevie stockt. Gegen Ende der Erzählung schlägt die Stimmung des Vaters um. Ärgerlich stoppt
er den Bericht des Kindes: «Nun ist es genug, Stevie! Sehen Sie nun, was ich
meine, Doktor?» – A. M. Johnson schließt aus ihren psychoanalytischen Untersuchungen dieses Falles: «Stevie konnte einfach das große Interesse und Vergnügen nicht übersehen, das er dem Vater jedesmal mit seinen Erzählungen bereitete,
wenn er wieder einmal gerade von einer Eskapade zurückgekehrt war. Und er
konnte an dieser geheimen väterlichen Genugtuung auch trotz des Umstandes
nicht zweifeln, daß er jedesmal anschließend seine Tracht Prügel bezog. Der Vater war ein freundlicher Mann mit den besten Absichten, der sich um das Heil
seines Sohnes echte Sorge machte. Aber es blieb ihm die Tatsache ganz unbewußt, daß er selbst es war, der sein unterdrücktes Bedürfnis, herumzufahren
und zu -schweifen auf den kleinen, gescheiten Jungen übertragen hatte, von dem
er übrigens sagte: «Stevie ist wirklich ein guter Kerl – er würde nicht zögern,
mit mir auf eine Mauer von 50 Fuß Höhe zu klettern.» – Der Vater wäre sich der
«Zuverlässigkeit» des Jungen kaum so sicher, wenn er nicht doch etwas davon
spüren würde, wie genau sein Sohn sein Unbewußtes lesen und darauf reagieren
kann.

Oft ist der verführende Charakter des elterlichen Verhaltens allerdings nicht so einfach herauszulesen. Dann vor allem, wenn die Eltern
in ähnlicher Weise perfektionistisch streng erziehen, wie es bei der Projektion des idealen Selbst auf das Kind geschildert worden war. Es gibt
aber doch ein eindeutiges Unterscheidungsmerkmal dafür, ob die Eltern mit ihrer Strenge das eine oder das andere «meinen», ob sie vom
Kind wünschen, daß es stellvertretend für sie die Forderungen ihres
Ich-Ideals erfülle, oder ob sie es umgekehrt zur Realisation ihrer eigenen verpönten und unterdrückten Impulse nötigen wollen: Im ersten
Fall pflegen sie dem Kind immerhin ein *positives* Ziel zu verheißen,
mag dieses Ideal noch so asketisch sein. Im anderen Fall fehlt alle Verheißung, statt dessen wird dem Kind nur «der Teufel an die Wand ge-
malt». Hinsichtlich der Strenge der Dressate braucht sonst kaum ein
Unterschied zu bestehen. Trotzdem bedeutet es für das Kind eine ent-

scheidende Differenz, ob es auf positive Zielvorstellungen ausgerichtet wird, oder ob ihm nur von dem Unheil und der Gefahr vorgeredet wird, die es vermeiden solle. Der populäre Spruch: Man solle den Teufel nicht an die Wand malen! trifft sich mit der psychoanalytischen Erfahrung, daß die Menschen, die immerfort von einem Unheil reden, dieses Unheil unbewußt herbeiwünschen, es in der Tat «heraufbeschwören». In diesem Sinne bedeutet das Verhalten solcher Eltern, die ihr Kind in übertriebenem Maße stereotyp vor einer bestimmten Triebgefahr warnen, eben doch eine Verführung, auch wenn das Benehmen bei oberflächlicher Beurteilung das Gegenteil auszudrücken scheint.

Es kann also ein Hinweis dafür sein, daß die Eltern das Kind zum Sündenbock machen wollen, wenn ein augenfälliges Mißverhältnis zwischen überbetonten Warnungen vor einem bestimmten Fehlverhalten einerseits und der relativen Unerheblichkeit der entsprechenden kindlichen Symptome andererseits besteht. Wenn Eltern zu ihrer Tochter immer wieder von der Gefahr reden, sie könnte später der Prostitution anheimfallen, nur weil sie als 3jährige gelegentlich am Genitalorgan gespielt hat, oder wenn einem kleinen Jungen, der ein paarmal geschwindelt hat, fortgesetzt die Schrecken einer Verbrecherlaufbahn ausgemalt werden, dann ist das Vorliegen einer Sündenbock-Projektion bei den Eltern in erster Linie in Betracht zu ziehen. Nicht selten findet man ferner Eltern, die ihr Kind einmal beim Masturbieren ertappt haben und nun darauf mit einer endlosen Flut von Mahnungen und Warnungen reagieren, ja das Kind nacheinander zu verschiedenen Kinderärzten und Psychiatern bringen. Regelmäßig führt dann eine psychoanalytische Exploration zu dem Resultat, daß entweder beide Eltern oder zumindest ein Elternteil einen eigenen, langjährigen Onanie-Konflikt auf das Kind projizieren. Sie erleben bewußt nur die Sorge um die angebliche Gefährdung des Kindes. Daß sie sich in Wirklichkeit des Kindes vorwiegend bedienen, um ihren eigenen immer noch schwelenden Triebkonflikt zu ersticken, ist ihnen meist nicht oder nur mangelhaft durchschaubar. Erst eine eingehende psychologische Beratung oder Betreuung der Eltern pflegt ihnen schließlich zum vollen Bewußtsein zu bringen, daß ihre Phantasie von der Gefährdung des Kindes nichts anderes bedeutet als eine Fortsetzung der Angst, die ihnen der Druck eigener Triebimpulse lange Zeit bereitet hat und weiterhin bereitet.

Als Beispiel für die Entstehungsweise und die Konsequenzen einer «Sündenbock-Projektion» sei zunächst eine Krankengeschichte von Zulliger [198] auszugsweise zitiert. Das charakteristische Mißverhältnis zwischen den Fehlhandlungen des Kindes und den überaus massiven erzieherischen Drohungen und Strafmaßnahmen tritt darin klar zutage. Gleichzeitig liefert die Krankengeschichte einen eindrucksvollen Beleg für die Schuldentlastung, die auf der elterlichen Seite durch die Präparation der Sündenbock-Rolle für das Kind erzielt wird:

Ein junger Mann, der trotz Heirat schwere Onanie-Schuldgefühle nicht überwunden hat, ertappt seinen 4jährigen Sohn beim Masturbieren. Nach längeren Bestrafungen, ausgesprochener Kastrationsdrohung, Schlafen mit Handfesseln, kann der Junge vor Angst nicht mehr sein Glied beim Urinieren berühren. Er fürchtet sich, anderen Jungen die Hand zu geben, verweigert die Benutzung fremder Aborte. Nachdem er den Dorfbäcker an einem Baum hat urinieren sehen, mag er kein Brot mehr essen. Körperliche Symptome stellen sich ein.

Als der Junge heilpädagogisch behandelt wird und während dieser Zeit vorübergehend erneut masturbiert, erhebt der Vater schwere Vorwürfe und spricht von der Gefahr «sittlicher Verwahrlosung». Schließlich ist der Junge gesund. Die Reaktion des Vaters auf die Heilung des Sohnes ist bezeichnend. Zulliger schreibt: «Seine Schuldgefühle konnte er jetzt nicht länger am Sohn sättigen, indem er an ihm unterdrückte, was er an sich selbst nie hatte unterdrücken können: Die Sexualität ... Vor der Behandlung war es dem Vater gelungen, die ‹Schuld› auf den Sohn zu projizieren und am Sohn zu bekämpfen. Jetzt sah er sich gleichsam gezwungen, sie auf sich selbst zurückzunehmen. Die Folge waren Schwäche- und Krampferscheinungen an den Gliedern, insbesondere an seinem rechten Arm. Es entwickelte sich ein richtiger Schreibkrampf.»

Diese Krankengeschichte zeigt besonders klar die Verzahnung zwischen elterlichem Schuldkonflikt und kindlicher «Sündenbock-Rolle»: Der neurotische Vater verliert seine sexuellen Schuldgefühle, solange er seine Sexualität auf den Sohn projizieren kann, den er seinerseits in einen neurotischen Sexualkonflikt treibt. Als der Sohn gesund ist und sich damit der Sündenbock-Projektion entzogen hat, erkrankt der Vater prompt am verschärften alten Sexualkonflikt, den der Sohn ihm nur gewissermaßen als Stellvertreter jahrelang abgenommen hatte.

Wie schon aus dieser Pathographie ersichtlich, bringt die «Sündenbock-Rolle» für ein Kind besondere Gefährdungen mit sich. Die nachfolgenden Krankengeschichten von Helma F. und von Lars U. werden dies näher belegen.

Beispiele:
1. Krankengeschichte Helma F., 1954 geb.

Vorgeschichte: Helma ist unehelicher Geburt. Ihre Mutter war bei H.s Geburt 19 Jahre und mußte das Kind sofort nach der Entbindung in ein Heim geben, da sie an multipler Sklerose litt. Als sie drei Jahre später in einer Nerven-Klinik starb, nahm eine Mitpatientin der Klinik das Kind zu sich in Pflege und adoptierte es ein Jahr später. – Aus der Familie der leiblichen Mutter und des Erzeugers sind keine Erbkrankheiten bekannt.

Da H. mit ihrer leiblichen Mutter kaum zusammen war und, abgesehen von dem Heimaufenthalt, in der Adoptivmutter ihre erste intime Beziehungsperson fand, erweist sich die Struktur der Beziehung zwischen der Adoptivmutter und H. als erstrangig wichtig für die psychosoziale Entwicklung des Kindes.

Zunächst sei deshalb die Vorgeschichte der Adoptivmutter, Frau F., näher erläutert, um die außergewöhnlichen affektiven Erwartungen dieser Frau gegenüber H. verständlich zu machen.

Frau F. wuchs in einem schlesischen Dorf auf. Ihre beiden Eltern waren sehr fromm. Die Mutter, die als Kind sieben Jahre in einem konfessionellen Waisenhaus zugebracht hatte, hielt ihr von früher Kindheit an fortgesetzt mahnend die Sünde einer Tante (einer Schwester des Vaters) vor, die ein uneheliches Kind zur Welt gebracht hatte. Nachdem der Priester diesen Fehltritt von der Kanzel herab gebrandmarkt hatte, empfanden beide Eltern die Sünde der Tante als einen entsetzlichen Makel der Familie. «Folge nur nicht dem Beispiel der Tante!» das bekam Frau F. schon laufend zu hören, als sie sich noch nicht einmal vorstellen konnte, was die Tante nun eigentlich verbrochen hatte.

Die Zeit vom 6. bis 8. Jahr brachte sie in einem konfessionellen Mädchenheim zu, da die Mutter wegen des inzwischen geborenen Bruders Entlastung suchte. In dem Heim wurde sie mehrfach beim Masturbieren ertappt. Sie erhielt dafür Schläge und wurde zur Strafe regelmäßig allein in ein Zimmer eingesperrt, wo man hinter ihr Stühle derart zusammenschob, daß sie sich nicht vom Fleck rühren konnte. Erst wenn sie vor Erschöpfung zu schreien aufhörte, erlöste man sie aus dieser Lage. – Sie lernte in dem Heim, daß man den eigenen nackten Körper nicht einmal betrachten dürfe. Sie wurde beim Baden mit einem Badetuch bekleidet.

Wieder nach Hause zurückgekehrt, erfuhr sie von der Mutter neue Warnungen vor sexuellen Manipulationen. Als sie mit 12 Jahren ihre Menses bekam, weinte sie und glaubte sterben zu müssen. Die Mutter hatte sie nicht aufgeklärt. Die Mutter ließ sie extra an dem Tag aus der Schule beurlauben, als die Lehrerin über das Thema der Fortpflanzung im Naturkunde-Unterricht sprach. Wenn hin und wieder eine 15-, 16-jährige Bekannte auf der Straße mit einem Jungen ging, so war das in den Augen der Mutter schon ein unverzeihlicher Frevel. Offen brüstete sie sich später oft vor der Tochter, daß sie selbst schon seit vielen Jahren mit ihrem Mann nicht mehr in körperlicher Gemeinschaft lebe.

In der Pubertät hatte Frau F. wieder mit heftigen Onanieversuchungen zu kämpfen. Sie entwickelte im Verlauf des Abwehrkampfes gegen die sexuellen Impulse einen Waschzwang. Mit 16 Jahren verliebte sich ein junger Architekt in sie. Nun setzte ein regelrechtes Martyrium ein:

Jedesmal, wenn sie den Architekten getroffen hatte, mußte sie hinterher stundenlange Verhöre durch die Mutter über sich ergehen lassen. Obwohl sich der junge Mann sehr korrekt und zurückhaltend benahm, wollte sich die Mutter den Verdacht nicht ausreden lassen, daß sie miteinander bestimmt ganz ungehörige und «schmutzige» Dinge trieben. Sie ließ sich genauestens beschreiben, welche Manipulationen und Redewendungen vorgefallen waren. Sie wollte unbedingt – so schien es der Tochter – ein Geständnis über irgendwelche verfänglichen erotischen Praktiken herauspressen, um sich darüber entrüsten zu können. Völlig zermürbt gab die Tochter die Beziehung schließlich auf.

Mit 18 Jahren verlobte sie sich unter Zustimmung der Eltern mit einem Bauernsohn. Der Verlobte zog in den Krieg und geriet in Gefangenschaft. In völliger Verzweiflung erfuhr sie nach dem Krieg von seinen Schwestern, daß er sie um Lösung der Verlobung bitte, weil er sich einem anderen Mädchen zugewandt habe. Tatsächlich handelte es sich nur um eine Intrige der Schwestern, welche die Verlobung zu hintertreiben versuchten. Sie fiel jedoch auf den Betrug herein. In ihrer ersten Niedergeschlagenheit und Verwirrung geriet sie an einen Kellner, der ihr nachstellte, und ließ sich von ihm verführen. «Mir war in diesen Wochen alles egal. Ich war ganz leer.»

Nach dem Verführungserlebnis verfiel sie in schwerste Angstzustände. Nun hatte sie bewiesen, daß sie so schlecht wie die Tante war. Sie hielt sich sofort für schwanger. Zunächst dachte sie an Selbstmord. Dann vertraute sie sich doch ihrer Mutter an. Diese zeigte keinerlei Verständnis. Ohne der Schwangerschafts-Vermutung auf den Grund zu gehen, verlangte sie von der Tochter, den Kellner sofort zu heiraten. Anderenfalls müßte sie aus der Familie verstoßen werden. «Nun bist du endlich da, wo deine Tante ist!» erklärte die Mutter. Als der Vater ein Jahr später starb, hieß es: «Du bist Schuld am Tode deines Vaters. Das macht die Schuld, die du über unsere Familie gebracht hast.»

Erst in ihrer späteren psychoanalytischen Behandlung wurde Frau F. darauf aufmerksam, daß es ihrer Mutter seinerzeit geradezu Genugtuung bereitet hatte, daß ihr die Tochter nun endlich eine Handhabe bot, sie mit moralischen Vorwürfen überschütten zu können. Dementsprechend war sie bei den früheren Liebesabenteuern mit dem Architekten ausgesprochen enttäuscht gewesen, daß sich ihre Unterstellungen nicht hatten bestätigen lassen. Nun hatte sich die Tochter also endlich in der «Sündenbock-Rolle» gefangen, und die Mutter sorgte dafür, daß sie sich vorläufig nicht mehr daraus zu befreien vermochte.

Die Tochter mußte den ungeliebten Kellner heiraten – obwohl gar keine Schwangerschaft bestand. Der hirnverletzte, jähzornige Mann war ein Alkoholiker und schlug sie häufig. Sie machte eine allmähliche Wesensveränderung durch. Sie verlor ihr lebhaftes Temperament, wurde still und stumpf. «Ich fühlte mich wie lebendig begraben.» Je verschlossener sie wurde, um so mehr prügelte sie der Mann. Nach sechs Jahren war er ihrer überdrüssig und reichte die Scheidungsklage ein.

Frau F. erkrankte an einer langwierigen Polyneuritis. In einer Klinik lernte sie einen Physiker kennen, der behutsam, aber geduldig um ihre Freundschaft warb. Nachdem sie ihm eine Zeitlang aus dem Wege gegangen war, schloß sie sich mehr und mehr an ihn an. – Um diese Zeit zog ihr Mann plötzlich die Scheidungsklage wieder zurück, was sie sehr deprimierte. Als sie ihn indessen wissen ließ, daß sie nicht mehr mit ihm zusammenleben könne, reichte er eine neue Klage ein.

Inzwischen entwickelte sich zwischen Frau F. und dem Physiker eine leidenschaftliche Liebesbeziehung. Keinesfalls wollte sie es indessen zu einer körperlichen Gemeinschaft kommen lassen, bevor die Scheidung und die geplante neue Heirat erfolgt war. Die Angst, erneut zu versagen und ihre Familie, aber auch den Partner, mit untilgbarer Schande zu beflecken, wuchs mit der Zunahme der Versuchung. Der Scheidungsprozeß schleppte sich über ein Jahr hin. Sie erkrankte mit neurotischen Beschwerden: krampfartigen Unterleibsschmerzen, Herzjagen, Schlafstörungen, verstärkten Zwangssymptomen. Fortwährend fürchtete sie, erneut von ihrer Mutter verdammt zu werden und auch den neuen Mann in ein Unheil hineinzuziehen.

In dieser Zeit entschloß sie sich, die Tochter Helma ihrer Mitpatientin aus der Nerven-Klinik zu sich zu nehmen, falls die Mitpatientin sterben sollte. Helmas Mutter willigte kurz vor ihrem Tode ein. Frau F. identifizierte sich mit H.s Mutter, indem sie sagte: «Wäre ich damals durch den Kellner tatsächlich schwanger geworden und hätte er mich nicht geheiratet, hätte ich genauso dagestanden wie jetzt H.s Mutter.» Es war ihr ein regelrechter innerer Zwang, für das Schicksal der Mitpatientin und ihres Kindes aus Dank dafür einzustehen, daß sie selbst trotz des gleichen Fehltritts dem Schicksal einer unehelichen Mutterschaft entgangen war. Zugleich verspürte sie das Bedürfnis, durch Fürsorge für das Kind ihre eigene Schuld abzubüßen, unter der sie in diesen Monaten der chronischen Versuchungssituation – vor dem Ende des Scheidungsprozesses – verstärkt litt.

Endlich war die Scheidung perfekt. Ein dreiviertel Jahr später heiratete sie den Physiker. Zu ihrem Entsetzen war sie nun aber nicht imstande, eine körperliche Beziehung mit ihrem Mann aufzunehmen. Der lange Abwehrkampf hatte die Verdrängung der Sexualität bereits besiegelt. Jeder Annäherungsversuch des Mannes löste in ihr Ängste und krampfartige Unterleibsschmerzen aus. Sie zitterte schon nachmittags, wenn sie an die bevorstehenden abendlichen Torturen dachte. Nur nach

208

Genuß von Alkohol war sie in größeren Intervallen imstande, einen Congressus zu tolerieren. Danach brach sie regelmäßig in Tränen aus und klagte über quälende Leibschmerzen.

Vollends brachte es sie zur Verzweiflung, daß die kleine dreijährige Helma, die sie inzwischen in die Wohnung genommen hatte, ungeniert masturbierte. H. litt offensichtlich an einer Kontaktstörung durch «Hospitalismus». Sie sprach kaum, war recht verschüchtert und näßte noch oft ein – typische Erscheinungen nach langem Heimaufenthalt. Auch die verstärkte Masturbation gehört zu den charakteristischen Verhaltensstörungen, wie sie im Rahmen eines «Hospitalismus» bekannt sind.

Die onanistischen Praktiken H.s raubten Frau F. den Rest innerer Ruhe. Sie schlug das Kind täglich dafür und wickelte abends seine Händchen mit Binden ein. Sie mußte jedesmal sofort weinen, wenn sie H. wieder einmal bei verbotenen Manipulationen ertappte. Immer wieder überfiel sie bei der Hausarbeit der Gedanke, ob H. wohl wieder «Dummheiten» machte? Dutzende Male schlich sie sich am Tag an die Tür des Kinderzimmers, um sich über ihren Verdacht Klarheit zu verschaffen. Nachts trieb sie die Angst aus dem Bett hoch, H. könne wieder «dabei» sein. Fortgesetzt mußte sie an den Händen der Kleinen riechen, um festzustellen, ob diese «unten» angefaßt hatte. Der Gedanke an die Masturbation des Kindes verfolgte sie als regelrechte neurotische Zwangsidee so quälend, daß sie sich keinen Rat mehr wußte. Der Ehemann riet ihr, Geduld aufzubringen und abzuwarten. Die Störung werde sich schon von selbst legen. Diese Beschwichtigung brachte ihr indessen keine Entlastung. Bald vermochte sie sich bei keiner Tätigkeit mehr zu konzentrieren, wenn sie wußte, daß H. allein in ihrem Zimmer war. Voller Verzweiflung brachte sie das Kind schließlich zur psychiatrischen Untersuchung.

Die erste Untersuchung fand im Januar 1958 statt und ergab folgende *Befunde* und *Beobachtungen*:

Körperlich: In der Längenentwicklung leicht retardiertes Mädchen in gutem Ernährungs- und Kräftezustand. An den inneren Organen und am Zentralnervensystem sind keine krankhaften Befunde zu erheben.

Psychisch: Nachdem sie zuerst Furcht zeigt, als sie von der Pflegemutter getrennt wird, geht sie bald interessiert und lebhaft an den Sceno-Test heran. Während sie in der sprachlichen Artikulation retardiert ist (Babysprache), läßt ihr Spielverhalten gutes Geschick und durchaus altersentsprechende Überlegung erkennen. Sie lernt schnell, die Personenfiguren den gewünschten Positionen entsprechend zu biegen. Sie erfaßt die Konstruktion des Liegestuhls. Sie zeigt Freude am Untersuchen und Probieren. Die Kleidung der Püppchen wird genau studiert.

Mit besonderer Vorliebe, zugleich aber mit auffallender Gehemmtheit läßt sie Klötze rollen, Tiere über das Brett rutschen und die Eisenbahn fahren. Sie beginnt mit diesen Bewegungen ganz zaghaft, dann stößt sie die Figuren heftig an, erschrickt aber sofort, sobald ein Klötzchen oder ein Püppchen umfällt. Sie blickt dann den Arzt ängstlich schuldbewußt an und erstarrt in einem derart verkrampften Ausdruck, als ob sie eine Bestrafung erwarte. Auch laute Geräusche beim Zusammenstoßen von Figuren lassen sie furchtsam zusammenfahren. Ganz verstört ist sie, als ihr ein Spielauto unter einen Stuhl rutscht. Sofort verzieht sie das Gesicht zu einer erschreckten Grimasse und steht einen Augenblick wie gelähmt. Es wird auf diese Weise das Bedürfnis nach motorischer Expansivität deutlich, das offensichtlich durch vielfache Straferlebnisse mit großer Angstbereitschaft gekoppelt ist.

Der Wunsch nach liebevollem Umsorgtsein drückt sich in Szenen aus, in denen verschiedene Püppchen von der Mutterfigur auf den Arm genommen oder zärtlich gebettet werden. Aber auch drastische aggressive Phantasien treten nach längerer Eingewöhnung stark hervor: Ein Tier schlägt ein anderes oder beißt ihm den Kopf ab. Darauf folgen prompt grausame Bestrafungen: Der Übeltäter wird mit dem Ausklopfer geschlagen oder sogar mehrfach hintereinander mit der Eisenbahn überfahren. Plötzlich erhält auch der Arzt ein paar Schläge mit dem Ausklopfer.

Es fällt auf, daß H. sich selbst in einer Reihe von Szenen mit dem Schweinchen identifiziert: Die Mutter geht mit dem Schweinchen im Arm umher oder fährt mit ihm Eisenbahn. Dann läßt H. das Schweinchen einmal allein fortfahren und fragt zweimal hintereinander: «Ist die Mutti traurig (rauig)?» – Im Zusammenhang mit anderen Beobachtungen ergibt sich die Annahme, daß H. hier der Tatsache Rechnung trägt, daß sie von der Pflegemutter wegen ihrer Masturbation vielfach als «Schweinchen» beschimpft wird. Die Unsicherheit, wie weit auf die Liebe der überstrengen Pflegemutter Verlaß sei, mag sich in der Frage widerspiegeln, ob die Mutti traurig über die Abreise des Schweinchens sei. (Übrigens hatte die Pflegemutter mehrfach gedroht, H. bei Fortsetzung der Masturbation aus dem Haus zu geben.)

Diagnose: Neurose mit Kontaktstörung, Zwangsonanie und Enuresis.

Verlauf: Bald nach Beginn der psychiatrischen Betreuung wurde H. von ihren Pflegeeltern adoptiert.

Während H. nur in eine lockere Betreuung genommen wurde, unterzog sich Frau F. einer Psychoanalyse. Wie bereits zitiert, litt sie an neurotischen Herzsensationen, Schlaflosigkeit und krampfartigen Unterleibsschmerzen. Ferner bestanden Angstzustände und Zwangssymptome. Sie mußte sich übertrieben häufig waschen und mehrfach am Tage die Wohnung putzen. Als sie jedoch in der Vorbesprechung zur analytischen Behandlung gefragt wurde, welches Symptom sie am stärksten bedrükke, erklärte sie: «Daß ich mich immerfort um H. kümmern muß. Ich kann nicht anders, als ständig hinter ihr her zu sein. Das macht mich ganz kribbelig. Andauernd muß ich denken: Ob sie wieder ‹Dummheiten› macht? Ich könnte deswegen aus der Haut fahren. Ich kann sie nur stundenweise mal so lassen, wie sie ist. – *Ich muß überhaupt immer die Unstimmigkeiten, die in mir selbst sind, an anderen verarbeiten!* Ich habe schon Angst, daß ich genauso werde wie meine Mutter.»

Den Rat des Ehemannes, der Masturbation H.s keine Aufmerksamkeit mehr zu schenken, vermochte sie nicht zu befolgen. Sie drohte dem Kind: «Wenn du weiter so ein Schweinchen bleibst, gebe ich dich zu einem Lumpenmann. Nur Kinder von Lumpenmännern machen so etwas Böses.» H. nahm diese Erklärung ernst, lief bei nächster Gelegenheit davon und suchte auf der Straße nach einem Lumpenhändler. Frau F. erinnerte sich, daß man ihr als Kind auch wiederholt gedroht hatte: «Du kommst zum Lumpenmann.»

Es war das erste Resultat der Behandlung, daß Frau F. verstand, daß sie im Begriff war, H. genauso schädlich zu beeinflussen, wie es ihr bei ihrer Mutter ergangen war. Dasselbe abnorme Interesse und Strafverlangen hinsichtlich der Sexualität des Kindes, dessen Opfer sie vordem selbst geworden war, richtete sie nun auf H. So sehr sie sich indessen der Inadäquatheit und Schädlichkeit ihres Verhaltens bewußt war, so wenig war sie anfangs imstande, sich willkürlich umzustellen.

Im Verlauf der Behandlung schilderte sie erst zaghaft und stockend, dann immer couragierter und lockerer ihr früheres Bemühen, sich vor ihrer chronisch mißtrauischen Mutter zu rehabilitieren. Die Erlebnisse, durch die sie dann endgültig ihr Rollenschicksal als «verdorbene Tochter» und Ebenbild der Tante besiegelte, kamen zum Vorschein. Sie weinte viel, schämte sich verzweifelt ihrer «Schlechtigkeit», fühlte sich jedoch schon bald durch ihre «Geständnisse» erleichtert, zumal die heftigen Begleitemotionen eine gewisse kathartische Entlastung von affektivem Überdruck zustande brachten. Über mehrere Behandlungsmonate hindurch dominierte allerdings noch die Phantasie, sie sei tatsächlich eine «Dirne». Auch in Träumen wurde deutlich, wie sehr sie sich unbewußt mit ihrer Rolle identifiziert hatte. Die Vorstellung, daß der neue Mann «zu gut» für sie sei und daß der geschiedene, minderwertige Mann vielleicht eher das gewesen sei, was sie eigentlich verdiene, kam immer wieder in ihr hoch. – Dann wurde ihre Mutter krank. Darauf verschlimmerte sich ihr Zustand zeitweilig wieder, und die Selbstvorwürfe nahmen vorübergehend zu. Allmählich setzte sich im Verlauf der Durcharbeitung ihrer Probleme jedoch eine klare Besserung durch.

Je mehr aber schließlich ihre Beruhigung fortschritt, um so seltener verspürte sie die Nötigung, H. ängstlich zu überwachen. Der Zwang, fortgesetzt an der Tür des Mädchens zu lauschen und an ihren Händchen zu riechen, ging rapide zurück. Strahlend berichtete sie eines Tages: Jetzt habe sie das Kind schon vier Wochen nicht mehr geschlagen, was sie vorher täglich getan hatte. Sie sei imstande, H. allein spielen und unkontrolliert ihren Mittagsschlaf halten zu lassen, ohne dabei in Unruhe zu geraten. Der Ehemann und Bekannte hätten ihr bereits erklärt: Sie sei gegen früher nicht mehr wiederzuerkennen. Auch ihre eigenen Zwangssymptome, die kardialen Sensationen und die Schlafstörung schwanden allmählich.

Prompt veränderte sich seitdem auch H. An die Stelle ihres einerseits von Angst, andererseits von aggressivem Trotz gekennzeichneten Verhaltens trat eine unbekümmerte, kontaktfreudige Einstellung. Eines Tages kam sie spontan zu Frau F. und erklärte: «Mutti, jetzt fasse ich auch nicht mehr da unten hin!» Tatsächlich fanden sich auch keine Anhaltspunkte mehr dafür, daß sie ihre masturbatorischen Praktiken fortsetzte. Es wurde ganz deutlich, daß ihr die neue Erfahrung der mütterlichen Duldsamkeit dazu verhalf, ihr Vertrauen zu der Adoptivmutter zu festigen. Was diese vorher mit Einschüchterungen und Kontrollen nicht erreicht hatte, machte ihr H. jetzt gleichsam zum freiwilligen Geschenk: Sie trug aktiv dazu bei, sich in der Familie so einzuordnen, daß alle mit ihr zufrieden sein konnten. Ihr war eben nunmehr die Bestimmung zum Sündenbock genommen, also konnte sie unbefangen die positive Rolle des «lieben Kindes» spielen, die man ihr neuerdings ohne Vorbehalt zutraute.

Zusammenfassung: Vergleicht man die Struktur der Beziehung der Mutter von Frau F. zu dieser und von Frau F. zu ihrer Adoptivtochter H., so wird augenfällig, daß hier ein und derselbe affektive Konflikt durch zwei Generationen in dem Sinne «weitergegeben» wird, daß jeweils die Mutter bzw. Adoptivmutter auf die Tochter bzw. Adoptivtochter ihr eigenes Sexualproblem projiziert.

Zunächst ist es die Mutter von Frau F., die offenbar mit ihren persönlichen sexuellen Schuldgefühlen nicht anders fertig werden kann, als sie auf ihre Tochter zu projizieren. An ihrem Verhalten ist charakteristisch, daß sie ihre Tochter einerseits vorzeitig, übertrieben häufig und intensiv vor dem Schreckgespenst der Sexualität warnt, daß sie andererseits indessen mit schlecht verhohlener lüsterner Neugier in dem erotischen Erlebnisbereich der Tochter herumwühlt. Läßt sie doch keine

Gelegenheit ungenutzt, die Sexualphantasien des Mädchens zu stimulieren. Die ungeduldigen Verhöre, denen sie die erstmalig Verliebte aussetzt, verraten ebenso wie das voreilige Verdammungsurteil nach der ersten sexuellen Verführung, daß die Mutter im Grunde nur darauf gewartet hat, die Tochter auf die Rolle des «Sündenbocks» festzulegen. Hätte sie es nicht in der Hand gehabt, die eingebildete Schwangerschaft nach dem einmaligen Fehltritt durch ärztliche Untersuchung widerlegen zu lassen? Hätte sie das Mädchen nicht vor dem Martyrium der Ehe mit dem ungeliebten Zufalls-Partner bewahren können? Statt dessen hat sie – wenn auch unbewußt – die Angelegenheit gerade so arrangiert, daß die Tochter aus der Schuld und der Schande nicht mehr entrinnen konnte. Nur so konnte ihr die Tochter schließlich den lang ersehnten Anhalt bieten, sie mit endlosen Vorwürfen und Strafreden überschütten zu können, die ihre eigentliche Wurzel in den quälenden Selbstvorwürfen haben dürften, unter denen die Mutter ihrerseits unzweifelhaft lange gelitten hat.

Wie sich in der späteren Psychoanalyse herausstellte, hatte sich Frau F. schon als junges Mädchen mit der «linken Seite» ihrer Mutter identifiziert. Sie fühlte sich als «Dirne» und nahm infolgedessen auch die absurde, von der Mutter aufgezwungene Ehe mit dem Kellner im Grunde als gerechte Bestrafung hin. Als dann später jedoch der adäquate Partner auftauchte und ihr die Möglichkeit bot, ihre «positive Identität» wiederzugewinnen, mußte sich ihr Konflikt wieder verschärfen: An der Seite des minderwertigen Partners, des Kellners, hatte sie als vermeintliche «Dirne» immerhin Ruhe gefunden. Denn hier hatte sie ihre Selbstbestrafungsbedürfnisse sättigen können. Die Beziehung zu dem neuen wertvollen Partner bedrohte dieses masochistische Gleichgewicht[199]. Sie war eben so sehr mit der «negativen Identität» ihrer Mutter identifiziert, daß sie phantasierte, sie verdiene diesen Mann nicht, sie werde nur Schande über ihn und auch aufs neue über ihre eigene Familie bringen. Dieser Konflikt erklärt ihre Ängste und ihre verschiedenen neurotischen Symptome vor der neuen Heirat.

Den letzten Beweis dafür, daß sie sich – entsprechend den mütterlichen Erwartungen – mit der Rolle der «Dirne» identifiziert hatte, erbrachte sie nun nach der Heirat mit der Begründung, unter der sie H. zu sich nahm: Sie wollte damit büßen. In ihrer Phantasie wollte sie das Schicksal der unehelichen Mutter tragen, das sie verdient zu haben glaubte. So setzte sie sich an die Stelle der Mutter H.s, die übrigens wohl eher dem entsprach, wofür Frau F. sich selbst hielt.

Nun zeigte H. indessen nach dreijährigem Heimaufenthalt deutliche Hospitalismus-Symptome. Sie war kontaktgestört, sprach schlecht, näßte ein. Das Schlimmste aber: sie masturbierte. Sie brachte diese Symptome

213

aus dem Heim mit. Also war Frau F. zweifellos nicht daran schuld. Aber sie reagierte darauf sofort so, als wäre sie allein dafür verantwortlich.

In dem Augenblick, in dem H. auf den Plan tritt, zieht Frau F. sie genauso in ihren persönlichen Konflikt hinein, wie es früher ihre Mutter bei ihr getan hatte. H. wird ihre Projektionsfigur, auf die sie ihre verdrängten Impulse und gleichzeitig ihre Strafbedürfnisse externalisiert. H. erfüllt ihr freimütig eingestandenes Bedürfnis, ihre inneren «Unstimmigkeiten» an anderen zu verarbeiten. Die Zwiespältigkeit, die der «Sündenbock-Rolle» immer innewohnt, kommt hier folgendermaßen zum Ausdruck:

Einerseits kämpft Frau F. erbittert gegen das Masturbationssymptom mit Schimpfen, Warnungen und Schlägen. Sie scheut sich nicht, H. mit Ausstoßung aus der Familie zu drohen. Ihr selbst ist zunächst nur dieser eine Aspekt ihrer Einstellung bewußt.

Auf der *anderen* Seite drücken ihre Maßnahmen indessen für den psychiatrischen Beobachter unverkennbar die Neigung aus, die sexuelle Betätigung des Kindes immer wieder zu beobachten. Geradezu zwanghaft wird sie fortgesetzt zu der Tür des Kinderzimmers hingezogen, um durch Erlauschen oder Besichtigen an der Sexualpraktik H.s zu partizipieren. Vollends bewiesen wird dieses Motiv dadurch, daß sie sogar nach Belehrung über die Schädlichkeit der häufigen Kontrollen nicht von ihrer affektiv bedingten Gewohnheit lassen kann, dem Kind ständig neugierig nachzuspionieren.

Dieser zweite Aspekt ist deshalb nachdrücklich festzuhalten, um darüber Klarheit zu schaffen, daß H.s Sexualhandlungen Frau F. sowohl dazu dienen, ihr Strafbedürfnis zu sättigen, als dazu, den eigenen unterdrückten sexuellen Regungen durch zuschauende Teilnahme an der kindlichen Autoerotik eine partielle Surrogatbefriedigung zu verschaffen. Damit sind die beiden Bedingungen der Sündenbock-Rolle erfüllt. Frau F. vermag in projektiver Identifizierung ein wenig von den verdrängten eigenen Triebphantasien zu erfüllen, ohne sich bei dem Vorgang bewußt beteiligt zu fühlen. Zum anderen kann sie einen Teil ihrer erdrückenden Selbstvorwürfe vom eigenen Ich abwenden und in entlastender Weise nach außen richten. So wird H. zu einem stellvertretenden Träger des Konflikts oder – von der Adoptivmutter aus gesehen – zum Substitut ihrer negativen Identität.

Es versteht sich demnach nahezu von selbst, daß H. in dem Augenblick aus der Sündenbock-Rolle entlassen wird, als Frau F. durch die Psychoanalyse eine fortschreitende Verarbeitung ihres persönlichen Triebkonfliktes gelungen ist. Und es verwundert genausowenig, daß H. zu der Zeit mit dem Masturbieren aufhört, als die Adoptivmutter nunmehr weit genug innerlich entspannt ist, um das Kind in Frieden zu lassen. Hätte Frau F. indessen ihren Konflikt nicht bewältigt und – wie sie es selbst erlitten hatte – das Kind bis über die Pubertät hinaus mit sexueller Neugierde und einer endlosen Folge von einschlägigen Mahnungen und Strafen verfolgt, so hätte sie dem Mädchen höchstwahrscheinlich eine Neuauflage ihres eigenen Schicksals bereitet.

2. *Krankengeschichte Lars U., 1943 geb.*

Vorgeschichte: Lars ist Einzelkind. In der näheren Aszendenz sind keine Erbleiden bekannt.

Lars' *Mutter* ist eine gefühlvolle, aber verhärmte Frau, die seit Jahren an einem «nervösen Magenleiden» laboriert. Nach ihrer eigenen Darstellung zermürbt sie sich in dem Bemühen, den nach siebenjähriger Ehe geborenen Jungen gegen dauernde ungerechtfertigte Vorwürfe ihres Mannes zu schützen.

L.s *Vater*, ein hagerer, gallenkranker Kriminalbeamter, ist die für L.s Rollenbestimmung in erster Linie maßgebliche Figur in der Familie. Er ist bei einer harten, unduldsamen Mutter aufgewachsen, bei der es ihn besonders kränkte, daß sie ihn nicht selten an den Vater «verriet», wenn er sich etwas hatte zuschulden kommen lassen. «Ich wurde noch so richtig autoritär erzogen! Prügel gab es genug! Taschengeld kannte ich überhaupt nicht, aber das ist ja wohl auch nur so eine moderne Erfindung!» Er wurde überhaupt sehr karg gehalten. Als er später eine handwerkliche Ausbildung bekam, mußte er seinen Gesellenlohn bis auf den letzten Pfennig zu Hause abliefern. Allerdings versteckte er öfter sein Geld in Schlupfwinkeln, «sonst hätte mir die Mutter ja doch alles abgenommen».

So fand er doch hin und wieder eine List, um sich sein hartes Los etwas zu erleichtern. Er berichtet auch, wie es ihm mitunter durch Schmeicheln gelang, den Vater gnädig zu stimmen, wenn die Mutter sich bei diesem über ihn beklagt hatte. Er habe schon allerhand Streiche verübt – welche? Das wollte er außer dem Eingeständnis des heimlich beiseitegelegten Gesellenlohnes nie recht verraten. Dafür haben wir durch seine Frau und seinen Sohn erfahren, daß er noch heute, als knapp 50jähriger, insgeheim aus der Speisekammer nascht, obwohl die Familie in guten Verhältnissen lebt. Es ist nicht zu bezweifeln, daß dieser Naschzwang, der ja auf der gleichen Linie wie das Geld-Verheimlichen liegt, ebenfalls ein Relikt aus der Kindheit ist.

Bezeichnend ist es aber nun für Herrn U., daß er der eingestandenen harten und stark einschränkenden Erziehung, die ihm zuteil geworden ist, heute begeistert Loblieder singt. Der Verfall der heutigen Jugend sei nur eine Folge zu lascher Erziehung. Gegenwärtig würden die Kinder viel zu sehr verwöhnt, da dürfe man sich nicht wundern, wenn keiner mehr etwas leisten wolle und die Jugendkriminalität laufend ansteige. – Man sieht hier bereits den klaffenden Widerspruch zwischen der Ideologiebildung und seinen verhüllten Wünschen: Obwohl ihm die Frustration seitens seiner Eltern offenbar so unerträglich war, daß er zu seinen Listen und Heimlichkeiten Zuflucht nehmen mußte, die er selbst heute noch nicht überwunden hat, so verherrlicht er nichtsdestoweniger eben diese drakonisch autoritäre Erziehungsmethode. *Er konfrontiert sich also nur mit dem Aspekt seines Selbst-Bildes, welcher dem von den Eltern übernommenen strengen Ich-Ideal bzw. Über-Ich entspricht.* Dafür *verleugnet er den anderen* Aspekt seines «Selbst-Bildes», nämlich *seine negative Identität.* Wie er sich mit dieser indessen auseinandersetzt, wird sich in der Beziehung zu seinem Sohn späterhin zeigen.

Nach einer handwerklichen Ausbildung gelangte er später in den Polizei-Dienst, wo er dank seiner Intelligenz und seines Eifers gut vorankam. Allerdings ist er bei Mitarbeitern und Untergebenen gefürchtet, weil er auf die harmlosesten Verstöße gegen Korrektheit und Gerechtigkeit gleich überempfindlich mit großer Schärfe reagiert. Er ist grundsätzlich der Meinung, daß es den jüngeren Beamten heute an der rechten Pflichtauffassung fehle. Alle wollten nur das Nötigste tun, keine Minute über ihre Dienstzeit hinaus arbeiten. – Er hat offenbar, wie es auch seine Frau darstellt, großes Geschick darin, irgendwelche Unterlassungen bei seinen Kollegen aufzuspüren und selbst Bagatellversäumnisse zu großen Affären aufzubauschen.

Frau U. erging es in ihrer Ehe nicht sehr viel besser als den Mitarbeitern ihres Mannes im Betrieb. Er bewies einen ausgeprägten Hang zur Eifersucht und zu kleinlicher Nörgelei, wenn sie ihm nicht alles recht machte. Ganz schlimm wurde es damit aber, als L. geboren war und ihr Mann sie in zunehmendem Maße kritisierte, weil sie den Jungen angeblich zu sehr verhätschele und ihm alles zu leicht mache. Sie werde aus L. noch ein «Muttersöhnchen» machen. Und er wisse aus seinem Justiz-Dienst, daß die meisten Verbrecher auch als Kinder «Muttersöhnchen» gewesen seien. –

Als L. knapp drei Jahre alt war, stellte der Vater bereits kleine Verhöre mit ihm an: «Wenn man nicht jeden Versuch zu lügen und zu betrügen von vornherein im Keime erstickt, ist es künftig zu spät.» Nach der Einschulung wurden die Vernehmungen noch pedantischer. Der Junge war zum Beispiel zehn Minuten zu spät aus der Schule gekommen. Der Vater fragte: «Wann war die Schule zu Ende?... Bist du gleich danach weggegangen?... Bist du unterwegs nicht länger stehengeblieben?... Genau, wie lange?... Ich gebe dir jetzt noch einen Augenblick Bedenkzeit, aber versuche nicht, mich zu täuschen!» usw. Ähnliche Szenen wiederholten sich fast täglich. Es konnte nicht ausbleiben, daß der Vater den Jungen bei kleinen Unwahrheiten ertappte. Darauf erfolgte nicht selten die Warnung: «So wie du haben alle großen Verbrecher einmal angefangen!»

Es empörte ihn, daß seine Frau L. oft in Schutz nahm und ihm vorwarf, er jage dem Sohn mit seiner Staatsanwalt-Manier zu viel Angst ein. So dürfe er sich nicht wundern, wenn der Junge ihm einmal etwas verheimlichen wolle, was ihm peinlich sei. – Herr U. drückte seine Genugtuung aus, wenn er seiner Frau gelegentlich beweisen konnte, daß L. tatsächlich einen Lapsus begangen hatte. Sie mußte übrigens immer als «Zeugin» bei seinen «Verhören» anwesend sein.

In der Schule erkundigte sich der Vater in kürzeren Abständen genauestens über Leistungen und Verhalten des Sohnes. In den ersten Jahren ergab sich dabei kein nennenswerter Anlaß für Beanstandungen. Aber allmählich ließen L.s Leistungen nach. Und es kam auch vor, daß er sich von stärkeren Jungen zu irgendwelchen Streichen verführen ließ, bei denen er prompt ertappt wurde. Besonders wurmte es den Vater, daß L. engen Anschluß an einen um mehrere Jahre älteren Hilfsschüler suchte, der ihn freundlich und rücksichtsvoll behandelte und der bei Auseinandersetzungen mit anderen treu zu ihm hielt. «Immer geht er dahin, wo man ihn schlecht beeinflußt», rügte Herr U. – L.s nachlassende Leistungsbereitschaft, die zu schlechten Zeugnissen führte, bewog den Vater, den Jungen in unserer Beratungsstelle vorzustellen. Er hatte seiner Frau den Wunsch abgeschlagen, ihn und den Jungen hierher zu begleiten. Als Begründung gab er an, sie würde dem Arzt doch nur ein «schiefes Bild» geben und L.s Fehler bestimmt zu sehr verharmlosen.

In unserem Sprechzimmer zog Herr U. ein Blatt aus der Aktentasche, auf dem er Punkt für Punkt seine Beschwerden über den Sohn aufgeführt hatte – eine Methode, die er auch bei der späteren Betreuung beibehielt. Seine Klagen über L. ergänzte er durch ein Register von Vorwürfen über seine Frau, die an allem schuld sei. Sie sei zu nachgiebig. Sie mache L. alles zu leicht. Sie halte weniger zu ihm, ihrem Mann, als zu dem Jungen. So sei es für ihn nicht verwunderlich, wenn es mit L. «laufend bergab» gehe. Er habe aus seiner Tätigkeit im Polizeidienst genügend Erfahrung, um zu wissen, was aus solchen schlechten Ansätzen, wie sie der Junge zeige, «noch alles» werden könne.

Die *Befunde* und *Beobachtungen* im August 1954 lauteten·

Körperlich: Großer, kräftiger Junge von athletischer Konstitution in gutem Ernährungszustand. Die organische Durchuntersuchung ergibt keine pathologischen Auffälligkeiten.

Psychisch: Bei überdurchschnittlicher Intelligenz (Raven-Test Gr. II) fallen seine ängstliche Unruhe und seine Fahrigkeit bei der Bearbeitung von Test-Aufgaben auf: Nach Lösungsversuchen blickt er jedesmal erst furchtsam gespannt den Untersucher an und sucht Bestätigung.

Während des gesamten Untersuchungs-Gesprächs behält er ein kontaktsuchendes Lächeln bei und zeigt eine eilfertige Gefügigkeit. Er ist krampfhaft darum bemüht, einen guten Eindruck zu machen, und lokkert sich erst allmählich in seiner Haltung erleichtert auf, als er merkt, daß mit ihm nichts Schlimmes geschieht.

Interessant sind nun einzelne Angaben zu den Bildern des «Thematic Apperception Test» von Murray:

Tafel 6 BM (Etwas ältere Frau hat einem großen jungen Mann den Rücken zugewendet. Letzterer blickt mit verwirrtem Ausdruck nach unten): «Ein junger Mann hat eine *Straftat* begangen, einen *Diebstahl.* Seine Mutter ist entsetzt darüber. Er bereut es ein bißchen.»

Tafel 14 (Silhouette eines Mannes – oder einer Frau – gegen helles Fenster. Rest des Bildes ist dunkel): «Ein Mensch, der *Selbstmord* begehen will, will aus dem Fenster springen.»

Tafel 20 (Schwach beleuchtete Gestalt eines Mannes oder einer Frau – in nächtlichem Dunkel gegen einen Laternenpfahl gelehnt): «Bei Schneefall an einer Laterne, an einem alten Haus. Da ist ein *Detektiv,* der beobachtet das Haus. Ein *Geldfälscher* wird gesucht.»

Auch bei anderen Gelegenheiten tauchen noch mehrfach Phantasien von Diebstählen und Bestrafung auf. Ebenfalls finden sich weitere Anhaltspunkte für depressive Vorstellungen, entsprechend dem Selbstmord-Einfall zu Tafel 14 im TAT. Bezeichnend erscheint übrigens die Verwendung des in der Umgangssprache sonst kaum gebräuchlichen Wortes «Straftat», das zweifellos der Polizisten-Terminologie des Vaters entlehnt ist. – Es erscheint immerhin bemerkenswert, daß die Phantasien des Jungen wichtige Züge des Bildes reproduzieren, das der Vater von ihm entworfen – bzw. auf ihn projiziert hat. Er sieht sich also selber bereits – wie er es ja auch immer nur vom Vater hört – als *potentiellen Straftäter.* –

Beim freien Zeichnen stellt er mit matter, zaghafter Strichführung auf zwei Blättern verschiedene Fahrräder und Motorräder dar. Er bemerkt dazu, daß ihm der Vater seit zwei Jahren ein Fahrrad versprochen habe, das er sich brennend wünsche. Zur Strafe habe der Vater aber den Kauf immer wieder hinausgeschoben.

Bei den nächstfolgenden Vorstellungen wirkt er freier und etwas selbstsicherer. Er fühlt sich offenbar dadurch ermutigt, daß er hier nicht kritisiert wird und daß er nicht fürchten muß, der Arzt werde gleich in die Front des Vaters gegen ihn einschwenken. Er berichtet nun einiges über die häusliche Situation, wobei er immer wieder hilflos mit den Schultern zuckt, so etwa: «Da kann man ja doch nichts machen!» Es stellt sich noch heraus, daß der Vater ihn häufig schlägt, daß L. laufend Stubenarreste bekommt und im übrigen vom Vater auf Schritt und Tritt kontrolliert wird. Er gesteht spontan ein, daß er gelegentlich in der Speisekammer nasche. Das tue der Vater aber auch (das wird von der Mutter bestätigt). Interessanterweise hatte der Vater dieses Symptom des Jungen – es ist zu verstehen, warum – unerwähnt gelassen.

Diagnose: Neurose mit depressiven Zügen und Lernstörung.

Verlauf: Die Familie wurde über sieben Jahre beobachtet. Die Aufnahme einer Betreuung erwies sich wegen der starken Spannung zwischen den Eltern als besonders schwierig. Obwohl die Mutter vor Besuchen bei uns von ihrem Mann genaue Weisungen bekam, was sie berichten solle, enthüllte sie ungeniert ihre Gefühle und Auffassungen. Es wurde aus ihren Mitteilungen deutlich, daß ihr Mann ihren Umgang mit dem Jungen ständig mit eifersüchtigem Mißtrauen verfolgte. In seiner Gegenwart durfte sie nicht herzlich zu L. sein, weil sie sonst prompt dafür gerügt wurde. Versuchte sie, den Jungen zu rechtfertigen, brauste er auf. Sie solle den Jungen erziehen und nicht seinen Rechtsanwalt spielen. Uns erklärte sie: «Mein Mann will immer, daß ich ihm recht gebe, daß der Junge schlecht ist. Dabei hat der Junge doch noch gar nichts Schlechtes getan! ... Ich bin schon ganz am Ende, völlig hoffnungslos. Mein Mann sieht in allen Menschen nur das Negative. Für ihn sind wir alle Schwindler oder Betrüger. Wie soll man das aushalten!» – Entrüstet war Herr U., als wir eines Tages seine Frau und L. brieflich einbestellten: Er könne doch wohl erwarten, daß der Arzt sich zuerst an ihn statt an seine Frau wende. Immer wieder argwöhnte er, seine Frau wolle ihn beim Arzt überspielen, sie sei ja doch nur daran interessiert, L.s Fehler zu vertuschen. Aber er werde schon dafür sorgen, daß alles ans Licht komme.

Wir rieten zunächst, den Jungen wegen seines Leistungsrückstandes vom Gymnasium auf den technischen Zweig einer Oberschule umzuschulen, da seine durch die affektive Störung bedingte Lernhemmung keine schnelle Besserung erwarten ließ, und seine Schulsituation prekär geworden war.

Regelmäßige Einzelaussprachen mit beiden Eltern führten ganz allmählich zu einer leichten Beruhigung der häuslichen Atmosphäre. – Der Vater kam zwar jedesmal erneut mit regelrechten «Anklageschriften», in denen L.s Fehlverhalten und zugleich die angeblich falschen Maßnahmen seiner Frau angeprangert wurden. Er schimpfte, warb aber ebenso deutlich um Verständnis für sich selbst. Was ihn letztlich davon abhielt, den Kontakt zu uns abzubrechen, waren ohne Zweifel seine schweren unbewußten Schuldgefühle. Wenn er sich auch nicht im mindesten darüber klar war, so kam er doch eigentlich weniger des Jungen als seiner selbst wegen zu uns. Denn im Grunde war es doch *sein* Problem, daß er *sich selbst* nicht ertragen konnte. Der Junge repräsentierte doch nur seine eigene unbewußte «negative Identität», mit der er nicht fertig zu werden vermochte. Er wünschte, daß wir seine Sorgen um den Jungen ernst nehmen sollten. Denn anderenfalls hätte er ja seine Projektion auf sich zurücknehmen müssen und damit seinen persönlichen Konflikt unerträglich verschärft, etwa vergleichbar dem Vater in dem von Zulliger zitierten Fall (s. S. 205). Zugleich wünschte er aber auch infolge seiner Teil-Identifikation mit L., daß dem Jungen geholfen werde, so wie ihm selbst geholfen werden sollte. –

Frau U. gelangte zweifellos schon dadurch zu einer gewissen Entlastung, daß sie für ihre schwere Situation Verständnis fand und in ihrer Tendenz bestärkt wurde, den Jungen kompensatorisch für die beständigen väterlichen Kränkungen zu bestätigen. Außerdem rieten wir ihr, ihren Mann mit weniger provokatorischen Mitteln zu einer Milderung seiner Härte zu bewegen. Sie sah ein, daß sie durch kränkende Herausforderungen das Verhältnis des Vaters zum Sohn nur noch schlimmer machen würde. Im übrigen versuchten wir, die sehr verständige Frau mit einer Aufklärung über die neurotische Motivation ihres Mannes zu stützen. In der Tat gewannen wir den Eindruck, daß sie allmählich weniger «mitagierte», das heißt die Ausbrüche ihres Mannes mit mehr Besonnenheit ertragen und damit zugleich seine Reizbarkeit dämpfen konnte.

Bei der Schwere der neurotischen Charakterstörung des Vaters ließ sich, zumal ohne eigentliche Behandlung, natürlich nur eine sehr oberflächliche Besserung der häuslichen Situation bewirken, und es war von vornherein zu erwarten, daß konfliktspezifische traumatische Ereignisse wieder zu verschärften Spannungen führen würden.

Immerhin hob sich L.s Leistungsbereitschaft in der Schule, zumal er den reduzierten Anforderungen des neuen Schulzweiges besser gewachsen war. Und er hielt die folgenden Schuljahre bis zum Abschluß mit ansprechenden Leistungen durch. Zweimal erntete er jedoch noch monatelange häusliche Repressalien, nachdem er gerade mit listigen Täuschungen versucht hatte, väterliche Strafgerichte zu umgehen. Einmal hatte er dem Lehrer die häusliche Telefonnummer unrichtig angegeben. Das andere Mal hatte er einem Polizisten auf der Straße eine falsche Adresse gesagt, als er auf dem Fahrrad wegen Nichtbeachtung einer Verkehrsregel angehalten worden war. In beiden Fällen erfuhr der Vater die Missetaten L.s. Nach dem letzten Vorfall sprach er ein halbes

Jahr mit dem Jungen kein Wort. Als seine Frau ihn nach einiger Zeit bedrängte, er solle doch einlenken, redete er vorübergehend auch mit ihr nicht. Jetzt müsse sie doch endlich einsehen, was sie für einen «sauberen Sohn» habe. – Monatelanger Taschengeld-Entzug, Vorenthaltung versprochener Geschenke, weitere Stubenarreste gehörten zu den vom Vater durchgesetzten Sanktionen, welche die Mutter dann wieder unter vielen Schwierigkeiten leidlich kompensieren mußte.

Trotz aller Rückschläge nahm L.s Stabilisierung allmählich zu. Die angedeuteten Verwahrlosungsansätze kamen in den letzten Jahren nicht weiter zum Durchbruch. Auch die Neigung zu passiver Resignation und zu subdepressiven Verstimmungen trat zurück. Er ist aktiver und entschlossener geworden. Obwohl er nach der Schule unbedingt Ingenieur werden wollte, steckte ihn der Vater in eine kaufmännische Lehre. Es spricht nun für L.s gewachsene Festigkeit und Selbstsicherheit, daß er diese Lehre durchhielt und erfolgreich abschloß, anschließend jedoch durchsetzte, daß er doch noch eine Ingenieur-Ausbildung bekam.

Eindrucksvoll ist es, wie der Vater L.s Fortschritte verleugnete und noch immer nach Beweisen dafür sucht, daß es mit dem Sohn schlimm stehe. Obwohl L.s Zeugnisse auf der Fachschule recht erfreulich sind, gibt sich der Vater damit nicht zufrieden. Er stöbert heimlich in den Sachen des immerhin 19jährigen Sohnes herum, bis er einmal in einem Heft eine Fünf entdeckt. Es beunruhigt ihn regelrecht, daß L.s Arbeitseifer stark zugenommen hat, während er doch früher ausgesprochen leistungsunwillig gewesen war. Bei dem letzten Besuch in unserer Sprechstunde – nach insgesamt siebenjähriger Beobachtungsdauer – berichtet der Vater: «Der Junge arbeitet jetzt viel. Das muß ich ja sagen. Ob es aber echter Eifer ist, das möchte ich bezweifeln. Wahrscheinlich macht er es nur, um die Zeit totzuschlagen.» Diesen Zweifel wiederholt er später noch einmal. «Wissen Sie, Herr Doktor, ich sehe schwarz. L. ist ein richtiger Blender!» – Nun arbeitet der Junge also endlich fleißig – und erntet wieder nichts als Mißtrauen: Da muß doch irgend etwas anderes dahinterstecken, das kann doch nicht einfach Fleiß sein!

Auch seiner Frau gibt Herr U. noch immer keine Ruhe: «L. meckert öfter über seinen Brotaufstrich, den meine Frau ihm gibt. Am besten wäre es, wenn sie ihm dafür mal einige Wochen morgens keinen Kakao mehr geben würde. Der Junge hat ohnehin schon zu viel überschüssige Kraft!» – L. will sich neben dem Studium noch durch eine Nebenbeschäftigung Geld verdienen. Das läßt der Vater aber nicht zu: «Er braucht nicht noch Geld. Was er für Anschaffungen nötig hat, das bekommt er ja von mir.» –

Man sieht: An den väterlichen Projektionen hat sich, abgesehen von einer Milderung der Strafpraktiken, in den sieben Jahren nicht viel verändert. Um so erfreulicher ist es, daß L. jedenfalls weitgehend aus seiner Rolle herausgewachsen ist, so daß ihm jetzt ein aktiver Lebensaufbau zugetraut werden kann.

Zusammenfassung: Herr U. bietet einen ausgesprochen neurotischen Charakter. Er hatte eine Mutter, die ihn immer wieder dem Vater zu Strafgerichten auslieferte. Als Folge einer äußerst strengen, repressiven Erziehung verheimlichte er vor der Mutter sein Geld und verfiel auf einen noch heute ausgeprägten Naschzwang. Im Kontrast zu diesen pseudologischen Heimlichkeiten und oralen Triebdurchbrüchen, die er vor sich verleugnet, hat er nach dem Bilde der Eltern eine autoritäre Ideologie entwickelt und kämpft nun fanatisch für die Erziehungsgrundsätze, denen er seinen schweren neurotischen Konflikt verdankt. Um die Illusion eines positiven Selbst-Bildes aufrechterhalten zu können, das seiner triebfeindlichen Ideologie entspricht, externalisiert er den negativen Aspekt seines Selbst-Bildes durch Projektion und sieht folgerichtig um sich herum nur eine Welt von Lügnern und Räubern. Er entdeckt bei allen anderen Menschen kaum mehr andere Impulse als diejenigen, deren er selbst nicht Herr geworden ist bzw. an deren Integration er gescheitert ist.

Es kann nicht ausbleiben, daß seine Frau wie sein Sohn ebenfalls Opfer dieses Abwehrschemas werden. Dabei setzt die Eifersucht, mit der er seine Frau verfolgt, offenbar das Mißtrauen und die Erbitterung fort, die seine Mutter, die ihn ja immer wieder an den Vater verraten hatte, in ihm entzündet hatte. – Wie sehr es ihn dazu drängt, Lars zum «Sündenbock» zu machen, ergibt sich aus seinen Eingeständnissen, als er bereits dem 3-, 4jährigen Kind, das sich nichts weiter hat zuschulden kommen lassen, eine Verbrecherlaufbahn zutraut. Auch an diesem Beispiel zeigt sich wieder der unbewußte Verführungscharakter des elterlichen Verhaltens: Der Vater treibt den Jungen so in die Enge, daß diesem gar nichts anderes übrigbleibt, als sich bei Versäumnissen ertappen zu lassen, die der Vater dem Anschein nach verhüten will. Erst pflanzt Herr U. Lars ein Übermaß an Angst ein. Vor Angst muß der Junge schwindeln. Weil er aber schwindelt, liefert er dem Vater den erwünschten Vorwand zum Anklagen und Strafen.

Das väterliche Verhalten folgt also wieder dem für diese Rolle charakteristischen Schema: Er ist – unbewußt – ebensowohl der Anstifter und Verführer wie später der Häscher, der Staatsanwalt und der Strafvollzugs-Beamte seines Sohnes in eigener Person. Erst wird L. zum «Delinquenten» präpariert, dann wird er dafür verfolgt.

Bezeichnenderweise sind L.s gelegentliche kleine Schwindeleien in jedem Fall dadurch motiviert, daß er vor dem Vater einen Lapsus verbergen will, um dessen sadistische Strafgerichte zu vermeiden. Dieser tut indessen nichts, um die Ängste des Sohnes zu mildern. Im Gegenteil: Mit seiner Technik der Dauerbestrafungen (jahrelang wird zum Beispiel das versprochene Fahrrad zur Strafe vorenthalten) schüchtert er L. nur noch mehr ein. Bezeichnend ist dabei, daß Herr U. speziell die Versagungen reproduziert, deren Opfer er früher selbst geworden war: L. wird immer wieder über Monate das Taschengeld entzogen – so wie er selbst früher keines erhalten hatte. Und entsprechend seinen eigenen oralen Entbehrungen, die seinen Naschzwang erklären, soll L. keine kostbare Nahrung (Kakao) bekommen. Als Signale dafür, daß L. in große Gefahr gerät, der für ihn präparierten Rolle zu erliegen, sind sein Resignieren in der Schule, seine allgemeine Passivität, seine Verstimmungen, seine pseudologischen Züge und seine auffallenden Phantasien von «Straftaten» zu werten. Interessant ist noch, daß er mit dem Naschen ein manifestes Symptom des Vaters übernimmt.

Während der Vater seine Sündenbock-Projektion auf L. während unserer siebenjährigen Beobachtung kaum reduziert hat, ist es dem Jungen doch geglückt, sich gegen die Rollenvorschrift des Vaters zunehmend abzuschirmen. Das verdankt er sicherlich einerseits dem kompensatorischen Einfluß der sehr vernünftigen und einsichtigen Mutter, aber auch der Stützung, die er durch unsere Betreuung erfuhr. Wenn sein innerer Halt auch noch immer nicht sehr groß ist, so sind echte Fortschritte in seiner psychosozialen Entwicklung doch unverkennbar. Das Erlöschen seiner ersten Verwahrlosungsansätze und die erfolgreiche Schul- und Berufsausbildung sind ein Erfolg – den alle außer dem Vater wahrnehmen. Wenn dieser sich auch noch heute an die Fiktion hält, der Junge arbeite doch nur aus unechten Motiven, seine Fortschritte seien nur Blendwerk, es werde am Ende mit ihm doch schiefgehen – so muß er deshalb so «schwarz sehen», weil er es nicht ertragen würde, wenn ihm L. den negativen Aspekt des eigenen Selbst-Bildes nicht mehr abnähme. Die Angst, daß er seine «linke Seite» selber tragen müßte, anstatt sie wie bisher auf den Sündenbock-Sohn projizieren zu können, zwingt ihn zu dieser fast tragisch anmutenden Verfälschung der Realität der positiven Entwicklung des Sohnes.

Traumatische Bedeutung der Rolle

Unter allen durch narzißtische Projektion bestimmten Rollen erscheint die Sündenbock-Rolle grundsätzlich als die gefährlichste für das Kind. Gelingt es dem Kind nicht, wie Lars U., sich unter Anlehnung an eine andere Beziehungsperson gegen die Rollenvorschrift der betreffenden Elternfigur zu wehren, so bestehen für eine gesunde seelische Entwick-

223

lung keine guten Aussichten. Denn es liegt ja bereits im *Wesen* dieser Rolle, daß das Kind an seinem Triebkonflikt *scheitern soll*, während es bei der Rolle als Substitut des idealen Selbst der Eltern eigentlich nicht scheitern, sondern *reüssieren soll*. Scheitert es in der zuletzt genannten Rolle im einzelnen Fall dennoch, dann in erster Linie wegen des individuellen Mißverhältnisses zwischen der ihm aufgebürdeten Ideal-Forderung und seiner unzureichenden Sublimationsfähigkeit. Als Sündenbock ist ihm indessen in jedem Fall vorbestimmt, daß es seinen Triebkonflikt nicht in irgendeiner Weise definitiv bewältigen darf. Es soll ja die «linke Seite» der betreffenden Elternfigur kontinuierlich tragen und diese davor bewahren, den negativen Aspekt des eigenen Selbst auf sich zurücknehmen zu müssen. Dementsprechend tendiert die Elternfigur – unbewußt – dazu, *die Triebabwehr des Kindes beständig zu schwächen.*

Dieser Tendenz können, wie bereits bemerkt wurde, verschiedene Erziehungstechniken dienen. Die Erziehung kann, wie zum Beispiel bei der Mutter von Frau F., im äußeren Bild *streng moralisierend* und dabei doch im Grunde so *verführend* sein, daß das Kind in seinem Triebkonflikt steckenbleiben muß. Auf diese Weise kann das Kind zwar ein strenges Über-Ich erwerben. Aber da sein Trieb gleichzeitig ständig übermäßig geschürt worden ist, ist das kindliche Ich durch die Spannung zwischen Über-Ich und Es überfordert. Diverse *neurotische Symptombildungen* können, wie im Fall von Frau F. gezeigt wurde, die Folge sein.

In anderen Fällen ist die Erziehung laxer. Infolge eines defektiven eigenen Über-Ichs kaschiert die betreffende Elternfigur ihre Verführungs-Tendenzen nicht so ausgeprägt hinter einer moralisierenden Fassade. Sie pflegt dem Kind auch noch mehr Spielraum zu lassen, die Impulse *auszuagieren*, die sie selbst bei sich unterdrückt. In diesen Fällen ist beim Kind weniger mit der Entstehung einer *Neurose* im engeren Sinne als vielmehr mit der Entwicklung einer *Verwahrlosung* zu rechnen. Dafür ein Beispiel:

Der Sohn eines sehr erfolgreichen hohen Beamten hat in den ersten Jahren nach dem Krieg erlebt, wie sein Vater verschiedentlich von Empfängen bei alliierten Offizieren kleinere Gegenstände, einmal sogar einen goldenen Füllfederhalter, mit nach Hause gebracht hatte. Er war überzeugt, daß der Vater die Dinge heimlich entwendet hatte. Mit 14 Jahren begann er selbst, seinen Vater zu bestehlen. Und zwar nahm er ihm verschiedentlich Geldscheine aus der Brieftasche. Er behielt dieses Laster etwa sieben Jahre lang bei, begann schließlich zu trinken und geriet in beträchtliche Schulden. Nicht ein einziges Mal stellte ihn der Vater wegen seiner Diebstähle – die ohne Zweifel bemerkt worden waren – zur Rede. Als sich der Sohn schließlich wegen einer masochistischen Perversion mit Impotenz und wegen seiner Verwahrlosungstendenzen einer mehrjährigen psychoanalytischen Behandlung unterzog, stellte er immer wieder voller Verzweiflung und Erbitterung die Frage: «Warum hat mich mein Vater denn nie auf meine Diebstähle angesprochen?» Er beantwortete sich die Frage selbst dahingehend, daß ihn der Vater absichtlich habe ohnmächtig bleiben lassen wollen. Hätte der Vater ihn ermahnt und bestraft, hätte er, der Patient, doch eine Chance gehabt, mit dem Stehlen aufzuhören. Aber das habe der Vater eben verhindern wollen. «Ich weiß genau, daß er mich braucht, daß er ohne mich gar nicht existieren kann. Aber er möchte mich am Boden halten ... Ich muß nur immer die linke Seite meines Vaters spielen!» In diesem Sinne träumte er, er spiele mit einem seinem Vater ähnelnden Mann Tennis. Er sei wie angenagelt auf der *linken Seite* seines Spielfeldes. Er wisse genau: Wenn der Partner den Ball nach rechts spiele, könne er dort nicht hinkommen. – Dann träumte er vom Vater als einem Kapitän, der auf einem großen Schiff stehe und ein kleines Kind in einem Korb auf dem Meer aussetze. Er attackierte im Traum den Kapitän wegen dieses Verbrechens.

Tatsächlich stellte er zu dieser Zeit seinen Vater zur Rede und beklagte sich, daß dieser ihn nie wegen seiner Diebstähle belangt habe. Der Vater verteidigte sich mit schärfsten Vorwürfen gegen den Patienten, der seinerseits zum ersten Male in seinem Leben in einer Auseinandersetzung dem Vater standhielt. Nach der Aussprache reagierte der Patient prompt mit einer Symptombesserung: Er konnte nun seine Schulden abtragen. Die Impotenz verschwand, derentwegen vor Behandlungsbeginn eine erste Ehe gescheitert war. Er ging bald darauf eine neue Ehe ein, die fortan stabil geblieben ist.

Wie richtig der Patient die Projektion des Vaters übrigens durchschaut hatte, verriet sich in einer Serie von Briefen, die der Vater prompt schrieb, nachdem der Sohn ihn wegen der ausgebliebenen Stellungnahme zu seinen Diebstählen angesprochen hatte. Bezeichnend ist der Kontrast zwischen der kritiklosen Selbstverherrlichung und dem Versuch, den Sohn unbedingt auf der «linken Seite» festzuhalten. So schrieb der Vater über *sich selbst*: «Dein Vater ... hat Oberingenieur, Assistenten, Angestellte; er hat Macht; er regiert; im Hause hat er ‹zu sagen›; er bringt das Geld, wovon wir alle leben; alles kommt von ihm, durch ihn; er kann alles; er donnert auf dem Klavier; er läuft Schlittschuh, geht auf Ski, hat in das Weltmeer getaucht; er kann hobeln und feilen; schießt mit dem Bogen; er weiß alles; er kann Mathematik, er kennt Maschinen, weiß wie sie funktionieren; er kann auch selbst Apparate machen, die wie gekauft aussehen ...» Und so schrieb er *über den Sohn*: «Mein lieber Herr Schwein, ... nicht ich mache Ihnen die Hölle heiß ... Ich mache Sie nur deutlich darauf aufmerksam, ... daß derartige Schweinereien für denjenigen schwer und geradezu zermalmend und zerstörend sind, der sie begeht ... Bekanntlich hat man mit der eigenen Sündenlast fertig zu werden und nicht mit derjenigen der anderen Leute. Also fügen Sie bitte nicht noch zu der Schweinerei die komplette Idiotie.»

Der Sohn also soll die «Sündenlast» tragen, während er für sich das narzißtische Selbst-Bild des allwissenden, omnipotenten Mannes festhalten will. Mit der Massivität seiner Attacke gegen den Sohn verrät er indessen zur Genüge, daß er eigentlich die größte Angst davor hat, die eigene negative Identität akzeptieren zu müssen, mit welcher der Sohn ihn konfrontiert hat. Er fürchtet, daß seine Sündenbock-Projektion auf den Patienten von diesem zerstört wird.

Daß elterliche Projektionen dieses Typs eine maßgebliche Rolle in der Entstehungsgeschichte kindlicher *Verwahrlosung* spielen können, ist vor allem von A. M. Johnson wiederholt betont worden. Sie legt dabei das Gewicht auf die Tendenz der Eltern, «sich eine Ersatzbefriedigung ihrer eigenen mangelhaft integrierten verbotenen Impulse zu verschaffen, indem sie deren Abfuhr bei dem Sündenbock-Kind sanktionieren». In diesem Sinne erläutert sie eine Krankengeschichte [200], die dem soeben geschilderten eigenen Fall sehr nahekommt. Und zwar berichtet sie von einer Mutter, die selbst als junges Mädchen gestohlen, diesen Drang aber später erfolgreich abgewehrt hatte. Als sie dann eines Tages bemerkte, daß ihre 6jährige Tochter ihr Geldstücke aus dem Portemonnaie entwendete, nahm sie das hin, ohne ein Wort zu sagen. Die Tochter beging drei Jahre lang weiterhin kleine Diebstähle. Erst dann erkannte die Mutter im Zusammenhang einer psychoanalytischen Behandlung, daß und warum sie das Stehlen ihrer kleinen Tochter unbewußt begünstigt hatte. Erst nachdem sie ihr eigenes Problem in der Psychoanalyse genügend durchgearbeitet hatte, konnte sie der Tochter in angemessener Weise helfen, das Stehlen künftig zu unterlassen.

Bisher wurde hinsichtlich der traumatischen Bedeutung der «Sündenbock-Rolle» hervorgehoben, daß die betreffende Elternfigur das Kind stets *an einem Triebkonflikt scheitern* lasse. Es werde dem Kind – sofern dieses sich nicht in Anlehnung an eine andere Beziehungsperson gegen die Rolle wehren könne – unmöglich gemacht, den Impuls zu integrieren, den die Elternfigur in sich selbst durch Projektion abwehren müsse. Das Kind solle den Impuls stellvertretend für die Elternfigur *ausagieren* – mit der Gefahr der *Verwahrlosung*. Oder es solle wenigstens in der *Phantasie* die spezielle Triebschuld akzeptieren und dafür, stellvertretend für die Elternfigur, mit einer *Neurose* büßen. So genügt es der Mutter von Frau F., daß ihre Tochter sich wenigstens schließlich als Dirne *fühlt* und dafür *leidet*, auch wenn die Impulse nicht ausgelebt werden.

Es sei aber noch einmal ausdrücklich betont, daß der traumatische Effekt eben nicht zureichend beschrieben wäre, würde man nur die Natur des kindlichen *Triebkonfliktes* – provoziert durch eine eigenartige Mischung von Verführung und Strenge im elterlichen Verhalten – hervorkehren. Es erscheint wiederum zum vollen Verständnis erforderlich, sich – «ich-psychologisch» – die Beziehung zwischen elterlichem und kindlichem Unbewußten unter dem Aspekt eines *Dialoges* vorzustellen. Dann erkennt man genauer, daß Eltern und Kind eben nicht nur durch ihrer beider Triebschicksal aufeinander bezogen sind, sondern daß das Kind einen durchaus komplexen Aspekt des elterlichen *Selbst-Bildes* aufgebürdet bekommt und diese Forderung auch so zu «verstehen» pflegt, wie sie «gemeint» ist. Das Kind «lernt», daß es *kein autonomes Selbst* entwickeln darf, sondern nur ein solches, das gleichzeitig zum elterlichen Selbst gehört. Internalisiert das Kind die Rolle, dann bleibt sein Ich-Ideal bzw. Über-Ich die persönliche Stimme des Vaters oder der Mutter. Dann kommt es von der Phantasie nicht los, in allem Fühlen, Denken und Handeln auf die betreffende Elternfigur bezogen zu sein, aber eben in der speziellen Struktur dieser Rolle. Ähnlich, wie in den psychologischen Detektivromanen Dürrenmatts oder Simenons der Verbrecher und sein Richter bzw. sein Häscher als ein Paar erscheinen, das durch die fast magische gegenseitige Anziehung letztlich eine Einheit bildet, so ist es auch hier. Die Elternfigur kann ohne das Kind, dieses ohne jene nicht leben. Der Vater – oder die Mutter – kann sein positives Selbst-Bild festhalten, solange das Kind ihm das negative abnimmt. Das Kind wiederum kann sein Schlecht-Sein nur ertragen, weil seine «andere Seite» von der «guten» Elternfigur ausgefüllt ist. – Unter diesem Aspekt wäre die besondere traumatische Bedeutung dieser Rolle darin zu erblicken, daß das Kind – sofern es sich gegen die Rolle nicht abschirmen kann – die Phantasie behält, die gute, «rechte Seite» zeitlebens der Elternfigur belassen und selbst deren «linke Seite» beibehalten zu müssen. Man könnte diese *spezifische Störung der Identitäts-Bildung,* wie sie durch die Sündenbockrolle nahegelegt wird, nicht treffender beschreiben, als es der jugendliche Patient (s. S. 225) in dem zitierten Traum symbolisiert hat: Der Vater, sein Tennispartner, steht rechts. Er selbst aber ist auf die linke Seite verbannt und kann sich nicht von dieser Stelle rühren.

Das Kind als umstrittener Bundesgenosse

Genese und Merkmale der Rolle

Ist die Familie in dem Sinne vollständig, daß beide Eltern vorhanden sind, so konvergieren im Kind – zumindest – die Rollenansprüche von *zwei* Seiten. Nun ist es häufig so, daß sich nur ein Elternteil des Kindes im Sinne einer stärkeren «Übertragung» oder «narzißtischen Projektion» bemächtigt, um auf diese Weise einen eigenen affektiven Konflikt auszutragen, während der *andere* Elternteil sich mehr zurückhält und für das Kind weitgehend *in den Hintergrund tritt.* Er überläßt seinem Partner nicht selten deshalb das Feld, weil er froh ist, daß das Kind dessen affektive Forderungen auf sich zieht, die sonst auf ihn selbst zukommen würden. Ein Beispiel für ein typisches Ausweichverhalten dieser Art bot der Vater von Udo K. (s. S. 175), der seinen Sohn längere Zeit völlig der mütterlichen Ehrgeiz-Erziehung auslieferte, um selbst von der Projektion der phallischen Ambitionen seiner Frau verschont zu bleiben, unter der er vor der Geburt des Kindes gelitten hatte. – Selbst bei einer solchen Familienkonstellation, bei welcher ein Elternteil schattenhaft im Hintergrund bleibt und das Kind seinem Ehepartner sozusagen überläßt, darf man die Bedeutung dieses Elternteils für die kindliche Entwicklung allerdings nicht unterschätzen. Er kann in der kindlichen Phantasie viel mehr Einfluß gewinnen, als nach seinem passiven Verhalten eigentlich zu erwarten wäre. Das Kind ergänzt sein Bild unter Umständen aus Andeutungen und macht dieses zum Gegenstand seiner ödipalen Wünsche und Identifikationsbestrebungen. A. Mitscherlich[201] hat gezeigt, was für ein mächtiger Faktor selbst der «tote Vater» in der Phantasie des Kindes bleiben kann.

Es gibt eine andere Familien-Konstellation, bei welcher ebenfalls *ein* Elternteil das Kind in ausgeprägter Weise einer der genannten Rollenvorschriften unterwirft, während die *andere*, affektiv besser ausbalancierte Elternfigur diesmal *kompensierend eingreift*. Sie hilft dem Kind *aktiv*, sich gegen die traumatischen Ansprüche des anderen Elternteils abzuschirmen. Sie vermeidet aber dabei die Gefahr, gegen den Ehepartner rivalisierend zu «agieren». Sie trachtet danach, dessen Druck auf das Kind zu dämpfen. Sie versucht, die Schuldgefühle des Kindes zu mildern, die aus der Rollenvorschrift des Ehepartners entstehen. Sie wird die von der anderen Seite her frustrierten narzißtischen Bedürfnisse des Kindes besser zu befriedigen trachten. Oder sie wird, wenn sich der andere Teil dem Kind (zum Beispiel bei der Elternfigur-Substitut-Rolle) zu sehr passiv ausliefert, dem Kind ausgleichend den fehlenden Halt bieten, der zur Ich-Stärkung und zur Orientierung in der sozialen Realität unentbehrlich ist. Ein gutes Beispiel für eine nützliche kompensatorische Einwirkung liefert die Mutter von Lars U., die schließlich lernte, ihren Sohn gegen die Sündenbock-Projektion ihres Mannes zu stützen, ohne ihn jedoch aus der Verpflichtung zu entlassen, sich dennoch mit seinem Vater auseinanderzusetzen. Aber erst als die Mutter nicht mehr so unkontrolliert wie anfänglich als «Rechtsanwalt» des Sohnes agierte, vermochte ihr Einfluß positiv wirksam zu werden.

Liegt indessen der Fall vor, daß *beide* Eltern das Kind rücksichtslos in ihre affektiven Konflikte hineinziehen, so gibt es zwei Möglichkeiten: Entweder ihre Rollenansprüche stehen in *Widerspruch* zueinander, oder sie *decken* sich weitgehend. Die zuletzt genannte Möglichkeit ist nicht ganz selten bei zwei der genannten Rollentypen erfüllt. Beide Eltern können das Kind zum Beispiel zum *Projektionsfeld ihres Ich-Ideals* machen, das bei beiden analog konfiguriert ist. Typisch in diesem Sinne ist der Fall Schottländers (s. S. 194): Beide Eltern drückt – unter dem

Einfluß ihres jeweils narzißtisch gefärbten Ich-Ideals – der Mißerfolg ihres hochgespannten Prestige-Strebens, für welchen sie nun der Sohn entschädigen soll. – Aber auch im umgekehrten Fall, bei der *Sündenbock-Projektion*, können die Rollenforderungen der Eltern miteinander korrespondieren. Denn es ist leicht möglich, daß der verdrängte negative Aspekt des Selbst-Bildes bei beiden Eltern weitgehend übereinstimmt. Dann entsprechen auch die Projektionen auf das Sündenbock-Kind einander. – Obwohl es nicht näher ausgeführt wurde, erlebte zum Beispiel Frau F., die Adoptivmutter von Helma, nicht nur von ihrer Mutter, sondern auch von ihrem Vater her lange Jahre die projektive Erwartung, sie werde sexuell entgleisen. – Es versteht sich von selbst, daß sich sowohl die Projektion eines unerfüllten Ich-Ideals als die Projektion der «negativen Identität» noch verhängnisvoller auswirken müssen, wenn sie nicht allein von einem Elternteil, sondern von beiden zugleich ausgehen. Die schädlichen Effekte der Projektionen addieren einander.

Welche Situation ergibt sich aber, wenn die belastenden Rollenforderungen beider Eltern einander *widersprechen*? Je mehr das Kind die ihm von der *einen* Seite aufgedrängte Rolle assimiliert, um so mehr verstärkt es dann automatisch die Konfliktspannung des *anderen* Elternteils und dessen Anspruch. Diese Situation kann sich um so leichter krisenhaft zuspitzen, je brüchiger die Ehe der Eltern ist. Denn natürlich erlebt nicht nur das Kind, daß es die eine Seite in eben dem Maße herausfordert, in welchem es der anderen nachgibt. Vielmehr kann auch den Eltern nicht verborgen bleiben, daß sie einander frustrieren, indem jeder von ihnen versucht, das Kind dem eigenen Rollenanspruch zu unterwerfen und dem Einfluß des Partners zu entziehen. Wenn sie sich also nicht miteinander arrangieren, sondern den Streit um das Kind hochspielen – entsprechend der dieser Konstellation immanenten Tendenz zur wechselseitigen Verstärkung der elterlichen Forderungen – dann ist ihre Ehe von vornherein stark mit aggressiver Spannung geladen.

In minder ausgeprägter Form ist die Belastung eines Kindes miteinander widersprechenden elterlichen Rollenforderungen recht häufig. Da ist zum Beispiel eine Mutter mit einem unbewußten «Männlichkeitskomplex», die sich ihren Sohn sanft und gefügig wünscht. Der Vater hingegen, der selbst passive Hingabewünsche verdrängt, strebt im Sinne einer «Reaktionsbildung» nach einer hypermännlichen Haltung, die er aber wegen seiner unbewußten femininen Einstellung nicht gegen seine Frau durchsetzen kann. Dafür soll der Sohn diese phallisch narzißtischen Strebungen als sein Substitut erfolgreich repräsentieren. Während sich der Vater selbst von seiner Frau beherrschen läßt, will er es nicht zulassen, daß auch sein Sohn von der Mutter dominiert wird. Der Sohn soll seine männliche Aktivität behaupten, um dem Vater dazu zu verhelfen, die eigene männliche Identität zu stärken. Zugleich will dieser sich an seiner Frau für die eigene «Niederlage» rächen. – In diesem Sinne kann der Sohn jahrelang hin- und hergezogen werden und den Eltern dazu dienen, den Konflikt, den sie miteinander, letztlich aber jeder in sich selbst tragen, an ihm auszufechten. – Derartige Auseinandersetzungen um das Kind können mehr heimlich, versteckt, aber eben auch unter heftigen Zusammenstößen verlaufen.

Das typologische Vorgehen, das nach Idealtypen sucht, muß auch in diesem Fall das *Extrembeispiel* wählen, wo die Merkmale dieses Rollenproblems am deutlichsten werden. Im Extremfall fällt die Position des Kindes in der Familie ganz mit seinem *Stellenwert innerhalb des Ambivalenzkonfliktes* zusammen, den die Eltern gegeneinander «agierend» austragen. Beiderseits wird die Beziehung zum Kind narzißtisch gestaltet. Im Unterschied zu den in den vorstehenden Kapiteln beschriebenen Rollen, die durch narzißtische Projektion entstehen, ist diesmal die Beziehung zum Kind allerdings maximal eingeengt und qualitativ entdifferenziert. Es ist nicht mehr so entscheidend, ob das Kind erfolgreich ist oder scheitert, ob es fleißig oder faul, gut oder schlecht ist. Wichtig ist vor allem, daß sich das Kind jeweils für den einen Elternteil als verläßlicher *Bundesgenosse* gegen den anderen bewährt. Das Kind ist für den einzelnen Elternteil ein «gutes Kind», wenn es diese Funktion angemessen erfüllt. Es ist ein «schlechtes Kind», sobald es aus der Frontstellung gegen den anderen Elternteil ausschert.

Man kann ein solches elterliches Primitiv-Verhalten nur zureichend verstehen, wenn man in ihm die regressive Wiederbelebung einer sehr frühen infantilen Reaktionsweise erblickt. S. Freud[202] beschreibt eine Phase, in der das kindliche Ich noch ganz vom Lustprinzip beherrscht wird: «Es nimmt die dargebotenen Objekte, insofern sie Lustquellen sind, in sein Ich auf, introjiziert sich dieselben und stößt andererseits von sich aus, was ihm im eigenen Innern Unlustanlaß wird.» In dieser Phase kennt das Kind also nur das «einverleibte» Gute und das «ausgestoßene» Schlechte. Maßstab dafür, wie im einzelnen Fall verfahren wird, ist allein das Lustprinzip. – Ähnlich diesem Schema gehen die Eltern im vorliegenden Fall mit dem Kind (aber auch miteinander) um. Sie kennen einerseits nur das Bild des «guten Kindes», das sie in sich aufnehmen: Das Kind als Bundesgenosse wird ein Stück ihrer selbst. Und sie kennen andererseits nur das Bild des «schlechten Kindes», das sie ausstoßen und hassen. Das ist das Kind dann, wenn es mit der Gegenseite paktiert und damit eine narzißtische Kränkung bereitet. – Wie das Kind «an sich» ist, das ist für die Einstellung zu ihm kaum wichtig. Dementsprechend können die Affekte dem Kind gegenüber auch sehr schnell umschlagen. Das «ausgestoßene» schlechte Kind kann sehr schnell wieder zum narzißtisch «einverleibten» guten Kind werden und umgekehrt, je nachdem, nach welcher Seite sich das Kind im Streit der Eltern orientiert. Die elterliche Verhaltensweise nähert sich hier also tatsächlich regressiv der Art und Weise an, wie das kindliche Lust-Ich auf der oralen Stufe mit seinen Objekten umgeht. Ein typisches Beispiel für ein solches elterliches Verhalten bietet der folgende Fall aus unseren Untersuchungen:

Herr V., ein kaufmännischer Angestellter mit einem äußerst reizbaren Temperament, heiratet eine leichtlebige, nach Abenteuern dürstende Frau, die auch nach der Eheschließung eine Reihe von Männer-Bekanntschaften unterhält. Der im Vergleich zur Frau gefühlvollere, weichere Mann gerät ihr gegenüber in eine Art Hörigkeitsverhältnis. Als er indessen den Umfang ihrer Untreue durchschaut und die Vergeblichkeit seiner Bemühungen einsieht, sie voll für sich zu gewinnen, da lodert in ihm eine erbitterte Rachsucht empor. Eine häusliche Auseinandersetzung löst die andere ab, wobei Herr V. zunächst jeweils noch nachgibt und anschließend Versöhnung anbietet, da er trotz aller Erbitterung seine innere Abhängigkeit von der Frau nicht lösen kann. Mit der Zeit spitzt sich die Situation indessen zu, der Konflikt wird zum Dauerzustand.

Der Sohn *Stephan*, der in diese gespannte Atmosphäre hineingeboren wird, erlebt bereits als Kleinkind die häuslichen Auseinandersetzungen in aller Offenheit mit. Er ist noch nicht 2 Jahre alt, als er schon von dem einen gegen den anderen ausgespielt wird. Bekommt er von der Mutter einen Klaps, entschädigt ihn der Vater mit einer Tafel Schokolade. Umgekehrt nimmt ihn die Mutter gegen den Vater in Schutz. Der Junge kann kaum sprechen, da fragt ihn bereits der Vater über das Verhalten der Mutter aus. – Als er 6 Jahre alt ist, lassen sich die Eltern endlich scheiden. Aber für St. wird die Situation dadurch nur noch schlimmer: Es entbrennt ein gerichtlicher Sorgerecht-Streit, der durch zwei Instanzen geht. Der Vater will den Jungen ins Ausland entführen, wird aber an der Grenze zurückgehalten. St. kommt wieder zur Mutter und wird zweimal im Monat besuchsweise dem Vater zugeführt. An diesen Tagen zieht ihm die Mutter die ältesten Kleidungsstücke an und erklärt offen: «Wenn du zum Vater fährst, ist das Älteste gerade gut genug!» Der Vater horcht ihn jedesmal genauestens aus und schärft ihm abschließend ein: «Das darfst du aber nicht der Mutti sagen!» Die Mutter verlangt auf der anderen Seite von St., daß er vom Vater keine Geschenke annehme. Er muß dem sagen: «Ich möchte von dir nichts geschenkt haben, es geht meiner Mutti so gut, daß sie mir allein alles kaufen kann!»

Die Mutter vernachlässigt das Kind. Sie läßt ihn oft allein zu Hause, wenn sie mit Männern ausgeht. Er darf davon aber nichts verraten. Sie droht ihm, sie würde ihn sonst zur Strafe vom Balkon herunterwerfen. Schließlich duldet sie, daß er doch zum Vater kommt. Der Vater verwöhnt ihn zunächst mit kostspieligen Anschaffungen. Als der Junge indessen nach einem Besuch bei der Mutter erklärt, daß es ihm gut gefallen habe und er am liebsten noch länger dort geblieben wäre, packt der Vater in einem Wutanfall stracks seine Sachen und bringt ihn noch am gleichen Tage zur Mutter. Hinterher reut ihn seine Voreiligkeit, aber nun hält die Mutter St. wieder fest, zumal sie das Sorgerecht innehat. Das alte Tauziehen setzt sich fort.

Mit zunehmendem Alter lernt St., aus seiner Rolle als umworbener Bundesgenosse Kapital zu schlagen. Um vom Vater belohnt zu werden, erzählt er anläßlich der 14täglichen Besuche, bei der Mutter sei es langweilig und unerfreulich. Dem Vater gegenüber tituliert er die Mutter mit «Alte». Bei der Mutter setzt er wiederum den Vater in das schlechteste Licht. Beide Seiten beschwindelt er in der jeweils passenden Richtung. Sein Lügen nimmt ständig zu. Schularbeiten macht er nur ausnahmsweise. Trotz überdurchschnittlicher Intelligenz bleibt er infolge seiner Faulheit sitzen. Anläßlich einer Verschickung stiehlt er ein Schmuckstück.

Bei seiner vom Jugendamt angeordneten psychiatrischen Untersuchung eröffnen seine geschiedenen Eltern geradezu ein Trommelfeuer an gegenseitigen Beschuldigungen. Trotz mehrstündiger getrennter Unterredungen mit jeder Seite finden beide offenbar noch nicht genügend Gelegenheit, die angehäuften Beweise für die Schuld des Kontrahenten anzubringen. In Telefon-Anrufen und Briefen werden noch laufend neue Vorwürfe gemeldet. Die Flut der gegenseitigen Anklagen steht dabei in einem bezeichnenden Mißverhältnis zu den spärlichen Äußerungen, die eine echte Sorge um das Wohl des Kindes selbst verraten. – Es gelingt schließlich, St. in einem Heim unterzubringen. Hauptsorge eines jeden Elternteils ist dabei, daß dem Partner keineswegs mehr Besuchsrecht eingeräumt wird als ihm selbst.

Es läßt sich bei weiteren Untersuchungen erkennen, daß Frau V. eine bekannte Variante des weiblichen «Rachetypus» (K. Abraham) darstellt, für den es charakteristisch ist, daß sie in dirnenhafter Weise viele Männer verführt, aber gleichzeitig zum Scheitern gebracht werden. Daher rührt auch ihr besonderer Haß auf ihren Mann, der sie niederzwingen will. Dieser wiederum will sich für die narzißtische Kränkung durch ihre Untreue rächen, die er, weil er offensichtlich passiv-feminine Tendenzen unterdrücken muß, als schwere Bedrohung seiner Männlichkeit erlebt hat. Er identifiziert sich mit dem Sohn und fürchtet, seine geschiedene Frau werde diesen in gleicher Weise schädigen. – Beide Eltern kämpfen, wenn man es psychoanalytisch ausdrückt, mit ihrem eigenen Kastrationskomplex und projizieren die Bedrohung auf den Partner, den sie mit ihrem hemmungslosen Agieren bestrafen wollen. Die Beziehung zum Kind ist ganz dem Ambivalenzkonflikt untergeordnet, den sie gegeneinander austragen.

In typischer Weise manifestiert sich hier nun das triebhafte Anziehen und Abstoßen des Kindes, wie es gerade vorher als regressive Wiederbelebung der Objektbeziehungen auf der Stufe des kleinkindlichen Lust-Ichs gekennzeichnet worden war: Die Mutter droht, St. vom Balkon zu werfen, wenn er sie an den Vater verrät. Dieser wiederum jagt seinen Sohn auf der Stelle davon, als der nicht verhehlt, daß es ihm auf Besuch bei der Mutter gut gefallen habe. Das Kind ist eben nur ein «gutes Kind», solange es auf der eigenen Seite steht. Es wird aber sofort als «schlechtes Kind» ausgestoßen, sobald es mit der Gegenseite sympathisiert.

Dies sind also typische Merkmale der Rolle des Kindes als «umstrittener Bundesgenosse». Natürlich sind, das sei noch einmal wiederholt, solche regressiven Entdifferenzierungen der Eltern-Kind-Beziehung selten. Vielfach spielt sich das Tauziehen um das Kind nicht in derart roher Weise, sondern mehr im geheimen ab. Überall jedoch, wo Eltern mit dem Kind gegeneinander «agieren», bietet die kindliche Rolle zumindest in Andeutung die Merkmale, die am geschilderten Extremfall, der diesen ungünstigen Rollen-Typ in fast reiner Darstellung zeigt, maximal ausgeprägt sind. –

Eines der schon erwähnten Merkmale sei nun noch etwas näher untersucht. Das ist die für diese Rolle charakteristische *Unstetigkeit* der elterlichen Einstellung. Es war bereits gesagt worden, daß sich hier Zuneigung und Abneigung gegenüber dem Kind weitgehend daher regulieren, ob das Kind von der Elternfigur als tauglicher Bundesgenosse gegenüber dem anderen Elternteil erlebt wird oder nicht. Positive Einstellung kann schnell in Haß umschlagen und umgekehrt, wenn das Kind den Anschein erweckt, daß es einen «Frontwechsel» macht. Aber auch von elterlicher Seite her besteht ein bemerkenswertes Unstetigkeitsmoment darin, daß die zwischen beiden Elternteilen herrschende Ambivalenz-Spannung einen durchaus wechselvollen Verlauf nehmen kann. Die «Haßliebe», die solche Eltern vielfach aneinander bindet, läßt die Möglichkeit offen, daß sie sich zeitweilig wieder miteinander arrangieren. In Phasen manifester Feindseligkeit bedrängt jeder das Kind, daß es seine Partei gegen den anderen ergreife. Wieder kurzzeitig miteinander versöhnt, können sie das Kind in der bisherigen Funktion nicht mehr gebrauchen. Nicht selten geschieht die momentane elterliche Einigung sogar ausgesprochen in Frontstellung *gegen* das Kind. Eben noch mit allen erdenklichen Mitteln als «Bundesgenosse» umworben, wird das Kind unversehens zum «Prügelknaben», auf den die Eltern die Aggression ableiten, die sie zur Zeit gerade nicht mehr beim Partner unterbringen. Wehe, wenn das Kind sich vorher bereits zu sehr hatte verführen lassen, im Streit zwischen den Eltern mitzuagieren. Dann ist es den Eltern jetzt ein leichtes, ihm projektiv die Schuld zuzuschieben: Nicht *wir* haben das Kind gegeneinander ausgespielt. Nein, das *Kind* hat uns gegeneinander ausgespielt. *Wir* sind die mißbrauchten *Opfer,* und das Kind ist der böse Intrigant. Bezeichnenderweise versucht nun oft gerade der Elternteil, der vorher am engsten mit dem Kind paktiert hat, sein Schuldgefühl projektiv durch autoritative Verurteilung und Maßregelung des Kindes zu bewältigen. Für das Kind heißt es: Der Mohr hat seine Schuldigkeit getan. – Als ein instruktives Paradigma für speziell diese Verlaufsform der familiären Konflikte wird sich nachfolgend die Krankengeschichte von Thomas R. erweisen.

Am eindeutigsten pflegt sich die Rolle des Kindes als «umstrittener Bundesgenosse» in den Vorphasen, aber auch im weiteren Verlaufe elterlicher *Scheidungs-Auseinandersetzungen* zu manifestieren. Nach der Scheidung bietet sich das Kind den Eltern, die entsprechend strukturiert sind, als Mittel an, durch welches sie einander ihre unbewältigten Haßregungen, aber auch ihre frustrierten narzißtischen Ansprüche noch ausdrücken können. Um das Kind für diese schlimme Aufgabe zu präparieren, setzten sie es auf mannigfache Weise unter Druck. So beschreibt J. H. S. Bossard[203] unter anderem die möglichen Folgen des familiären Bruches (*family disruption*):

«Da sind die Eltern, die das Kind umwerben, um seine Zuneigung (und vielleicht seinen Schutz) zu gewinnen. Die Umwerbung nimmt leicht unvernünftige Formen an – ein ungebührliches Theater-Spiel vor dem Kind, übertriebene Nachsicht, aufwendige Verwöhnung usw. Schließlich setzen die Eltern in vielen Fällen ihren Kampf durch ihre Kinder fort. Einer oder beide Eltern suchen Trost, Revanche, Rechtfertigung, Prestige oder Sicherheit durch ihre Kinder ... Das Resultat ist, daß das Kind das spezielle Opfer der elterlichen Auseinandersetzung wird. Als das einzige übriggebliebene Bindeglied zwischen den früheren Partnern wird es die Agentur, durch welche sie ihren Groll gegen das Leben und gegeneinander ausdrücken können.»

In einer speziellen Variante dieser Situation wird das Kind vornehmlich zum «Zeugen» und zum «Spion» mißbraucht, wenn die geschiedenen oder auf Scheidung zusteuernden Eltern einander das Sorgerecht streitig machen. Beide stellen gegenseitige Recherchen an, um jeweils dem Kontrahenten einen schädlichen erzieherischen Einfluß nachweisen zu können. Das Kind wird von ihnen regelmäßig ausgehorcht und zu erwünschten Aussagen genötigt, die dann dem Jugendamt und dem Vormundschaftsgericht als «Beweisstücke» zur Kenntnis gebracht werden. Es kommt vor, daß Kinder in Sorgerecht-Prozessen als Zeugen durch mehrere Instanzen geschleift werden und unter dem Druck häuslicher Versprechungen und Drohungen eingelernte Formeln hersagen müssen.[204] Wird ein solches Kind von der Behörde zur fachärztlichen Begutachtung überwiesen, so hört man, mitunter ohne erst danach gefragt zu haben, Mitteilungen wie: «Bei meiner Mutti habe ich es gut. Die hat mich lieb. Die kauft mir jeden Tag Obst und haut mich nicht. Zu meinem Vati will ich nicht hin. Der schwindelt. Der haut mich, der trinkt, und der vernachlässigt mich. Bei dem habe ich es nicht gut» usw. Das Kind steckt voller Angst, daß es ja alle Argumente genauso vorbringe, wie es ihm zuvor eingeschärft worden ist. Manche Kinder, die bereits vor dem Jugendamt und vor Gericht ausgesagt haben, leiern ihre Sprüche, auf die sie präpariert sind, mit perfekter Routine herunter und sind darauf gedrillt, auch im Frage-Antwort-Spiel ihre pseudologische Schwarz-Weiß-Darstellung der Eltern zu verteidigen und zu erhärten.

Sobald Behörden oder Gerichte befaßt werden, erhält die kindliche

Rolle vielfach noch einen besonderen Akzent durch die Abhängigkeit der Eltern von diesen Instanzen. Das Kind bekommt plötzlich die Bedeutung eines *Kronzeugen* bzw. eines *Schiedsrichters*, von dessen Aussagen viel abhängt. An den Pathographien von Thomas R. und von Andreas S. wird sich zeigen lassen, welche verhängnisvollen Effekte mit diesem Aspekt der Rolle zusammenhängen können.

Beispiele:

1. *Krankengeschichte Thomas R., 1943 geb.*

Vorgeschichte: Eine 1945 geborene Halbschwester ist nicht mit Thomas zusammen aufgewachsen. In der biologischen Familie sind keine besonderen Krankheiten bekannt. Thomas wurde bis zu drei Jahren allein von der Mutter betreut. Der Vater war im Krieg. Die Mutter vernachlässigte Th., hatte Umgang mit anderen Männern und gebar während der Abwesenheit des Vaters ein außereheliches Kind. Wegen ihrer Untreue ließ sich der Vater (Stotterer) nach seiner Heimkehr 1945 scheiden. Die Mutter drängte, daß der Vater den Jungen behalten sollte, was dann auch geschah. Sie hat sich seitdem nie mehr um Th. gekümmert.

Bereits 1946 heiratete der Vater erneut. Die Stiefmutter behandelte Th. ungleichmäßig, mal grob, mal nachsichtig. Auch in dieser neuen Ehe des Vaters gab es fortwährend Streit. Verschärfend wirkte ein ausgeprägter Rechtsfanatismus des Vaters, der gern und häufig prozessierte. Von Anfang an gaben sich Vater und Stiefmutter wenig Mühe, ihre Konflikte vor Th. zu verbergen. Oft wurde der Junge zum Zankapfel, da der Vater ihn gegen eine seiner Meinung nach zu strenge Behandlung der Stiefmutter schützen zu müssen glaubte. Es kam erneut zur Scheidung (1950), jedoch blieb die Wohngemeinschaft bis 1956 bestehen. Der Vater, in diesen Jahren arbeitslos, konnte sich wegen seiner finanziellen Misere, aber auch offenbar wegen seiner affektiven Abhängigkeit nicht entschließen, die Wohnung der geschiedenen Frau zu verlassen. Die verworrene Situation gab natürlich nur noch mehr Anlaß zu häuslichen Auseinandersetzungen. Der Vater spielte dabei vielfach Th. gegen die Stiefmutter aus, distanzierte sich jedoch jedesmal prompt von ihm, wenn er sich mit der geschiedenen Frau wieder arrangiert hatte. Th. begann nun seinerseits, aus der ihm zufallenden Position im «Niemandsland» zwischen den beiden Streitpartnern Nutzen zu ziehen. Er wiegelte den Vater und die Stiefmutter wechselseitig gegeneinander auf und wurde von dem jeweiligen Bundesgenossen durch besondere Verwöhnung mit teuren Geschenken usw. entschädigt. Als die geschiedenen Ehepartner sich wieder einmal vertrugen, gingen sie zum Jugendamt und beklagten sich über seine Intrigen. Später bezogen sie ihn aber ungeniert wieder in ihre persönlichen Konflikte ein und ließen ihn hin und wieder sogar als eine Art Schiedsrichter zu Wort kommen.

Im Anschluß an eine neuerliche häusliche Auseinandersetzung ließ der Vater ihn durch Vermittlung des Jugendamtes in einer Pflegestelle unterbringen. Er erreichte das, indem er seine geschiedene Frau beim Jugendamt laufender ungerechter Bestrafung und sogar Mißhandlung des Jungen zieh. Th. kam zu einer sehr freundlichen Pflegemutter, wo er sich wohlfühlte. Schon am dritten Tag erschien indessen zu ihrer Überraschung der Vater bei ihr und lieferte einen Rohrstock ab: Sie solle den Jungen damit tüchtig schlagen. Obwohl es in der Pflegestelle gut ging, holten Vater und Stiefmutter Th. nach einem Monat heimlich nach Hause. Sie redeten ihm ein, er solle erklären, er habe Heimweh und wolle aus der Pflegestelle wieder fort. Th. wandte sich ans Jugendamt um Hilfe und deckte den Sachverhalt auf. Aber es war dem Vater als Inhaber des Sorgerechts für Th. nicht zu verwehren, daß er den Jungen wieder aus der Pflegestelle fortnahm, der er – allem Anschein nach unberechtigt – nur Nachteile nachsagte. Eines Tages erschien nun Th. auf der Polizei und beklagte sich über die Schläge, die er zu Hause erhalte. Daraufhin war der Vater einverstanden, Th. in ein Heim zu geben.

Im Heim wiederholte sich, was auf der Pflegestelle passiert war: Schon nach einem Monat drängte der Vater auf Entlassung des Jungen nach Hause. Seine geschiedene Frau sei gar nicht schlimm. Es werde jetzt zu Hause wieder gutgehen. Als man Th. nicht gleich aus dem Heim entließ, querulierte er so hartnäckig, bis man ihm widerstrebend den Jungen herausgab.

Knappe vier Monate später erschien er erneut auf dem Jugendamt: Der Junge sei aufsässig, man möge ihn wieder ins Heim geben. Er war empört, als man seinem Verlangen nicht gleich stattgab. – Um diese Zeit zog er von seiner geschiedenen Frau fort und nahm Th. mit. Dieser entzog sich ihm aber nach den ersten Auseinandersetzungen und wechselte wieder zur Stiefmutter zurück. Kaum war er dort einquartiert, verlangte der Vater unter Drohungen und Anschuldigungen gegen die Stiefmutter, Th. müsse ins Heim. Der Vater heiratete zum drittenmal. Nun sollte der Junge plötzlich wieder zu ihm. Th. wiederum beschuldigte den im Osten wohnenden Vater auf der Westbehörde, er setze ihn politischem Druck aus, den er nicht ertragen könne. Er wolle im Westen bleiben und notfalls, wenn er nicht bei der Stiefmutter bleiben dürfe, in ein westliches Heim gehen.

Er fand Gehör und kam in ein Westberliner Heim. Dort fiel er gleich durch arrogantes, altkluges Benehmen auf. Er versuchte, sich die anderen Kinder hörig zu machen. Als er sich eines Tages durch eine Erzieherin gekränkt fühlte, veranstaltete er unter den Heimkindern heimlich eine Unterschriftensammlung, die er in Form einer Beschwerde an eine leitende Persönlichkeit der Jugendbehörde richtete. Seine Absicht war es, die Erzieherin aus ihrer Stelle zu vertreiben.

In der Schule hatte er sich zunächst an einen Lehrer eng angeschlossen, den er mit düsteren Schilderungen über seine häuslichen Erlebnisse beeindruckte. Der Lehrer nahm sich seiner persönlich an. Als Th. aber in seinen Leistungen nachließ und der Lehrer ihn eines Tages darauf hinwies, daß seine Versetzung gefährdet sei, nahm er am nächsten Abend zehn Schlaftabletten ein. Er hatte sich allerdings vorher informiert, daß diese Dosis nicht lebensgefährlich sei. Außerdem hatte er zuvor besonders reichlich gegessen, um, wie er später eingestand, die Wirkung des Medikaments abzuschwächen. Seine offenkundige Hauptabsicht war, den Lehrer zum Einlenken zu nötigen. Als dieser sich aber auch in der nächsten Zeit Th. gegenüber reserviert verhielt, nahm der gekränkte Junge eine Beziehung zu einem Mitschüler auf, dessen Vater, wie er wußte, in einen Rechtsstreit mit dem Lehrer verwickelt war. Er brachte es so weit, daß der Vater des Mitschülers ihn ins Vertrauen zog. Er bot sich diesem als Zeuge gegen den Lehrer an. Angeblich versprach der Mann, ihn dafür zu belohnen.

Am Tage der vorgesehenen Zeugenvernehmung bei der Polizei befiel Th. Angst vor den Folgen seines Racheaktes. Um sich einer persönlichen Blamage zu entziehen, machte er wieder einen radikalen Frontwechsel und zeigte nun plötzlich seinen neuen Vertrauten wegen Verleitung zu falscher Aussage und Bestechungsversuches an.

Bei seiner durch das Jugendamt veranlaßten Vorstellung im Januar 1958 ergaben sich folgende *Befunde* und *Beobachtungen*:

Körperlich: Über sein Alter hinaus entwickelter Junge von athletischer Konstitution. Die internen und neurologischen Befunde sind unauffällig.

Psychisch: Durchschnittliche Intelligenz. Vor allem rasche Auffassungsgabe. Er zeigt indessen wenig Phantasie. Anankastische Züge sind deutlich. Er ist gewandt und geschliffen im Ausdruck, gebraucht gern gekünstelte und altklug wirkende Formulierungen. In überheblich wirkender Weise kritisiert er seine Familie, Heimerzieher und Lehrer, streut gleichzeitig berechnend versteckte Komplimente an die Adresse des Untersuchers ein (z. B. er freue sich, endlich einen Vertrauenswürdigen gefunden zu haben). Seine unterwürfige, zuvorkommende Manier wirkt unaufrichtig und tendenziös. In der Darstellung seines Lebens bevorzugt er Themen, die Bestätigungen seiner offensichtlich sehr starken Geltungstendenzen dokumentieren. Außerdem beklagt er sich über eine Fülle angeblich erlittenen Unrechts, das ihm von allen möglichen Seiten widerfahren sei. Er schildert, wie man ihn immer wieder enttäuscht, beschwindelt und verraten habe. Insbesondere das Motiv des Verrats klingt auch bei Assoziationsversuchen mehrfach an:

Meine Freunde	«halten fest zusammen»
Ich habe keine Lust zu	«petzen»
Das Schlimmste ist	«wenn man verraten wird»
Andere Kinder	«verrieten ihren Kameraden nicht»

Er ist angefüllt mit Angst, im Stich gelassen und verraten zu werden, andererseits voller bereitliegender Tendenzen, sich zu rächen und seinerseits zum Verräter zu werden, immer in Anlehnung an einen neuen Bundesgenossen, als welcher jetzt der Untersucher fungieren soll. Denn es ist zu betonen, wie er den Arzt, den er nur eine halbe Stunde kennt, gleich in eine Komplicen-Rolle zu drängen versucht. Dem Arzt könne er alles sagen, aber «die anderen» hätten ihn nie richtig verstanden. Nur der Arzt sei gut und tauge zum Beschützer gegen die übrige böse Welt. – Man hört förmlich hinter seinen Worten die Frage an den Arzt heraus: Wo hast du deinen schwachen Punkt? Hast du nicht auch noch irgendwo Aggressionen gegen einen bösen Vater? Gegen eine unzuverlässige Mutter? Gegen Behörden-Übermut? Ich verschreibe mich dir, und du kannst als der «gerechte Beschützer» dein Mütchen kühlen. Trotz seines Redeeifers ist Th. in der Grundstimmung gedrückt und unfroh.

Diagnose: Neurose mit Verwahrlosungsansätzen und depressiven Zügen.

Verlauf: Während der ambulanten Beobachtung über zehn Monate lieferte Th. noch eine Reihe weiterer eindrucksvoller Belege für die Schwere seiner Störung im Bereich des sozialen Verhaltens. Er gewann näheren Kontakt zu einem gleichaltrigen Mädchen im Heim. Er fand bald heraus, daß dieses Mädchen angeblich von der Heimleitung schikaniert wurde. Sogleich hatte er wieder Anlaß, den Beschwerde-Führer zu spielen, wobei er sich der Freundin zugleich nach alterprobtem Schema als unentbehrlicher Bundesgenosse aufdrängte. Die Freundschaft ging indessen – wie nicht anders zu erwarten – binnen kurzem wieder in die Brüche.

Sein Intrigenspiel mit dem Lehrer, dem Vater des Schulkameraden, den Heimgenossen und den Heimerziehern setzte sich unvermindert fort. Sein Querulieren gab Anlaß zu einem Heimwechsel. Eine Beurlaubung zum Vater nach Ostberlin bewirkte, daß er sich dort wieder prompt über Vernachlässigung durch die Westbehörde beschwerte und fast erreichte, daß man ihn dort behielt. Den Arzt versuchte er mit dem ihm eigenen intriganten Geschick, in dem Strafverfahren auszuspielen, das er dem Vater des Schulkameraden mit der Anzeige wegen «Verleitung zu falscher Aussage» angehängt hatte – obwohl er es doch selbst gewesen war, der sich dem Mann angeboten hatte. Schließlich erschien er eines Tages mit der Angabe, daß ihm eine größere Summe Botengeld abhanden gekommen sei, das er hätte abliefern müssen. Alle Anzeichen deuteten darauf hin, daß er das Geld selbst unterschlagen hatte. Mit dieser Affäre brach die eigene Beobachtung ab. Th. mußte bald darauf in ein geschlossenes Heim verlegt werden.

Aus den Akten der Jugendbehörde ist zu entnehmen, daß Th. inzwischen in zwei Lehrstellen als Tankwart gescheitert ist. Er hat zwei weitere Suizidversuche unternommen, die aber von einem Psychologen als demonstrativ angesehen wurden. Nach drei Freizeitarresten ist er 1961 erstmalig wegen Diebstahls zu einer mehrmonatigen Gefängnisstrafe verurteilt worden.

Zusammenfassung: Nach Entbehrung einer verläßlichen Mutterbindung in den ersten Jahren war Th.s innerfamiliäre Rolle stets gekennzeichnet durch eine Mittelposition zwischen streitenden Parteien. Von besonderer traumatischer Bedeutung dürfte das Erlebnis gewesen sein, immer wieder verraten zu werden. So wie ihn erst die Mutter im Stich ließ, erfuhr er es dann von Stiefmutter und Vater. Einer spielte ihn gegen den anderen aus. Dann einigte man sich über seinen Kopf hinweg und meldete ihn dem Jugendamt. Um seine geschiedene Frau zu bestrafen, ließ ihn der Vater in Pflege geben – und brachte nach drei Tagen der Pflegemutter heimlich den Rohrstock und die Prügelanweisung. Offensichtlich wollte er sie nötigen, Th. eben dieselbe Enttäuschung zu bereiten, aus der er den Jungen vorgeblich hatte erlösen wollen. Als dies nicht verfing und Th. sich entgegen den Wünschen des Vaters bei der Pflegemutter wohl fühlte, holte er ihn gewaltsam nach Hause – um dieses makabre Spiel alsbald mit dem Hin und Her um die Heimeinweisung und die Heimentlassung zu wiederholen.

Eindrucksvoll ist es nun, wie Th. sich allmählich vom hilflosen Opfer des häuslichen Tauziehens und des Verrats zum aktiven Intriganten wandelte. Einmal vom Vater, einmal von der Stiefmutter als Bundesgenosse hofiert, wurde er auf den Weg gedrängt, sich opportunistisch der laufend wechselnden häuslichen Streitlage anzupassen. Erlebte er von der einen Seite eine Versagung, beschwerte er sich bei der Gegenseite. Von demjenigen, dem er gerade recht gab, wurde er bestätigt und beschenkt. Immer in die Auseinandersetzungen hineingezogen, lernte er, sich für seine begehrten Helfer-Dienste bezahlen zu lassen. Was lag näher, als schließlich die häuslichen Dissonanzen noch zu schüren, da er dann seine Ansprüche am besten durchsetzen konnte, wenn die Uneinigkeit am größten war. – Durch den Vater erfuhr er von der Möglichkeit, auch die Behörden bei derartigen Ränken ins Spiel zu bringen. Und so wie der Vater gegen die Stiefmutter, aber auch gegen ihn selbst mit dem Jugendamt operierte, so erweiterte er entsprechend das Feld seiner Intrigen:

Er spielte nicht mehr nur *Vater* und *Stiefmutter* gegeneinander aus, sondern bald *Jugendamt* und *Familie*, *Polizei* und *Stiefmutter*, *Vater* und *Lehrer*, *Lehrer* und dessen *Prozeßkontrahenten*, *Heimerzieherin* und *Jugend-Stadträtin*, ja sogar *Westbehörde* gegen *Ostbehörde*. Nicht anders versuchte er es mit dem *Arzt*, dem er ja auch gleich in durchsichtiger Weise einen Beistandspakt anbot.

Man sieht, wie sich die Wendung von der Passivität in die Aktivität vollzogen hat. Aus dem Verratenen ist der Verräter geworden. Seine kindliche Rollenerfahrung ist durch Internalisierung Wesensmerkmal seines Charakters geworden. Jede neue soziale Situation, jeden neuen Menschen schätzt er so ein wie früher Vater und Mutter bzw. Stiefmutter: Bestätigung, so phantasiert er, erfahre ich nur, wenn ich mit einem Menschen gegen seinen Feind paktiere, denn Zwietracht ist überall. Aber niemand bestätigt mich, ohne mich wieder zu verraten. Dafür räche ich mich, indem ich selber zum Verräter werde. – So elegant er indessen auch seine Intrigen spinnt – am Ende ist er, wie es auch dem Vater und der Stiefmutter widerfahren ist, nur selbst der Betrogene. Unbewußt zwingt er jeden Partner, ihn wieder im Stich zu lassen. So sehr er sich im Grunde nach stabiler Bindung sehnt, so sicher zerstört er jede Bindung selbst. – Auch hier steht man also wieder vor der Wirkung des unbewußten «Wiederholungszwanges»: Es gibt für ihn keine andere Möglichkeit, als jede neue soziale Situation durch sein selbstzerstörerisches Reaktionsschema so zu beeinflussen, daß er wieder scheitern muß.

Seine Entwicklung in den Folgejahren mit den reproduzierten Suizidversuchen und dem Abgleiten in die Kriminalität setzte den Weg fort, der durch die Internalisierung der verhängnisvollen Rolle vorgezeichnet ist.

2. Krankengeschichte Andreas S., 1942 geb.

Vorgeschichte: Andreas ist Einzelkind. Über psychiatrische Erkrankungen in der näheren Aszendenz ist nichts bekannt.

Nach normaler Geburt war A. bis zum dritten Jahr im Haushalt der *Mutter*. Der Vater war als Soldat im Krieg. Die Mutter, damals eine unreife, lebenshungrige Frau, unterhielt wechselnde Männerbekanntschaften und stellte – wie aus den Akten der Jugendbehörde hervorgeht – die Sorge für A. hinter das Interesse für ihre Affären zurück. Als der *Vater* 1945 heimkehrte, durch Kriegsverwundung doppelseitig unterschenkelamputiert, reichte er sofort die Scheidung ein. Die Ehe wurde aus Verschulden der Mutter geschieden. Dem Vater wurde das Personensorgerecht zugesprochen. Der Vater fand mit A. bei seiner sechs Jahre jüngeren Schwester, Frau Z., Aufnahme, die mit einem Schneider in kinderloser Ehe lebte. Seit damals ist A. mit kurzen Unterbrechungen im Haushalt der Tante verblieben. Da seine Erziehung fortan ständig im Zeichen eines Spannungsfeldes zwischen seiner Tante und seinem Vater stand, sei deren Verhältnis zunächst näher charakterisiert.

Frau Z. sah in ihrem älteren Bruder ein Abbild ihres Vaters. Dieser, A.s Großvater, war ein gefühlsweicher, aber zum Jähzorn neigender Mann, der häufig zwischen einem zärtlich liebevollen und einem barsch vorwurfsvollen Verhalten schwankte. Im Grunde schwach und haltlos, suchte er bei der frühgereiften Tochter oftmals eine Stütze und ließ sich von ihr willig beraten und lenken – bis er dann wieder einmal einen seiner Ausbrüche bekam und die gesamte Familie tyrannisch drangsalierte. Ihre starke ambivalente Gefühlsbindung an den Vater übertrug Frau Z. später auf ihren älteren Bruder, der dem Vater in seiner Wesensart wohl tatsächlich sehr nahe kam.

Als Herr S. als amputierter Krüppel 1945 von seiner Schwester aufgenommen wurde, spielte sich zwischen beiden bald eine ähnliche Ambivalenz-Beziehung ein, wie sie zwischen Vater und Tochter geherrscht hatte. Frau Z. sorgte mit großem Einsatz für ihren Bruder, überwachte ihn aber zugleich eifersüchtig. Dieser schwankte zwischen dankbarer Gefügigkeit und gelegentlichen stürmischen Protestreaktionen, die sich mit der Zeit allerdings stark häuften. Er knüpfte wiederholt Frauenbekanntschaften an und versuchte, sich der Abhängigkeit von seiner Schwester zu entziehen. Zweimal zog er von der Schwester fort und wollte einen eigenen Hausstand gründen. Jedesmal wurde er aber wieder von seinen Freundinnen verlassen und kehrte als Geschlagener bittend zu der Schwester zurück, zumal er infolge seines Körperschadens ohne fremde Pflege nicht auskommen konnte. Frau Z. nahm ihn immer wieder auf und sah es allem Anschein nach nicht ungern, daß er mit den andern Frauen scheiterte. Ihr Ehemann, ein sehr verschlossener, zurückhaltender Mann, mischte sich übrigens in das jahrelange Auf und Ab des Geschwister-Konfliktes nur wenig ein. Frau Z. ist noch heute affektiv ungleich stärker an ihren Bruder als an ihren Mann fixiert.

A. wurde von Anfang an in den Konflikt zwischen seiner Tante, Frau Z., und dem Vater einbezogen. Je nach der momentanen Konstellation duldete der Vater gefügig, daß die Tante allein die erzieherische Gewalt ausübte, oder zwang dem Jungen, wenn er sich selbst gerade wieder in einer revoltierenden Phase befand, gewaltsam seinen Willen auf. Dabei ging es ihm aber offenbar in erster Linie darum, seine Schwester zu quälen. Immer wieder spielte er bei diesen Auseinandersetzungen den Trumpf aus, daß *ihm* und nicht der Schwester das Sorgerecht für A. zustehe. Es gab ein zermürbendes Hin und Her, das zunächst regelmäßig damit endete, daß der Vater nach kurzem Aufbegehren seine Herrschaftsansprüche wieder begrub und A. erneut ganz seiner Schwester überließ.

Das änderte sich jedoch, als der Vater 1954 eine Frau kennenlernte, die er 1955 heiratete. Er verließ den Haushalt der Schwester und erhielt eine eigene Wohnung. Seine neue Frau, eine unansehnliche, aber schlaue Person, durchschaute wohl sehr bald, daß sie sich angesichts der engen Gefühlsbindung zwischen Herrn S. und seiner Schwester nur dann behaupten würde, wenn es ihr gelänge, die negative Seite dieser ambivalenten Bindung zu verstärken. Unter Ausnützung seiner hochgradigen narzißtischen Kränkbarkeit hetzte sie ihn geschickt gegen Frau Z. auf. So dauerte es nicht lange, bis sie sich selbst des dominierenden Einflusses über Herrn S. erfreute, dessen sie Frau Z. beraubt hatte. Seinen infantilen Omnipotenzwünschen trug sie – raffinierter als die Schwester – auch erfolgreich dadurch Rechnung, daß sie nach Kräften seine Illusion nährte, er sei ein verkannter bedeutender Mann, dem die Welt bisher den Dank und Lohn für das Opfer seiner Gesundheit schuldig geblieben sei, den er verdiene. Damit lenkte sie seine gefährliche querulatorische Aggressivität von sich selbst ab und manövrierte ihn in eine Art Michael-Kohlhaas-Haltung hinein: Sie ließ ihn die Behörden mit allen möglichen Anträgen bombardieren, wobei er wiederholt die Drohung einfließen ließ, er werde seinen Fall noch in die Presse bringen, um sich mit Hilfe der «Öffentlichkeit» endlich sein Recht zu verschaffen.

Die neue Ehe des Vaters hatte auch auf seine Beziehung zu A. unheilvollen Einfluß. Er entzündete sich an der Idee, er müsse nun endlich Rache an seiner Schwester dafür nehmen, daß sie ihm so lange das Verfügungsrecht über A. streitig gemacht habe. Unglücklicherweise lebten Frau Z. und ihr Mann seit dieser Zeit in sehr beengten finanziellen Verhältnissen, da der Mann arbeitslos geworden war. Sie war daher nun in hohem Maße von den gesetzlichen Unterhaltszahlungen abhängig, die ihr Bruder für A. zu leisten hatte. Je mehr ihr Bruder indessen erkannte, daß er das Geld als ein wirksames Druckmittel gebrauchen konnte, um so spärlicher flossen seine Zahlungen. In triumphierender Position empfing er A., wenn dieser um Unterstützung bei der Anschaffung von Schuhen oder Kleidungsstücken bat, und schickte ihn wiederholt unter fadenscheinigen Vorwänden zurück: Er habe heute keine Zeit, A. möge ein anderes Mal kommen. Frau Z., die es ohnehin nicht verwunden hatte, daß ihr die fremde Frau ihren Bruder entzogen hatte, wurde durch diese zusätzlichen Provokationen vollends enragiert. Sie durchschaute, daß A. seinem Vater nur als stellvertretende Zielscheibe seiner Rachsucht diente. – Aus ihren eifersüchtigen Haßregungen heraus ließ sie sich nun ihrerseits dazu hinreißen, ihren Bruder nicht nur mit gerechtfertigten, sondern auch mit überflüssigen und übertriebenen finanziellen Forderungen zu traktieren, um ihn bei Säumigkeit oder Weigerung jeweils sofort mit den heftigsten Vorwürfen und Beschwerden bei der Behörde zu verfolgen.

Schließlich stellte der Vater das unerwartete Ansinnen, A. solle in seinen Haushalt übersiedeln. Als Inhaber des Sorgerechts vermochte er diese Maßnahme ohne weiteres zu erzwingen. Für A. begann mit dem Umzug zum Vater ein böses Spießruten-Laufen. Der Vater versuchte zwar anfangs, ihn durch überaus großzügige Geschenke und andere Verwöhnungs-Maßnahmen auf seine Seite zu ziehen. Er hielt dem Jungen vor, er sei nur durch die Tante verhetzt worden, und er solle sich jetzt umstellen. Aber schnell brach der väterliche Jähzorn wieder durch, als die Werbeversuche bei A. nicht gleich Erfolg zeigten. Nunmehr verfolgte der Vater den Jungen mit rachsüchtigem Spott und zynischer Kritik. Dieser nahm die Zurechtweisungen anfangs stumm hin, setzte sich aber bald trotzig zur Wehr und riskierte offenen Widerspruch. Der Vater tobte. Er schikanierte A. um so mehr und brachte ihn auf diese Weise dazu, sich der unerträglichen Situation durch heimliche Flucht zur Tante zu entziehen. Seit dieser Zeit – März 1957 – trieb der Vater, durch die Flucht des Jungen erneut schwer gekränkt, seine Sticheleien und Schikanen auf den Höhepunkt. Das Jugendamt, das sich fortan laufend einschalten mußte, berichtet:

«Seitdem Andreas nun in den Haushalt der Tante zurückgekehrt ist, kommt es zu ständigen Zusammenstößen und Auseinandersetzungen zwischen dem Vater und seiner Frau einerseits und der Schwester des Vaters und Andreas andererseits ... In der Folgezeit wurden die Tante und A. immer stärker bevormundet. Die Tante durfte kaum mehr etwas entscheiden, die geringfügigsten erzieherischen und finanziellen Entscheidungen behielt sich der Vater vor. Vor allem aber verlangte der Vater von Andreas absoluten Kadavergehorsam.»

Der Vater schikanierte seine Schwester weiterhin mit ungenügenden Unterhaltszahlungen und warf ihr beim Jugendamt erzieherisches Versagen vor. Öfter wiederholte er die Drohung, er werde sich wahrscheinlich doch wieder gezwungen sehen, A. in seinen Haushalt zu nehmen.

So lebten A. und die Tante in beständiger Unsicherheit. Während es dem Vater um den Nachweis zu tun war, daß A. bei der Tante fehlerhaft erzogen werde und entsprechende Schäden erkennen lasse, mußte die

Tante bestrebt sein, ihre Verhältnisse in günstigem Licht erscheinen zu lassen und A.s Schwächen eher zu vertuschen. Der Vater stellte schließlich Nachforschungen im Hause der Tante und in der Schule an, um Mißstände zu entdecken. Die Tante wiederum führte genaues Tagebuch über kränkende Äußerungen und Mißhandlungen, die A. bei Besuchen des Vaters erlebte. Der Junge wurde auf diese Art zum Objekt eines unablässigen Tauziehens, was ihm die Möglichkeit verschaffte, die Tante zu noch mehr Nachsicht und Verwöhnung zu nötigen. Denn die Tante war ja nunmehr infolge der schwebenden Bedrohung durch Vater und Jugendamt in dem gleichen Maße von seiner Unterstützung abhängig, wie er ihrer Hilfe bedurfte.

Etwa mit Beginn des verschärften Tauziehens um seine Person (Heirat des Vaters 1955) ließ A. in seinen Schulleistungen nach. Seine früheren Schulzeugnisse hatten durchweg ansprechende Fleiß- und Leistungsnoten enthalten. 1949: «Auf seine Arbeiten verwendete er Fleiß und Sorgfalt»; 1950: «Fleiß gut»; 1951: «Fleiß gut»; 1952: «Aufmerksamkeit befriedigend, Fleiß gut»; 1954: «Sein häuslicher Fleiß und sein Betragen waren gut». Jetzt änderten sich die Eintragungen. 1955: «Seine schwachen Leistungen... sind auf ungenügende Konzentration im Unterricht zurückzuführen»; 1956: «... läßt er es an der nötigen Mitarbeit fehlen»; 1957: «A. ist ein sehr nervöser Junge... Flüchtigkeit... im Unterricht ermüdet er häufig». Nach der Schulentlassung begann er eine Autoschlosser-Lehre. Bereits nach drei Wochen wurde er wegen «Schwänzens» entlassen. Anschließend erhielt er eine Lehrstelle als Elektriker. Auch dort bekam er schnell Schwierigkeiten wegen Nachlässigkeit und Faulheit bei der Arbeit und einer trotzigen Anspruchshaltung, die ihm Ohrfeigen seitens seiner Chefin eintrugen. Diese erklärte dem Arzt, sie behalte A. nur aus Mitleid in der Lehre, weil sie ihn vorläufig wegen der ungünstigen häuslichen Situation nicht im Stich lassen wolle. Das letzte Berufsschul-Zeugnis vom Herbst 1958 vermerkt wiederum: «Mangelhafter Fleiß». – Aus den Berichten über A.s häusliches Verhalten ließ sich der *Knick in der Entwicklung* bestätigen, der sich bereits in den zitierten Zeugnissen widerspiegelt: Aus einem zunächst leistungswilligen Jungen, der sich ohne Schwierigkeiten den steigenden Anforderungen anpaßte, ist ein lustloser Faulpelz geworden. Er beginnt zu schwindeln, die Arbeit zu schwänzen. Er wird nervös, unfroh und verliert bei jeder Beschäftigung schnell die Geduld. –

Das Jugendamt, das die Milieu-Situation in sorgfältigen und genauen Erhebungen analysiert hatte, sah als Wurzel der Verhaltensstörungen A.s den zermürbenden Kampf zwischen Vater und Tante an. Im Juni 1958 wurde A. zur fachärztlichen Begutachtung überwiesen. Es ergaben sich die folgenden *Befunde* und *Beobachtungen*:

Körperlich: Hochaufgeschossener Jugendlicher in gutem Ernährungszustand. Körperform und sekundäre Geschlechtsmerkmale sind altersgemäß entwickelt. Bei der organischen Durchuntersuchung finden sich keine krankhaften Abweichungen.

Psychisch: Die Intelligenz-Prüfung mit dem Raven-Test ergibt eine gut durchschnittliche Begabung. Allerdings ist die Fehlerverteilung von der Norm abweichend. Es werden bei den leichteren Aufgaben relativ viele Flüchtigkeitsfehler gemacht, was eine ungleichmäßige Konzentration anzeigt. Bei dieser wie bei anderen Prüfungen äußert er vielfach die Erwartung, daß er es falsch oder schlecht gemacht habe. Verlegen lächelnd nimmt er den Hinweis auf, sein Licht nicht zu sehr unter den Scheffel zu stellen. Er wirkt recht weich, im äußeren Auftreten zunächst sehr schüchtern und unterwürfig. Eine bereits im manifesten Benehmen sich verratende schwere Kontaktstörung läßt sich durch den Thematic Apperception Test bestätigen und näher analysieren. Es fällt hier auf, daß er wiederholt in identischer Weise schwankt, ob er aus einzelnen Vorlagen Liebe und Versöhnlichkeit oder Mißgunst und Feindseligkeit herauslesen soll:

Tafel 15 (Ein hagerer Mann steht mit gefalteten Händen zwischen Grabsteinen):
«Vielleicht ist sein Feind gestorben, und er *freut* sich. Oder er *bereut,* daß er sich mit dem Verstorbenen immer schlecht verstanden hat.»

Tafel 17 (Ein unbekleideter Mann klammert sich an ein Seil. Er klettert aufwärts oder abwärts):
«Vielleicht will er jemandem *helfen* und diesen an einem Seil herunterlassen. Vielleicht hat er auch ausbrechen wollen. Ein Wärter hat ihn entdeckt und *schneidet ihn oben ab* und freut sich, daß er runterstürzt.»

Tafel 20 (Die schwach beleuchtete Gestalt eines Mannes [oder einer Frau], mitten in der Nacht an einen Laternenpfahl gelehnt):
«Vielleicht ein Kriegsgefangenenlager. Einer will seinem Freund *helfen,* wartet hier am verabredeten Platz, um ihm rauszuhelfen.
Kann aber auch sein, daß jemand einen *Überfall* machen will.»

Auch in einer Reihe anderer Einfälle bestätigt sich die *Ambivalenz* zwischen Phantasien von *Bindung, Freundschaft, verläßlichem Beistand* einerseits und Vorstellungen von *Aggressivität, Verrat, Schadenfreude* andererseits. Die auffallende Häufung dieser widerspruchsvollen projektiven Deutungen und Einfälle erlaubt die Folgerung, daß sich hierin eine profunde Zwiespältigkeit der affektiven Einstellung ausdrückte, die sich, wie sich aus weiteren Phantasien ergibt, auf die väterliche Seite, aber auch auf die Tante und im weiteren auf alle Partner schlechthin bezieht. Er sehnt sich nach schützender Bindung, fürchtet zugleich Verrat und Aggression. Verschiedene Anzeichen sprechen aber dafür, daß diese Zwiespältigkeit nicht etwa nur seine passiven Erwartungen, sondern im gleichen Maße seine aktiven Tendenzen kennzeichnet. Weder hält er die Welt für verläßlich, noch ist er selbst verläßlich (vgl. den analogen Befund bei Thomas R.). Das gleiche tiefe Mißtrauen, das in ihm steckt, verdient er für seine eigene Person. – Andere Einfälle spiegeln ein depressiv getöntes Isolationsgefühl wider. Mit der Enttäuschung über seine reale Situation verbindet sich ein Hang zu idyllischen, utopischen Wunschphantasien: Er zeichnet nur Sputniks und Weltraum-Stationen (die ausschließliche Gestaltung dieses Themas hat bereits den Lehrer beunruhigt) und lebt in seinen Tagträumen in Amerika oder Afrika in phantastischer Umgebung.

Nur mit Widerwillen nimmt er zu den Problemen seiner aktuellen Lebenssituation Stellung. Zu seinen Plänen und seiner Befriedigung im Beruf gefragt, zuckt er mit den Schultern und lächelt resignierend. Er wisse nicht, ob er die Lehre schaffen werde. – Hier wie bei sonstigen Fragen über seine aktuellen Verhältnisse verschwimmen seine Äußerungen im Diffusen, Unbestimmten. Verhältnismäßig lebhaft und redselig wird er indessen, als er eine Reihe von Vorwürfen über seinen Vater loswerden kann. Man merkt: Darauf ist er präpariert. Da weiß er genau, worauf es ankommt. Die behend aufgezählten und begründeten Anklagen gegen den Vater, mit einer ihm sonst völlig fehlenden Selbstsicherheit und Entschiedenheit vorgetragen, verraten das Gefühl des Rückhalts bei der Tante, dessen er sich – in diesem Punkte wenigstens – sicher weiß.

Diagnose: Neurose mit Arbeitsstörung und Ansätzen zu dissozialem Fehlverhalten.

Verlauf: Eine wichtige ergänzende Beobachtung lieferten Unterredungen mit dem Vater, der ebenso wie die Stiefmutter und die Tante gründlich exploriert wurde. Schon auf den einleitenden Vorschlag des Untersuchers, es solle überlegt werden, was zum Wohle des Jungen zu machen sei, explodierte er förmlich: Er habe es satt, sich darüber zu unterhalten, was *für den Jungen* gut sei. «Ich warte immer darauf, daß mal jemand sagt: *Was macht denn der arme Vater? Was können wir für den armen Vater tun?*» Nach längerem Schimpfen auf seine Schwester, auf die Behörden und den Untersucher drohte er in bekannter Weise: Er werde die Sache in die Presse bringen, und dann solle sich die Öffentlichkeit mit dem Unrecht beschäftigen, das ihm angetan worden sei. Schließlich rückte er unerwartet mit der Feststellung heraus: «Wissen Sie, es gibt nur eine Lösung, da würde der Krieg mit einem Schlage aufhören: Ich würde meine Frau davonschicken und wieder zu meiner Schwester ziehen. Dann wäre sie zufrieden, aber ich werde nicht mehr bei ihr zu Kreuze kriechen. Darauf kann sie lange warten!» –

Erst nach mehreren Vorstellungen gestand die Tante ein, daß sie mit A. viel mehr Sorgen habe, als sie zunächst aus taktischer Rücksicht eingestanden habe. Fortwährend lebe sie in der Angst, A.s Vater Ansatzpunkte zur Kritik zu geben. Er würde sie sofort beim Jugendamt «unmöglich machen», wenn mit A. Schwierigkeiten bekannt würden. In der Tat nutze A. ihre wehrlose Situation schamlos aus. Er stelle fortwährend an sie hohe Ansprüche, gehorche ihr nur sehr mangelhaft und benehme sich völlig unbeherrscht und launenhaft. Früher ruhig und vernünftig, sei er seit der Zuspitzung des Streits mit dem Vater nörgelig und unverträglich. Nichts sei ihm recht zu machen. Er kenne nur noch seine Wünsche, akzeptiere keine Pflichten mehr. Er schwindle reichlich.

Durch unsere Befürwortung wurde die Tante in eine ihr angenehme Arbeit vermittelt. Sie war damit finanziell selbständiger und verlor einen wichtigen Vorwand, dessen sie sich bei ihrem Agieren gegen den Bruder bisher bedient hatte. Auch A.s Vater nahm sich schließlich mehr zurück. Er kümmerte sich in den letzten drei der insgesamt vier Beobachtungsjahre praktisch überhaupt nicht mehr um den Jungen.

A. wechselte die Lehrstelle, fiel schließlich aber in der theoretischen Abschlußprüfung erwartungsgemäß durch, da er nicht genügend vorbereitet war. Er ging dann als Arbeiter in eine Fabrik. Eines Tages entwich er heimlich mit zwei Kumpanen nach Hamburg, um auf ein Schiff zu gelangen. Als der Plan mißglückte, meldete er sich auf der Jugendbehörde, die ihn zur Tante zurückschickte. – Mit 18 Jahren unternahm er zusammen mit einem anderen Jugendlichen, der offenbar die Anführer-Rolle spielte, einen Motorroller-Diebstahl, der ihm mehrere Wochen Jugendarrest einbrachte. – Seiner Arbeit ist er in den letzten zwei Jahren mit leidlicher Regelmäßigkeit nachgegangen.

Zur Zeit versucht die Tante, wieder Kontakt mit dem Vater herzustellen. Sie begab sich kürzlich zu seiner Wohnung, um ihn zu einem Besuch bei ihr und A. zu veranlassen. Sie traf ihn jedoch nicht an. Inzwischen hatte A. heimlich die Wohnung ausgeschmückt und Kerzen aufgestellt, um den Vater festlich zu empfangen. Schließlich lagen die Tante und er sich weinend in den Armen, und die Tante gestand: «Ich brauche deinen Vater ja genauso, wie du ihn brauchst!» Ihre Bemühung um ihren Bruder wurde bezeichnenderweise dadurch ausgelöst, daß dieser durch eine aufgedeckte Unterschlagung in Schwierigkeiten geraten ist. «Nie hätte mein Bruder früher so etwas getan, daran ist nur seine Frau schuld!» Nun hofft sie, der Bruder werde durch sein Unglück «klug» geworden sein und zu ihr zurückfinden.

Zusammenfassung: Nach einer Kleinkindphase höchst ungenügender Geborgenheit bei der Mutter, die ihn zugunsten ihrer Männerbekanntschaften vernachlässigte, findet Andreas nach Scheidung der Eltern Zuflucht bei seiner Tante. Später wird er in zunehmendem Maße in die Konflikte zwischen der Tante und seinem Vater verwickelt, die in einer überintensiven, ambivalenten Gefühlsbindung zueinander geblieben sind. Die Tante will A.s Vater in einer Art «Overprotection» festhalten und erschwert seine Ablösungsversuche. Schon seine verschiedenen flüchtigen Frauenbeziehungen führen zu offenen Feindseligkeiten und manifesten Machtkämpfen um A. Als der Vater schließlich seine zweite Ehe eingeht, entbrennen die Aggressionen zwischen den Geschwistern erst in voller Stärke und machen vollends deutlich, wie sehr beide noch unbewußt aneinander fixiert sind. Jetzt wird offensichtlich die negative Komponente der gegenseitigen Haßliebe frei, die vorher lediglich mehr verdeckt gewesen war.

In typischer Weise wird A. zur Agentur, durch welche beide streitenden Parteien ihre narzißtischen Ansprüche und ihre Feindseligkeit gegeneinander ausdrücken. Wenn der Vater A. die verlangten Anschaffungen und Zahlungen verweigert, so tut er das weniger um A.s willen als deshalb, weil er die Schwester frustrieren will. Diese wiederum ist in der Tat bestrebt, mit der provokatorischen Art, in der sie A. ihre Forderungen an den Vater vertreten läßt, diesen ihren Eifersuchtshaß spüren zu lassen. Wenn der Vater später sagt, der Krieg würde sofort aufhören, wenn er seine Frau davonschicken und sich wieder bei der Schwester einnisten würde, so trifft er die Situation.

Statt dessen tobt der Kampf, sozusagen auf dem Kopf A.s ausgetragen, vier Jahre in unverminderter Stärke. Mal ist der Junge beim Vater, dann flieht er wieder zur Tante, weiß aber keinen Tag genau, ob ihn der Vater als Sorgeberechtigter nicht wieder zurückfordern wird. Die Tante, das merkt er natürlich auch genau, ist in seiner Hand: Mit Verwöhnung und Nachsicht muß sie seine Bundesgenossenschaft gegen den Vater – aber auch gegen die Behörde erkaufen: Sie muß seine Erziehungsschwierigkeiten vertuschen, damit man ihr A. nicht wegnimmt.

So kann es kaum verwundern, daß der bereits in der Kleinkindphase um eine stabile Mutterbindung betrogene Junge mit Leistungsstörungen und Verwahrlosungsansätzen reagiert, nachdem man ihm nun aufs neue den Halt entzieht. Wie Thomas R. vollzieht auch A., allerdings in einer anderen Variante, die Wendung von der Passivität in die Aktivität. Er schwindelt genauso, wie man mit ihm ein unehrliches Spiel trieb; genauso, wie die Tante seine Fehler vertuscht und zufrieden ist, wenn er vor den anderen Instanzen zu ihren Gunsten alle Schuld dem Vater aufbürdet. Er wehrt sich gegen Pflicht und Autorität – genauso, wie es der Vater ihm vorlebt, der ja ausdrücklich bekennt, daß seine eigenen Bedürfnisse ihm wichtiger seien als diejenigen des Sohnes. Er insistiert trotzig und unersättlich auf seinen Ansprüchen – genauso, wie ihn Tante und Vater als Instrument zur Durchsetzung ihrer jeweils an die Gegenseite gerichteten Ansprüche mißbrauchen.

Ähnlich wie bei Thomas R. enthüllt deshalb die psychologische Beobachtung auch bei Andreas den profunden affektiven Zweifel: Darf man sich binden, oder wird man immer nur verraten? Alles ist eigentlich gesagt mit seinem Einfall zu dem Bild des Seilkletterers im TAT: Was wird passieren, wenn man sich an das Seil hängt? Was wird der Partner machen, der das obere Seilende kontrolliert – das heißt soviel wie: dem ich mich hingebe? Wird er mich wirklich am Seil festhalten und mir helfen? Oder wird er mich abschneiden, daß ich in die Tiefe stürze und endgültig verloren bin?

A.s Aufbegehren gegen die frustrierenden Partner führt nicht bis zu dem wilden intriganten Agieren Thomas R.s. Nichtsdestoweniger entwickelt auch er in Konsequenz seiner traumatischen Rolle eine typische Charakterstörung mit einem ausgeprägten Über-Ich-Defekt und Verwahrlosungs-Durchbrüchen.

Traumatische Bedeutung der Rolle

Wenn die Position des Kindes in der Familie überwiegend durch einen Ambivalenzkonflikt bestimmt wird, den die Eltern gegeneinander ausagieren, so liegt der schädliche Einfluß dieser Konstellation für das Kind so auf der Hand, daß darüber im Anschluß an die paradigmatischen Krankengeschichten nicht mehr viel gesagt zu werden braucht.

Allgemein wird man feststellen dürfen, daß diese verhängnisvolle Rolle die seelische Entwicklung um so stärker belasten wird, je früher sie dem Kind zugemutet wird. Hat ein Kind in seiner Frühphase erst einmal eine harmonische «emotionale Symbiose» (Benedek [205]) mit der Mutter erfahren und in dieser Bindung ein sogenanntes «Ur-Vertrauen» (Erikson [206]) entwickelt, so ist es gegen die Gefahr einer späteren Korrumpierung in der Rolle des «umstrittenen Bundesgenossen» natürlich besser gerüstet, als wenn es schon als Kleinkind die Erfahrung intensiver und gleichmäßiger mütterlicher Zuneigung entbehrt hat. So ist es bezeichnend, daß alle drei zu diesem Rollentyp zitierten Pathographien (Stephan V., Thomas R., Andreas S.) gerade Kinder betreffen, die bereits in der Kleinkindphase unter dem Einfluß einer äußerst unzuver-

lässigen Mutter standen. Stephan V. war schon als Säugling der Zank-
apfel der miteinander in Haßliebe verstrickten Eltern. Bereits im zweiten
Jahre bejahte der Vater das, was die Mutter verneinte. Und was die
Mutter verbot und bestrafte, wurde vom Vater mit Schokolade belohnt.

Es ist an derartigen Fällen, bei denen die Erfahrung dieser Rolle dem
Kind schon sehr früh vermittelt wird, die spezifisch traumatische Wir-
kung auf die kindliche Charakterentwicklung am besten zu studieren.
Die Beobachtungen zeigen, daß das Kind – wie zu erwarten ist – überhaupt keine klare Richtschnur für sein Verhalten internalisieren kann.
Von R. Spitz wissen wir, wie wichtig es ist, daß dem Kind von den
Eltern schon von der Wende des 1. zum 2. Jahr an in konsequenter Weise «Ja» und «Nein»[207] geboten wird. Durch behutsame, planvolle
Versagungsreize, eingebettet in ein Klima liebevoller Zuneigung, soll
das Kind lernen, sowohl seine triebhaften Impulse unter Kontrolle zu
bekommen, als seine Orientierung in der sozialen Realität zu verbessern. Schließlich soll es aus der Linie, der die elterlichen «Jas» und
«Neins» folgen, die Regeln entnehmen, die dem Normenkodex der Gesellschaft entsprechen, und es soll im Verlauf des «Unterganges des
Ödipus-Komplexes» eine Instanz im eigenen Ich entwickeln, in welcher
die von den Eltern introjizierten Leitbilder autonom weiterwirken. Diese
Entwicklungsprozesse werden natürlich schwerstens gestört, wenn die
elterlichen «Jas» und «Neins» einander weitgehend aufheben. Denn
genau das ist ja der Fall, wenn das Kind jeweils von dem rivalisierenden
Elternteil darin bestätigt wird, was der andere Elternteil versagt, und
umgekehrt. Die eine Seite bewertet das als «gut», was für die andere
Seite «schlecht» heißt – also kann das Kind keine klare Wertorientie-
rung gewinnen, keine eindeutigen moralischen Prinzipien internalisieren und somit kein geordnetes «Ich-Ideal» bzw. «Über-Ich» aufbauen.

Allerdings wird dem Kind eine wesentliche Erfahrung zuteil. Die
Antwortreaktionen der beiden elterlichen Parteien sind nicht chaotisch
unberechenbar, sondern es herrscht da doch eine Regel: Wird man von
einer Seite abgewiesen und bestraft, so ist es meistens nützlich, sich sogleich der anderen Partei zuzuwenden. Denn dort kann man vielfach
Schutz und sogar Entschädigung für die soeben erlebte Versagung oder
Mißbilligung finden. Allmählich entdeckt das Kind sogar, daß es sich
ganz besonders leicht positive Zuwendung und Geschenke verschaffen
kann, wenn es der einen Seite durch sein Verhalten ausdrückt, daß es
sie bevorzugt und mit der anderen Seite unzufrieden ist: *Man liebt mich,
wenn ich mit dem einen gegen den anderen zusammenhalte.* – Besonders eindrucksvoll zeigt sich dieses Erlebnis mit seinen Konsequenzen
bei Thomas R., der seine häusliche Rollen-Erfahrung schließlich zu der
einseitigen Lebensanschauung generalisiert: Überall herrscht Spannung

und Streit. Wenn man Bestätigung finden will, so erhält man diese nie für sich selbst, sondern grundsätzlich nur dann, wenn man «Partei» ergreift und sich anderen als Bundesgenosse gegen ihre jeweiligen Gegner anbietet. – Nun könnte das Kind ja eine gewisse Sicherheit in Anlehnung an einen Partner gewinnen, der ihn als «Bundesgenossen» sucht, wenn es nicht im Wesen solcher «agierend» ausgetragenen elterlichen Ambivalenzkonflikte läge, daß sie einen wechselvollen Verlauf nehmen.

Da die Rolle des Kindes, wie gezeigt wurde, durch seinen Stellenwert innerhalb dieses Kampfes bestimmt wird, muß es immerfort erwarten, morgen von demjenigen verraten zu werden, der sich seiner heute noch mit jedweder Verwöhnung versichern will. Besonders kraß trat dieses Hin- und Hergestoßenwerden bei Thomas R. hervor, der wiederholt prompt zum Prügelknaben wurde, sobald sich die Elternfiguren momentan über seinen Kopf hinweg aussöhnten.

Die Grunderfahrung der elterlichen Unzuverlässigkeit macht es dem Kind unmöglich, seine natürlichen Aggressionstriebe angemessen zu integrieren und zu neutralisieren. Vergegenwärtigt man sich, daß sich ein Kind durch Identifizierung so sehen lernt, wie es von den Eltern gesehen wird, so erfährt ein solches Kind von vornherein keine Wertschätzung für sich selbst und seine «echten» Leistungen. Es wird in seinen narzißtischen Bedürfnissen immer wieder aufs schwerste gekränkt, sobald es als Zankapfel oder Prügelknabe zwischen die gegeneinander agierenden Fronten gerät, wie es sich gerade aus der schwankenden elterlichen Konfliktlage ergibt. So bekommt es immer wieder auch den Haß zu spüren, der in der elterlichen Auseinandersetzung entbunden wird. Diese schweren narzißtischen Kränkungen nötigen das Kind, *sich selbst* ebenfalls *zu hassen*. Das führt wiederum zu dem Versuch, sich des *Selbsthasses* durch *Projektion* nach außen zu entledigen. Es werden also *auch die Eltern gehaßt*. Das Kind lernt nicht, seine Aggressionstriebe zu bewältigen, es bleibt vielmehr in einer *sado-masochistischen* Verfassung stecken, die wegen der gleichzeitigen Schädigung der organisierenden und kontrollierenden Ich-Funktionen später immer wieder *aggressive Triebdurchbrüche gegen die Außenwelt wie gegen die eigene Person* begünstigt. Ein anschauliches Beispiel für die gleichzeitige Wirksamkeit massiver sadistischer wie masochistischer Impulse bietet wiederum Thomas R. einerseits mit seiner großen Serie von Racheaktionen, andererseits mit seiner Kette von Suizidversuchen.

Daß die geschilderten mannigfachen Beeinträchtigungen der Charakterentwicklung unter dem Einfluß dieser Rolle in der Regel eine manifeste Verwahrlosung vorbereiten, versteht sich fast von selbst und bedarf deshalb keiner besonderen Erörterung mehr. Alle drei zitierten Pathographien sind dementsprechend auch durch mehr oder minder grobe dissoziale Entgleisungen gekennzeichnet. – Dabei zeigte sich, vor allem bei Thomas R., aber auch bei Andreas S., wie sich die Dissozialität unter der Wirkung einer Hauptphantasie entwickelt, die ja auch ein kardinales Thema dieser Rolle bildet: Das ist eben die Phantasie des *Verrats*. Weil das Kind verraten wird, verrät es selbst. Das ist einmal die «Identifikation mit dem Aggressor». Es ist aber auch *taktische Anpassung*: Es schützt sich vor der Enttäuschung, indem es den Partner schon vorher verrät, bevor es von diesem im Stich gelassen wird. Es ist aber auch zugleich wiederum Ausdruck des *Selbsthasses*. Denn das Kind sägt sich ja den Ast ab, auf dem es selbst sitzt. Es zerstört sich von vornherein selbst die Möglichkeiten einer neuen Bindung, die bei einem geeigneten Partner durchaus einmal zur Erfüllung kommen könnte. – Damit ist der Kreis wieder geschlossen: Der Betrogene wird zum Betrüger, der sich am Ende wieder selbst am schlimmsten betrügen muß. Auch bei dieser Rolle besteht der allgemeinste traumatische Effekt also wieder darin, daß das Kind aus unbewußtem «Wiederholungszwang» nicht davon loskommt, sich die für die Rolle typische Enttäuschung immer und immer wieder selbst bereiten zu müssen.

Noch einmal sei abschließend darauf verwiesen, daß die Analyse der Rolle zwar aus methodologischen Gründen am Beispiel des Extremfalles vorgenommen wurde, an welchem die traumatischen Effekte denkbar kraß, geradezu grotesk hervortreten. Aber auch hier ist es so wie bei den vorher beschriebenen Rollentypen: In schwächerer Ausprägung findet sich die Rolle keineswegs selten. Auch bei differenzierteren Eltern beobachtet man immer wieder, daß ein Kind in Ambivalenzkonflikte hineingezogen wird, welche die Eltern miteinander austragen. Und wenn auch nicht so plump wie bei den hier gebotenen Beispielen «agiert» wird, so errät das feinfühlige Kind doch, daß es vom einen wie vom anderen Elternteil unbewußt je nachdem als Beschützer, als Kronzeuge, als Kampfgenosse oder als Vermittler in der Auseinandersetzung mit dem Ehepartner begehrt wird. Und es vermag ebenso die Drohung des Liebesentzuges für den Fall zu erraten, daß es den Anspruch nicht erfüllt. Diese Konstellation kann so sehr von der oberflächlich harmonischen Fassade des Familienlebens verdeckt sein, daß selbst der psychoanalytische Psychiater nicht auf den ersten Blick die fatale Situation des Kindes durchschauen kann. Es wäre also ganz verfehlt, diese kindliche Rolle etwa nur bei zerfallenden oder bereits zerbrochenen Familien zu suchen. Bei den verwahrlosten und kriminellen Kindern und Jugendlichen, die dem äußeren Anschein nach aus wohlgeordneten und fest gefügten Familien stammen, ergibt die subtile psychoanalytische Untersuchung immer wieder gerade das hier besprochene Rollenproblem als Hypothek aus der Vorgeschichte.

DIE GRENZEN DES MODELLS

Eine Rückschau auf die vorstehend dargestellten Rollenkonflikte des Kindes fordert zu einer abschließenden Überlegung über den heuristischen Wert und über die Grenzen des Modells auf.

Wie ausgeführt, resultiert das Modell aus dem Bemühen, die empirisch beobachteten häufigen Zusammenhänge zwischen affektiven Ansprüchen der Eltern und kindlichen Neurosen dem Verständnis besser aufzubereiten. Zwar fehlt es wahrhaftig nicht an Korrelations-Versuchen zwischen elterlichen Einflüssen und kindlichen Störungen des Erlebens und Verhaltens, denen eine Fülle wesentlicher Einsichten zu verdanken sind. Indessen ist es doch ein offenkundiger Mangel, daß die differenzierten Möglichkeiten der psychoanalytischen Motiv-Forschung noch keineswegs voll ausgeschöpft worden sind, um die Beziehung der Eltern zum Kind auch nur annähernd in der Feinheit aufzuschlüsseln, wie dies Freud im umgekehrten Fall, nämlich hinsichtlich der Beziehung des Kindes zu den Eltern, vollbracht hat. Die Mehrzahl der psychoanalytischen Forscher hat den Blickwinkel Freuds übernommen und weiter verfolgt, wie das Kind auf die Eltern seine Triebwünsche, seine Identifikations-Bestrebungen und seine «Abwehrmechanismen» richtet und dabei seine Trieb- und Ich-Organisation mehr oder weniger gelungen zur Entfaltung bringt. Von den äußeren Einflüssen, welche die kindliche Entwicklung modifizieren, hat man die sogenannten «unvermeidlichen Faktoren» (Abstillen, Geschwister-Konkurrenz usw.) gewürdigt, ferner bestimmte Erziehung-Praktiken, aktuelle traumatische Begebenheiten (Verführungen, Kastrationsdrohungen usw.) und schließlich relativ grobe affektive Merkmale der Eltern. Eine kaum übersehbare Zahl von Pathographien gipfelt im Hinblick auf traumatische Einflüsse der Eltern in unspezifischen Allgemeinbegriffen wie: «Ambivalenz», «Härte», «Verwöhnung», «Perfektionismus», «Ablehnung» («Rejection»), «Über-Protektion» («Overprotection») und anderen. Tatsächlich weiß man aber, wenn man nur solche allgemeinen Tatbestände beschreibt, noch nichts weiter darüber, wie die unbewußten Phantasien eigentlich genau aussehen, welche die Eltern auf das Kind richten. Wenn man diese unbewußten Phantasien aber nicht kennt, kann man indessen überhaupt nicht verfolgen, ob und wie das Kind diese aufnimmt und sich damit auseinandersetzt. Wenn man bei einem Kind findet, daß es sich nur mit bestimmten Teilaspekten seiner Eltern identifiziert, mit anderen aber nicht, dann weiß man nicht: Hat sich das Kind gerade diese Aspekte nur nach seinem «Belieben» ausgewählt, oder ist es dazu durch ein entsprechendes unbewußtes Verlangen der Eltern genötigt worden?

Nun möchte man ursprünglich annehmen, das Kind nehme doch nur das wahr, was die Eltern mit ihm konkret machen, und es bleibe ihm verschlossen, was die Eltern mit ihrem Tun unbewußt «meinen». Oder – wenn das Kind auch manches von dem erspüre, was im Unbewußten der Eltern vorgehe, so reagiere es doch nicht weiter darauf, sondern richte sich eben nur nach dem, was im elterlichen Verhalten unmittelbar zur Erscheinung komme.

Diese Meinung kann indessen durch die zitierten Befunde unter anderem von Burlingham, St. Bornstein, Johnson und Hellman als widerlegt gelten. Burlinghams 1932 [208] kasuistisch belegte Feststellung, daß das Kind sehr wohl über eine außerordentlich feine Einfühlung in die unbewußten Tendenzen der Mutter verfüge und darauf sehr empfindlich reagiere, ist von den genannten und von anderen Autoren überzeugend bestätigt worden. – Diesem Befund versucht nun das hier angewendete Rollen-Modell Rechnung zu tragen, wobei der aus der Soziologie und der Sozialpsychologie entlehnte Begriff Rolle hier definiert wurde als das strukturierte Gesamt der unbewußten Erwartungsphantasien, welche die Eltern auf das Kind richten. Es scheinen nach den psychoanalytischen Erfahrungen für die kindliche Neurosengenese in erster Linie die Rollen wichtig zu sein, bei denen dem Kind die Funktion zufällt, den Eltern die Austragung eines eigenen affektiven Konfliktes an ihm oder mit ihm zu ermöglichen.

Um zu einer brauchbaren Einteilung dieser Rollen zu gelangen, läßt sich an Freuds Typengliederung der «Objektwahlen» anknüpfen. Auf diese Weise kann man zu einer Tabelle von Rollentypen gelangen, wie sie hier vorgeschlagen und am Beispiel von einschlägigen Krankengeschichten erläutert wurde. Es ist nun im Anschluß an diese Untersuchung zu überprüfen, was man im Lichte der dargelegten Rollen *sehen* – und was man *nicht sehen* kann.

1. Die vorgeschlagene Tabelle der Rollentypen kann nichts Endgültiges sein, sondern muß natürlich der Modifikation und Ergänzung aus weiterer Erfahrung offenstehen. Von Idealtypen gilt nach K. Jaspers [209], «daß sie zunächst keine Bedeutung als Seinsgattungen haben, daß sie aber der Maßstab sind, an dem wir die wirklichen Einzelfälle messen». Ob sich die hier vorgeschlagenen Rollentypen als *brauchbarer* Maßstab zur Charakterisierung und Einordnung der Phänomene bewähren, das wird sich in der klinischen Erfahrung zeigen müssen. Solche Klassifikationen sind immer in einem gewissen Maße willkürlich. Sie sind nur dann nützlich, wenn das Einteilungsprinzip die wesentlichen Merkmale der Phänomene erfaßt, wenn die einzelnen Typen weder zu sehr im Allgemeinen bleiben noch zu sehr ins Spezielle gehen. Man könnte hier

zum Beispiel daran denken, einige der vorgeschlagenen Typen noch weiter auszudifferenzieren. Andererseits ist hier wie bei allen ähnlichen Typologien auch die Gefahr zu bedenken, daß eine zu weit getriebene Differenzierung mitunter die bessere Übersichtlichkeit einer einfacheren Einteilung ohne entscheidenden Gewinn verwischt.

2. Thema dieser Untersuchung waren die pathogenetisch relevanten Einflüsse der *Eltern* auf das Kind. Infolgedessen wurde immer nur von den Effekten der *Eltern* bzw. *Elternersatz-Personen* gehandelt. Das soll natürlich nicht heißen, daß dem Kind nur von den Eltern und nicht auch von *anderen Seiten* traumatische Einflüsse drohen. Es können ja in der Familie noch andere erwachsene Verwandte und vor allem Geschwister als wichtige Beziehungspersonen im Spiele sein. Je mehr Personen eine engere Bindung zu dem Kind haben, um so komplexer sind dann auch die Rollenvorschriften, denen dieses begegnet. Es ist dann natürlich schwieriger und mühsamer, sich darüber Klarheit zu verschaffen, in welchem Umfang und in welchem Verhältnis die unbewußten Erwartungen der verschiedenen Partner in dem Kind wirksam werden. – Nichtsdestoweniger sind die Eltern die *wichtigsten* Partner für das Kind, und somit verdient die Erforschung ihrer Einflüsse den Vorrang. Wenn man nun aber erfahren will, wie sich speziell *ihre* Ansprüche im Kind auswirken, so ist es natürlich methodologisch zweckmäßig, geeignete Familien-Konstellationen auszuwählen. Das heißt man untersucht vorteilhafterweise Familien, bei denen man das «Frage-Antwort-Gespräch» zwischen dem elterlichen Unbewußten und dem kindlichen Unbewußten möglichst ungestört aufnehmen kann, also ohne verwirrende Einmischung anderer Partner. Das ist dennoch nie in idealem Maße möglich, und der Psychoanalytiker befindet sich hier etwa in der Situation eines Radiohörers mit einem alten Gerät von schlechter Trennschärfe, der stets mehrere Sender gleichzeitig hören muß. Aber so wie dieser Radiohörer es durch Konzentration und Übung erreichen mag, die Darbietung des ihm *wichtigen* Senders aus dem akustischen Konglomerat so herauszuschälen, daß er ihren Fortgang genau verfolgen kann, so kann auch der Psychoanalytiker bei geeigneten Familienkonstellationen aus den multilateralen Austauschprozessen des Kindes mit einiger Zuverlässigkeit die Prozesse abheben, die zwischen Eltern und Kind spielen. Er wird dabei um so feiner und tiefer verstehen können, je deutlicher sogar nur *eine* Elternfigur dominierend hervortritt, wobei dann ein regelrechter «Dialog» zwischen deren Unbewußtem und dem Unbewußten des Kindes zu verfolgen ist. – Es sind hier also absichtlich aus methodologischen Gründen Familien studiert worden, bei denen neben Eltern bzw. Elternersatz-Personen entweder andere Verwandte nicht prä-

sent waren oder in so distanzierter Beziehung zu dem Kind standen, daß ihre Einflüsse als *quantité négligeable* behandelt werden konnten.

Über die Einflüsse, welche in der Familie anwesende *Großeltern*-Figuren auf das Kind ausüben können, hat Rappaport[210] interessante Beobachtungen mitgeteilt. Über die Konfliktmöglichkeiten mit *Geschwistern* und ihre psychopathologische Bedeutung liegt eine recht umfangreiche Literatur vor. Es sei unter anderem auf die einschlägigen Untersuchungen von H. Hug-Hellmuth[211], A. Adler[212], S. Foster[213], W. Kündig[214], B. Weill[215], B. M. Ross[216], W. Toman[217], D. P. Ausubel[218] verwiesen.

3. Die vorliegende Darstellung läßt die elterlichen Einstellungen zum Kind – abgesehen von dem zuletzt genannten Rollentyp – überwiegend als konstant bleibend erscheinen. Sind die elterlichen Einstellungen nicht aber in Wirklichkeit meist wechselvoller und fluktuierender? Handelt es sich bei den hier beschriebenen Eltern also nicht in dieser Hinsicht um Raritäten? Das ist wohl nicht der Fall. Hier wurde unterstellt, daß es sich um Eltern mit chronischen eigenen Konflikten handele, deren affektive Wünsche an das Kind eben Ausfluß dieser Konflikte seien. Solche Eltern aber, das ist eine geläufige psychoanalytische Erfahrung, pflegen nach der Regel des «Wiederholungszwanges» immer und immer wieder die gleichen Übertragungs- und Projektions-Schablonen wirksam werden zu lassen. Je mehr sich ihr innerer affektiver Konflikt fixiert hat, um so starrer sind ihre sozialen Einstellungen, um so unelastischer sind ihre Forderungen an das Kind. Freilich zwingt das Kind selbst mitunter den Eltern Modifikationen ihrer Ansprüche auf. Aber es wurde bereits erwähnt, daß diese Modifikationen in ihrer Richtung nichts weniger als zufällig zu sein pflegen. Sie halten sich an den Spielraum des jeweiligen allgemeineren Einstellungstyps. So wurde zum Beispiel kasuistisch erläutert, daß Eltern zwischen einer Ich-Ideal-Projektion und einer Sündenbock-Projektion schwanken können. Versagt das Kind als Substitut des idealen Selbst, wird es nicht selten nun künftig unterbewertet und über Gebühr als Versager gemaßregelt. In dieser Art gibt es typische Eltern, die unter mehreren Kindern die einen nach dem positiven, die anderen nach dem negativen Aspekt hin verzerrt bewerten, wobei sie in diesen Projektionen durchaus zwischen den Kindern wechseln können. Aber immer bleibt ein Teil der Kinder idealisierte Wunderwesen, während die anderen zu schwarzen Schafen degradiert werden. Die den Eltern innewohnende Konflikt-Spannung treibt sie eben zwangsmäßig entweder zur völligen Vereinigung mit dem Kind als dem idealen Selbst-Substitut oder zur Ablehnung des Substituts der eigenen negativen Identität. Die Schablone der narzißtischen Projektion bleibt also unverrückt wirksam.

– Mit anderen Worten: Die aus der Normalpsychologie gewonnenen Erfahrungen über die vergleichsweise erheblichen Fluktuationsmöglichkeiten der elterlichen Einstellungen lassen sich keineswegs für die Eltern generalisieren, deren Beziehung zum Kind entscheidend von chronischen affektiven Konflikten bestimmt wird. Hier überwiegen einseitige, rigide und schwer korrigierbare Einstellungen, die oft über viele Jahre ein und dieselbe Rolle für das Kind bedingen. – Im Rahmen einer derartigen starren Einstellung kann es freilich trotzdem zu grob augenfälligen Wechseln zwischen verwöhnendem und strafendem Verhalten kommen. Dies kann entweder ein Alternieren im Rahmen eines allgemeineren Einstellungs-Typs sein (etwa der narzißtischen Projektionen); oder es handelt sich einfach um sinnvolle Belohnung oder Bestrafung für rollenentsprechendes oder rollenwidriges Verhalten des Kindes.

4. Die vorliegende Untersuchung zielt auf eine Erfassung der *aktiven* affektiven Einwirkungen der Eltern ab, die das Kind traumatisch belasten können. Natürlich können die Eltern das Kind auch dadurch stören, daß sie ihm *überhaupt keinen* oder nur einen *ganz schwachen affektiven Kontakt* bieten. Dann wird das Kind nicht durch den Druck einer bestimmten Rolle überlastet, sondern es erhält – im Sinne der hier verwendeten Definition – praktisch überhaupt keine Rolle. Es wird nicht zu stark *gebunden* – nämlich durch bestimmte elterliche Erwartungen –, sondern es wird *isoliert*. In diesen Fällen würde die Anwendung des vorliegenden Rollen-Modells also keinerlei Nutzen bringen. Immerhin muß man natürlich auch hier wieder zwischen dem *manifesten elterlichen Verhalten* und den *unbewußten Phantasien* unterscheiden. Ein sehr distanziertes Benehmen dem Kind gegenüber ist noch nicht gleichbedeutend mit fehlendem unbewußten Engagement. Es kann sein, daß Eltern ein Kind «links liegen» lassen im Sinne eines Strafverhaltens aus einer Sündenbock-Projektion heraus. Dann täuscht die äußerliche Distanzierung ein affektives Desinteresse vor, das in Wirklichkeit gar nicht vorhanden ist. Und man muß in solchen Fällen durchaus damit rechnen, daß das Kind wiederum genau errät, was die jeweilige Elternfigur mit ihrem Verhalten «meint». – Nichtsdestoweniger gibt es natürlich den Fall, daß dem Kind auch im unbewußten affektiven Hintergrund der Eltern keine nennenswerte Bedeutung zufällt, daß es sich also um eine «echte» Isolierung des Kindes handelt. Trotz der präjudizierenden Bezeichnung «Hospitalismus» kommen solche affektiven Isolierungen nicht nur in Hospitälern, sondern tatsächlich auch in der Familie vor. – Ihre Auswirkungen liegen dann natürlich auf ähnlicher Linie wie diejenigen der Hospital-Isolierung. Einschlägige Forschungsarbeiten zum Thema «Hospitalismus» wurden in einem früheren Abschnitt genannt

(S. 35 f). – Die eigene Untersuchung beschränkt sich demgegenüber ausdrücklich auf die Fälle, in denen eine affektive Beziehung zwischen den Eltern oder zumindest einer Elternfigur und dem Kind durchaus vorhanden und nur infolge ungünstiger Rollenvorschriften für das Kind verformt ist.

5. Schließlich bedarf es noch einmal der Unterstreichung, daß der vorliegende Ansatz nicht etwa zu einer *erklärenden Neurosen-Theorie* führen kann oder will.

Indem man danach fragt, was für eine Rolle die Eltern von dem Kind beanspruchen, weiß man noch keineswegs, was das Kind mit dieser Forderung macht, *ob* es zum Beispiel die Rolle assimiliert, *wie* es das gegebenenfalls tut oder ob es sich *gegen* den elterlichen Anspruch *durchsetzt.* Das Kind wird je nach seiner Anlage, nach dem Reifegrad seines Ichs, nach dem Entwicklungsstadium seiner Trieborganisation sehr verschieden reagieren. Der soziale Einfluß seitens der Eltern ist demnach nur *eine* Bedingung aus der Gesamtheit der Bedingungen, von denen die Gestaltung des kindlichen Erlebens und Verhaltens abhängt. Keinesfalls besagt also die für die vorliegende Untersuchung begrenzte Frage nach den Elterneinflüssen, daß damit etwa eine kausale Überordnung dieses Sozialfaktors über die übrigen Bedingungen prätendiert würde, von denen die kindliche Entwicklung abhängt. Unverändert gilt Freuds[219] Feststellung, daß man die neurotischen Erkrankungen hinsichtlich ihrer Verursachung in einer Ergänzungsreihe anordnen könne: «An dem einen Ende der Reihe stehen die extremen Fälle, von denen Sie mit Überzeugung sagen können: Diese Menschen wären infolge ihrer absonderlichen Libidoentwicklung auf jeden Fall erkrankt, was immer sie erlebt hätten, wie sorgfältig sie das Leben auch geschont hätte. Am anderen Ende stehen die Fälle, bei denen Sie umgekehrt urteilen müssen, sie wären gewiß der Krankheit entgangen, wenn das Leben sie nicht in diese oder jene Lage gebracht hätte.» In der großen Mehrzahl der Fälle wirken beide Bedingungskomplexe indessen einander ergänzend zusammen.

Dem methodischen Ansatz entsprechend ging es in dieser Arbeit um nicht mehr als um den Versuch, einen Beitrag zur Förderung des *Verständnisses der Verzahnung* zwischen den affektiven Ansprüchen der Eltern und den Reaktionen des Kindes zu liefern. Denn noch bevor man das kausale Gewicht der elterlichen Einwirkungen für die kindlichen Neurosen überhaupt genügend abschätzen kann, bedürfen wir wohl noch einiger Fortschritte unserer Bemühungen, die Aufnahme und Verarbeitung elterlicher Einflüsse durch das Kind besser sichtbar zu machen. Diese Fortschritte lassen sich eben, so scheint es, nur auf dem Wege erzielen, daß man in größerem Umfang als bisher die unbewußten Phantasien berücksichtigt, welche die Eltern auf das Kind richten, und daß man das kindliche Erleben und Verhalten daraufhin überprüft, ob und wie sich darin ein Ansprechen auf diese Phantasien ausdrückt.

Wir besitzen heute bereits ausgedehnte Kenntnisse über die Entwicklung der kindlichen Trieb- und Ich-Organisation und über die psychodynamischen Prozesse im Kind, die an der Neurosenentstehung beteiligt sind. Wir kennen eine Reihe unvermeidlicher traumatischer Faktoren, die neurotische Störungen begünstigen können: allgemeine Anlagefaktoren (z. B. besondere Triebstärke, Ambivalenz, Bisexualität); spezielle anlagebedingte Bereitschaften zu traumatischen Phantasien (z. B. zur Kastrationsphantasie); die Inkompatibilität von Triebbedürfnissen und dem allgemeinen gesellschaftlichen Normenkodex; bestimmte schicksalsbedingte Partnerkonflikte (z. B. Geschwisterrivalität). Die Berücksichtigung aller dieser unvermeidlichen Faktoren macht indessen die Bemühung nicht entbehrlich, in jedem einzelnen klinischen Fall die Auseinandersetzung des Kindes mit den speziellen elterlichen Rollenvorschriften zu überprüfen. Auch diese Fragestellung darf man zwar nicht überfordern. Und nicht sämtliche kindlichen Neurosen lassen sich unter diesem Aspekt so weitgehend erhellen wie die in diesem Buch ausgewählten Beispiele. Aber bereichert wird unser Verständnis allemal, wenn für uns die affektiven Austauschprozesse zwischen Eltern und Kind die Evidenz eines zusammenhängenden «Gespräches» gewinnen, das sich zwischen dem elterlichen und dem kindlichen Unbewußten abspielt.

NACHWIRKUNGEN DER KINDLICHEN ROLLEN-
PROBLEME IM ERWACHSENENALTER

Es drängt sich am Ende die Frage auf: Welche dauerhaften Spuren kann die Auseinandersetzung des Kindes mit den unbewußten elterlichen Rollenvorschriften hinterlassen? Unsere systematischen Beobachtungen kindlicher Entwicklungsverläufe erstreckten sich im Maximum nur über sieben Jahre. Keines unserer Kinder war beim vorläufigen Abschluß der Untersuchung bereits in das Erwachsenenalter eingetreten, so daß sich nichts Sicheres darüber sagen läßt, in welchem Umfang und in welcher Weise sie noch nach ihrer vollen biologischen Ausreifung an ihren alten Rollenkonflikten weiterzutragen haben werden. Einzelne Biographien (z. B. von Dagmar K., Karl R., Bodo B., Jakob P., Andreas S.) zeigen immerhin, daß sich die neurotische Reaktionsweise auf die elterlichen Ansprüche anscheinend weitgehend verfestigen und bis hin zur strukturellen Verankerung antomatisieren kann. Endgültiges wird man jedoch auch bei den Genannten erst wissen, wenn man ihren Weg bis ins Erwachsenenalter hinein weiter zu verfolgen Gelegenheit haben wird.

Rückschlüsse aus den Psychoanalysen Erwachsener auf ihre kindlichen Rollenkonflikte sind aus den bereits eingehend diskutierten Gründen nur begrenzt möglich. Wenn man die Eltern der Analysanden nicht selbst kennt, weiß man nie genau, ob ihr durch die Patienten entworfenes Bild nicht stark durchmischt ist mit deren eigenen Projektionen. Immerhin sprechen mannigfache psychoanalytische Erfahrungen doch dafür, daß einer großen Zahl von Menschen eine Befreiung von ihren kindlichen Rollenproblemen nie zureichend gelingt. Durchmustert man nur einmal das biographische Material über die in diesem Buch geschilderten Eltern, so kann man sich doch in einzelnen Fällen kaum der Annahme verschließen, daß die Eltern mit ihren Übertragungen bzw. narzißtischen Projektionen nichts anderes als den unbewältigten Rest der eigenen früheren Rollenkonflikte an ihre Kinder weitergeben. Besonders augenfällig erscheint dieser Zusammenhang etwa bei Frau F. (siehe S. 205 ff), die unbewußt das Kind haargenau dergleichen Projektion unterwirft, die ihr offensichtlich einst die eigene Mutter aufgebürdet hatte. So sehr sie sich auch einst gegen die Forderung ihrer Mutter aufgebäumt hatte, deren negative Identität darzustellen, so inständig muß sie späterhin die eigene Adoptiv-Tochter in die gleiche sexuell gefärbte Sündenbock-Rolle drängen: Die eine Generation bindet die nächstfolgende durch ihre unbewußten Rollenvorschriften wieder an den gleichen Konflikt, an dem sie selbst gescheitert ist. So werden manche sich über verschiedene Generationen fortpflanzenden Neurosen verständlich, die oft voreilig als vererbte Psychopathien gewertet werden.

Das Fortwirken kindlicher Rollenprobleme ins Erwachsenenalter hinein läßt sich noch an einer Reihe von Phänomenen studieren, die – obwohl teilweise von erheblicher sozialer Bedeutung – hier nur kurz erwähnt werden können.

Zahlreiche Erwachsene, die sich nie von den elterlichen Rollenvorschriften befreien und kein eigentlich persönliches «Selbst» entfalten konnten, orientieren sich später nach anderen Autoritäten, die gewissermaßen nur das Erbe der Eltern antreten. Ihr Ich-Ideal oder Über-Ich bleibt externalisiert.[220] Sie geraten in Unruhe, wenn sie sich nicht irgendwelchen äußeren Ansprüchen unterwerfen können, die ihnen an Stelle des fehlenden persönlichen Leitbildes ihren Weg vorschreiben. Man wird die Zahl der Individuen nicht unterschätzen dürfen, die – ohne Rücksicht auf den Intelligenzgrad – immer wieder kritiklos in den Sog solcher Persönlichkeiten, Gruppen, politischer Bewegungen usw. hineingeraten, die zu der Matrize ihrer seit der Kindheit fixierten Rollenerwartungen passen. Sie sind einst dem Druck der elterlichen Rollenvorschriften erlegen und können als Erwachsene nur so weiter existieren, daß sie die Eltern durch ähnliche Beziehungspersonen oder Instanzen substituieren – ohne sich dessen freilich im mindesten bewußt zu sein.

Diese Menschen können sich, in ihre Rolle ergeben, in Anlehnung an ihre Eltern-Substitute zeitlebens wohl fühlen. Aber auch die anderen, die im *Protest* gegen die kindliche Rolle steckengeblieben sind und dabei ebensowenig eine volle Ich-Integration erreicht haben, pflegen als Erwachsene überall Eltern-Substitute zu suchen, an denen sie ihre infantile Opposition weiter agieren können. Eigentlich möchte man vermuten, daß diese Individuen späterhin gerade alle elternähnlichen Partner meiden sollten, um sich die Fortsetzung ihrer quälenden infantilen Proteste ersparen zu können. Doch die Erfahrung lehrt das Gegenteil. Der unbewußte Wiederholungszwang läßt sie eben die Partner suchen, an denen sie den alten Konflikt weiter austragen müssen. Und führt sie das Leben selbst an solche Beziehungspersonen heran, die sich so weit von den Eltern abheben, daß eine Reproduktion des infantilen Protestes entbehrlich scheinen sollte – die neurotische Fehleinstellung bleibt dennoch erhalten. Die Unglücklichen neigen eben unbewußt dazu, an allen Partnern die an die traumatisierenden Eltern erinnernden Merkmale projektiv überzubewerten und abweichende Wesenszüge eher zu übersehen. So wird der vom Vater perfektionistisch überforderte Sohn, fixiert im Trotz, seinem späteren, wesentlich toleranteren Chef nichtsdestoweniger die gleichen überhöhten Leistungsansprüche zutrauen und immer nur auf der Suche nach Indizien sein, die seine skeptischen Erwartungen bestätigen könnten. Und der von seiner Mutter als Ersatzpartner ausgebeutete Sohn, der im Protest gegen diese Rolle steckengeblieben ist, wird auch später allen Frauen das Mißtrauen entgegenbringen, daß sie ihn nur an sich fesseln und ausnützen wollen.

Im Unterschied zu denjenigen, die sich als Erwachsene immer noch an Eltern-Substitute hängen oder gegen diese protestieren müssen, gibt es aber auch solche Menschen, die unter dem Druck traumatisierender elterlicher Übertragungen und Projektionen nichtsdestoweniger zu integrierten Persönlichkeiten heranreifen können. Diese agieren späterhin also nicht mehr wie Kinder ihre Rollenkonflikte in äußeren Beziehungen weiter. Und doch mag man bei ihnen finden, daß in ihrem vollauf integrierten Ich bisweilen in tragischer Weise die Spuren der Identifizierung mit traumatisierenden elterlichen Phantasien eingegraben sind. Sie sind gewissermaßen «sie selbst» geworden – und doch zugleich ihrem eigentlichen Wesen entfremdet, also fehlidentifiziert. Wie weit eine solche Fehlidentifizierung zum Beispiel unter dem Einfluß einer Sündenbock-Rolle führen kann, hat so eindrucksvoll, wie es kaum eine psychoanalytische Krankengeschichte vermag, Max Frisch in seinem Drama ‹Andorra› dargestellt. Er verfolgt darin den Weg eines Jungen, auf den sein Vater in typischer Weise die eigene negative Identität projiziert hatte: Der wohlangesehene Vater verleugnet seinen unehelichen Sohn Andri und zieht ihn als ein angeblich gerettetes Judenkind auf. Er hängt an ihm – und verdammt ihn doch zum Scheitern, indem er ihn den antisemitischen Vorurteilen der Gesellschaft preisgibt: Er sei feige, geil, ohne Gefühl, nur auf Geld aus usw. Erst kämpft Andri verzweifelt gegen die ihm aufgebürdete Rolle. Er ringt darum, sein positives Selbst-Bild gegen die seinem Wesen unangemessenen Projektionen seitens der Umgebung zu verteidigen, bis er die Rolle am Ende doch internalisiert. Als erst der Vater, dann ein von diesem beauftragter Pater den 20jährigen aus seiner inzwischen vollendeten Fehlidentifikation erlösen will, ist es zu spät:

«Seit ich höre, hat man mir gesagt, ich sei anders, und ich habe geachtet darauf, ob es so ist, wie sie sagen. Und es ist so, Hochwürden: Ich bin anders. Man hat mir gesagt, wie meinesgleichen sich bewegen, nämlich so und so, und ich bin vor den Spiegel getreten fast jeden Abend. Sie haben recht: Ich bewege mich so und so. Ich kann nicht anders. Und ich habe geachtet auch darauf, ob's wahr ist, daß ich alleweil denke ans Geld, wenn die Andorraner mich beobachten und denken, jetzt denke ich ans Geld, und sie haben abermals recht: Ich denke alleweil ans Geld. Es ist so. Und ich habe kein Gemüt, ich hab's versucht, aber vergeblich: Ich habe kein Gemüt, sondern Angst. Und man hat mir gesagt, meinesgleichen ist feig. Auch darauf habe ich geachtet. Viele sind feig, aber ich weiß es, wenn ich feig bin. Ich wollte es nicht wahrhaben, was sie mir sagten, aber es ist so. Sie haben mich mit Stiefeln getreten, und es ist so, wie sie sagen: Ich fühle nicht wie sie. Und ich habe keine Heimat. Hochwürden haben gesagt, man muß das annehmen, und ich hab's angenommen.» [221]

So nimmt Andri als gereifter Mann den Sündenbock-Tod als sein eigenes Schicksal auf sich, seinen Vater der Verzweiflung überlassend, der seine negative Identität nie zu tragen vermochte. Er selbst ist am Ende weder vom Vater noch von den Vorurteilen der Gesellschaft mehr abhängig. Sein Über-Ich ist nicht externalisiert, sondern integrierter Bestandteil seiner Persönlichkeit. Er hat zu einem persönlichen Selbst gefunden – und bleibt dennoch in seiner Fehlidentifikation ein Opfer der früheren Rollenvorschrift.

Der hier eröffnete Ausblick auf einige mögliche Entwicklungslinien, die sich aus den Rollenkonflikten des Kindesalters späterhin ergeben können, bleibt ebenso unvollständig und in mancher Hinsicht unsicher, wie man das von dem Versuch in den vorigen Kapiteln zugestehen muß, die jeweiligen elterlichen Fehleinstellungen bis in ihre infantilen Ursprünge zurückzuverfolgen. Es würde sich zweifellos außerordentlich lohnen, systematische psychoanalytische Familienbeobachtungen, wie sie von uns angestellt worden sind, noch über erhebliche weitere Zeitstrecken durchzuführen. Beobachtungen, die von der Kindheit bis zur Elternphase reichen müßten, würden unsere Kenntnisse über die Fortsetzung oder Wiederholung spezifischer kindlicher Rollenprobleme beim nächsten Generationswechsel zweifellos sowohl befestigen als auch wesentlich erweitern können.

ANMERKUNGEN

1 Weitere Bemerkungen über die Abwehr-Neuropsychosen. (1896) Ges. Werke, Imago Publish. Co. London, hg. 1940–1952, Bd. I, S. 380.

2 Die Freudsche psychoanalytische Methode. (1904) Ges. Werke, Bd. V, S. 4.

3 Von den Anfängen der Kinderanalyse und der psychoanalytischen Pädagogik. Psyche, Bd. V, 1951, S. 310.

4 Vorlesungen zur Einführung in die Psychoanalyse. (1917) Ges. Werke, Bd. XI, S. 381 ff.

5 «Psychoanalyse» und «Libidotheorie». (1923) Ges. Werke, Bd. XIII, S. 220.

6 Neue Folge der Vorlesungen zur Einführung in die Psychoanalyse. (1933) Ges. Werke, Bd. XV, S. 93 ff.

7 Der Untergang des Ödipus-Komplexes. (1924) Ges. Werke, Bd. XIII, S. 397.

8 Das Trauma der Geburt und seine Bedeutung für die Psychoanalyse. Internat. Psychoanal. Verlag, Wien–Leipzig–Zürich 1924.

9 Neue Folge der Vorlesungen zur Einführung in die Psychoanalyse. (1933) Ges. Werke, Bd. XV, S. 93 ff.

10 Der Mann Moses und die monotheistische Religion. (1937) Ges. Werke, Bd. XVI, S. 179.

11 Psychoanalysis and Education. The Psychoanalyt. Study of the Child. Bd. IX, 1954, S. 10 ff.

12 Massenpsychologie und Ich-Analyse. (1921) Ges. Werke, Bd. XIII, S. 116.

13 Das Ich und das Es. (1923) Ges. Werke, Bd. XIII, S. 256.

14 Der Untergang des Ödipus-Komplexes. (1924) Ges. Werke, Bd. XIII, S. 399.

15 Das ökonomische Problem des Masochismus. (1924) Ges. Werke, Bd. XIII, S. 380.

16 Die Bedeutung des Vaters für das Schicksal des Einzelnen. (1909) Verlag Rascher, Zürich 3. Aufl. 1949, S. 11.

17 ebd.

18 Die psychologischen Aspekte des Mutterarchetypus. Vortrag auf der Eranos-Tagung 1938; – Von den Wurzeln des Bewußtseins. Verlag Rascher, Zürich 1954, S. 101.

19 Die Bedeutung des Vaters für das Schicksal des Einzelnen. Vorrede zur 2. Aufl. 1926, S. 1.

20 Individual Psychology. Harcourt, Brace Co., Inc., New York 1925; Menschenkenntnis. Verlag Rascher, Zürich 6. Aufl. 1947.

21 Menschenkenntnis, S. 31.

22 ebd.

23 Der gehemmte Mensch. Verlag Thieme, Stuttgart 2. Aufl. 1947, S. 57.

24 a. a. O., S. 22.

25 a. a. O., S. 48.

26 ebd.

27 Der triebhafte Charakter. Internat. Psychoanal. Verlag, Leipzig–Wien–Stuttgart 1925, S. 59.

28 Die Bedeutung der ersten Lebensjahre. In: Das Kind in unserer Zeit. Verlag Kröner, Stuttgart 1958, S. 21 ff.

29 ebd.

30 Mann und Weib. Das Verhältnis der Geschlechter in einer sich wandelnden Welt. Verlag Diana, Stuttgart–Konstanz 1955, S. 113 ff.

31 Literaturübersicht bei: Inkeles, A., und D. J. Levinson, National Character: The Study of Modal Personality and Sociocultural Systems. In: Handbook of Social Psychology, Bd. II, 1954, S. 1016 ff.

32 Mutterrechtliche Familie und Ödipus-Komplex. Imago. Bd. X, 1924, S. 273.

33 Psychoanalysis and Anthropology. Psycho-Analysis and the Social Sciences. Bd. I, 1947, S. 17.

34 How Differences in Environment Affected Separated One-egg Twins, Multiple Human Births. Doubleday, Doran Co. Inc., New York 1940.

35 Anstaltspflege und Entwicklung im ersten Lebensjahr. Zeitschrift für Kinderforschung. 42. Jg. 1934, S. 273.

36 Personality Distortion and Early Institutional Care. American Journal of Orthopsychiatry, 10. Jg. 1940, S. 576.

37 An Observation Nursery: A Study of 250 Children in the Psychiatric Division of Bellevue Hospital. American Journal of Psychiatry, 97. Jg. 1941, S. 1158.

38 Loneliness in Infants. American Journal of Diseases of Children. 63. Jg. 1942, S. 30.

39 Effects of Early Institutional Care on Adolescent Personality: Rorschach Data. American Journal of Orthopsychiatry, 14. Jg. 1944. S. 441. Variations in Adolescent Adjustment of Instiutionreared Children. American Journal of Orthopsychiatry, 17. Jg. 1947, S. 449.

40 Hospitalism. An Inquiry into the Genesis of Psychiatric Conditions in Early Childhood. The Psychoanalyt. Study of the Child, Bd. I, 1945, S. 53.

Hospitalism: A Follow-up Report. The Psychoanalyt. Study of the Child, Bd. II, 1946, S. 113.

Die Entstehung der ersten Objektbeziehungen, Verlag Klett, Stuttgart 2. Aufl. 1959.

41 Maternal Care and Mental Health. Bulletin Mental Health Organization. Bd. III, 1951, S. 355.

42 Heimkinder und Pflegekinder in ihrer Entwicklung. Verlag für Medizinische Psychologie, Göttingen 1958.

43 Separation Anxiety. The International Journal of Psychoanalysis, Bd. XL, 1960, S. 89; Grief and Mourning in Infancy and Early Childhood. The Psychoanalytic Study of the Child, Bd. XV, 1960, S. 9; Processes of Mourning. The International Journal of Psychoanalysis, Bd. XLII, 1961, S. 317.

44 Die gröbsten Fehler der Erziehung. Zeitschr. f. psychoanal. Pädagogik, Bd. II, 1927, S. 65.

45 Elternfehler in der Erziehung der Sexualität und Liebe. Der Ursprung der Elternfehler. Zeitschr. f. psychoanal. Pädagogik, Bd. III, 1929, S. 252.

46 Die Anpassung der Familie an das Kind. Zeitschr. f. psychoanal. Pädagogik, Bd. II, 1928, S. 239.

47 Psychoanalyse und Sexualerziehung. Zeitschr. f. psychoanal. Pädagogik Bd. V, 1931, S. 5.

48 Erzieher und Neurose. Zeitschr. f. psychoanal. Pädagogik, Bd. VI, 1932 S. 303.

49 Über Erziehungsmittel. Zeitschr. f. psychoanal. Pädagogik, Bd. IX. 1935 S. 117.

50 Versagen und Gewähren in der Erziehung. Zeitschr. f. psychoanal Pädagogik, Bd. X, 1936, S. 75.

51 a. a. O., S. 250.

52 Bd. II, 1928, Nr. 4–6. Bd. V, 1931, Nr. 8, 9.

53 Der triebhafte Charakter. Internat. Psychoanal. Verlag, Leipzig–Wien Zürich 1925, S. 58.

54 Patterns of Mothering. Intern. Univers. Press, New York 1956, S. 243

55 Maternal Overprotection. Columbia University Press, New York 5. Aufl 1957.

56 a. a. O., S. 196.

57 D. T. Burlingham, Die Einfühlung des Kleinkindes in die Mutter. Imago, Bd. XXI, 1935, S. 429.

58 Lippincott Co., Philadelphia–New York 3. Aufl. 1951.

59 Early Child Development in Relation to Degree of Flexibility of Maternal Attitude. The Psychoanalyt. Study of the Child, Bd. VII, S. 393. 1952.

60 Family Situations. University of Pennsylvania Press, Philadelphia 1943 S. 111.

61 The Unwelcome Child and his Death Instinct. Internat. Journal of Psy choanalysis, 10. Jg. 1929, S. 125.

62 Some Factors in the Etiology of Maternal Rejection. Smith College Stu dies in Social Work, Bd. II. 1932, S. 237.

63 A Study of Attitudes Leading to the Rejection of the Child by the Mother Smith College Studies in Social Work, Bd. I, 1931, S. 407.

64 The Psychodynamics of Maternal Rejection. American Journal of Ortho psychiatry, 4. Jg. 1934, S. 387.

65 Study of Parental Acceptance and Rejection. American Journal of Ortho psychiatry, 8. Jg. 1938, S. 679.

66 Parental Perfectionism as a Pathogenic Agent. Psychiatrie und Gesel schaft, Verlag Huber, Bern–Stuttgart 1958, S. 204.

67 Child Psychiatry. Thomas Publ., Springfield 3. Aufl. 1957, S. 130.

68 Child Psychiatry, a. a. O., S. 131.

69 Vgl. z. B. F. Schottländer, Die Mutter als Schicksal. Verlag Klett, Stuttgart 1947, S. 50.

70 Psychoanalysis and Education. The Psychoanalytic Study of the Child Bd. IX, 1954, S. 11.

71 Elternschaft als Entwicklungsphase. Jahrbuch der Psychoanalyse. Bd I 1960, S. 35.

72 Factors in the Etiology of Fixations and Symptom Choice. Psychoanalytic Quarterly, 22. Jg. 1953, S. 475.

73 Über Ambivalenz. Vortr. geh. auf Vers. d. Vereins schweizer. Irrenärzte Bern 1910. Ref. i. Zentralbl. f. Psychoanal., Bd. I, 1911, S. 266.

74 Neurosis and Home Background; a Preliminary Report. The Psychoanalytic Study of the Child, Bd. III/IV, 1949, S. 423.

75 Unbewußtes der Eltern in der Erziehung der Kinder. Zeitschr. f. psychoanal. Pädagogik, Bd. VIII, 1934, S. 353.

76 Die Erziehung des Kleinkindes vom psychoanalytischen Standpunkt aus. Zeitschr. f. psychoanal. Pädagogik, Bd. VIII, 1934, S. 20.

77 Toward an Understanding of the Physical Nucleus of some Defense Reactions. The Intern. Journ. of Psychoanalysis, Bd. XXXIX, 1958, S. 69.

78 Early Prototypes of Ego Defenses. Journ. of the Americ. Psychoanal. Association, Bd. IX, 1961, S. 626.

79 Die Erziehung des Kleinkindes vom psychoanalytischen Standpunkt aus. In: a. a. O., S. 20.

80 Vorlesungen zur Einführung in die Psychoanalyse. In: a. a. O., S. 379.

81 Nein und Ja, die Ursprünge der menschlichen Kommunikation. Verlag Klett, Stuttgart 1957.

82 The Self and the Object World. The Psychoanalytic Study of the Child, Bd. IX, 1954, S. 75.

83 a. a. O., S. 98.

84 a. a. O., S. 111.

85 Trauer und Melancholie. (1916) Ges. Werke, Bd. X, S. 435.

86 a. a. O., S. 100.

87 Elternschaft als Entwicklungsphase. In: a. a. O., S. 51.

88 Die Einfühlung des Kleinkindes in die Mutter. Imago, Bd. XXI, 1935, S. 429.

89 The Interpersonal Theory of Psychiatry. Norton Co. Inc., New York, 1953, S. 41 ff.

90 a. a. O., S. 15.

91 A Study of Fears of Children of Pre-School Age. Journal of Experimental Education, 1. Jg. 1932, S. 110

92 a. a. O., S. 178.

93 Some Observations on Mothers of Children with Intellectual Inhibitions. The Psychoanalytic Study of the Child, Bd. IX, 1954, S. 259.

94 Massenpsychologie und Ich-Analyse. (1921) Ges. Werke, Bd. XIII, S. 116 ff.

95 Massenpsychologie und Ich-Analyse. In: a. a. O., S. 119.

96 Trauer und Melancholie. In: a. a. O., S. 434 ff.

97 Die Entstehung der ersten Objektbeziehungen. Verlag Klett, Stuttgart 2. Aufl. 1959, S. 89 f.

98 Materialien zur Soziologie der Familie. Beiträge zur Soziologie und Sozialphilosophie, hg. v. R. König, Bd. I, Bern 1946, S. 57.

99 Die skeptische Generation; eine Soziologie der deutschen Jugend. Verlag Diederichs, Düsseldorf–Köln 1957, S. 32 ff.

100 Soziologie der Familie. In: Soziologie, hg. von Gehlen und Schelsky. Verlag Diederichs, Düsseldorf–Köln 2. Aufl. 1955, S. 146.

101 Wandlungen der Deutschen Familie in der Gegenwart. Verlag Enke, Stuttgart 3. Aufl. 1955, S. 354 f.

102 Soziologische Exkurse. Frankfurter Beiträge zur Soziologie, Bd. IV, 1956, S. 116 ff.

103 Der unsichtbare Vater. In: a. a. O., S. 188.

104 Leitbilder gegenwärtigen Deutschen Familienlebens. Verlag Enke, Stuttgart 3. Aufl. 1958, S. 170.

105 a. a. O., S. 279 ff.

106 a. a. O., S. 255 f.

107 a. a. O., S. 278.

108 Die Wandlungen in der Familie. Rundfunkvortrag im Sender RIAS, Berlin, 12. August 1954.

109 a. a. O., S. 125.

110 Die Grundlagen der Sozialpsychologie, a. a. O., S. 342.

111 Vgl. hierzu: Laforgue, R., Familienneurosen in psychoanalytischer Sicht. Zeitschrift für Psycho-somatische Medizin, 7. Jg. 1960, S. 2; Richter, H. E., Die narzißtischen Projektionen der Eltern auf das Kind. Jahrbuch der Psychoanalyse, Bd. I, 1960, S. 62.

112 Psycho-Analysis. (1926) Ges. Werke, Bd. XIV, S. 305. Vgl. auch: Vorlesungen zur Einführung in die Psychoanalyse. In: a. a. O., S. 447; Bemerkungen über die Übertragungsliebe. (1915) Ges. Werke, Bd. X, S. 306; Abriß der Psychoanalyse. (1938) Ges. Werke, Bd. XVII, S. 100.

113 Jenseits des Lustprinzips. (1920) Ges. Werke, Bd. XIII, S. 19.

114 Richter, H. E., Die narzißtischen Projektionen der Eltern auf das Kind. In: a. a. O., S. 62.

115 Zur Einführung des Narzißmus. (1914) Ges. Werke, Bd. X, S. 154.

116 Zur Einführung des Narzißmus. S. 141.

117 Zur Einführung des Narzißmus. S. 156 ff.

118 Allgemeine Psychopathologie. Verlag Springer, Berlin–Heidelberg, 4. Aufl. 1946, S. 362, S. 469.

119 Kinderanalyse und Mutter. Zeitschr. f. psychoanal. Pädagogik, Bd. VI, 1932, S. 269.

120 Theory and Problems of Child Development. Grune a. Stratton, New York 1958, S. 192.

121 Elternschaft als Entwicklungsphase. In: a. a. O., S. 40.

122 Unbewußtes der Eltern in der Erziehung der Kinder. In: a. a. O., S. 354.

123 The Psychoanalytic Study of the Family. Hogart Press, Ltd., London 9. Aufl. 1957, S. 162.

124 The Significance of the Grandfather for the Fate of the Individual. In: Papers on Psychoanalysis. The Williams a. Wilkins Co. 1948, S. 519.

125 The Grandparent Syndrome. The Psychoanalytic Quarterly. Bd. XXVII, 1958, S. 518.

126 a. a. O., S. 52.

127 Eine Beobachtung über einen sehr ähnlichen Zusammenhang von elterlichem Verhalten und kindlicher Verstopfung findet sich in: F. Fromm-Reichmann, Kindliche Darmträgheit in Folge falscher Erziehung. Zeitschr. f. psychoanal. Pädagogik, Bd. V, 1931, S. 460.

Vgl. auch H. E. Richter, Beobachtungen an 14 Kindern mit chronischer Obstipation. Psyche, Bd. XII, 1958, S. 291.

128 Vgl. E. Hitschmann, Die Zwangsbefürchtung vom Tode des gleichgeschlechtlichen Elternteils. Zeitschr. f. psychoanal. Pädagogik, Bd. V, 1931, S. 29.

129 Über «Gegenbesetzung» vgl. S. Freud, Hemmung, Symptom und Angst. (1926) Ges. Werke Bd. XIV, S. 189 ff.

130 Zur Einführung des Narzißmus. (1914) Ges. Werke, Bd. X, S. 137.

131 a. a. O., S. 53.

132 Elternschaft als Entwicklungsphase. In: a. a. O., S. 38.

133 Kerényi, K., Die Mythologie der Griechen. Rhein-Verlag, Zürich 1951, S. 89 f.

134 Die Bedeutung des Vaters für das Schicksal des Einzelnen. In: a. a. O., S. 36.

135 a. a. O., S. 158.

136 Verlag Enke, Stuttgart 3. Aufl. 1958, S. 192.

137 a. a. O., S. 121 ff.

138 Einige psychische Folgen des anatomischen Geschlechtsunterschieds. (1925) Ges. Werke, Bd. XIV, S. 27.

139 Primary Affect Hunger. American Journal of Psychiatry, 94. Jg. 1937, S. 644; – Maternal Overprotection. Columbia University Press, New York 5. Aufl. 1957.

140 L'enfant et les relations familiales. Presses Universitaires de France, Paris 1954, S. 112.

141 a. a. O., S. 191.

142 Das Vaterproblem in der psychotherapeutischen Praxis. In: Vorträge über das Vaterproblem in Psychotherapie, Religion und Gesellschaft, hg. v. W. Bitter. Verlag Hippokrates, Stuttgart 1954, S. 36.

143 Das Ich und die Abwehrmechanismen. Imago Publ. London, 2. Aufl. 1952, S. 125.

144 Bericht der Frankfurter Allgemeinen Zeitung vom 30. Juli 1958:

«Die sechzigjährige Witwe Josefine F. hat vor der Nürnberger Mordkommission in der Nacht zum Dienstag gestanden, ihren Sohn, den 28 Jahre alten Rechtsreferendar Rudolf F., in der Nacht zuvor mit einem Küchenmesser im Schlaf durch drei Schnitte in die Kehle einen Tag vor seiner Hochzeit ermordet zu haben. Die Frau ist von einem Bundesbahnbeamten am Montagabend in Fürth aufgegriffen worden, als sie sich vor einen Zug werfen wollte. Josefine F. erklärte, sie habe ‹ihr Liebstes auf der Welt› deshalb getötet, weil sie es mit niemandem habe teilen wollen. Ihr Sohn wollte am Dienstag eine Modejournalistin aus Nürnberg heiraten. Die Mutter erläuterte ihr Tatmotiv auch damit, daß sie nach dem Tod ihres Mannes vor einem halben Jahr nur noch ihren einzigen Sohn gehabt habe. Sie habe befürchtet, ihn durch die Hochzeit an eine Frau zu ‹verlieren›. Den Mord habe sie schon tagelang sorgfältig vorbereitet und mit ihrem Sohn zusammen aus dem Leben gehen wollen. Einige tausend Mark hatte sie für ihre und ihres Sohnes Bestattung schon zurechtgelegt.»

145 Angstlust und Regression. Verlag Klett, Stuttgart 1959.

146 Ges. Werke, Bd. XIII, S. 124 f.

147 a. a. O., S. 41.

148 a. a. O., S. 359.

149 Their Mother's Sons, a. a. O., S. 26.

150 a. a. O., S. 42.

151 a. a. O., S. 112.

152 a. a. O., S. 43.

153 a. a. O., S. 181.

154 D'Échec de Baudelaire. In: Étude Psychoanalytique. Éditions Denoël et Steele, Paris 1931.

155 Baudelaire, der Verfluchte. In: Almanach der Psychoanalyse. Internat. Psychonalyt. Verlag, Wien 1932, S. 191.

156 a. a. O., S. 361.

157 Zur Einführung des Narzißmus. (1914) Ges. Werke, Bd. X, S. 156.

158 Vgl. dazu E. H. Erikson, Das Problem der Identität. Psyche, Bd. X, 1956, S. 114.

159 Zur Einführung des Narzißmus. S. 156.

160 a. a. O., S. 162.

161 Massenpsychologie und Ich-Analyse. S. 125.

162 a. a. O., S. 156 f.

163 Psychologie der Partnerwahl. Verlag Huber, Bern–Stuttgart 1957, S. 63.

164 The Self-Image as Defense and Resistence. The Psychoanal. Quarterly, Bd. XXIX, 1960, S. 72.

165 Psychoanalyse der weiblichen Sexualfunktionen. Intern. Psychoanal. Verlag, Leipzig–Wien–Zürich 1925.

166 Äußerungsformen des weiblichen Kastrationskomplexes. Intern. Zeitschr. f. Psychoanalyse, Bd. VII, 1921.

167 Statistische Untersuchungen über Wortassoziationen und über familiäre Übereinstimmung im Reaktionstypus bei Ungebildeten. X. Beitrag der Diagnostischen Assoziationsstudien, hg. v. C. G. Jung. Verlag Barth, Leipzig 1910.

168 Überorganisation der Familie als Gefährdung der seelischen Gesundheit. In: Federn-Meng, Die Psychohygiene. Verlag Huber, Bern 1949, S. 130.

169 Vgl. zu diesem Thema M. Scheler, Das Ressentiment im Aufbau der Moralen. In: Abhandlungen und Aufsätze, Bd. I, Verlag der Weißen Bücher, Leipzig 1915, S. 39.

K. Hartmann, Zur Phänomenologie des Ressentiments und anderer Aversionen. Zeitschr. f. Psychotherapie u. Med. Psychologie, Bd. VI (1956), S. 198.

170 a. a. O., S. 358.

171 Zur Einführung des Narzißmus, a. a. O., S. 169.

172 Zur Psychologie des Ich-Ideals. Psychoanalytische Bewegung, Bd. IV, 1932, S. 25.

173 The Superego and the Ego-Ideal. Vortrag auf dem XXII. Intern. Psychoanal. Kongreß in Edinburgh, 1. August 1961.

174 Daß Ich-Ideal und Über-Ich letztlich nur eine Instanz darstellen, das ist die heute in der Psychoanalyse vorwiegende Meinung. Giltay erklärte sich für die 2-Instanzen-Theorie.

175 Zur Einführung des Narzißmus, a. a. O., S. 161.

176 a. a. O.

177 Die moderne Familie. Verlag Enke, Stuttgart 1955, S. 80.

178 a. a. O., S. 170.

179 Der unsichtbare Vater. Kölner Zeitschrift für Soziologie und Sozialpsychologie, Bd. 7, 1955, S. 195.

180 Parental Perfectionism as a Pathogenic Agent. In: Psychiatrie und Gesellschaft. Verlag Huber, Bern–Stuttgart 1958, S. 204.

181 Zur Einführung des Narzißmus, a. a. O., S. 156.

182 Erziehungsberatung. Zeitschr. f. psychoanal. Pädagogik, Bd. VI, 1932, S. 445.

183 a. a. O., S. 98.

184 The Mother of a Defective Child. The Psychoanal. Quarterly, Bd. XXVIII, 1959, S. 59.

185 zit. n. H. Schiff. In: Elternfehler – Kinderschicksal. Formen der Fehlerziehung. Verlag Braumüller – Univ. Verlag Wien, 2. Aufl. 1948, S. 59.

186 a. a. O., S. 89.

187 Das Problem der Identität. In: a. a. O., S. 114.

188 Personality as Revealed through Clinical Interviews. In: Adorno, Frenkel-Brunswik, Levinson u. Sanford, The Authoritarian Personality. Harper a. Bros., New York 1950, S. 385, S. 454.

189 Zur Einführung des Narzißmus. S. 161.

190 Kindheit und Gesellschaft. S. 223.

191 Das Problem der Identität. In: a. a. O., S. 144.

192 Von den Wurzeln des Bewußtseins. Verlag Rascher, Zürich 1954, S. 568.

193 Die Psychologie von C. G. Jung. Verlag Rascher, Zürich 3. Aufl. 1949, S. 190.

194 Treibjagd auf Sündenböcke. Verlag Christian, Berlin 1951, S. 8.

195 Personality; a Biosocial Approach to Origins and Structure. Harper a. Bros., New York 1947, S. 984.

196 The Emotional Structure of the Family. In: The Family, its Function and Destiny, hg. v. R. N. Anshen. Harper a. Bros., New York 1959, S. 376.

197 Sanctions for Superego Lacunae of Adolescents. In: Searchlights on Delinquency. Intern. Universities Press, New York, 4. Aufl. 1950, S. 230.

198 Schwierige Kinder. Verlag Huber, Bern–Stuttgart 1951, S. 178.

199 Es handelt sich bei Frau F. um einen typischen «moralischen Masochismus», für den es nach Freud charakteristisch ist, daß glücklichere Lebensumstände eine Neurose auslösen, während Unglück, speziell eine unglückliche Ehe, die Neurose zum Verschwinden bringt. Vgl. S. Freud: Das ökonomische Problem des Masochismus. (1924) Ges. Werke Bd. XIII, S. 379.

200 a. a. O., S. 230.

201 Der unsichtbare Vater. In: a. a. O., S. 188.

202 Triebe und Triebschicksale. (1915) Ges. Werke Bd. X, S. 228.

203 The Sociology of Child Development. Harper a. Bros., New York 1948, S. 369.

204 Haffter, C., Kinder aus geschiedenen Ehen. Verlag Huber, Bern 1948, S. 40 ff.

205 Elternschaft als Entwicklungsphase. In: a. a. O., S. 38.

206 a. a. O., S. 228.

207 Die Bedeutung der ersten Lebensjahre. In: a. a. O., S. 28; – Nein und Ja; die Ursprünge der menschlichen Kommunikation. Verlag Klett, Stuttgart 1959.

208 Kinderanalyse und Mutter. Zeitschr. f. psychoanal. Pädagogik, Bd. VI, 1932, S. 269.

209 Allgemeine Psychopathologie. Verlag Springer, Berlin–Heidelberg 4. Aufl. 1946, S. 362, S. 469.

210 The Grandparent Syndrome. The Psychoanal. Quarterly, Bd. XXVII, 1958, S. 518.

211 Vom «mittleren» Kinde. Imago, Bd. VII, 1921, S. 84.

212 Individual Psychology. In: a. a. O., S. 322 ff. – Menschenkenntnis. In: a. a. O., S. 120 ff.

213 A Study of the Personality Make-up and Social Setting of Fifty Jealous Children. Mental Hygiene, Bd. XI, 1927, S. 53.

214 Zum Geschwisterhaß. Zeitschr. f. psychoanal. Pädagogik, Bd. III, 1929, S. 294.

215 The Behaviour of Young Children of the Same Family. Harvard Univ. Press, Cambridge 1928.

216 Some Traits Associated with Sibling Jealousy in Problem Children. Smith College Studies in Social Work, Bd. I, 1931, S. 364.

217 Die Familienkonstellation und ihre psychologische Bedeutung. In: Aus der Werkstatt des Erziehungsberaters. Verlag für Jugend und Volk, Wien 1960, S. 277.

218 Theory and Problems of Child Development. In: a. a. O., S. 337 ff.

219 Vorlesungen zur Einführung in die Psychoanalyse. (1917) Ges. Werke Bd. XI, S. 360.

220 Vgl. auch S. 233 ff., 272 f.

221 Verlag Suhrkamp, Frankfurt 1962, S. 84.

LITERATUR

Abraham, K.: Äußerungsformen des weiblichen Kastrationskomplexes. Internat. Zeitschr. f. Psychoanal., Bd. VII, 1921.

Adler, A.: Individual Psychology. Harcourt, Brace Co., Inc. New York 1925.

– Menschenkenntnis. Verlag Rascher, Zürich, 6. A. 1947.

Aichhorn, A.: Erziehungsberatung. Zeitschr. f. psychoanal. Pädagogik, Bd. VI, 1932.

Allport, G.: Treibjagd auf Sündenböcke. Verlag Christian, Berlin 1951.

Ausübel, D. P.: Theory and Problems of Child Development. Grune a. Stratton, New York 1958.

Bakwin, H.: Loneliness in Infants. American Journal of Diseases of Children, 63. Jg. 1942.

Balint, A.: Versagen und Gewähren in der Erziehung. Zeitschr. f. psychoanal. Pädagogik, Bd. X, 1936.

Balint, M.: Angstlust und Regression. Verlag Klett, Stuttgart 1959.

Bender, L., und H. Yarnell: An Observation Nursery: A Study of 250 Children in the Psychiatric Division of Bellevue Hospital. American Journal of Psychiatry, 97. Jg. 1941.

Benedek, Th.: The Emotional Structure of the Family. In: The Family, Its Function and Destiny, hg. v. R. N. Anshen. Harper a. Bros., New York 1959.

– Elternschaft als Entwicklungsphase. Jahrb. d. Psychoanalyse, Bd. I, 1960.

Bleuler, E.: Über Ambivalenz. Vortr., geh. a. Vers. d. Vereins schweizerischer Irrenärzte, Bern 1910. Referat i. Zentralbl. f. Psychoanalyse, Bd. I, 1911, S. 266.

Bornstein, St.: Unbewußtes der Eltern in der Erziehung der Kinder. Zeitschr. f. psychoanal. Pädagogik, Bd. VIII, 1934.

Bossard, J. H. S.: The Sociology of Child Development. Harper Bros., New York 1948.

–, u. E. S. Boll: Family Situations. University of Pennsylvania Press, Philadelphia 1943.

Bowlby, J.: Maternal Care and Mental Health. Bulletin Mental Health Organization. Bd. III, 1951.

– Separation Anxiety. The Internat. Journal of Psychoanal., Bd. XL, 1959.

– Grief and Mourning in Infancy and Early Childhood. The Psychoanal. Study of the Child, Bd. XV, 1960.

– Processes of Mourning. The Internat. Journal of Psychoanal. Bd. XLII, 1961.

Brody, S.: Patterns of Mothering. Intern. Univers. Press, New York 1956.

Burlingham, D. T.: Kinderanalyse und Mutter. Zeitschr. f. psychoanal. Pädagogik, Bd. VI, 1932.

– Die Einfühlung des Kleinkindes in die Mutter. Imago, Bd. XXI, 1935.

Deutsch, H.: Psychoanalyse der weiblichen Sexualfunktionen. Internat. Psychoanal. Verlag, Leipzig–Wien–Zürich 1925.

Dührssen, A.: Psychogene Erkrankungen bei Kindern und Jugendlichen. Verlag für Medizinische Psychologie, Göttingen 1954.

– Heimkinder und Pflegekinder in ihrer Entwicklung. Verlag für Medizinische Psychologie, Göttingen 1958.

Durfee, H., und K. Wolf: Anstaltspflege und Entwicklung im ersten Lebensjahr. Zeitschr. f. Kinderforschung. 42. Jg. 1934.

Erikson, E. H.: Das Problem der Identität. Psyche, Bd. X, 1956.

– Kindheit und Gesellschaft. Verlag Klett, Stuttgart, 2. A. 1961.

Fenichel, O.: Über Erziehungsmittel. Zeitschr. f. psychoanal. Pädagogik, Bd. IX,
1935.

Ferenczi, S.: Versuch einer Genitaltheorie. Internat. Psychoanal. Verlag, Leipzig–Wien–Zürich 1924.

– Die Anpassung der Familie an das Kind. Zeitschr. f. psychoanal. Pädagogik,
Bd. II, 1928.

– The Unwelcome Child and his Death Instinct. The Internat. Journal of Psychoanal., 10. Jg. 1929.

Figge, E.: Some Factors in the Etiology of Maternal Rejection. Smith College
Studies in Social Work, Bd. II, 1932.

Flügel, J. C.: The Psychoanalytic Study of the Family. Hogart Press Ltd., London, 9. A. 1957.

Forrer, G. R.: The Mother of a Defective Child. The Psychoanal. Quarterly, Bd.
XXVIII, 1959.

Foster, S.: A Study of the Personality Make-up and Social Setting of Fifty
Jealous Children. Mental Hygiene, Bd. XI, 1927.

Frenkel-Brunswik, E.: Personality as Revealed through Clinical Interviews. In:
Adorno, Frenkel-Brunswik, Levinson u. Sandford: The Authoritarian Personality. Harper Bros., New York 1950.

Freud, A.: Erzieher und Neurose. Zeitschr. f. psychoanal. Pädagogik, Bd. VI,
1932.

– Die Erziehung des Kleinkindes vom psychoanalytischen Standpunkt aus. Zeitschr. f. psychoanal. Pädagogik, Bd. VIII, 1934.

– Das Ich und die Abwehrmechanismen. Imago Publishing Co. Ltd., London,
2. A. 1952.

– Psychoanalysis and Education. The Psychoanalyt. Study of the Child. Bd. IX,
1954.

Freud, S.: Gesammelte Werke, Imago Publishing Co. Ltd., London 1940–1952,
Bd. I–XVII.

Einzelarbeiten:

– Weitere Bemerkungen über die Abwehrneuropsychosen. (1896) Bd. I.

– Die Freudsche psychoanalytische Methode. (1904) Bd. V.

– Zur Einführung des Narzißmus. (1914) Bd. X.

– Triebe und Triebschicksale. (1915) Bd. X.

– Bemerkungen über die Übertragungsliebe. (1915) Bd. X.

– Trauer und Melancholie. (1916) Bd. X.

– Vorlesungen zur Einführung in die Psychoanalyse. (1917) Bd. XI.

– Jenseits des Lustprinzips. (1920) Bd. XIII.

– Massenpsychologie und Ich-Analyse. (1921) Bd. XIII.

– «Psychoanalyse» und «Libidotheorie». (1923) Bd. XIII.

– Das Ich und das Es. (1923) Bd. XIII.

– Das ökonomische Problem des Masochismus. (1924) Bd. XIII.

– Der Untergang des Ödipuskomplexes. (1924) Bd. XIII.

- Einige psychische Folgen des anatomischen Geschlechtsunterschieds. (1925) Bd. XIV.
- Psycho-Analysis. (1926) Bd. XIV.
- Hemmung, Symptom und Angst. (1926) Bd. XIV.
- Neue Folge der Vorlesungen zur Einführung in die Psychoanalyse. (1933) Bd. XV.
- Der Mann Moses und die monotheistische Religion. (1937) Bd. XVI.
- Abriß der Psychoanalyse. (1938) Bd. XVII.

Friedländer, K.: Neurosis and Home Background: a Preliminary Report. – The Psychoanalytic Study of the Child. Bd. III/IV, 1949.

Frisch, M.: Andorra. Verlag Suhrkamp, Frankfurt 1962.

Fromm-Reichmann, F.: Kindliche Darmträgheit infolge falscher Erziehung. Zeitschr. f. psychoanal. Pädagogik, Bd. V, 1931.
- An Intensive Study of Twelve Cases of Manic-Depressive Psychosis. Final Report on Office of Naval Research, Contrast. 1953 (Manuskript).

Fürst, E.: Statistische Untersuchungen über Wortassoziationen und über familiäre Übereinstimmung im Reaktionstypus bei Ungebildeten. – X. Beitrag der Diagnostischen Assoziationsstudien, hg. v. C. G. Jung. Verlag Barth, Leipzig 1910.

Geist, W.: Das Vaterproblem in der psychotherapeutischen Praxis. In: Vorträge über das Vaterproblem in Psychotherapie, Religion und Gesellschaft, hg. v. W. Bitter. Verlag Hippokrates, Stuttgart 1954.

Giltay, H.: Zur Psychologie des Ichideals. Psychoanal. Bewegung, Bd. IV, 1932.

Gleason, M. C.: A Study of Attitudes Leading to the Rejection of the Child by the Mother. Smith College Studies in Social Work, Bd. I, 1931.

Goldfarb, W.: Effects of Early Institutional Care on Adolescent Personality: Rorschach Data. American Journal of Orthopsychiatry, 14. Jg. 1944.
- Variations in Adolescent Adjustment of Institution-reared Children. American Journal of Orthopsychiatry, 17. Jg. 1947.

Greenacre, Ph.: Toward an Understanding of the Physical Nucleus of some Defense Reactions. The Internat. Journal of Psychoanal., Bd. XXXIX, 1958.

Haffter, C.: Kinder aus geschiedenen Ehen. Verlag Huber, Bern 1948.

Hagmann, E. R.: A Study of Fears of Children of Preschool Age. Journal of Experimental Education, 1. Jg. 1932.

Hanselmann: zit. n. Schiff, H.: Elternfehler – Kinderschicksal.

Hartley, E. L., u. R. E. Hartley: Die Grundlagen der Sozialpsychologie. Verlag Rembrandt, Berlin 1955.

Hartmann, K.: Zur Phänomenologie des Ressentiments und anderer Aversionen. Zeitschr. f. Psychotherapie u. Med. Psychologie, Bd. VI, 1956.

Hellman, I.: Some Observations on Mothers of Children with Intellectual Inhibitions. The Psychoanal. Study of the Child, Bd. IX, 1954.

Hitschmann, E.: Die gröbsten Fehler der Erziehung. Zeitschr. f. psychoanal. Pädagogik, Bd. II, 1927.
- Die Zwangsbefürchtung vom Tode des gleichgeschlechtlichen Elternteils. Zeitschr. f. psychoanal. Pädagogik, Bd. V, 1931.

Horkheimer, M., Th. W. Adorno u. Mitarb. (Institut für Sozialforschung): Soziologische Exkurse. Frankfurter Beiträge zur Soziologie, Bd. IV, 1956.

Hug-Hellmuth, H.: Vom «mittleren» Kind. Imago, Bd. VII, 1921.
Inkeles, A., und D. J. Levinson: National Character: The Study of Modal Personality and Sociocultural Systems. In: Handbook of Social Psychology, Bd. II, 1954.
Jackson, E. B., E. H. Klatskin u. L. C. Wilkin: Early Child Development in Relation to Degree of Flexibility of Maternal Attitude. The Psychoanal. Study of the Child, Bd. VII, 1952.
Jacobi, J.: Die Psychologie von C. G. Jung. Verlag Rascher, Zürich, 3. A. 1949.
Jacobson, E.: The Self and the Object World. The Psychoanal. Study of the Child, Bd. IX, 1954.
Jaspers, K.: Allgemeine Psychopathologie. Verlag Springer, Berlin–Heidelberg, 4. A. 1946.
Johnson, A. M.: Sanctions for Superego Lacunae of Adolescents. In: Searchlights on Delinquency. Internat. Universities Press, New York, 4. A. 1950.
– Factors in the Etiology of Fixations and Symptom Choice. Psychoanal. Quarterly, 22. Jg. 1953.
– Referat über A. K. Cohen: Delinquent Boys. In: Psychoanal. Quarterly, Bd. XXVI, 1957.
Jones, E.: The Significance of the Grandfather for the Fate of the Individual. In: Papers on Psychoanalysis. The Williams a. Wilkins Co. 1948.
Jung, C. G.: Die psychologischen Aspekte des Mutterarchetypus (1938). Zit. aus: Von den Wurzeln des Bewußtseins. Verlag Rascher, Zürich 1954.
– Die Bedeutung des Vaters für das Schicksal des Einzelnen. (1909) Verlag Rascher, Zürich, 3. A. 1949.
– Von den Wurzeln des Bewußtseins. Verlag Rascher, Zürich 1954.
Kanner, L.: Child Psychiatry. Thomas Publish., Springfield, 3. A. 1957.
– Parental Perfectionism as a Pathogenic Agent. In: Psychiatrie u. Gesellschaft. Verlag Huber, Bern–Stuttgart 1958.
Kemper, W.: Enuresis. Verlag Lampert Schneider, Heidelberg 1949.
Kerényi, K.: Die Mythologie der Griechen. Rhein-Verlag, Zürich 1951.
Klein, M.: Die Psychoanalyse des Kindes. Internat. Psychoanal. Verlag, Wien 1932
König, R.: Materialien zur Soziologie der Familie. Beiträge zur Soziologie und Sozialphilosophie, hg. v. R. König. Bd. I, Bern 1946.
– Überorganisation der Familie als Gefährdung der seelischen Gesundheit. In: Federn-Meng: Die Psychohygiene. Verlag Huber, Bern 1949.
– Soziologie der Familie. In: Soziologie; hg. von Gehlen u. Schelsky. Verlag Diederichs, Düsseldorf–Köln, 2. A. 1955.
Kündig, W.: Zum Geschwisterhaß. Zeitschr. f. psychoanal. Pädagogik, Bd. III, 1929.
Laforgue, R.: D'Échec de Baudelaire. In: Étude Psychoanalytique, Éditions Denoël et Steele, Paris 1931.
– Familienneurosen in psychoanalytischer Sicht. Zeitschr. f. Psycho-somatische Medizin, 7. Jg. 1960.
Lampl de Groot, J.: The Superego and the Ego-Ideal. Vortr., geh. auf dem XXII. Internat. Psychoanal. Kongreß in Edinburgh, 1. 8. 1961.

Levy, D. M.: Primary Affect Hunger. American Journal of Psychiatry, 94. Jg. 1937.
– Maternal Overprotection. Columbia University Press, New York, 5. A. 1957.
Lowrey, L. G.: Personality Distortion and Early Institutional Care. American Journal of Orthopsychiatry, 10. Jg. 1940.
Malinowski, B.: Mutterrechtliche Familie und Ödipus-Komplex. Imago, Bd. X, 1924.
Mayntz, R.: Die moderne Familie. Verlag Enke, Stuttgart 1955.
Mead, M.: Mann und Weib, das Verhältnis der Geschlechter in einer sich wandelnden Welt, Verlag Diana, Stuttgart–Konstanz 1955 – Neuausg.: Hamburg 1958 (= rowohlts deutsche enzyklopädie. 69/70).
Menaker, E.: The Self-Image as Defense and Resistence. The Psychoanal. Quarterly, Bd. XXIX, 1960.
Meng, H.: Psychoanalyse und Sexualerziehung. Zeitschr. f. psychoanal. Pädagogik, Bd. V, 1931.
Mitscherlich, A.: Ödipus und Kaspar Hauser. Tiefenpsychologische Probleme der Gegenwart. Der Monat, III. Jg. 1950.
– Der unsichtbare Vater. Kölner Zeitschr. f. Soziologie u. Sozialpsychologie, Bd. VII, 1955.
Moser, U.: Psychologie der Partnerwahl. Verlag Huber, Bern–Stuttgart 1957.
Murphy, G.: Personality; a Biosocial Approach to Origins and Structure. Harper a. Bros., New York 1947.
Newell, H. W.: The Psychodynamics of Maternal Rejection. American Journal of Orthopsychiatry, 4. Jg. 1934.
Newman, H. H.: How Differences in Environment Affected Separated One-egg Twins, Multiple Human Births. Doubleday, Doran Co. Inc., New York 1940.
Pfister, O.: Elternfehler in der Erziehung der Sexualität und Liebe. Der Ursprung der Elternfehler. Zeitschr. f. psychoanal. Pädagogik, Bd. III, 1929.
Porot, M.: L'enfant et les relations familiales. Presses Universitaires de France, Paris 1954.
Rank, O.: Das Trauma der Geburt und seine Bedeutung für die Psychoanalyse. Internat. Psychoanal. Verlag, Wien–Leipzig–Zürich 1924.
Rappaport, E. A.: The Grandparent Syndrome. Psychoanal. Quarterly, Bd. XXVII, 1958.
Reich, W.: Der triebhafte Charakter. Internat. Psychoanal. Verlag, Leipzig–Wien–Stuttgart 1925.
Richter, H. E.: Über die Grundlagen des Masochismus. Nervenarzt, Bd. XXV, 1954.
– Über Formen die Regression. Psyche, Bd. XI, 1957.
– Beobachtungen an 14 Kindern mit chronischer Obstipation. Psyche, Bd. XII, 1958.
– Die narzißtischen Projektionen der Eltern auf das Kind. Jahrb. d. Psychoanal., Bd. I, 1960.
Roheim, G.: Psychoanalysis and Anthropology. Psycho-Analysis and the Social Sciences, Bd. I, 1947.

Ross, B. M.: Some Traits Associated with Sibling Jealousy in Problem Children. Smith College Studies in Social Work, Bd. I, 1931.

Sachs, H.: Baudelaire, der Verfluchte. In: Almanach der Psychoanalyse. Internat. Psychoanal. Verlag, Wien 1932.

Scheler, M.: Das Ressentiment im Aufbau der Moralen. In: Abhandlungen und Aufsätze, Bd. I, Verlag der weißen Bücher, 1915.

Schelsky, H.: Die Wandlungen der Familie. Rundfunkvortrag im Sender RIAS, Berlin, 12. August 1954.

– Wandlungen der Deutschen Familie in der Gegenwart. Verlag Enke, Stuttgart, 3. A. 1955.

– Die skeptische Generation; eine Soziologie der deutschen Jugend. Verlag Diederichs, Düsseldorf–Köln 1957.

Schottlaender, F.: Die Mutter als Schicksal; Bilder und Erfahrungen aus der Praxis eines Psychotherapeuten. Verlag Klett, Stuttgart 1947.

Schiff, H.: Elternfehler – Kinderschicksal. Formen der Fehlerziehung. Verlag Braumüller – Univ. Verlag Wien, 2. A. 1948.

Schultz-Hencke, H.: Der gehemmte Mensch. Verlag Thieme, Stuttgart, 2. A. 1947.

Selbach, C., und H. Selbach: Über die psychische Dynamik versprengter Gruppen. In: Psychiatrie und Gesellschaft. Verlag Huber, Bern–Stuttgart 1950.

Speck, O.: Kinder erwerbstätiger Mütter. Verlag Enke, Stuttgart 1956.

Spitz, R.: Hospitalism. An Inquiry into the Genesis of Psychiatric Conditions in Early Childhood. The Psychoanal. Study of the Child, Bd. I, 1945.

– Hospitalism: A Follow-up Report. The Psychoanal. Study of the Child, Bd. II, 1946.

– Die Entstehung der ersten Objektbeziehungen. Verlag Klett, Stuttgart, 2. A. 1959.

– Nein und Ja; die Ursprünge der menschlichen Kommunikation. Verlag Klett, Stuttgart 1959.

– Die Bedeutung der ersten Lebensjahre. In: Das Kind in unserer Zeit. Verlag Kröner, Stuttgart 1958.

– Early Prototypes of Ego Defenses. Journal of the Americ. Psychoanalyt. Association, Bd. IX, 1961.

Stern, E.: Über Verhaltens- und Charakterstörungen bei Kindern und Jugendlichen. Verlag Rascher, Zürich 1953.

Strecker, E. A.: Their Mother's Sons. Lippincott Co., Philadelphia a. New York, 3. A. 1951.

Sullivan, H. St.: The Interpersonal Theory of Psychiatry. Norton Co., Inc., New York 1953.

Symonds, P.: Study of Parental Acceptance and Rejektion. American Journal of Orthopsychiatry, 8. Jg. 1938.

Toman, W.: Die Familienkonstellation und ihre psychologische Bedeutung. In: Aus der Werkstatt des Erziehungsberaters. Verlag für Jugend und Volk, Wien 1960.

Weber, M.: Die Objektivität sozialwissenschaftlicher und sozialpolitischer Erkenntnis. Archiv f. Sozialwissenschaft, Bd. XIX, 1904.

Weill, B.: The Behaviour of Young Children of the Same Family. Harvard Univ. Press, Cambridge 1928.

Wolberg, L. R.: The Charakter Structure of the Rejected Child. Zit. nach Kanner: Child Psychiatry.

Wolffheim, N.: Von den Anfängen der Kinderanalyse und der psychoanalytischen Pädagogik. Psyche, Bd. V, 1951.

Wurzbacher, G.: Leitbilder gegenwärtigen deutschen Familienlebens. Verlag Enke, Stuttgart, 3. A. 1958.

Young, K.: Parent-Child Relationship – Projection of Ambition. The Family, Bd. VIII, 1927.

– Personality and Problems of Adjustment. Appleton-Century-Crofts, Inc. New York, 2. A. 1952.

Zulliger, H.: Schwierige Kinder. Verlag Huber, Bern–Stuttgart 1951.

rororo sachbuch

**Wie viel Erziehung braucht der Mensch?
Von Notständen und neuen Wegen**

**Hans Rath/Edgar Rai
101 Dinge, die Sie mit Ihrem
Kind gemacht haben sollten,
bevor es auszieht**
rororo 62673

**P. Gerster/C. Nürnberger
Der Erziehungsnotstand**
*Wie wir die Zukunft unserer
Kinder retten.*
rororo 61480

**Joachim Braun
Jungen in der Pubertät**
Wie Söhne erwachsen werden
rororo 61407

**Tom Hodgkinson
Leitfaden für faule Eltern**
rororo 62672

**D. Schnack/R. Neutzling
Kleine Helden in Not**
*Jungen auf der Suche nach
Männlichkeit.*
rororo 62709

**Jesper Juul
Grenzen, Nähe, Respekt**
Wie Eltern und Kinder sich finden
rororo 62534

Dein kompetentes Kind
Auf dem Weg zu einer Wertgrundlage für die ganze Familie.

rororo 62533

Weitere Informationen in der Rowohlt Revue oder unter www.rororo.de

Das neue Kinder brauchen Grenzen
rororo 62402

Eltern setzen Grenzen
rororo 62598

Ängste machen Kinder stark
rororo 60640

Pubertät
rororo 62655

Ohne Chaos geht es nicht
rororo 60975 / Audiobook 61732

Jan-Uwe Rogge bei rororo

Antworten auf alle Erziehungsfragen vom führenden deutschen Familienberater

Spiele gegen Ängste
rororo 61719

Geschichten gegen Ängste
rororo 60977

Der große Erziehungsberater
rororo 61621

Wenn Kinder trotzen
rororo 61659

Jan-Uwe Rogge / Bettina Mähler
Irgendwie anders: Kinder, die den Rahmen sprengen
rororo 60966

Lauter starke Jungen
rororo 61539

Kinder dürfen aggressiv sein
rororo 61981

Von wegen aufgeklärt!
rororo 62141

Der kleine Erziehungshelfer
rororo 62337

Jan-Uwe Rogge / Angelika Bartram
Viel Spaß beim Erziehen!
rororo 62684

Weitere Informationen in der Rowohlt Revue *oder unter* www.rororo.de

Liebe und Partnerschaft bei rororo

**Warum wir aufeinander fliegen –
und wie wir dabei Bruchlandungen vermeiden**

**Michael Mary
Lebt die Liebe, die ihr habt**
Wie Beziehungen halten
rororo 62451

**Katarina Rathert
Die Weddingplanerin**
Torten, Tanten, Turbulenzen
rororo 62595

**H.-W. Bierhoff/E. Rohmann
Was die Liebe stark macht**
*Die neue Psychologie der
Paarbeziehung.* rororo 61669

**Robin Norwood
Wenn Frauen zu sehr lieben**
*Die heimliche Sucht, gebraucht
zu werden.* rororo 19100

**Wolfgang Schmidbauer
Die Angst vor Nähe**
rororo 60430

Die heimliche Liebe
*Ausrutscher, Seitensprung,
Doppelleben.* rororo 61129

**Peter Lauster
Die Erotikformel**
*Leidenschaftlich leben in
Liebesbeziehungen.* rororo 62022

**Phillip von Senftleben
Das Geheimnis des perfekten
Flirts**
So werden Sie unwiderstehlich

rororo 62397

Weitere Informationen in der Rowohlt Revue *oder unter* www.rororo.de

Das für dieses Buch verwendete FSC®-zertifizierte Papier
Creamy liefert Stora Enso, Finnland.